세계화와 싸운다

ONE NO MANY YESES

세계화와 싸운다

폴 킹스노스 지음 — 김정아 옮김

창비

한국의 독자들에게

나는 멕시코에 있던 친구의 전화를 통해 이경해씨가 사망했다는 소식을 처음 들었습니다. 통화상태는 그리 좋지 않았습니다. 그게 2003년 9월이니까, 이 책의 영어본 초판이 나오고 다섯 달이 지난 후였습니다. 멕시코 깐꾼(Cancun)에서 세계무역기구(WTO) 회의가 열렸고, 회의장 주변에서는 여느 때와 마찬가지로 끈질긴 시위가 계속되었습니다. 한국 농민대표단 소속의 이경해씨도 시위에 참여했고, 제 친구는 그의 죽음을 아주 가까이에서 목격했습니다. 그는 WTO 대표단과 시위대를 갈라놓은 담장 위로 기어올라가 큰 소리로 항의한 후 주머니칼로 자기 가슴을 찔렀습니다. 이 이야기를 전하는 제 친구의 목소리가 떨렸습니다. "사람들이 이렇게까지 내몰렸어. 세계화 때문에 이런 일이 벌어지는 거야."

이경해씨의 자살로 전세계는 충격에 빠졌습니다. 그러나 영국을 비롯한 많은 나라에서 언론의 일차적인 반응은 당혹감이었습니다. 이 사람이 왜 그랬지? 미쳤나? 어디 아픈가? 무슨 일이 있었기에 사람이 이렇게까지 궁지에 몰린 걸까?

한국 농민운동의 역사를 살펴보면, 이 질문에 답할 수 있습니다. 인도·브라질·인도네시아·프랑스 등 많은 나라에도 이와 비슷한 역사가 있습니다. 기업세계화는 중소기업과 지역사회와 비서구문화와 전세계 생태계를 죽이는 것과 마찬가지로, 농촌을 죽이고 농민을 죽입니다. 그리고 이경해씨를 죽였습니다. 그러나 전세계의 언론과 정치조직은 이런 이야기를 거의 하지 않습니다.

언론과 정치조직은 기업세계화를 치켜세우며 자화자찬하기에 바쁩니다. 기업세계화가 얼마나 잘 굴러가는지, 이로 인해 얼마나 많은 '부(富)'가 창출되는지, 얼마나 많은 기업이 규모를 늘리고 있는지, 얼마나 많이 '성장'하는지, 세계가 얼마나 서구화되고 '근대화'되는지 말입니다. 정치조직과 기업언론의 메씨지는 단순합니다. 세계화, 즉 서구식 경제를 온 세상에 전파하는 것은 좋은 거야. 세계화는 잘 돌아가고 있어. 세계화에 반대하는 몇몇 놈들은 독불장군이자 아웃싸이더이자 불순분자이자 몽상가야. 무시해버려. 곧 사라질 테니까.

그러나 이들은 사라지지 않을 것입니다. 세계경제가 고착되고, 권력을 쥔 자들이 점점 강해지고, 힘없는 사람들이 점점 자기 것을 잃어가는 지금, 이들은 이경해씨처럼 고통을 당하고 있습니다. 이들은 수백만이 넘습니다. 그리고 하루가 다르게 늘어나고 있습니다. 이들의 메씨지 또한 분명합니다. 세계화는 제대로 굴러가지 않고 있어. 세계화는 우리를 죽이고 있고, 우리의 소중한 것들을 죽이고 있어. 우리는 세계화에 맞서 싸우겠어.

이 책이 처음 나온 2003년 4월 이후, 이 책에서 묘사한 두 흐름인 신자유주의적 세계화의 점진적 확산과 그에 맞선 거대한 반발세력의 확대는 계속되고 있습니다. 세계가 2001년 9월 11일을 기점으로 '완전히 변했다' 는 말이 주기적으로 들려옵니다. 그러나 우리 귀에 들려오는 많은 말이 그렇듯이, 이것은 미국 특유의 관점입니다. 사실 변한 것은 거의 없습니다. '자유시장' 경제는 계속해서 급속도로 확산됩니다. 확산속도는 더 빨라진 것 같습니다.

이 책의 첫 장엔 1994년 북미자유무역협정(NAFTA)에 반대하는 사빠띠스따(Zapatista)반란이 나오는데, 이 협정은 지금도 확산되고 있습니다. 라틴아메리카의 많은 나라가 자유시장의 마수에 걸려드는 상황입니다. 물론 반발하는 나라도 많습니다. 브라질은 좌파대통령을 뽑았고, 볼리비아에서도 비슷한 일이 일어날 뻔했습니다. '워싱턴컨쎈써스'의 실패한 정책을 따르던 시기에 엄청난 부채를 진 아르헨띠나는 지금 빚을 갚지 않고 있습니다. 아르헨띠나 지역사회의 '인민회의'에서도 사람들이 정책을 바라보는 방식을 완전히 바꿔놓았습니다.

한편, 아프리카 많은 나라에서 공공설비의 사유화에 맞선 반대운동을 벌이고 있고, 인도 농부들은 국가의 경제모델을 거부하고 있으며, 기업식민주의에 맞선 저항운동이 아시아와 유럽으로 확산되고 있습니다.

이라크도 빠뜨릴 수 없습니다. 미국이 이라크를 침공한 진짜 이유가 아직도 궁금한 사람은 미국당국이 이라크 정복 후 무슨 짓을 했는지를 보면 됩니다. 은행·통신·기초설비를 비롯해서 200개가 넘는 기업이 민영화되었고, 대부분 미국기업과 영국기업으로 넘어갔습니다. 기업세금이 대폭 줄었고, 외국인투자금지법이 없어졌습니다. 초국적기업들이 이라크로 몰려들어, 국가경제를 사들이고 있습니다. 명목상의 '주권'은 새로 생긴 이라크 임시정부에 있지만, 초국적기업들은 이라크경제가 영원히 외국기업의 손아귀에서 벗어나지 못하도록 조치를 취하고 있습니다.

비슷한 사례를 더 들 수도 있겠지만, 여기서는 한 가지 사실만 확인하고 넘어가겠습니다. 세계화는 계속되고, 세계화의 속도는 점점 빨라지고, 세계화의 폐해는 줄어들지 않습니다. 그러나 희망은 있습니다. 이 책에 기록된 세계적 차원의 저항운동 역시 점점 빠르게 그리고 점점 강하게 진행되고 있으니까요. 게다가 이러한 저항운동은 지구상에 있는 모든 나라에서 벌어지고 있습니다.

우리의 이야기는 아직 끝나지 않았습니다. 이제 겨우 시작일 뿐입니다.

2004년 8월

영국 옥스포드에서 폴 킹스노스

차례

제 01 장

역사에 구멍 내기

"치아빠스는 멕시코의 정치 안정에 근본적인 위협이 되지는 않을 것으로 보인다.
그러나 투자자 중에는 치아빠스를 심각하게 생각하는 사람도 많다.
정부가 국가안보의 효율성을 증명하기 위해서는 사빠띠스따를 제거해야 한다."

체이스맨해튼은행, 「신흥시장에 관한 내부보고서」, 1995년.

"돈 있는 양반들이 알아둬야 할 것이 있다. 오늘은 어제 같지 않을 것이고, 내일도 어제 같지 않을 것이다.
땅빛을 닮은 우리를 더이상 모욕하지 마라. 우리도 할 말이 있다. 우리는 더이상 목소리를 낮추지 않을 것이고,
더이상 고개를 숙이지도 않을 것이다. 우리는 이제 큰 소리로 외치며 당신들을 똑바로 쳐다볼 것이다.
그러면 당신들도 우리를 있는 그대로 봐야 할 것이고, 있는 그대로 받아들여야 할 것이다."

사빠띠스따민족해방군 부사령관 마르꼬스.

to open a crack in history

1994년 1월, 멕시코

21세기 최대의 정치운동이 일어났다. 장소는 멕시코 남부의 사라져가는 열대우림, 때는 1994년 1월 1일이었다. 어둠에 휩싸인 식민지의 신작로 위로 검은 가죽장화 3,000켤레가 나타났다. 정확히 0시 30분이었다. 장화의 주인들은 소총을 들거나 찌그러진 AK-47 혹은 우지(Uzi)기관총을 들고 있었다. 제비를 잘못 뽑은 사람들은 나무로 만든 가짜 총을 들고 있었다.

검은 모직 스키마스크 뒤에는 중앙아메리카 마야인디언의 얼굴이 있었다. 총으로 위협당하고 쫓겨다니고 약탈당하고 살해당하고 멸시받아 온 민족이었다. 에스빠냐 정복자가 처음으로 그들의 해변을 짓밟았던 16세기부터 쭉 그래왔다. 그로부터 500년이 지난 지금, 멕시코에서 가장 가난한 이곳 치아빠스주에 '얼굴 없는 사람들' '말 못하는 사람들'이 나타났다. 세계가 그들을 주목하기 시작했다.

싼끄리스또발데라스까싸스(San Cristobal de las Casas)는 에스빠냐

식민지시대부터 멕시코 최남단 치아빠스의 주도(州都)였던 유서 깊은 도시다. 주민들은 아직 새해의 축제 기분에 취해 있었다. 갑자기 마을에 군홧발소리가 요란하게 울렸다. 여자 소령이 검은 머리를 휘날리며 마야 방언인 초칠(Tzotzil)어*로 명령을 내리는 소리도 들렸다. 카빈총을 들고 권총을 찬 여장부가 이 불청객의 지휘관이었다. 마을 중앙에 위치한 그림같이 아름다운 마르소 31번 광장의 오래된 노란색 성당과 식민지 정부건물에 하얗게 비치는 달빛을 찢으며 총성이 터졌다.

* 멕시코와 중앙아메리카에 살던 마야족의 언어 마야어는 30가지 이상의 방언으로 나뉘었는데, 초칠어도 그중 하나이다. 멕시코 남동부 치아빠스 지역에서 주로 사용한다.

호기심에 광장으로 모여든 용감한 주민들은 잊지 못할 장면을 목격했다. 스키마스크를 쓴 게릴라 수십 명이 광장을 에워쌌다. 몇몇은 망가진 소총을 들고 보초를 서고, 몇몇은 경찰본부를 포위하기도 했다. 큰 쇠망치로 시청 정문을 부수는 사람도 있었다. 싼끄리스또발 주민들은 비로소

사빠띠스따의 주요 활동지역

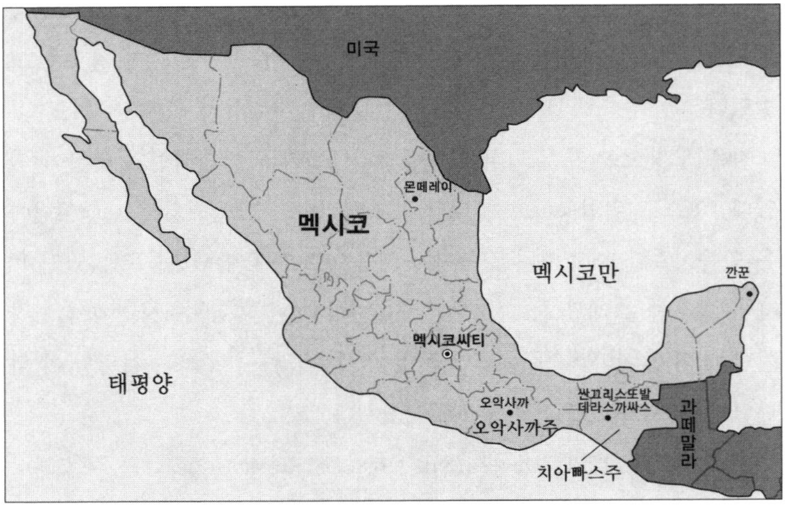

상황을 이해하기 시작했다. 혁명이 시작된 것이다.

반란군은 멕시코군의 반격에 대비해 시청 집기로 바리케이드를 만들었다. 광장은 마을주민, 취객, 관광객, 호기심 많은 구경꾼들로 북적거렸다. 게릴라 몇명이 광장 중앙에 깃발을 올렸다. 검은 바탕에 붉은 글자가 네 개였다. EZLN.

깃발이 올라가는 동안, 시청 발코니에 스키마스크를 쓴 남자가 나타났다. 그가 들고 있던 종이는 멕시코정부에 대한 선전포고문이었다. 'EZLN'은 싼끄리스또발을 포함하여 치아빠스의 일곱 개 마을을 점령했다. 점령된 마을에선 어김없이 선전포고문이 낭독되었다.

"우리는 500년 투쟁의 산물이다." 남자가 선전포고문을 읽는 동안, 시청 발코니 뒤쪽에서 계속 총포가 터지고 연기가 피어올랐다. 반란군이 경찰본부를 공격하는 중이었다. 남자는 낭독을 계속했다. "우리는 이 나라를 세웠던 조상들의 진정한 후예다. (…) 우리는 아주 기본적인 것까지 빼앗겼다. 그들은 우리를 대포알로 사용하고, 우리나라의 재물을 약탈한다. 우리에겐 아무것도 남은 게 없는데, 그들은 눈 하나 깜짝하지 않는다. 우리는 정말이지 아무것도 없다. (…) 우리 자신과 우리 후손을 위한 평화와 정의도 없다. (…) 그러나 오늘 우리는 말한다. 야 바스따(Ya basta)!"

싼끄리스또발에서 약 800킬로미터 떨어진 태평양 연안의 최고급 휴양지에서는 멕시코 대통령 까를로스 쌀리나스(Carlos Salinas)와 그의 공식 후계자 루이스 도날도 꼴로씨오(Luis Donaldo Colosio)가 한창 신년파티를 즐기고 있었다. 자정을 알리는 종소리와 함께 쌀리나스와 꼴로씨오는 멕시코가 북미자유무역협정(NAFTA)에 입성한 것을 환영하며 축배를 들었다. NAFTA는 자정의 종소리를 기점으로 멕시코에서 공식 발효되었다. 자정을 알리는 소리와 함께 NAFTA는 역사상 최초로 멕시코, 캐나다, 미국의 무역장벽을 깨뜨렸고, 멕시코는 거대 자유시장의 일원이 되면서 현대세계에 진입했다. 쌀리나스는 자신의 치적을 자축했다.

그로부터 두 시간이 지난 후, 쌀리나스는 전화로 사건 소식을 접했다. 쌀리나스의 치적을 산산조각내고, 쌀리나스 일파의 권력 세습을 산산조각내고, 쌀리나스 정당의 멕시코독재를 산산조각낼 소식이었다. 나아가, 장래에 전세계 자유무역 프로젝트의 정당성 자체를 뒤흔들 소식이었다. 멕시코씨티에 있는 국방장관의 전화였다. "나쁜 소식입니다. 사빠띠스따 민족해방군(EZLN)이라는 무장 반란세력이 치아빠스주 일곱 개 마을을 점령하고, 멕시코군대와 멕시코정부와 NAFTA를 상대로 전쟁을 선포했습니다."

"정말인가?" 대통령은 목멘 소리로 되물었다.[1)]

여기는 다시 싼끄리스또발. 기자가 스키마스크를 쓴 남자를 붙잡았다. 경찰서 습격을 지휘했던 그는 다른 게릴라들과는 달랐다. 스키마스크 너머로 언뜻 인디언과는 다른 라디노(ladino)*의 얼굴이 보였다. 에스빠냐계 멕시코인 같았다. 가슴에는 탄띠를 둘렀고, 스키마스크 위로 눌러 쓴 너덜너덜한 초록색 모자에는 붉은 별 몇개가 박혀 있었다. 입에는 파이프를 물고 있었다. 마을 공격을 지휘한 것은 인디언 여전사 아나 마리아(Ana Maria) 소령이었지만, 기자는 언제나 그렇듯이 여자를 무시하고 남

* 원주민과 유럽인의 인종적 · 문화적 유산을 혼합해서 갖고 있는 사람으로, 멕시코국민의 절대 다수를 차지한다.

자에게 질문했다. 우선, 기자는 이 키가 크고 코가 큰 백인 남자에게 당신의 정체가 뭐냐고 물었다.

"내가 누구냐고?"

"당신은 누구인가! '호랑이사령관'인가? 아니면 '사자사령관'인가?"

파이프를 문 남자는 검은 모직복면 너머에서 지겨움과 즐거움이 묘하게 뒤섞인 표정으로 기자를 쳐다보았다.

그리고 말했다.

"아니다. 나는 마르꼬스(Marcos)다. 부사령관 마르꼬스."

봉기는 금방 끝났다. 3,000명 가량의 사빠띠스따 반군은 하루 만에 치아빠스주 일곱 개 마을을 점령했다. 정부의 조치는 신속하고 강경했다. 치아빠스주에 1만 5000명의 병력이 투입됐다. 군용헬기가 인디언마을을 폭격해 150명을 사살했고, 특수공격부대가 사빠띠스따 부대원을 색출했다. 게릴라는 싼끄리스또발 점령 후 24시간도 안돼 후퇴했다. 예상치 못한 일이 벌어졌다. 스키마스크를 쓴 반군에 대한 지지열풍이 전국적으로 확산되었다. 정부는 할 수 없이 12일 만에 휴전을 선포했다. EZLN은 열대우림 속에서 홀연히 나타났다 열대우림 속으로 홀연히 사라졌다.

혁명이라고 생각하면, 보잘것없는 혁명이었다. 사빠띠스따 반란은 2주도 안돼 완전히 진압된 듯했다. 라틴아메리카 게릴라 봉기의 계보를 잇는 막내봉기였다. 초라한 반란의 초라한 끝이었다. 라틴아메리카는 아직도 게릴라봉기의 수준을 벗어나지 못하고 있는 것 같았다.

그러나 '사빠띠스따'는 거기서 끝나지 않았다. 풀뿌리농민군 사빠띠스따는 1910년의 첫번째 멕시코혁명에서 살해당한 혁명영웅 에밀리아노

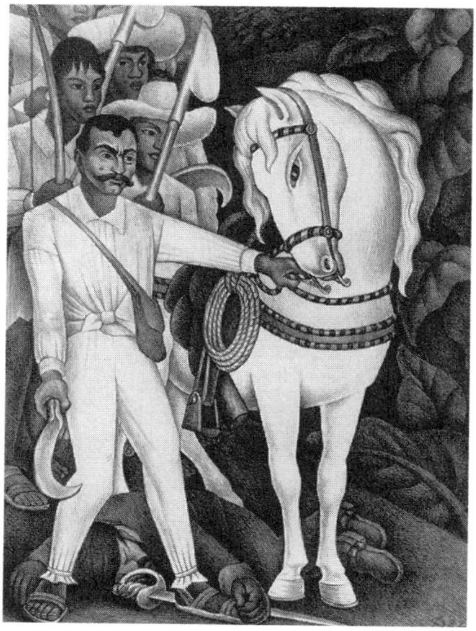

디에고 리베라(Diego Rivera)가 그린 농민혁명 지도자 에밀리아노 사빠따.

사빠따(Emiliano Zapata)에서 따온 이름이다. 사빠띠스따가 세상에 알려지기 시작하면서, 이들의 독특한 특징이 드러났다. 이들은 지금까지의 게릴라와는 좀 다른 것 같았다. 우선, 그들의 목표는 국가권력의 쟁취가 아니었다. 과거 라틴아메리카 혁명가들과 달리 그들의 목표는 '민중'을 위해 '권력'을 쟁취하는 것이 아니라 권력을 해체하여 지역사회에 돌려주는 것이었다. 그들은 정부와 탐욕스러운 부자들이 빼앗아간 권력을 되찾는 것뿐이었다. 적어도 그들의 주장은 그랬다.

그들은 사용하는 용어도 달랐다. '프롤레타리아' '부르주아,' 맑스, 레닌, 마오, 영구혁명 이야기는 어디로 사라졌을까? '노동자'여 일어나라, '노동자'여 동참하라 대신 그들은 왜 자신들과 정부군 사이에 '시민사회'가 있어야 한다고 역설했을까? 프롤레타리아독재 대신 그들은 왜 민주주의의 부활을 말했을까? 정부에 맞서는 대신, 하다못해 그 흔한 자본주의의 꼭두각시에 맞서는 대신, 그들은 왜 아무런 죄 없는 NAFTA 같은 것에 맞섰을까?

시를 짓고 소설을 쓰고 수수께끼를 만드는 이 마르꼬스라는 인물은 왜 자기 조국을 가리켜 '돈을 처바른 치욕적 존재'라고 했을까? 사람들은 왜 그날 치아빠스의 깊은 협곡에서 일어난 일을 가리켜 '최초의 탈근대혁명'이라고 했을까?

세계가 이런 질문에 대답할 수 있으려면 시간이 필요할 것이다. 세계가 정답을 찾는 날, 이 보잘것없는 원주민 반란은 세계 전역에서 일어날 더 큰 반란의 불씨가 될 것이다. 사빠띠스따는 세계체제에 대항하는 진정한 세계적 반란의 주모자가 될 것이다.

사빠띠스따 봉기가 일어났을 당시에, 나는 다른 사람들과 마찬가지로 여기에 별로 관심이 없었다. 대학생이었던 나는 문건을 만들면서 내가 속한 사회의 작은 혁명에 휘말려들어갔다. 당시 영국에서는 가두시위운동이 전염병처럼 퍼지고 있었다. 나는 나무에 올라가거나, 터널에 들어가거나, 무허가공장에 들어가거나, 다리에 몸을 묶거나, 굴착기 위에서 균형을 잡으면서, 다른 수천 명의 시위자가 그랬듯이 가두시위를 통해 의식화되었으며, 뉴베리, 윈체스터, 바스, 리튼스톤에서 일어나는 일과 세계에서 일어나는 일 사이에 모종의 관계가 있음을 깨달아갔다.

이런 깨달음을 거리로 끌고 나오는 대중운동이 있었다. 분명한 실체는 없었지만 빠르게 성장하는 운동이었다. 그때부터 나는 몇년 동안 영국 안팎을 다니면서 이 대중운동에 참여했다. 대중운동은 고속도로를 점거하여 교통혼잡에 시달리던 곳에서 거리축제를 벌이고, 정유회사의 주주총회에 침입하고, 의회에 압력을 가하고, 압력 행사를 거부하고, 주목을 끌면서 성장했으며, 중단하고, 행진시키고, 거부하고, 행진하고, 주목받고, 성장했다. 그리고 대중운동은 이렇게 부딪힌 문제들 이면에 전지구적 세력이 감추어져 있다고 말했다. 또 대중운동은 (그게 뭐든 간에) '신자유주의'에 대해 말하고, 이해할 수 없는 강력한 기업에 대해 말하고, 민주주의의 궤멸에 대해 말하고, 전세계 경제기계에 대해 말했다. 세계경제가 휩쓸고 간 자리에는 소중한 가치는 없어지고 주가만 남는다는 것이었다.

또 대중운동은 사빠띠스따에 대해 말하기 시작했다. 나는 EZLN이 신선하고 급진적이고 훌륭한 조직이라는 말을 들었다. 사빠띠스따가 새로운 정치를 만들어냈다는 말도 들었다. 치아빠스가 새로운 혁명의 견인차라는 말도 들었다. 사빠띠스따가 무정부주의자이자 공산주의자이자 반동분자이자 바보이자 시인이자 전사라는 말도 들었고, 전혀 그렇지 않다는 말도 들었다. 부사령관 마르꼬스가 제2의 체 게바라(Che Guevara)라는 말도 들었다. 사빠띠스따가 입는 티셔츠가 너무너무 예쁘다는 말도 들었다.

2000년 9월, 나는 프라하에서 세계은행(IBRD)과 국제통화기금(IMF)의 연례회의를 막기 위해 2만 명의 시위대에 합류했다. 그리고 아주 놀라운 장면을 목격했다. 유럽에서 온 시위자뿐 아니라 다른 지역 시위자도 엄청났다. 서로 다른 세력이 지금까지 상상하지 못했던 이상한 방식으로 하나가 되었다. 플래카드, 깃발, 최루가스, D자형자물쇠와 최루탄, 에너지와 이념 들이 거리에서 물결쳤다. 그리고 그날 수천 명이 외쳤던 구호는 1994년 1월 아침 싼끄리스또발 광장에 울려퍼진 바로 그 구호였다. 그것은 '야 바스따!'(Ya basta!), 즉 '그만 해라!'였다.

프라하에서 돌아온 나는 세계가 돌아가는 방식에 환멸을 느끼지 않을 수 없었다. 세계를 움직이는 사람들도 마찬가지였다. 세계가 이토록 심하게 그리고 이토록 빠르게 변했던 적은 없었다. 옛 답을 가지고는 새로 생긴 문제를 풀 수 없을 것 같았다. 좌파의 답안이든 우파의 답안이든, 무엇이든 마찬가지였다. 한편, 거리에서는 뭔가 일이 벌어지고 있었다. 나는 『에콜로지스트』(*Ecologist*)에서 일하고 있었는데, 매일 전세계에서 반체제 저항, 반란, 봉기의 기사를 보내왔다. 수십 개 나라의 수백만 명이 연루된 일인데, 주류언론은 이런 얘기에 거의 관심이 없었다. 뭔가 엄청난 일이 벌어지는데, 귀를 기울이는 사람이 아무도 없었다.

나는 그야말로 새로운 정치운동, 뭔가 획기적이고 엄청난 잠재력을 가진 국제적 규모의 정치운동이 탄생하는 산고의 장면을 목격하고 있다는 확신을 떨칠 수 없었다. 그러나 이 운동의 정체가 정확히 뭘까? 어디서 시작된 걸까? 사람들의 주장대로 '세계적'인 걸까? '세계적'이라는 건 뭘까? 현체제에 반대하는 것 말고 이 운동에 어떤 실질적인 이념이 있을까? 반짝 피어올랐다 꺼지는 불꽃일까, 아니면 정치 영역 전반에서 타오르는 거대한 산불 같은 것일까? 나는 내가 이 운동의 일부라고 느꼈지만 이 운동이 뭔지는 정확히 몰랐다. 이 운동에 관해서 알고 싶었다.

이 운동에 관한 질문에 나름대로 대답을 할 수 있게 되기까지 여덟 달이 걸렸다. 그동안 다섯 개 대륙을 돌아다녔다. 이 운동을 이해하기 위해서는 직접 가서 내 눈으로 보아야 한다고 생각했다. 언론의 주목을 받는 시위가 일어나는 도시에도 가봐야 했지만, 그렇지 않은 곳에도 가야 했다. 이 운동이 시작된 곳에도 가야 했고, 이 운동을 움직이는 사람들이 있는 곳에도 가야 했고, 이 운동의 정수를 발견할 수 있는 곳에도 가야 했다. 이런 곳은 주로 가난한 나라였고, 카메라렌즈가 닿지 않는 곳이었다. 어디를 가야 할지 고민도 많았다. 그러나 꼭 가야 할 곳이 한 군데 있었다. 이 모든 일의 진원지로 통하는 그곳. 나는 치아빠스에 가야 했다.

치아빠스에서 무슨 일이 있었는지, 무슨 일이 일어나고 있는지 정확히는 몰랐지만, 그곳에 가면, 이 운동에 관해 뭔가 알 수 있을 거라 생각했다. 그곳에 가면, 이 운동을 지켜가는 우리의 소망에 관해서도 알 수 있을 거라 생각했다. 바로 이 소망에 대해서 베일에 싸인 부사령관도 말한 적이 있다. 싼끄리스또발경찰서를 습격하고 두 달이 지난 후였다. 부사령관은 진정 새로운 빛의 세상으로 나아가는 힘겨운 투쟁에 대해 말했다. "우리는 꿈속에서 또다른 세상을 보았습니다."

2001년 8월, 멕시코

내가 탄 비행기가 멕시코에 착륙했다. 불과 몇년 만에 멕시코는 상상도 못할 정도로 변했다. 2002년 6월, 멕시코는 마침내 세계 최장기 일당독재의 사슬을 끊었다. 이 당이 생긴 것은 1910년 무렵, 멕시코가 20세기 최초의 혁명의 무대가 되었던 때였다.

독재자대통령 뽀르피리오 디아스(Porfirio Díaz)의 34년간의 부패정권을 더이상 견디지 못한 멕시코 국민은 1910년에 드디어 혁명을 일으켰다. 농민군은 민중주의 급진파 빤초 비야(Pancho Villa)와 에밀리아노 사빠따의 지휘 아래 띠에라 이 리베르따드(tierra y libertad), 즉 '토지와 자유'를 외치며 7년 동안 정부군과 접전을 벌였다. 1917년에야 상황이 일단락되었으며, 그때까지 목숨을 잃은 사람은 거의 100만 명에 이르렀다. 멕시코는 헌법을 개정하고 정치질서를 쇄신했다.

혁명정당의 정통을 이으며 71년 동안 혁명헌법을 수호한 것은 제도혁명당(PRI)이었다(적어도 PRI의 주장은 그랬다). 정치에서 71년이란 긴 세월이다. 71년 내내 정권을 쥐고 있던 PRI는 철저하게 변질했다. 최소한 이론적으로는 혁명적 재분배의 정당이었는데 자유방임정책(laisser-faire)을 표방하는 기업자유주의의 정당으로 바뀌었고, 민주주의정당이었는데 소수독재정당으로 바뀌었으며, 국민의 사랑을 받는 정당, 적어도 국민의 지지를 받는 정당이었는데 국민의 미움을 받는 정당, 기껏해야 국민의 용인을 받는 정당으로 바뀌었다.

PRI 치하의 멕시코는 이론상 민주주의였지만, 실제로는 뻔뻔스러운 부정선거가 빈번하게 자행되는 나라였다. 70년 동안 국민의 불만이 쌓이는 상황에서 PRI가 여당자리를 유지한 것도 그 덕분이었다. 그런데 2000년에 이 여유만만하던 정당이 PRI 역사상 최초로 대통령선거에서 패배하는 사태가 벌어졌다. 멕시코 고위층은 총이라도 맞은 것처럼 놀랐지만, 비센떼 폭스(Vicente Fox)라는 엉뚱한 자에게 자리를 내주지 않을 수 없었다. 폭스는 '코카콜라멕시코'의 사장을 지냈고, 국민행동당(PAN) 당수였고, 조직폭력배 두목이었고, 정치경험이 없는 대신 쇼맨십이 대단했다. 뭔가 아주 새로운 일이 벌어지기 시작했다. 사람들은 자문했다. "진정한 변화가 오려는 것일까?"

폭스가 모두의 예상을 뒤엎고 PRI를 물리친 후 1년이라는 시간이 흘렀지만, 무엇이 변하는지는 분명치 않았다. 과연 변하는 것이 있을지도 확실치 않았다. 그러나 무엇이 변하지 않을지는 확실했다. 폭스가 이끄는 PAN은 자유시장에 열광하는 장사꾼들이었고, NAFTA, '세계화', 시장개방 등 사빠띠스따 반란의 원인이 되었던 모든 것을 떠받들었다. PRI 보다 더했으면 더했지 나을 것이 없었다. 집권 당시 폭스는 치아빠스 문제를 '15분 만에' 해결할 수 있다고 호언장담했다. 사실 폭스는 선배정당 PRI와는 달리 군사적 진압을 피하고 대화로 풀겠다고 떠들었다. 그러나 폭스가 집권한 지 1년이 지났건만 사빠띠스따는 1994년 1월에 그랬던 것처럼 치아빠스 숲에서 그대로 꼼짝 않고 있었다. 그리고 여전히 새로운 세상을 꿈꾸고 있었다. 내가 찾아온 멕시코는 이런 상황이었다.

멕시코씨티에서 싼끄리스또발까지 가려면 스무 시간 동안 버스를 타야 한다. 힘든 여행이다. 좌석가죽은 너덜너덜하고, 네 대의 텔레비전에서는 미국영화의 더빙대사가 시끄럽게 울려댄다. 버스는 현대화된 거대도시를 출발해 계곡과 숲과 들판을 지나고 고속도로와 울퉁불퉁한 오솔길을 지나 어딘가 옛날 장소에 도착한다. 여행길 동무는 친구 루씨(Lucy)다. 에스빠냐어를 할 줄 알고, 멕시코에 와본 적도 있는 친구다. 루씨와 나는 얼떨떨한 상태에서 싼끄리스또발에 첫발을 내딛는다. 숙소를 잡고 먹을 것을 좀 산다. 관광도 빠뜨릴 수 없다. 경사가 완만한 자갈길을 걸으며 유명한 곳을 구경한다.

거리와 공원에는 관광객이 천지다. 식민지시대에 지은 아름다운 건축물을 보러 온 사람들이다. 우선, 회색과·흰색이 조화를 이루는 '시청궁'

(Municipal Palace)이 보인다. 발코니에서 선전포고문을 낭독했던 것으로 유명한 곳이다. 성당도 보인다. 거대한 소용돌이 모양의 금색과 흰색이 조화를 이룬다. 정복자가 식민지백성을 굽어보는 것 같기도 하다. 나무들이 빨간색, 금색, 흰색 리본들로 장식되어 있는 모습도 보인다. '독립기념일'이 얼마 남지 않았기 때문이다. 마지막으로 이 모든 것을 감싸주는 푸른 산봉우리들이 보인다.

사빠띠스따가 출현했던 바로 그 중앙광장에는 카우보이모자를 쓴 쭈글쭈글한 노인들이 장대에 기댄 채 서 있다. 장대에 매어놓은 가방에는 솜사탕이 들어 있다. 남자들은 나무상자를 목에 걸고 돌아다니면서 사탕, 치클껌(chiclet), 낱개담배를 팔고 있다. 아이들이 정신없이 쫓아오며 돈을 달라, 구두를 닦아준다 야단이다. 돈 많은 외국인관광객이라면 감수해야 할 운명이다. 인형, 지갑, 벨트 따위를 파는 아이들도 있다. 광장 중앙에 위치한 야외음악당은 본머스(Bournemouth)유원지를 연상시킨다. 광장 주위에는 잔디와 화단, 신문가판대와 구두닦이 점포가 늘어서 있다.

싼끄리스또발은 아름다운 마을이지만 치아빠스라는 느낌은 잘 들지 않는다. 치아빠스 주민의 1/4 이상이 원주민이지만, 원주민으로 보이는 사람은 인디언 여자들뿐이다. 검은 머리를 등 뒤로 땋아 늘였고, 파란색이나 검은색 긴 치마를 입었다. 공들여 지어 입은 흰색 저고리에는 분홍색, 초록색, 노란색 등 전통 색깔의 주름장식이 달려 있다. 인디언 여자들은 싼끄리스또발 관광객을 상대로 목걸이, 구슬 등 싸구려 장신구를 판다. 인디언 여자들은 누군가가 맞은편에서 걸어오면, 보도에서 내려선다. 1994년 이후 많은 변화가 있었지만, 그들은 지금도 자기가 있어야 할 자리를 잊지 않고 있다.

그러나 싼끄리스또발 밖으로 눈을 돌려 치아빠스 전체를 본다면 여기서 봉기가 일어날 수밖에 없었던 이유를 알게 된다. 치아빠스는 역설적인 지역이다. 멕시코에서 가장 가난한 동시에 가장 윤택한 주다. 치아빠스의 커피 생산량은 멕시코 최대로서, 멕시코 전체의 36%에 해당한다.[2)] 또한 치아빠스의 수력발전량은 멕시코 전체의 55%(인디언의 땅을 강제로 빼앗아 대형 댐을 지은 곳이 많다), 멕시코 총 전력의 거의 20%에 해당한다.[3)] 또 치아빠스는 멕시코 옥수수의 13%, 멕시코 석유의 5%, 멕시코 천연가스의 12%를 생산한다.[4)] 게다가 치아빠스 남부의 라깐도나(Lacandona) 정글은 많이 파괴되었음에도 불구하고 여전히 다양한 동식물의 서식지로 유명한 곳이다. 라틴아메리카에서 여기보다 생물종이 많은 곳은 아마존강 유역뿐이다. 치아빠스에는 모든 자원이 엄청나게 풍부하다.

반면에 치아빠스 주민들은 엄청나게 가난하다. 멕시코는 국민의 40%가 빈곤선 이하에서 허덕이는 나라지만 치아빠스 주민들은 그중에서도 상당히 가난한 축에 속한다. 치아빠스에서 나오는 부가 치아빠스 사람들에게 돌아가지 않기 때문에 이들은 먹을 것도 없고, 돈도 없고, 집도 없고, 옷도 없다. 치아빠스의 부는 다른 주들, 멕시코씨티, 미국, 그리고 전세계 수출시장으로 빠져나간다. 국내외 기업들, 부패한 지주들, 극도로 불공정한 토지 및 재산 분배 때문이다.

이렇듯 치아빠스 주민들은 멕시코 전력의 거의 20%를 생산하는 주에 살면서도 1/3이 넘는 가구에 전기가 들어오지 않는다. 주민의 30%가 문맹이고, 몇몇 농촌지역에서는 문맹률이 49%에 이른다. 주민 40%의 하루

수입이 미국돈으로 3달러 미만이며, 19%는 아예 수입이 없다. 사상충증에서 말라리아까지 빈곤으로 인한 질병이 창궐해 있다. 교육받을 기회가 드물고, 의료시설이 없는 곳이 많다.[5] 1992년에 부사령관 마르꼬스가 날카롭게 지적했듯이 "관광객 1,000명당 호텔방은 일곱 개가 있다. 반면에 치아빠스 주민 1만 명당 병원침대는 0.3개밖에 없다." 마르꼬스는 의료와 영양은 더 열악한 상태라고 말했다. 치아빠스 주민 150만 명은 의료의 사각지대에서 살고 있고, 54%는 영양실조에 걸려 있다. 마르꼬스는 "치아빠스가 자본주의에 바쳐야 할 조공은 역사상 유례가 없을 만큼 엄청나다"고 했다.[6]

마르꼬스가 이 편지를 작성한 것은 정부가 결정적으로 EZLN을 자극하는 조치를 취한 직후였다. EZLN이 술회한 바에 따르면, 그들이 전쟁 결심을 굳히게 된 계기가 바로 이 조치였다. 전쟁을 하다가 죽는 것이 가만히 있다가 죽는 것보다 나았다. 가만히 있으면 혼자만 죽는 것이 아니라 부족민 전체가 몰살당할 처지였다.

치아빠스에는 멕시코혁명의 영향이 미치지 못했다는 말이 있다. 치아빠스가 여전히 부패지주, 인종차별, 불평등의 땅인 것도 사실이다. 그러나 1917년에는 치아빠스에서도 혁명헌법 27조가 실시되었다. 이로 인해 부패한 옛 아시엔다(hacienda)체제*의 척결을 골자로 하는 토지개혁이 가동되었다. 아시엔다체제에서는 부유한 부재지주가 광대한 토지를 소유하고, 수천 명의 농민은 굶주리거나 뻬온(peon), 즉 채무노예로 살아갔다. 땅을 가진 노예주는 강제노동을 시킬 수 있었다.

* 라틴아메리카의 대토지 소유제도 혹은 에스빠냐 권력자들이 경영하는 집단농장을 의미한다.

급진적인 혁명헌법 27조가 발효되면서 정부는 토지를 몰수하여 농촌

마을에 나눠줄 수 있었다. 에히도(ejido)라는 집단농토였다. 지주들은 토지상환을 요구할 권리가 없었으며, 개인 (그리고 기업)이 소유할 수 있는 토지의 면적에 제한이 있었다. 에히도는 나누거나 사고팔 수 없었고, 마을주민들이 돌아가며 관리했으며, 농촌의 자급자족과 안정을 확보하고 빈곤을 물리칠 책임이 있었다. 멕시코의 2만 8,000개 에히도를 합치면 국토면적의 거의 절반에 이르렀다. 에히도를 경작하는 사람들의 생활도 엄청나게 달라졌다. 치아빠스 주민들에게도 에히도는 자급자족을 향한 최선의 희망이자 유일한 희망이었으며, 자부심의 척도이자 물려줄 유산이었다.

그러나 PRI 대통령 까를로스 쌀리나스는 1988년에서 1994년까지 대통령자리에 있으면서 에히도법을 개정할 계획을 세웠다. 쌀리나스는 냉전체제가 무너지고 아버지 부시(G. Bush)의 '신세계질서'가 가동될 당시에 멕시코의 최고권력자였다. 멕시코에서도 '신세계질서'는 알고 보니 자본주의라는 새로운 승리자의 질서였다. 신세계질서는 라틴아메리카에서는, '신자유주의'라는 이름으로 알려져 있었다. '신세계질서'의 권위와 이념을 넘어서는 진지한 대안은 결국 나오지 않았다. 쌀리나스는 멕시코를 근대화하여 '신세계질서'의 주도적 위치를 점하고 싶었다. 쌀리나스가 원한 것은 21세기 대열에 합류하는 것이었다. 멕시코가 그것을 원하는지 아닌지는 중요한 문제가 아니었다. 물론 그것은 쉬운 일이 아니었고, 쌀리나스도 그것을 잘 알고 있었다.

에히도법은 21세기로 가기 위해 넘어야 할 첫번째 장애물이었다. 멕시코 국민의 1/4이 소규모 농장, 에히도, 가족농지를 기반으로 살아가는 농민이었다. 그들은 변화에 익숙하지 않았으며, 정부의 시각으로 보자면 가망 없는 '반근대인'이었다.[8] 그들을 '구조조정'해야 했다. 구조조정의 궁극적인 목적은 멕시코 농민계층을 파괴하고 수출집약적인 기업형 농업으로 교체하는 것이었다. 세계적인 추세도 그랬다. 그것이 진보였고, 경제적인 이익도 있었다. '최신식 멕시코'(New Model Mexico)라는 쌀리나스의 꿈을 이루기 위해서는 반드시 필요한 일이었다.

이렇게 해서 구조조정이 시작되었다. 1992년에 혁명헌법 27조가 폐기됐다. 혁명 이후 처음으로 공유토지의 사유화가 가능해졌다. 토지 재분배를 중단하여 토지가 '비효율적인' 농민에게 넘어가는 것을 막았다. 1919년부터 계속되었던 멕시코 토지개혁이 공식적으로 종결되었다. 라틴아메리카의 역사학자 에두아르도 갈레아노(Eduardo Galeano)는 "에밀리아노 사빠따를 두 번 죽이는 일"이라며 한탄했다. 멕시코 농촌주민은 복부 아래를 가격당한 셈이었다. 그러나 법만 바뀐 것이 아니었다. 사실 27조를 없앤 것은 NAFTA를 들여오기 위한 조치였다. 사빠띠스따는 NAFTA가 부족민을 향한 '죽음의 일격'이라고 비판했다.

NAFTA는 1990년대 초반에 멕시코와 캐나다와 미국의 정상이 생각해냈다. 그리고 국민에게는 이 조약으로 불공평한 무역장벽을 철폐하면 세 나라에서 동시에 고용이 창출되고 개발과 성장이 이루어질 것이라고 선전했다. 그러나 실제로 일어난 효과는 전혀 그렇지가 않았다. 경제 각 분야가 붕괴하고 정부 지원이 끊기면서 수백만 명이 직장을 잃었다. 미국과 캐나다 회사들은 값싼 노동력을 찾아 멕시코로 몰려왔다. 또 NAFTA 덕분에 사기업은 '투자자권리'에 걸림돌이 된다고 생각되면 정부를 상대로 소송을 제기할 수 있었다. 그리고 실제로 소송이 제기됐다. 예컨대, 미국의 폐기물 처리회사 메털클래드(Metalclad)는 자연보호지역에 유독

폐기물을 버리지 못하게 되자 멕시코정부를 상대로 170만 달러짜리 소송을 제기했고 결국 소송에서 이겼다.[10] 그러나 NAFTA에 가장 심하게 유린당한 것은 농업이었다. 특히 멕시코 농업은 완전히 황폐화되었다.

NAFTA는 경쟁력이 약한 곡물에 대한 정부 지원을 단계적으로 금지했고, 미국과 캐나다에서 대량생산되는 곡물이 멕시코에 수입되게 하기 위해 멕시코 시장을 열었다. 멕시코 곡물가격은 1년도 못돼 절반 수준으로 폭락했다. 시장가격 이하의 값싼 곡물이 전국으로 쏟아져들어왔기 때문이다. 한편, 곡물의 소매가는 상승했다. 미국의 기업농은 사상 초유의 이윤을 기록한 반면에, 수백만의 멕시코 농민은 토지를 잃었다. 에히도법이 폐지되면서 토지 소유를 보장받지 못하게 된데다, NAFTA가 들어오면서 토지가 있어도 수지가 맞지 않았기 때문이다. 중앙아시아가 원산지인 수백 가지 품종의 다양한 옥수수가 자취를 감추었고, 그 자리에 강력한 화학비료로 재배된 잡종옥수수 몇가지가 들어왔다. 미국의 광활한 대초원농장의 옥수수였다.[11]

태곳적부터 옥수수를 재배해온 '농경민족'으로 알려진 치아빠스 마야족에게 NAFTA는 그야말로 치명적인 타격이었다. 모든 농촌마을에서 무수한 사람들이 죽어나갔다. 지금도 이 참혹한 상황은 끝나지 않고 있다. 1993년에 마르꼬스는 이렇게 말했다. "우리 원주민은 수지 맞는 상품이 아니다. 우리는 현명한 투자대상이 아니다. 권력의 자금은 수지가 맞지 않는 물건을 사고 싶어하지 않는다. 오늘날, 장사꾼은 가게를 현대화해야 하며, 별볼일없는 물건은 모두 치워버려야 한다. 그리고 우리, 피부가 검고 흙과 떨어져 살 수 없는 우리는 별볼일없는 물건이다."

혁명헌법 27조 폐기와 NAFTA 조인으로 치아빠스 인디언의 최후의 보루가 무너졌다. 그들은 기로에 섰다. 멕시코정부와 외세의 경제적 이익을 위한 음험한 결탁에 저항하느냐, 아니면 가만히 앉아 있다 죽느냐 사이의 기로였다.

그래서 그들은 1994년 1월 1일에 봉기했다. 12일 후에 휴전이 선포되었고, EZLN과 쌀리나스정권의 기나긴 숨바꼭질이 시작되었다. 쌀리나스가 물러나고 에르네스또 세디요(Ernesto Zedillo)와 비센떼 폭스가 정권을 잡은 후에도 상황은 그다지 호전되지 않았다. 사빠띠스따가 무기한 휴전을 선포한 후, 쌀리나스정부와 세디요정부는 대화를 시도하는 한편으로 간간이 군대 투입과 공습을 시도했다. 정부는 협상을 요구하는 국내외의 압력에 밀렸고, EZLN과 정부 양측은 몇달간의 교섭 끝에 1996년에 마침내 '싼안드레스(San Andres)협정'으로 알려진 제안서에 합의했다. 싼안드레스는 합의가 이루어진 사빠띠스따 마을의 이름이다.

정부는 '싼안드레스협정'을 기초로 원주민의 권리를 보장하는 법을 만들겠다고 약속했다. 반군의 요구사항이 모두 받아들여진 것은 아니었지만(예컨대 반군은 인디언 문제 외에 민주주의, 개발, 멕시코의 미래 등 좀더 거창하고 국가적인 문제를 협정에 넣고 싶어했지만, 정부는 그것만은 철저히 막았다), 이 협정은 멕시코 1,000만 원주민에게 진일보를 상징하는 것이었다. 제안서는 멕시코 인디언에게 멕시코에 소속된 자치권을 허용할 것을 요구했다. 관습과 전통에 기초한 정치적·사회적 조직을 선택할 권리, 토지와 자원을 다스릴 권리, 마을 단위의 생활양식을 조직할 권리를 요구한 것이다. 자신의 운명을 스스로 개척할 권리, 에르난 꼬르떼스(Hernán Cortés)* 가 이 땅을 처음 밟은 이래 한 번도 누려보지 못한

* 1519년 함선 11척과 500여 군사를 이끌고 당시 번성했던 아스떼끄문명을 침입해 정복한 에스빠냐인.

EZLN 전사들이 행진하고 있다. 왼쪽 말을 탄 이가 마르꼬스.

권리를 약속 받은 셈이었다.

2001년에 잠시나마 모든 꿈이 이루어질 것만 같았다. 2000년 12월에 대통령 폭스가 정권을 잡자마자 처음 한 일은 '싼안드레스협정'에 기초한 원주민권리법안을 멕시코의회에 상정하는 일이었다. 한껏 희망에 부푼 사빠띠스따 군대는 역사에 길이 남을 3,220킬로미터(2,000마일) 장정에 올랐다. 복면을 벗지는 않았지만, 총을 들지도 않았다(이들의 장정은 곧 '사빠투어'라는 이름으로 유명해졌다). 치아빠스정글에서 멕시코씨티까지 이들이 가는 길엔 군중들이 도열해 연호했다. 이들이 멕시코씨티에 도착했을 때는 10만 명이 환영을 나왔다. 혁명이 한창이던 1914년에 빤초 비야와 에밀리아노 사빠따의 역사적 만남 이후 반란군의 수도 입성은 처음이었다. 끝까지 복면을 벗지 않은 사빠띠스따는 의회에서 연설할 기회를 얻었고, 이 자리에서 국회의원들에게 원주민권리법안을 통과시켜 줄 것을 청원했다.

꿈은 몇달 만에 물거품이 되었다. 의회는 2001년 7월에 법안을 통과시켰지만, 수정조항이 너무 많아 법안은 사실상 유명무실해졌다. 사빠띠스따는 (그리고 모든 멕시코 인디언단체는) 차라리 없느니만 못하다며 통과된 법안을 거부했다. '싼안드레스협정'은 자치권과 자원관할권과 주민권을 약속했던 반면에, '알맹이가 빠진' 법에서는 원주민마을이 기존의 정부조직에 종속되고, 모든 자치활동은 주정부의 주도 아래 이루어져야 하고 주정부의 승인을 받아야 하며, 인디언이 자원을 사용하고 소유하는 권리는 자원 채취에 관한 국가법에 종속되었다. 한마디로, 달라진 것은 아무것도 없었다. 사빠띠스따는 폭스가 처음부터 법안을 통과시킬 의도가 없었다고 주장하면서 정부의 '배신'을 맹렬하게 비난하며 결국 라깐도나 숲으로 퇴각했다. 그리고 아직 나오지 않고 있다.

앞으로 전개될 상황이 궁금했던 나는 리언 진(Ryan Zinn)에게 도움을 청했다. 밝은 갈색 수염자국이 있는 리언은 친절한 캘리포니아 청년이자, 한없는 참을성의 소유자다. 그리고 미국에 본부를 둔 '글로벌 익스체인지'(Global Exchange)라는 인권단체에서 일한다. '글로벌 익스체인지'는 사빠띠스따 봉기 이후 치아빠스에서 활동하는 단체인데, 이 단체의 공식입장은 중립이다. 이 점에 있어서는 모든 단체가 마찬가지다. 멕시코 대통령은 헌법에 의거해 내정에 간섭하는 외국인을 즉각 추방할 수 있다. 1994년부터 멕시코 대통령은 사빠띠스따 투쟁에 연루되었거나 연루된 것으로 추정되는 구호활동가, 신문기자, 성직자 등 450여 명을 추방했다. 내가 외출할 때마다 수첩을 챙기는 것도 그 때문이다.

치아빠스에 온 지 며칠이 지났다. 리언은 루씨와 나를 '글로벌 익스체인지'의 '현실체험관광'에 끼워주기로 약속했다. 현실체험관광이란 미국 등 부자나라에서 온 사람들이 10여 명씩 일주일 동안 치아빠스 마을을 구경하는 비싼 패키지상품이다. 참가자는 사빠띠스따와 그밖의 주민들의 이야기를 직접 들어볼 수도 있다. 전쟁중인 치아빠스의 상황에 세계의 관심을 환기하고, 새로운 소식을 전하고, 상호이해를 증진한다는 취지로 시작된 것이다. 나로서는 치아빠스와 사빠띠스모(Zapatismo)의 현실을 체험할 수 있는 아주 좋은 기회다.

루씨와 리언과 나는 10여 명의 현실체험단과 함께 비좁은 소형버스에 올라탔다. 한 시간 정도 달리면 치아빠스의 사빠띠스따 주요거점 중 하나인 오벤띠끄(Oventic)에 도착할 것이다. 버스 안에는 뉴저지 사투리가 심한 사근사근한 교사, 이십대로 보이는 캘리포니아 무당, 아일랜드 신부님, 미국 중부에서 온 뚱뚱한 신자유주의 정치학 교수 등이 타고 있다. 이 교수는 왜 왔는지 잘 모르겠다. 누가 무슨 말만 하면 사사건건 트집을 잡는다. 재미있는 하루가 될 것 같다.

사빠띠스따 혁명이 무장투쟁으로 변한 것은 다른 수가 없었기 때문이다. 그러나 혁명이 처음 시작된 것은 1994년, '말 고비에르노'(mal gobierno), 즉 나쁜 정부에 대한 마을 단위의 저항이 생기면서부터였다. 또한, 사빠띠스모가 성공했다고 할 수 있는 이유는 12일 동안의 전쟁 때문도 아니고, 멕시코정부가 이들의 요구에 반응을 보였기 때문도 아니며 세계적 차원의 저항에 불씨를 당겼다는 사실 때문도 아니다. 이들이 성공했다고 할 수 있다면 그것은 치아빠스에 있는 수십만 명의 마야마을

주민들이 아직 혁명중이기 때문이다.

오벤띠끄도 그중 하나다. 1994년 12월, 사빠띠스따를 지지하는 68개 마을에서 '자치구'를 선포했다. 정부가 이들의 요구를 계속해서 묵살하자 자치구영토는 사빠띠스따 점령지로 공식 선포되었다. 치아빠스의 1/3에 해당하는 땅이었다. 자치마을 주민들은 마을에 파견된 정부관리를 축출하고 마을자치를 선포했다.

이것이 그들이 말하는 혁명이었다. 마르꼬스는 이렇게 말했다. "똑같은 권력을 가지고 로고와 포장만 바꾼 것이 아니다. 혁명이란 어디선가 불어오는 한줄기 시원한 바람." 자치마을 주민 하나는 이렇게 말했다. "우리에게 자유가 생긴 것은 마을에서 자치구를 만들었기 때문이다. 우리가 꿈꾸는 것을 만들어낼 자유가 생겼고, 우리가 원하는 것을 우리의 필요와 우리의 역사에 어울리게 만들어낼 자유가 생겼다. 우리는 정부에게 그럴싸한 옷을 입혀달라는 것이 아니라 긍지를 지키며 살 수 있는 권리를 달라는 것이다."[12)]

1994년에 생겨난 자치구역은 어려운 고비를 무수히 넘기며 살아남았다. 직접 지방정부를 관리하고, 지도자를 고용하거나 해고하며, 공공써비스를 운영하고, 교사와 의사를 양성했다. 모든 것이 쉽지 않은 일이었다. 이들을 위한 국내외 구호활동과 연대운동이 있기는 하지만, 돈도 부족하고, 석유와 식량 등 생필품도 부족하다. 하지만 이들은 '싼안드레스 협정'이 통과될 때까지 중앙정부의 원조를 거부하기로 결정했다. 이들은 종종 지주나 PRI가 지원하는 무장단체에게 습격을 당하기도 하고 정부의 끈질긴 압력에 시달리기도 한다. 그렇게 효율적인 정부도 아니면서 (정부의 통제를 벗어난 인구가 수천 명에 달한다), 자치구에 대한 탄압

만은 이상하게 집요하다. 1999년에 경찰은 싼안드레스 기습작전에서 시청을 습격하여 마을을 탈환하고 사빠띠스따정부가 무효임을 선포했다. 그러나 바로 다음날 수천 명의 사빠띠스따가 마을을 다시 습격해 시청을 되찾고, 다시 한번 자치구역을 선포했다. 이들은 게릴라군대가 아니라 싼안드레스와 인근 마을의 평범한 비무장주민들이었다. 그 이후 다시는 경찰의 습격이 없었다.

이런 일이 가능했던 것은 지역사회의 전폭적인 지지 덕분이다. 사빠띠스모가 살아남을 수 있었던 것은 게릴라가 휘두르는 총 몇자루 때문도, 국제적 연대 때문도 아니다. 사빠띠스모가 살아남을 수 있었던 것은 지역사회라는 난공불락의 거점이 존재하기 때문이다. '사빠띠스따'에는 세계의 관심이 쏠리는 숲 속의 게릴라 몇천 명만 있는 것이 아니다. 게릴라 군대의 고향마을 주민들 전부가 사빠띠스따다. 줄잡아 25만 명을 헤아리는 이들 주민은 하루하루가 자치 실현의 나날이다. 이들이 없다면 게릴라도 없다. 사빠띠스모는 무장반군에 국한되지 않는다. 날마다 저항하는 이 지역 전체가 사빠띠스모다.

바로 이 강력한 지원본부에서 사빠띠스따의 영구적인 유산이 될 중요한 두 가지 원칙이 만들어졌다. 첫째, 권력은 정부 차원에 집중되는 것도 아니고, 정치엘리뜨 사이를 몇년마다 왔다갔다하는 것도 아니다. 권력은 지역사회 차원으로 내려와야 하는 것이며, 국민에 의해 국민을 위해 사용되어야 하는 것이다. 둘째, 그렇게 되기를 바란다면 정부가 권리를 넘겨줄 때까지 가만히 기다리고 있어서는 안된다. 지역사회의 이름으로 권력을 쟁취해야 한다.

우리가 탄 소형버스는 한 시간 동안 구불구불한 산길을 달려 한 임시 초소 앞에 멈춘다. 초소 너머로 내리막길이 길게 이어지고, 흙길 좌우로 목조건물이 늘어서 있다. 우리는 비좁은 차에서 간신히 빠져나온다. 사방으로 보이는 숲이 안개에 휩싸여 있다. 초소 바로 옆 목재건물은 벽화로 뒤덮여 있다. 나중에 알고 보니, 사빠띠스따 마을 중에 벽화가 없는 마을은 한 곳도 없다. 이 건물 벽에는 네 사람의 얼굴이 그려져 있다. 마르꼬스, 에밀리아노 사빠따, 체 게바라, 성모 구아달루뻬가 그들이다. 성모 구아달루뻬는 1531년에 멕시코씨티 근교의 한 목동에게 발현하여 멕시코 가톨릭의 기틀을 마련했다. 갈색 피부의 성모 마리아라고 할 수 있다. 성모도 스키마스크를 쓰고 있다. 이 네 명의 영웅은 모든 사빠띠스따 마을에서 만날 수 있다.

검은 복면을 쓴 남자가 우리에게 다가와 인사를 건네자 에르네스또가

혁명영웅 사빠따의 얼굴이 그려진 한 목조건물.

협상에 나선다. 에르네스또는 리언의 '글로벌 익스체인지' 동료다. 검은 복면의 남자는 우리의 여권과 소개장을 받아들고 어디론가 사라진다. 얼마 후 다시 나타난 그는 오벤띠끄를 대표하여 우리에게 공식 환영인사를 건네고는 벽화로 뒤덮인 아까 그 건물로 안내한다. 알고 보니, 이 건물은 가게 겸 식당이다. 여기서 일하는 빈털터리 사빠띠스따들은 각종 상품을 진열해놓고 우리가 지갑을 꺼내기만 기다린다. 마르꼬스 티셔츠, 스키마스크, 손수건, 포스터, 열쇠고리, 혁명가요 테이프, 책, 모자, EZLN 재떨이까지 있다. 바로 옆 식당에는 흔들리는 탁자가 줄지어 서 있고, 나무로 만든 배식구 뒤에서는 여자들이 또르띠야*와 콩과 쌀로 요리를 하고 있다. 건물 전체를 마을 사람들이 만든 것 같다. 코카콜라가 아주 잘 팔린다.

* 밀가루나 옥수수가루를 이용해서 빈대떡처럼 만든 음식. 속에 야채나 고기를 넣어 싸서 먹는 멕시코 전통음식.

나는 좀 의아스럽다. "리언, 콜라를 파네요."

"맞아요. 콜라를 팔아요."

"하지만 그래도 명색이 사빠띠스따가…… 아무리 그래도…… 신자유주의나 미국식민주의를 좋아하지 않을 텐데. 그런데 '콜라'를 마셔요?"

"음, 이 사람들 콜라를 좋아해요. 사령관 따초(Tacho)가 그랬대요. 자본주의에서 쓸 만한 것은 코카콜라밖에 없다고요."

"그래요? 아, 그렇군요." 나는 실망감을 떨치기가 어렵다. 실망감은 곧 실망감을 느낀 것에 대한 죄의식으로 변한다. 그들이라고 콜라를 마시지 말란 법은 없는데. 그러나 아무리 생각해도 이건 아니다. 나는 리언에게 되묻지 않을 수 없다. "왜 '꼭' 콜라를 마셔야 하나요?"

"한 가지 잊지 말아야 할 것이 있어요. 멋있는 포스터도 좋고 귀여운 인형도 좋고 다 좋아요. 하지만 지금은 전쟁중입니다. 콜라가 있든 없든 지금은 혁명중입니다."

우리가 한참 이야기를 하는 동안, 초소에서 만났던 남자가 들어와 몇 뻬소를 내고 콜라 한 병을 사간다. 여전히 검은 스키마스크를 쓰고 있다.

우리는 점심을 대충 때우고 관광길에 오른다. 처음 찾아갈 곳은 진료소다. 커다란 콘크리트건물을 요란한 벽화가 뒤덮고 있다. 마야의 용들, 복면을 쓴 얼굴들, 총들, 불길들, 창문을 휘감은 덩굴손들, 손에 손을 잡은 아이들 그림이 보인다. '민중과 함께'(Pueblos Unidos!)와 '민주주의, 정의 그리고 자유'(Democracia, Justicia y Libertad)라는 글도 보인다. 진료소 안에서는 젊은 의사가 근무하고 있다. 검은 머리에 하얀 가운을 걸친 나스따시오(Nastacio)라는 남자다. 나는 일행과 함께 그의 말에 귀를 기울인다. 그는 물자가 너무 부족하고 일이 너무 힘들다고 얘기한다. 옆동네에서 태어났으며 사빠띠스모의 이상을 굳게 믿는다고 한다.

그의 말은 계속된다. "우리는 자치마을에서 일할 의사와 간호사를 우리 손으로 길러내고 있습니다. 주민들의 건강을 지켜야 하니까요. 하지만 사람들을 모으기가 쉽지 않아요. 보다시피 우리는 돈이 없습니다. 약은 부족하고 의사에게 줄 봉급도 없어요." 그의 말은 하소연이 아니라 사실이 그렇다는 것이다.

"가끔 치료비나 약값으로 옥수수나 또르띠야나 콩을 갖다주는 사람들이 있으니까, 최소한 굶지는 않아요!" 의사는 이렇게 말하며 미소를 짓는다. 진료소에서 더 내려오면 학교가 있다.

교실로 들어간 우리는 나무책상 앞에 자리를 잡는다. 학교책상이 다 그렇듯, 긁힌 자국과 잉크 자국이 지저분하다. 교실은 더럽고, 손으로 만든 것 같은 책장이 죽 늘어서 있다. 라틴아메리카의 역사, 사회학, 정치학, 혁명의 이론과 실천에 관한 책들이 빼곡하게 꽂혀 있다. 이 지역언어인 초칠어로 된 책도 있다. 교실 구석 콘크리트 바닥에는 영사기, 낡은 컴퓨터, 종이상자, 찌그러진 지구본 등이 아무렇게나 쌓여 있다. 낡아빠진 창문으로 해가 들어 먼지가 떠다니는 것이 보인다. 책상 위의 낙서를 못 봤으면 내가 어디에 있는지도 잊어버릴 뻔했다. 책상에는 '나는 리키엠(Ricky M)을 사랑해' 대신 '사빠따 만세!'(Zapata Vive!)와 'EZLN' 같은 구호가 새겨져 있다.

교실 구석의 교사용 책상 뒤쪽에 남자 여덟 명이 반원형으로 둘러앉아 있다. 우리를 기다리고 있는 것이다. 카우보이모자를 쓴 사람도 있고 야구모자를 쓴 사람도 있고, 카우보이장화를 신은 사람도 있고 샌들을 신은 사람도 있는데, 복면만은 모두 쓰고 있다. 수건을 두른 사람도 있고, 사빠띠스모의 상징인 스키마스크를 쓴 사람도 있다. 스키마스크는 두 가지 면에서 실용적이다. 첫째, 숲 속의 게릴라에게는 치아빠스 산 속의 매서운 겨울추위를 막을 수 있다는 장점이 있다. 그리고 오벤띠끄를 비롯한 자치마을의 사빠띠스따에게는 경찰, 정부, 기타 무장세력, 또는 그밖의 적들에게 자신의 정체를 감출 수 있다는 장점이 있다.

그러나 이제 스키마스크는 그 이상을 상징하게 되었다. 사빠띠스따('얼굴 없는 사람들, 말 못 하는 사람들', 즉 멸시받는 인디오)는 수세기 동안 억압과 멸시 속에 살아왔다. 역설적이게도, 멕시코는 그들이 얼굴을 가리고 나서야 비로소 그들의 존재를 인정했다. 스키마스크는 정체를 감추는 동시에 모종의 정체성을 상징한다. '목소리를 들려주기 위해 마스크를 쓰는 것'은 '얼굴을 보여주기 위해 복면을 쓰는 것'과 같다. 사빠띠스따는 역설한다. 이 보이지 않는 얼굴 위에 누구의 얼굴이든 그릴 수 있다고. 억압에 저항하는 사람이라면 이 세상 누구도 그럴 수 있다고. 얼굴을 가리면 그들이 바로 우리다. 우리 모두 사빠띠스따다. 우리는 세상에 없는 곳이 없다.

우리는 지금 교실에서 역시 복면을 쓴 사람에게 강연을 듣고 있다. 'EZLN교육위원회' 대표라는 연사는 이곳이 사빠띠스따에서 초창기에 만든 자치학교라고 설명한다. 여기서 '혁명적 대중교육체제'를 세울 것이라고 한다. 멕시코씨티에서 하달하는 교육지침을 따르는 것이 아니라 학생들과 지역사회의 현실적인 요구를 수용할 것이라고 한다. 학생들이 배울 내용은 지역사회가 결정할 것이라고 한다. "우리는 인류에 모범을 보일 것입니다. 교육받지 못한 민족은 역사 없는 민족, 죽은 민족입니다. 몸만 여기 있고 마음은 뉴욕이나 멕시코씨티에 가 있는 교사, 자기 민족을 팔아서 돈 버는 법이나 가르치는 교사는 필요 없습니다. 우리는 우리 손으로 우리 민족에게 혁명교육을 제공할 것입니다. 정부는 우리가 무기를 가졌다고 합니다. 틀린 말은 아닙니다. 교육이야말로 위험한 무기지요. 정신과 양심을 일깨우니까요."

재미가 아주 없지는 않지만, 두 시간은 너무 길다. 모두들 강의가 끝나기만 기다린다. 강의는 어느새 지루한 정치적 독백으로 변했다. 사빠띠스따에도 따분한 인간이 있었군. 인간의 본성 중에는 혁명으로도 해결되지 않는 것이 있다. 이런 생각을 하니 좀 우울해진다. 리언은 초주검상태다. 두 시간 동안 쉬지 않고 통역을 했으니. 한참 만에 밖으로 나오니 햇빛에 눈이 부시다. 다들 서로 눈빛을 교환한다.

나는 루씨를 떠본다. "음, 재밌는 얘기도 있었어." 루씨는 쓴웃음을 짓는다.

버스에 오르기 전에 여성협동조합과 약속이 있다. 우리와 약속한 여자들은 강연시간 내내 참을성 있게 기다려주었다. 자신들이 하는 일을 우리에게 설명해주기 위해서다. '존엄을 지키는 여성회'라는 이름의 이 협동조합은 사빠띠스따 마을에서 여성에 의해, 여성을 위해 운영되는 사업 중 하나다. 여성 장인(匠人)들이 제작과 판매를 담당하며, 남는 수익은 모든 회원에게 똑같이 돌아간다.

협동조합 대변인인 여성은 "여성들이 조직을 만드는 것은 중요한 일"이라고 말한다. 협동조합 여성들은 머리 위에 뜨개제품을 걸어놓고, 진열장에는 목공예제품과 도예제품을 널어놓고 그 앞에 한 줄로 죽 늘어서 있다. 대변인은 긴장한 것 같다. 당연한 일인지도 모르겠다. "오랫동안 이런 일을 할 수 있는 통로가 없었습니다. 어려움도 많았지만, 우리들은 힘을 합해 여성의 존엄을 주장할 수 있게 되었고, 자긍심을 느낍니다."

사빠띠스따 마을에서 여성이 차지하는 위치는 변화를 향한 사빠띠스모의 노력을 보여주는 좋은 예다. 사빠띠스모는 전통적인 마야문화와 새로운 사상을 융합하기 위해 많은 노력을 기울여왔으며, 더이상 받아들이기 어려운 전통문화는 기꺼이 폐기할 자세가 되어 있다. 치아빠스 전통사회의 고질적인 남성우월주의 역시 당연히 폐기의 대상이다. 특히 EZLN의 여성혁명법은 여성들이 입안한 법이자 모든 사빠띠스따 마을공동체에 적용되는 법으로, 여성은 의사결정, 결혼, 무장전투를 포함한 모든 상황에서 남성과 똑같은 권리를 갖는다(사빠띠스따 게릴라의 1/3이 여성이라는 말이 있을 정도다). 사빠띠스따 마을 여자들에게 이 법이 생기고 변한 것이 있냐고 물어보면 백이면 백 모두가 생활하기가 훨씬 좋아졌다고 한다. 남자를 대할 때 여자도 동등한 인간이라는 자신감을 가

사빠띠스따 전통복장에 스키마스크를 쓴 자치회 구성원들.

지게 됐다는 것이다.

그러나 습관이란 무서운 것이다. 여성대변인의 말이 끝나기도 전에 카우보이모자를 쓴 남자가 끼어들어 대변인이 지금까지 했던 말을 자기 식대로 요약해버린다. 그런데도 여성대변인은 말없이 뒤로 물러나 남자의 말에 귀를 기울인다.

루씨가 말한다. "이래서 여성협동조합이 필요한 거로군. 남자들이란 어딜 가나 똑같아."

버스를 타기 전에 마지막으로 촌장의 말을 듣는 순서가 남았다. 촌장은 체크무늬 셔츠를 입은 노인인데, 복면을 안 썼다. 노인은 자기 말의 무게를 견디기 어려운 듯 약간 허리가 굽었다. 병아리들이 삐약삐약 소리 내며 노인의 발밑을 오간다.

그의 말은 간단하다. "아시겠소. 우리는 여기서 힘들게 산다오. 우리가 사는 모양을 보여드렸소. 생활이 어렵지만 그래도 싸움을 멈추지는 않는다오. 싸우지 않는다고 다른 수가 있는 것도 아니니까. 멕시코에는 이곳 말고도 사빠띠스따가 수두룩하다오. 모두들 포기하지 않고 싸운다오. 우리는 세상에 없는 곳이 없소. 여러분들께 한 가지 부탁이 있소. 우리를 잊지 말고 다른 곳에 가면 우리 얘기를 전해주시오. 이상이오."

"감사합니다." 리언이 촌장에게 고개 숙여 인사를 전한다. 이제 떠날 시간이다.

싼끄리스또발로 돌아가는 소형버스가 내리막길에서 속도를 높인다. 신자유주의 교수는 기분이 언짢은지 돈 끼호떼 같은 찡그린 미소를 짓고 있다. 풀어헤친 파란색 티셔츠는 땀에 젖어 있다.

그는 남이 듣거나 말거나 이야기를 계속한다. "다들 봤겠지. 이대로 간다면 여성협동조합은 문을 닫아야 할 거야. 경영에 효율이 없어. 어떻게 일을 이런 식으로 하는지. 사람마다 작업량도 다르고, 숙련도도 다르고, 만드는 물건도 다른데, 수익을 공평하게 나눈다니. 열심히 일하고 기술도 좋은 사람들이 덜떨어진 사람들에게 돈을 대주는 꼴이지."

"그러자고 하는 일이잖아요." 이렇게 말하는 사람은 그의 아내다. 그동안 참느라 힘들었을 것이다. 그녀는 당황한 표정을 짓는 데는 도가 튼 것 같다.

"글쎄, 그들은 경제의 기본도 모른다니까. 장기간 계속될 수 없을걸. 낙오자들에게 돈을 대줄 수는 없잖아." 그는 영화에 나오는 악당 같다. 토할 것 같다.

나도 더이상 못 참겠다. "이것 봐요. 협동조합은 탄탄한 조직이에요. 이런 게 바로 지역사회 부양, 중소기업 공조, 상호부조라는 것 아닙니까.

당신네 경제학자들은 개인의 성취동기를 선호하겠지만, 그러는 당신은 다른 대안이 있나요? 잽싼 노동자가 돈을 벌어 성공하면 끝인가요? 아니면, 구호체제를 구축해서 낙오자들에게 현찰을 나눠주는 게 좋으세요?"

그는 대답한다. "글쎄, 그건 별로 좋은 대안은 아닌데. 나에게 대안을 말하라면, 집 근처에 있는 깨끗하고 괜찮은 마낄라도라(maquiladora)*를 추천할 텐데."

* 미국시장을 겨냥한 기업들이 입주한 멕시코 국경의 수출기지. 멕시코 내의 외국인 소유 공장을 일컫기도 한다. 멕시코 기업을 절구통에 붙은 옥수수가루에 비유해 냉소적으로 부르던 데서 연유했다.

뉴저지 사투리를 쓰는 교사가 '메이-키이-아도라'가 뭐냐고 묻는다.

"노동착취 공장." 뉴욕에서 온 날카로운 인상의 노부인이 대답한다. 교수를 노려보는 그녀의 표정에서 혐오감이 점점 더해간다. 교수는 기분이 상한 것 같다.

"글쎄, 그건 좀 상스러운 말이지만, 아무튼, 일용직 노동자로 일하면서 운동화나 셔츠 같은 것을 만들어 미국으로 수출하면 좋을 거야. NAFTA 덕분에 수출가격도 좋을 테고, 수출로 돈을 벌면 개발도 할 수 있고……"

노부인이 교수의 말을 자르며 묻는다. "누구 담배 가진 사람 없소? 한 대 피워야겠는데."

교수가 다시 기분이 상한 것 같다. "나는 담배 피우는 것을 아주 싫어하는데요. 특히 밀폐된 공간에서는."

그녀가 말한다. "그럴 줄 알았어."

싼끄리스또발 북부의 작은 광장 위로 크고 화려한 교회가 그림자를 드리운다. 루씨와 나는 광장 안에 있는 마야시장 이곳저곳을 기웃거린다. 상인은 원주민들인데, 대부분 여자다. 물건들은 흙바닥이나 나무탁자에 놓여 있다. 열대성강우가 쏟아질 것을 대비해 가게 옆에는 항상 비닐덮개를 준비해놓고 있다. 대부분 관광객을 위한 옷, 그림, 싸구려기념품을 팔고 있다. 1994년부터는 혁명관광객을 위한 기념품이 잘 팔린다. 사빠띠스따는 관광객에게 인기 만점이다.

스키마스크, 포스터, 깃발, 달력, 열쇠고리 등 오벤띠끄에서 보았던 물건이 많이 있다. '사빠투어 관광객' 사이에 가장 인기있는 품목은 EZLN 병사인형이다. 검은 펠트 재질에 성냥으로 만든 총을 들고 있다. 열쇠고리 장식도 있고 인형 여섯 개가 들어 있는 작은 트럭쎄트도 있다. 트럭은 나무로 조잡하게 만들어졌지만 색깔만큼은 화려하다. 측면에는 'CHIAPAS'라는 글자가 씌어져 있다. 여섯 개의 인형 중에 대장인형은 복면을 쓰고 총을 든 것에 더해 작은 파이프까지 물고 있다. 한편, 사빠띠스따 티셔츠는 시장은 물론 마을에 있는 모든 기념품가게에서 팔고 있다. 티셔츠는 무늬와 치수와 색상이 마을마다 제각각이라 종류가 수십 가지지만, 모든 티셔츠에는 부사령관 마르꼬스의 얼굴이 찍혀 있다는 공통점이 있다.

모든 정치운동에는 영웅이 필요하다. 마르꼬스는 자신의 의사와 상관없이 치아빠스 사빠띠스따 혁명의 영웅이 되었으며 나아가 사빠띠스따와 함께 성장한 전세계 대중운동의 영웅이 되었다. 그런데 재미있는 사실은, 아무리 마르꼬스를 열렬히 숭배한다 하더라도 그를 '추종'할 수는 없다는 것이다. 그는 누군가의 지도자가 되기를 거부하기 때문이다.

현실적으로 볼 때도 그렇다. 공식적으로 마르꼬스는 사빠띠스따의 지도자가 아니다. 사빠띠스따에는 지도자가 없다. 사빠띠스따 군대의 책임자는 '원주민비밀혁명위원회'를 구성하는 스물세 명의 사령관들이다. 이들은 모두 자치마을 출신의 인디언으로서, 자치마을에서 선출되고 자치마을의 지시를 따른다. 1994년에 전쟁 결정을 내린 것도 사령관들이 아니었다. 그들에게는 그럴 만한 권한이 없다. 결단을 내린 것은 자치마을의 사빠띠스따였다. EZLN은 여러달 동안 치아빠스 전역에서 철저한 자문과 투표를 거친 후에 비로소 전쟁에 들어갔다.

한편, 마르꼬스는 부사령관이다. 부사령관은 이론상 사령관들의 지시에 따라 사빠띠스따 군대를 훈련하고 지휘하는 일종의 대리인이다. 이렇듯 마르꼬스는 사빠띠스따의 지도자는 아니지만, 멕시코와 국제무대에서 사빠띠스따의 대변인 역할을 하고 있다. 마르꼬스는 인디언들의 세계와 바깥세계를 이어주는 다리라고 할 수 있다. 그러나 그는 지도자가 되기를 거부하고 추종자 두기를 거부하며 선언문을 써달라는 부탁도 모두 거절한다. 그가 지도자가 되어 추종자를 거느린다면, 사빠띠스모가 의미하는 모든 것(지역사회 차원의 민주주의, 마을 단위의 정치·경제 관리, 권력을 바라보는 완전히 새로운 시각)은 거짓말이 될 것이기 때문이다.

그러나 마르꼬스는 항상 뭔가를 쓰고 있다. 그것만은 자기도 어쩔 수 없는 것 같다. 1994년부터 그가 머물고 있는 밀림의 요새에서 '편지'가 쏟아져나왔다. 독특한 문체와 한결같은 끝인사("멕시코 동남부 산 속에서, 반란군 부사령관 마르꼬스")를 보면 누가 쓴 것인지 금방 알 수 있다. 자존심 있는 게릴라라면 자본주의의 악덕을 비판하는 혁명 교설(敎說)을 써야 한다. 그것도 게릴라가 해야 할 일이다. 마르꼬스 역시 혁명 교설을 쓰는 것이 취미지만, 그의 글은 훨씬 문학적이고 예측불허다. 정적들을 우아하게 비난하는 방법도 알고 있다. 전 대통령 세디요에게 보내는 편지의 마지막 인사는 이랬다. "당신의 앞날에 닥칠 절벽에 대비해

EZLN의 부사령관 마르꼬스.

낙하산을 준비하시길 기원합니다." 그는 '세계시민사회'에 '전보'도 많이 친다. 그중 하나는 이랬다. "회색분자가 승리 기대 마침표 무지개 필요 절실 마침표."(THE GREYS HOPE TO WIN STOP RAINBOW NEEDED URGENTLY STOP.) 또 그는 말도 안되는 교훈적 우화도 많이 쓴다. '정체성 위기를 겪는 라임 이야기' '현실에 순응하지 않는 작은 두꺼비 이야기' 등이 특히 유명하다. 게릴라 역사상 애완동물까지 글을 쓰게 하는 게릴라는 마르꼬스밖에 없을 것이다. 그의 애완용 딱정벌레인 '라깐도나의 돈 두리또'는 이야기, 에쎄이, 경제 비판을 쓴다.

마르꼬스는 말한다. "새로운 세상을 만든다는 것은 심각한 일입니다. 그러나 우리가 일하면서 웃을 수 없다면, 우리가 만드는 세상은 사각형일 것이고, 그러면 세상을 굴릴 수 없을 것입니다."[13] 마르꼬스가 평범한 라틴아메리카 게릴라가 아닌 것은 확실하다. 체 게바라는 수염도 멋졌고 순교자의 최후를 맞기도 했지만, 마르꼬스 같은 블랙유머 감각은 없었다. 이것은 윙크하는 혁명, 탈근대의 혁명이다.

마르꼬스는 여전히 베일에 싸인 인물이다. 폭스에 앞서 PRI를 이끌었던 에르네스또 세디요는 마르꼬스가 멕시코씨티의 철학교수였다면서 그의 '베일을 벗겼다'고 주장했다. 마르꼬스는 당연히 아니라고 했다. 마르꼬스에 관한 것 중 한 가지 확실한 사실은 그가 청년시절에 20세기의 극좌사상에 경도된 혁명가로서 치아빠스를 찾아왔다는 점, 그리고 지금은 완전히 다른 사람이 됐다는 점이다. 마르꼬스가 치아빠스에서 겪었던 변화의 여정은 사빠띠스모의 전설이 되었으며, 좌익과 우익의 경직된 이데올로기를 거부하는 오늘날의 정치운동에 중요한 시사점을 던져준다.

마르꼬스가 치아빠스에 온 것은 1980년대 초반이었다. 기반을 잃은 멕시코씨티 마오주의자들과 함께였다. 마르꼬스 일행은 혁명을 원했다. 그리고 혁명에는 공식이 있었다. 억압받는 노동자가 자본가계급에 대항하여 봉기하는 것이었다. 생산수단을 장악하여 민중에게 돌려주고, IBRD 고문의 창자를 꺼내 스타벅스(Starbucks) 간부의 목을 조르는 것도 좋았다. 일단 치아빠스 원주민들이 억압받는 것은 분명해 보였다. 혁명이 일어나기에 좋은 토양인 것 같았다. 그들의 계급적 지위에 대한 적절한 교육을 시켜만 준다면, 혁명이 일어나는 것은 시간문제인 것 같았다. 수리수리 마하수리 얏! 마르꼬스는 자신이 혁명의 전위라고 생각했다.

그러나 혁명은 그렇게 일어나는 것이 아니었다. 마르꼬스가 '봉기하라!'고 외쳤더니 '너나 꺼져라'는 대답이 돌아왔다. "우리는 프롤레타리아가 아니고, 우리 땅은 당신네 생산수단이 아니다. 우리는 트랙터공장에서 일하는 게 아니다. 우리는 남의 말을 듣고 움직일 생각이 없다. 대도시에서 온 똑똑한 양반들아. 우리한테 이래라저래라 하지 마라. 당신네 변증법도 좋고 다 좋은데, 우리에겐 필요없다. 당신네도 변증법을 어디

쓰는지 모르지 않느냐."

마르꼬스에게 치아빠스는 마치 계시와도 같았다. 언젠가 마르꼬스는 한 멕시코 기자에게 이렇게 말한 적이 있다. "그때 나는 우리가 세상의 빛인 줄 알았다. 인디언을 조직화할 사명을 띠고 이 땅에 보내진 것이라고 생각했다. 그러나 마을 사람들과 이야기를 나누면서 우리는 아주 중요한 가르침을 얻었다."[14] 이 청년혁명가는 가르친 것보다 배운 것이 많았다. 풀뿌리민주주의를 배웠고, 전통을 배웠고, 땅에서 일하는 것을 배웠다. 자연과 친해지는 법을 배웠다. 원주민은 전혀 새로운 동시에 아주 오래된 것이었고, 바깥세계의 경직된 정치관으로는 도저히 정리할 수 없는 것이었다. 그는 자신의 이데올로기에 의문을 제기했고, 10년 동안 산속의 동굴과 밀림의 요새와 마을과 계곡과 농장에서 살면서 인디오가 진정으로 원하는 것이 무엇인지를 배웠다. 500년 동안 백인의 군홧발에 짓밟혀온 이들이 원한 것은 바로 자유와 권력이었다. 우익, 좌익, 중앙에서 저마다의 이념을 내세우며 이들을 '개발'시켜주겠다며 선심을 쓰는 체하지만 이들은 성가실 뿐이다. 이들은 남의 방해 없이 스스로 성장할 수 있기만을 바란다.

이들은 혁명적인가? 보수적인가? 그것이 중요한가? 마르꼬스는 중요하지 않다고 생각했다. 그때부터 마르꼬스는 새로운 동시에 오래됐고, 급진적인 동시에 전통적이고, 한 지역에 국한된 동시에 세계적이고, 낭만적인 동시에 실용적인 정치현상이라는 자신과 사빠띠스따의 엉뚱한 입장을 십분 즐기고 있다. 그는 자신에 대해서 이렇게 말한다. "공산주의자들은 그를 무정부주의자라고 비난한다. 인정. 무정부주의자는 그를 정통파라고 비난한다. 인정. 개량주의자들은 그를 극단주의자, 급진주의자라고 비난한다. 인정. 급진주의자들은 그를 개량주의자라고 비난한다. 인정. '역사적 전위'는 그가 프롤레타리아에 호소하지 않고 시민사회에 호소한다고 비난한다. 인정. 시민사회는 그가 사회의 안녕을 위협한다고 비난한다. 인정. 주식시장은 그 때문에 아침에 입맛이 없다고 비난한다……"[15)]

마르꼬스는 사빠띠스따가 찾아낸 해답은 사빠띠스따만의 답이라는 것을 강조한다. 마르꼬스는 이 세상 누구에게도 무엇을 어떻게 하라고 말하지 않는다. 다만, 저마다 상황에 맞는 자신의 해답을 찾아야 한다고 말할 뿐이다. 최초의 탈근대혁명에서 최초의 탈근대게릴라가 등장했다. 이들은 해답보다는 질문이 많고, 정해진 이데올로기가 없고, 권력을 장악하는 대신 권력의 새로운 의미를 찾고, 적에게 설교하기보다는 적을 조롱한다. 이들에게는 '우리의 말이 곧 우리의 무기다.' 마르꼬스는 정치적 정체성의 위기를 겪은 후 새롭고 독특한 존재(즉 이의를 내놓는 얼굴 없는 보통 사람)가 되었다. 새롭게 성장하는 국제적 대중운동의 사고방식과 행동방식을 어느 누구보다 잘 반영하고 있는 것도 이 마르꼬스라는 인물이다.

마르꼬스는 누구인가? 그는 1994년에 자신에 대해서 이렇게 말했다. "마르꼬스는 쌘프란씨스코에서는 동성애자, 남아프리카공화국에서는 흑인, 유럽에서는 아시아사람, 이스라엘에서는 팔레스타인사람, 독일에서는 유태인, 갤러리도 없고 포트폴리오도 없는 화가, 페미니스트 운동에서는 성차별주의자, 밤 10시에 혼자 지하철을 기다리는 여자, 쓴 책도 없고 독자도 없는 작가, 그리고 멕시코 남동부에서는 사빠띠스따다. 마르꼬스는 지금 막 입을 열기 시작하는 그 모든 소수이며, 입을 다물고 귀를 기울여야 하는 그 모든 다수다. 마르꼬스는 발언할 방법을 고심하는 그 모든 불량집단이다. 마르꼬스는 권력층의 권력을 흔들고 그들의 양심을 불편하게 만드는 그 모든 상황이다. 마르꼬스는 바로 이런 사람이다."[16)]

부사령관 마르꼬스가 존재하지 않았다면 만들어내기라도 했어야 할 것이다. '세계화'에 저항하는 국제적 대중운동은 그만큼 마르꼬스가 필요하다. 또도스 쏘모스 마르꼬스(Todos Somos Marcos). 멕시코씨티와 씨애틀과 제노바에서 군중들이 외치는 구호이고, 티셔츠에 찍힌 글자다. '우리가 마르꼬스다.' 마르꼬스가 누구냐고? 마르꼬스가 아닌 사람이 누구냐?

나는 싼끄리스또발에 거의 2주 동안 머물면서 주민들을 인터뷰하고, '글로벌 익스체인지' 관광단을 따라다니며 이곳저곳 구경하고, 책임자들과 접촉하고, 관광객 행세도 좀 했다. 그리고 이제는 지금까지 보고 들은 사실을 정리해보려고 한다. 치아빠스에 오기 전까지는 이곳에서 무엇을 배울 수 있을지 잘 몰랐지만, 지금은 복잡한 이곳의 상황을 점차 깨달아가고 있다. 서양의 활동가들은 시를 쓰는 게릴라반군에 대한 낭만적인 상상을 가지고 있다. 하지만 사실 이들은 생존과 전통을 위해서 싸우기로 결심한 농민이자 원주민에 불과하다. 그렇지만 나는 이곳에서 사빠띠스모의 정수를 적어도 어느 정도는 발견하기 시작했다고 자부한다.

사빠띠스모의 정수는 자치에서 찾을 수 있다. 아무 사빠띠스따나 잡고 자치(자기 마을의 정치 · 경제를 지역사회 차원에서 관리하는 것)가 뭐냐고 물어보라. 이들은 행정 편의를 위한 정치적 조처가 아니라 싸워서 얻어야 할 원칙이라고 말해줄 것이다. 또 이들은 자치가 독립하는 것, 빠져

나오는 것, 고립하는 것이 아니라, 자기 운명을 자기 손으로 개척하는 것이라고 말해줄 것이다. 이때 자치와 연결되는 것이 지역사회 민주주의다. 지역사회 민주주의란 진정한 권력, 모두가 공유하는 권력, 지역사회 차원의 권력을 말한다. 이것을 실현하기란 결코 쉬운 일이 아니다.

바로 이런 것이 마르꼬스가 생각하는 권력을 구체적으로 실현한 것이라고 할 수도 있다. 권력이란 무엇인가, 권력을 어떻게 사용할 것인가에 대한 마르꼬스의 새로운 생각은 바로 자치를 통해서 구체화되기 시작한다는 것이다. 중앙집권적 파워블록이 지배하는 세상에서 '말 못 하는 사람들'은 언제나 짓밟히게 마련이다. 이런 세상에 저항하기 위해서는 최대한 많은 권력을 밑바닥까지 끌어내려야 하고, 국민이 실제로 권력을 쥘 수 있도록 확실한 조치를 취해야 한다. 전통적인 혁명가는 이런 것을 혁명이라고 생각하지 않을지도 모르지만, 이것은 이미 혁명이다. 세상이 돌아가는 방식에 혁명을 일으킨 것이기 때문이다.

치아빠스에 가면 영감을 얻을 거라는 말을 들었다. 그리고 정말로 영감을 얻었다. 이곳 주민은 사는 것이 고달프고 싸움을 멈출 수도 없지만 나는 이들이 정말로 중요한 뭔가를 발견했다고 생각한다. 이것은 적어도 원칙에 있어서는 세계적인 잠재력을 갖고 있다. 또 이것은 계속해서 확산된다. 어디까지 확산되고 있는지는 앞으로의 여행에서 드러날 것이다.

그러나 아직 치아빠스를 떠날 수는 없다. 사빠띠스따가 어디서 어떻게 시작되었는지도 알고 싶다. 그래서 루씨와 나는 일정을 조정해 사빠띠스따의 다섯 개 '수도'(아구아스깔리엔떼Aguascalientes) 중 하나인 라가루차(La Garrucha)에 얼마간 머물기로 했다. 라가루차도 수도라는 점에서는 오벤띠끄와 마찬가지지만, 교통편은 훨씬 불편하다. 우리는 평화시찰단 자격으로 이곳에 머물게 될 것이다. 군대와 무장세력이 지금도 수시로 공격을 해오기 때문에 사빠띠스따는 인터내셔널(International)이 마을에 머물러주는 것을 환영한다. 인터내셔널이 사빠띠스따 마을에 머무는 전통은 1995년에 시작되었다. 사빠띠스따 마을의 보통사람들에 대한 정부의 군사공격이 절정에 달했을 때였다. 인터내셔널은 군사동향을 감시하고 또한 이론상으로는 정부의 군사공격을 억제하는 역할을 한다. 세계가 치아빠스를 주시하고 있다는 경고라고 할 수 있다. 앞으로 열흘간이 일은 우리의 몫이다. 사빠띠스모의 고향 라가루차에 머무는 데 이보다 좋은 명분은 없다.

나는 라가루차로 출발하기에 앞서 마르꼬스와 총사령관 앞으로 편지를 쓰고 싼끄리스또발로 부쳤다. 그곳 연락병이 게릴라주둔지로 전달해주겠다고 약속했기 때문이다.

"편지를 보내주긴 하겠지만, 큰 기대는 하지 말라"는 것이 연락병의 약속이었다. 그녀의 말이 맞을 것 같다. 사빠투어가 성공하고 의회가 '싼안드레스협정'을 백지화한 후 EZLN 총사령관은 외부와 연락이 끊겼고, 말하기 좋아하는 마르꼬스까지도 모든 인터뷰를 사절했다. 어쨌든 편지연락은 한번 해볼 만한 일이었다.

오꼬씽고(Ocosingo)는 변경 마을이다. 길에는 여기저기 구멍이 파여 있다. 트럭들이 연기를 내뿜으며 지나가고, 술집에는 파리가 들끓고, 술꾼들도 꽤 많이 보인다. 관광객은 없다. PC방은 하나도 없다. 싼끄리스또발에서는 두 시간 거리인데 완전히 딴세상이다. 오꼬씽고는 까냐다(Cañadas), 즉 협곡으로 들어가는 관문이다. 까냐다란 라깐도나 우림에서 약 110킬로미터 밖 과떼말라 국경까지 이어지는 광대한 녹지대골짜기를 말한다. 치아빠스 반란의 심장부가 바로 이곳이다. 이곳에서 사빠띠스따반군이 만들어졌고, 마르꼬스 게릴라부대가 이곳 동굴이나 막사에서 수년간 주둔했다. 아마 지금도 이곳 어딘가에서 살고 있을 것이다. 1994년 사빠띠스따가 오꼬씽고를 포함한 일곱 개 마을을 점령했을 때 EZLN은 이곳에서 육군과 공군의 매복공격을 당했고, 오꼬씽고는 사빠띠스따 봉기에서 최악의 참사의 무대가 되었다. 정부군은 이들이 항복한 후에도 뒤통수에 총을 쏘았다. 사빠띠스따, 군인, 민간인을 합해 약 150명이 오꼬씽고의 대학살극에서 희생당했다.

오꼬씽고에 온 것은 차를 갈아타기 위해서다. 우리는 곧 덜컹거리는 짐칸에 실려 마을을 빠져나간다. 길이라고 부르기도 어려운 험한 길이다. 오꼬씽고 동쪽으로는 길이 너무 험해 버스가 다니지 않는다. 사빠띠스따의 심장부로 가는 유일한 방법은 트럭이다. 루씨와 나는 층층이 쌓인 낡은 타이어, 맥주상자, 곡식자루 사이에 간신히 자리를 잡았다. 트럭에는 우리 말고도 열 명이 더 타고 있다. 커다란 옥수수자루를 들고 가는 비쩍 마른 노인들, 장을 보고 돌아가는 여자들, 여자들 치맛자락에 매달린 아이들이다. 트럭지붕 위에서는 덩치 좋은 맨발의 소년들이 싱긋이 웃고 있다. 빡빡머리의 건장한 군인 두 명은 사빠띠스따 마을 근처의 군사기지에서 휴가를 나오는 길이다.

라가루차까지는 네 시간 거리다. 우리는 이 시간 동안 나무벤치 끝에 걸터앉아 흔들거리다가 트럭 옆 나무판에 기대서다가를 반복했다. 길이 울퉁불퉁해서 벤치가 수시로 튀어오른다. 쥐같이 생긴 갈색 개가 벤치 밑에서 아무 소리 없이 줄기차게 뱃속의 내용물을 토해내고 있다. 내용물은 트럭이 움직이는 대로 바닥을 이리저리 흘러다닌다. 길에는 여기저기 연못만 한 폭격자국이 나 있다. 차에서 내려 뒤에서 민 것도 한두번이 아니다.

그러나 까냐다에는 강렬한 아름다움이 있다. 도시에서 멀어져 남쪽이 가까워질수록 골짜기가 깊어진다. 트럭은 작은 초가마을들을 지나간다. 나무지붕 위로 연기가 모락모락 피어오른다. 전통의상을 입은 여자들은 우리가 탄 트럭을 수줍게 쳐다보고, 아이들은 첼딸(Tzeltal)어로 고함을 지르며 한참씩 트럭을 따라온다. 머리 위로 드리워진 나뭇가지에 선홍색 버섯들, 흰색 꽃들, 나무 난초들이 가득 피어 있다. 사방에 안개가 자욱한 초록색 언덕이다. 별천지에 온 것 같다. 대머리독수리가 머리 위를 날고, 벌레들 울음소리가 구슬프다. 온통 나비 천지다. 영롱한 푸른색의 거대한 나비는 날개 하나가 야자수잎만 하다. 작은 호랑나비, 하얀 나비, 빨간 나비, 보라색 나비, 갈색 나비, 청동색 나비가 안개 낀 길 위에서 수 킬로미터씩 빙빙 돌며 야단이다. 반투명의 날개로 햇빛이 언뜻언뜻 통과한다. 나중에는 나뭇잎처럼 얇은 나비들이 구름처럼 몰려와 라가루차 관문까지 우리가 탄 트럭을 호위해주는 것만 같다.

라가루차는 오벤띠끄와는 전혀 다른 곳이다. 오벤띠끄가 활력이 넘치는 곳이라면, 라가루차는 벌레 울음소리만 끝없이 들리는 적막강산이다. 트럭에서 내려 배낭을 챙기는데, 우리 말고는 아무도 보이지 않는다. 까냐다 중심부라는 것이 실감난다. 좁은 골짜기가 점점 넓어지나 싶더니, 아직 구름이 걷히지 않은 높은 골짜기 사이에 넓은 초지가 나오고, 초지 군데군데 초가집 수십 채와 밀빠(milpa), 즉 작은 옥수수밭이 들어선 공간이 나온다. 챙이 넓은 솜브레로모자를 쓴 남자가 담기둥에 기댄 채 풀잎을 씹고 있고, 웅덩이 주위에선 개 두 마리가 킁킁거리고 있다. 트럭이

혁명영웅 에밀리아노 사빠따의 얼굴이 그려 있는 건물 앞에 앉은 필자.

계곡 너머로 사라질 때, 돼지행렬이 눈에 들어온다. 엄마돼지와 아기돼지 세 마리다.

이곳이 '아구아스깔리엔떼'라는 것을 알 수 있는 증거는 길 오른쪽 목재건물에 그려진 거대한 벽화가 전부다. 우리는 벽화를 구경하며 걷다가 풀잎을 씹고 있는 남자에게 다가가 우리 소개를 한다. 그가 가리키는 방향을 보니 풀밭 가장자리에 오두막 몇채가 서 있다. 대충 지은 건물이 풀밭을 사방으로 감싸고 있다. 한쪽에는 석조교회가 있는데, 새로 지은 것처럼 보이는 건물은 이것밖에 없다. 교회 옆에는 다 쓰러져가는 학교가 있고, 학교 담장의 거대한 벽화에는 콧수염을 멋지게 기른 에밀리아노 사빠따가 그려져 있다. 반대쪽에는 길쭉한 판자건물이 서 있는데, 이 건물의 벽화는 유명한 사진을 그림으로 옮긴 것이다. 맨손의 사빠띠스따 여성들이 무장군인들의 공격을 평화적으로 막아내는 장면이다. 그림 옆에는 빨간색으로 '저항하라!'(Resistencia!)라는 구호가 씌어져 있다. 풀밭의 다른 한쪽에는 길쭉한 헛간이 하나 있고, 헛간 옆에는 파란색 버스 좌석이 녹슬어가고 있다. 그리고 풀밭의 마지막 한쪽에는 오두막 몇채가 모여 있다. 우리는 그중 한 집 문을 두드린다.

오두막 안에는 남자 네 명이 플라스틱의자에 둥그렇게 앉아 풀잎을 씹거나 담배를 피우고 있다. 알고 보니 이 마을 촌장들이다. 그중 한 명이 낡은 책상 뒤에 털썩 주저앉더니 여권과 소개장을 보자고 한다. 우리는 시키는 대로 서류를 보여준다. 그는 우리가 건네준 여권과 소개장을 꼼꼼하게 살펴보고 돌려준다.

그리고 말한다. "라가루차에 잘 오셨소. 숙소까지 모셔다드리겠소."

알고 보니, 아까 본 헛간이 우리의 숙소였다. 평화시찰단으로 온 다른 사람들이 헛간 대들보에 모기장과 그물침대를 매어놓았다. 우리는 한쪽 구석에 배낭을 던져놓고 사람들을 찾아 나선다. 헛간 옆 작은 오두막에서 이야기소리와 음식냄새가 흘러나온다. 오두막 벽에도 알아볼 수 없는 벽화가 그려져 있다. 문 옆에는 안장을 얹은 회색 말이 묶여 있다.

우리는 오두막으로 들어가며 인사를 건넨다. "안녕하세요." 어둠에 적응하는 데 시간이 걸린다. 이 오두막이 부엌인가보다. 벽에는 닳아빠진 냄비들이 매달려 있고, 흔들흔들하는 찬장에는 콩자루, 또르띠야더미, 먹다 남은 채소가 들어 있다. 흔들리는 탁자에 모여서 이야기를 하던 여섯 사람이 우리 쪽으로 고개를 돌린다.

그리고 한 목소리로 인사를 건넨다. "안녕하세요!"

나는 루씨와 함께 자리를 잡고 앉아 사람들에게 초콜릿바를 나눠준다. 가져오기를 정말 잘 했다.

한 소녀가 눈을 동그랗게 뜨고 말한다. "초콜릿이다! 맙소사, 초콜릿이야! 초콜릿 구경한 지 일주일이 넘었어요!" 루씨와 나는 단번에 사람들의 인기를 끌었다. 사람들은 루씨와 내게 따뜻한 커피를 건네준다. 커피가 담긴 잔은 여기저기 긁힌 자국이 있는 플라스틱 머그컵이고, 커피를 끓여내는 곳은 한쪽 구석에서 이글이글 타고 있는 모닥불이다.

흑인처럼 오글오글한 머리에 빈약한 턱수염의 에스빠냐 남자가 말을 건다. "여기서 재배하는 커피예요. 맛있지요?" 정말 맛있다. 알고 보니, 평화시찰단은 모두 유럽인이다. 에스빠냐 사람 두 명, 사빠띠스따와 동질감을 느낀다는 바스크 분리주의자 여자 두 명, 비교적 똑똑해 보이는 독일 남자와 그의 여자 친구가 전부다.

바스크 여자 하나가 말한다. "멋진 곳이에요. 아주 아름다워요. 하지만 사건은 별로 없어요. 편하게 쉬기에 좋아요."

독일 남자의 말은 좀 다르다. "군인들은 쉬지 않습니다. 오늘만 해도 군용 트럭 세 대가 지나갔습니다. 3.2킬로미터 위에 있는 군사기지 쪽으로 이동한 것 같은데, 이유를 알 수가 없습니다."

나는 말한다. "최근에 기지마다 대규모병력이 유입되고 있어요." 싼끄리스또발에 있을 때 우리의 라가루차 체류를 주선해준 민권단체에서 들은 얘기다. "그러나 이유는 아무도 몰라요."

에스빠냐 사람이 말한다. "그러면 우리가 여기서 알아보기로 하지요. 누구 배고픈 사람 있나요?"

모두가 힘을 합해 저녁준비를 한다. 한 시간쯤 지나자 옷에는 맛있는 나무연기 냄새가 밴다. 우리는 각자 접시에 콩과 쌀 그리고 당연히 또르띠야를 챙기고 플라스틱컵에 물도 챙긴다. 앞으로 열흘 동안은 식단이 바뀌지 않을 것이다. 그래도 질릴 것 같지는 않다.

나는 체류기간이 가장 길었던 것으로 보이는 에스빠냐 사람에게 말을 건다. “여기는, 약간, 뭐랄까, 좀 조용한 것 같아요. 생각보다 활기가 없네요.”

그가 대꾸한다. “무슨 말인지 알겠어요. 하지만 이제 이 많은 건물이 쓸모가 없어졌어요. 학교는 정부가 지은 건데 자치가 실시된 후에는 거의 쓴 적이 없어요. 어쨌든 선생까지 도망을 갔으니 쓸 사람이 없어요. 다른 건물은 대부분 엔꾸엔뜨로를 위해 지었던 것인데, 그후로는 쓴 적이 없어요. 회의장소인데, 마을 사람들 빼고는 모이는 사람이 없어요.”

‘만남’이란 뜻을 지닌 모임 엔꾸엔뜨로(Encuentro)는 이미 전설이 되었다. 엔꾸엔뜨로는 사빠띠스모의 이념과 원칙을 알림으로써 세계적 차원의 정치적 저항운동을 촉발하는 계기가 되었다. 사빠띠스따는 1996년 1월에 ‘전대륙 반란세력들’에게 초청장을 보냈다. 1996년에 치아빠스에서 ‘인류를 위해 신자유주의에 맞서는 대륙간 엔꾸엔뜨로’(Intercontinental Encuentro for Humanity and Againgst Neoliberalism)를 개최하니 부디 참석해달라는 것이었다. 사빠띠스따는 손님들의 편의를 위해 다섯 개의 아구아스깔리엔떼를 만들었다. 참가 예상인원은 200~300명 정도였다. 그러나 이것은 인터넷의 확산을 과소평가한 예상이었다. 마르꼬스의 전언은 생각보다 훨씬 멀리까지 전파되고 있었다. 1996년 8월에 40개가 넘는 나라의 3,000명이 넘는 사람들이 치아빠스를 찾았다. 유럽, 미국, 캐나다, 라틴아메리카에서는 물론 이란, 아이티, 일본, 쿠르디스탄, 자이레, 필리핀 등 사빠띠스따가 생각도 못했던 곳에서 사람들이 찾아왔다.

방문단은 다섯 개의 아구아스깔리엔떼를 오가면서 '신자유주의체제하의 삶'의 다양한 측면에 대해서 얘기를 나눴다. 그들은 경험을 나누고, 논쟁을 벌였고, 나아가 계획을 세웠다. 세계화시대에 대처하기 위해 국제적 차원에서 함께 할 수 있는 일들을 계획한 것이다. 멕시코 동남부에 미친 타격이 세계에 미친 타격과 똑같은 것임을 깨달았기 때문에 가능한 일이었다. 사빠띠스따가 깨닫게 해주고 싶었던 것도 바로 이것이었고, 내가 치아빠스에서 깨달은 것도 바로 이것이었다.

EZLN은 방문단의 이야기에 귀를 기울였다. 방문단은 EZLN에게 변화의 청사진이나 세계낙원 건설계획을 말해달라고 청했지만, 끝내 대답을 들을 수 없었다. 다른 나라에서 온 사람들이 제 나라 문제를 어떻게 풀어야 하냐고 물으면, EZLN은 스스로 해답을 찾아야 한다고 말했다. 사빠띠스따는 가르치러 온 것이 아니라 배우러 왔다는 것이었다. 사빠띠스따는 보편적으로 적용될 수 있는 하나의 이념을 갖고 있지 않았으며, 가질 생각도 없었다.

엔꾸엔뜨로는 전세계에 사빠띠스모를 퍼뜨렸다. 3,000명의 방문단은 저마다 새로운 이념, 미래에 대한 새로운 사고방식, 그리고 새로운 관계망을 얻어가지고 각자 고국으로 돌아갔다. 이듬해에 에스빠냐에서 제2회 엔꾸엔뜨로가 열렸고, 이들의 관계망은 더욱 견고해졌다. 바로 이곳에서 '반세계화'운동이 자라났다.

치아빠스 엔꾸엔뜨로가 끝날 때, 사빠띠스따는 선언문을 낭독했다. 작성자는 물론 마르꼬스였다. 이 선언문은 이 운동이 일어나는 곳마다 따라왔고, 내가 가는 곳마다 따라왔다. 남아프리카공화국에서도 캘리포니아에서도 이 선언문을 인용했다.

한편에는 신자유주의가 있습니다. 억압적 권력과 죽음의 기계가 작동하고 있습니다. 그러나 다른 한편에는 인간이 있습니다. 한편에는 거대한 권력거래소가 있고, 이곳에서 하나의 권력이 되어 팔리는 것에 만족하는 사람들이 있습니다. 그러나 체념하지 않는 사람들도 있습니다. 저항하는 남자들, 저항하는 여자들은 언제 어디에나 있습니다. 체념이라는 실로 잣고 냉소라는 회색 물을 들인 옷을 찢어버리는 사람들은 언제 어디에나 있습니다. 남자든, 여자든, 무슨 인종이든, 무슨 언어로 말하든, 남들에게 또 자기 자신에게 '야 바스따!, 즉 그만 해라!' 라고 말하는 사람들은 있습니다.

최근 멕시코 남동부에서 다양한 세계가 공존하는 세계가 건설되었습니다. 이곳이 우리의 메아리가 되게 합시다. 우리의 왜소함의 메아리가 되게 하고, 우리의 지역성, 우리의 특수성의 메아리가 되게 합시다. 그리고 이곳이 우리의 위대함의 메아리가 되게 합시다. 타자의 존재를 인정하는 메아리, 타자를 제압하거나 타자의 입을 막지 않는 메아리가 되게 합시다. 자기 자리를 지키며 자기 목소리를 내는 메아리, 자기와 함께 타자의 목소리도 낼 줄 아는 메아리가 되게 합시다. 이곳이 전쟁을 일으킨 권력에 저항하는 목소리의 네트워크가 되게 합시다.

*

라가루차에 도착해서 처음 며칠 동안은 우리가 어디에 있는지, 우리가 왜 여기에 있는지 잊어버릴 정도였다. 나비들과 바나나나무들 사이에서 우리는 이곳이 전쟁구역이라는 사실을 잊어버렸다. 날마다 그물침대에서 커피를 마시며 빈둥거렸다. 아무 일도 일어나지 않았다. 루씨와 나는 동네아이들과 친구가 되었다. 아이들은 우리와 놀고 싶으면 낮게 드리운 나뭇가지에서 능금을 던졌다. 정글 속 공터에서는 라가루차축구팀이 통나무로 골대를 세우고 축구연습에 한창이었다. 공터에는 군데군데 거대한 가위개미집이 있었다. 나는 마르꼬스가 숲 속에서 호출해주기를 하염없이 기다렸다. 밤이면 동네 개떼가 단잠을 깨웠다. 음식냄새를 맡은 개들이 부엌문을 긁어대며 컹컹거렸고, 우리는 돌아가며 일어나 이것저것 집어던져 개들을 쫓았다.

사흘째 되는 날. 우리는 호되게 정신을 차렸다. 루씨와 나는 길가에 쳐놓은 그물침대에 걸터앉아 잡담을 하면서 보초를 서고 있었다. 갑자기 엄청난 굉음이 동네 전체에 계속 울려 퍼졌다. 2분이 지나서야 굉음의 정체가 밝혀졌다. 한떼의 병력이 오꼬씽고 쪽에서 우리 쪽으로 언덕길을 올라왔다. 우리는 서둘러 노트와 펜과 카메라를 챙기고 큰 소리로 도움을 청했다. 사람들이 부엌과 헛간에서 뛰쳐나왔다.

나는 고함을 질렀다. "도와주세요! 너무 많아요!" 우리는 힘을 합해 병력규모를 기록했다. 군대 차량 31대, 군인 약 650명, 탄약, 폭약, 권총, 기타 장비가 불과 몇미터 앞에서 근처 군사기지로 이동하는 중이었다. 사빠띠스따를 둘러싼 까냐다에는 여기저기 군사기지가 있다. 어떤 군인들은 V자를 그리며 평화신호를 보냈다. 우리는 군인들 사진을 찍고, 군인들은 우리 사진을 찍었다. 미소를 짓는 군인도 있었고, 차갑게 쳐다보는 군인도 있었다. 군용 썬글라스에는 풍경만 비쳤다. 병력은 우리 앞을 지나갈 뿐이었지만, 전시상황을 일깨워주기에는 충분했다. 그날부터 우리는 날마다 똑같은 장면을 목격했다. 하지만 첫날의 이동병력이 제일 컸고, 또 제일 갑작스러웠다. 군대를 재편하는 중인 것 같았다. 총사령관이 내 편지에 응답하지 않는 것은 이 때문일 수도 있다.

하지만 마을 사람들의 생활은 예전과 다름없었다. 1994년 이후 이들은 이보다 더한 것도 많이 봤다는 것이다. 나는 마을촌장 중 한 명에게 인터뷰를 청했다. 이곳 생활이 어떤지, 왜 사빠띠스따가 되었는지, 앞으로의 계획은 무엇인지 지도자들에게 물어보고 싶었기 때문이다. 그가 내 부탁을 거절하는 데는 꼬박 하루가 걸렸다. 그는 마을의회 회원 모두의 의견을 묻고 투표에 들어갔다. 투표 결과는 거절이었다. 미안하지만 지금은 인터뷰를 하고 싶지 않다는 것이었다.

그들은 지금 국제평화감시단과 약간의 마찰이 있다고 말했다. 내가 도착하기 일주일 전쯤에 에스빠냐에서 온 여성 평화시찰단원 한 명이 마을 사람에게 성추행을 당했다고 고소했다. 마을 사람들은 투표를 통해 그를 몇주 동안 감금하기로 결정했다. 그는 아직 유치장에 갇혀 있다. 촌장들은 이런 일이 한번도 없었다며 불편한 심기를 드러냈다. 촌장들이 인터뷰를 거절한 것은 이 사건 때문인 것 같다. 이유가 뭐든 간에, 사빠띠스따의 민주주의 때문에 내 계획에 차질이 생긴다.

그 대신 나는 매일 만나는 마을 사람들을 인터뷰했다. 지금 나의 인터뷰상대는 벽화건물에서 작은 가게를 운영하는 남자다. 마음 내킬 때만 가게 문을 연다. 아우렐리오라는 이 남자는 **밀리딴떼**(militante), 즉 투사라고 한다. 이들은 비상시에 라가루차 방어를 책임진다. 밀리딴떼라면 어딘가에 장총을 감춰놓았을 것이고, 마을이 자기방어에 필요하다고 동의하면 꺼내서 사용할 것이다. 밀리딴떼가 무기를 사용한 적은 아직 없다. 아우렐리오는 총 얘기는 꺼내지 않는다.

그는 카운터를 지키면서 총 얘기가 아닌 다른 얘기를 들려준다. 우선 그는 '저항'을 얘기한다. 어디 가든 들리는 말이다. 또 그는 반란의 일상이 마을 사람들에게 얼마나 힘든가를 얘기한다.

그리고 반문한다. "싸우지 않을 수가 있습니까? 우리가 정부에 바라는 것은 말을 하게 해달라는 것과 내버려두라는 것입니다. 그러나 이런 바람을 위해서는 힘을 합해야 한다는 것을 깨달았습니다. 정부는 원주민법을 약속했습니다. 그러나 그들이 통과시킨 법은 우리를 사람이 아닌 물건 취급을 하고 있습니다." 덩치가 큰 이 남자는 웬만해서는 자기 생각을 바꾸지 않을 것 같다. 그는 자기가 무엇을 바라는지, 마을이 무엇을 바라는지 잘 알고 있다. 그리고 바라는 것을 이루어야 한다는 것도 잘 알고 있다.

그의 말은 한숨처럼 들린다. "우리는 500년 동안 이렇게 살아왔습니다. 우리가 얼마나 더 기다릴 수 있을 거라고 생각하는지 모르겠습니다. 아마도 우리가 떠나주기를, 입을 다물어주기를 바라겠지요. 그러나 사빠띠스따는 다른 데도 있습니다. 멕시코 다른 주에도 있고, 멕시코 밖에도 있을 겁니다. 어디에 있든지 사빠띠스따는 우리와 똑같이 싸우고 있습니다. 우리와 똑같이 포기하지 않을 것입니다."

잔디밭 건너편에 여성협동조합 매장이 있다. 오래된 감자칩, 음료수, 쌀, 콩, 식료품 등을 파는 것도 아우렐리오의 가게와 거의 같다. 카운터 보는 여자가 라가루차의 역사를 들려준다. 사빠띠스따가 봉기하여 이 땅을 점령하고 자치를 선포한 1994년 이전의 얘기다. 이곳은 원래 소를 치는 목장이었다고 한다. 지주는 총잡이를 고용해서 사람들을 내쫓아버리려고 했지만, 사람들은 맞서 싸웠고 결국 이겼다.

"우리는 지주의 땅에서 일하면서 일주일에 15빼소(1파운드를 약간 넘는 돈)를 받았어요. 돈을 안 주고 술로 때우는 경우도 많았고요. 뻬온(peon), 즉 날품팔이가 된 사람도 많았어요. 우리는 노예와 다를 것이 없었어요. 지금은 대부분 땅과 가축과 농작물을 가지고 있어요. 살기는 아직 많이 힘들어요. 농기계도 필요해요. 팔리는 물건도 별로 없고요. 하지만 옛날에 비하면 훨씬 나아요." 그녀는 이제 자신의 운명을 스스로 개척할 수 있으며, 그 차이는 비교할 수 없다고 말한다.

어스름이 깔리기 시작한다. 나는 헛간 뒤 풀밭에서 거미줄처럼 뻗은 협곡과 어두워지는 강물 너머 망고와 바나나 과수원을 응시한다. 이틀 후면 라가루차를 떠난다. 이곳이 그리울 것 같다. 마을 사람 하나가 내 옆을 지나간다. 산책중인 것 같다.

나는 서툰 에스빠냐어로 인사를 건넨다. "부에노스 디아스."

그는 미소를 지으며 내 인사를 고쳐준다. "부에노스 따르데스."

"안녕하세요?"

"네, 잘 지내요."

"평화로워 보이네요."

"그러네요." 그는 가던 길을 멈추고 주위를 천천히 둘러본다. "비가 많이 왔어요. 하지만 고마운 비예요." 그러고는 가게 쪽으로 천천히 사라진다. 가게 창문으로 쉭쉭거리는 가스등 불빛이 보인다.

헛간으로 돌아오니 루씨가 라디오자명종을 만지작거리고 있다.

루씨는 밖으로 나오며 라디오를 코앞에 들이민다. "들어봐." 수천 킬로미터 너머에서 아주 희미하게 영어가 들린다. 신문기자와 경제학자가 '멕시코 IT산업의 미래'를 논하는 중이다. 이 계곡으로 쏟아지는 희미한 영어단어들이 화성침공의 한 장면을 연상케 한다.

정신이 번쩍 난다. 그렇다. 이곳은 전쟁지역이다. 이것은 전쟁이다. 이것은 현실과의 전쟁이다. 이 전쟁으로 현실의 장소, 현실의 사람들은 지구 전체의 거대한 흐름에 내몰렸다. 전쟁을 일으킨 세력은 이것이 우리에게 필요한 변화라고 한다. 그러나 우리는 그들의 변화를 원한다고 말한 적이 없다. 전쟁을 일으킨 것은 경제학자, 궤변론자, 계산기, IT전문가, 구두를 반질반질하게 닦아 신는 지식인, 합종연횡의 정치가, 콩알까지 세는 해적 같은 기업이다. 이들의 적은 '땅빛 피부의 사람들'이다(사빠띠스따는 자기네를 가리켜 이렇게 말했다). 그러나 전쟁은 호락호락하지 않다. 사람들이, 그리고 그들이 대표하는 이념이 죽지 않겠다고 버티기 때문이다.

나무들 사이에서 반딧불이 반짝이기 시작한다. 나는 생각한다. 마음속 깊은 곳에서는 이들 모두가, 우리 모두가, 땅빛의 사람이라고. 성장과 진보가 밀려와도 땅빛을 씻어버릴 수는 없다고. 우리 속에 너무 깊이 뿌리박힌 것이라고. 사빠띠스따는 우리에게 가르쳐주어야 한다. 아무리 싸워도 현실과의 전쟁에서 이길 수는 없다는 사실을.

사빠띠스따가 뭔지 나는 이제야 깨닫기 시작한다. 그냥 깨닫는 것이 아니라 피부로 느끼기 시작한다.

오악사까(Oaxaca)광장은 싼끄리스또발광장과 비슷하다. 다만 주황색 석조회랑을 따라 늘어놓은 탁자에서 관광객과 주민들이 맥주를 마시거나 따꼬를 먹고 있는 것이 눈에 띈다. 회랑에는 그늘진 자리가 별로 없고, 거리의 악사들이 연주하는 온갖 음악이 들린다. 오악사까씨티는 치아빠스 바로 위에 있는 오악사까의 주도다. 한 달간의 치아빠스 체류 일정이 끝났다. 이제 멕시코씨티로 돌아가야 한다. 아쉬움이 많이 남는다. 오악사까에 들른 것은 만날 사람이 있어서다. 멕시코에 왔을 때부터 만나고 싶었던 사람이다.

구스따보 에스떼바(Gustavo Esteva) 노인은 성긴 백발에 친절한 미소를 갖고 있다. 10여 권의 책을 쓴 구스따보는 '전문성을 탈피한 지식인'이라고 자기소개를 한다. 그는 수년 동안 오악사까의 인디언마을에서 일해왔다. 그리고 지금 오악사까광장에서 나에게 저녁을 사주면서 사빠띠스따가 왜 중요한지를 설명하고 있다.

"세계는 분명 바뀌고 있어요. 사빠띠스따가 멕시코에서 얼마나 열렬한 환영을 받는지를 생각하면…… 사람들이 투표에 환멸한 지는 이미 오래잖아요. 멕시코만 그런 것이 아니라 전세계가 다 그렇지요. '국가를 내놔라. 내가 더 잘 다스려주겠다'라며 총을 들고 덤비는 반란세력에게도 사람들은 별로 기대를 안 합니다. 치아빠스에서 일어나는 일을 보셨지요. 이것은 투표에 대한 대안인 동시에 반란에 대한 대안이며, 새로운 개념의 정치입니다. 급진적 민주주의라고 불러도 좋아요. 사람들은 자기 운명을 스스로 결정합니다. 치아빠스에서 자치가 의미하는 바는 바로 이것입니다. 게다가 이곳의 자치는 불법이 아닙니다."

나는 수년간 급진정치에 관여해오면서 지금 에스떼바가 말하고 있는 것을 여러번 경험했다. 그러나 그것이 무언지 꼭 집어 말할 수는 없었다. 구스따보는 새로운 에너지, 새로운 정치의 의미, 새로운 정치의 나아갈

바를 이야기하는데, 아직 정확하게 모르겠다. "새로운 에너지는 어떻게 움직이나요? 새로운 에너지가 정확히 뭔가요?"

그는 초록색 엔칠라다(enchilada)*를 느릿느릿 씹으면서 대답한다. "세계를 바라보는 새로운 방법이라고 할까요? 사빠띠스따를 생각해봅시다. EZLN은 엔꾸엔뜨로를 열고 수천 명을 멕시코로 불러모았습니다. 그런데 사람들이 오니까 '우리를 따라오지 마라, 우리는 당신들의 전위가 아니다' 라고 했습니다. 왜일까요. 이들은 자기네가 진실을 갖고 있지 않다고 말했습니다. 그러니 아무도 지도할 수 없다고 말했습니다. 사실은 이들에게도 '모종의' 진실이 있습니다. 그러나 이것은 치아빠스의 진실일 뿐 모든 곳에 적용되는 보편적인 진실은 아닙니다. 세상에는 여러개의 진실이 있습니다. 장소는 달라도 원칙은 같을 수 있습니다. 급진적 민주주의, 풀뿌리민주주의, 세계적 차원의 민중연대 같은 것이지요. 그러나 원칙이 현실로 드러나는 방식은 지역마다 다를 수 있습니다."

* 옥수수가루에 고추로 양념을 한 멕시코식 파이.

탁자를 돌던 악사 하나가 우리 쪽으로 다가온다. 줄이 맞지 않는 기타에 맞춰 '오악사까! 오악사까!'를 외치는 끔찍한 악사다. 구스따보는 사람 좋은 미소를 지으며 다가오지 말라고 손짓한다.

"나는 전화망의 비유를 좋아합니다. 수화기 하나로 전세계 어디든 통화할 수 있습니다. 전화망은 전세계에 퍼져 있고, 서로서로 연결되어 있지만, 중심이 없습니다. 한 개인이나 기업이 통제할 수 없다는 뜻입니다. 국지적인 동시에 세계적이고 통제자 없이 통제합니다. 지금은 어디나 이런 '반세계화' 단체가 있고, 이런 식으로 움직이고 있습니다. 사빠띠스따도 마찬가지입니다."

"나는 오랫동안 멕시코에서 여러 단체와 일하면서 작금의 체계와 싸웠습니다. 사람들도 가지가지, 이념들도 가지가지, 투쟁들도 가지가지였습니다. 그러나 여기에는 공통된 하나의 목적이 있습니다. 사빠띠스따가 나타나 '야 바스따!'를 외쳤을 때, 멕시코 안팎에서 수백만 명이 모여들어 사빠띠스따를 지지했습니다. 이들은 전통도 다양하고 배경도 다양하고 장소도 다양하지만, 그들의 적은 하나입니다. 그들은 세계화에 '바스따'를 외치고, 신자유주의에 '바스따'를 외치고, 대기업에 '바스따'를 외치고, 세계를 이 꼴로 만든 세계화정책에 '바스따'를 외칩니다. 바스따! 더 이상 못 참겠다!" 구스따보는 물 한모금을 마시고 이야기를 계속한다.

"바스따는 집단적인 거부의 외침입니다. 물론 이들은 한목소리로 '싫다'고 외치지만, 저마다 서로 다른 이념을 가지고 있습니다. 체제를 어떻게 바꿀지, 어떻게 뒤집을지, 어떻게 살고 싶은지, 대안이 제각각입니다. 하나의 이데올로기가 모든 것을 단칼에 해결할 수 없음을 이들은 역사로부터 배웠습니다. 세계 곳곳 다양한 사람들의 다양한 필요를 하나의 체계로 채울 수는 없습니다. 나쁜 체계가 하나 있고, 그에 대한 대안이 하나 있고 그런 것이 아닙니다. 우리는 힘을 합해 체제에 저항하는 동시에 저마다의 세계를 만들어야 합니다. 이 다양한 세상은 서로 다르면서도 서로 연결되어 있고, 연합하는 동시에 독립합니다. 바스따는 부정이며, 저마다의 대안은 긍정입니다. 부정의 대상은 하나지만, 긍정의 방법은 많습니다. 문제는 하나지만, 정답은 많습니다."

문제는 하나, 정답은 많다. '다양한 세상이 공존하는 세상'이다. 바로 이거다. 내가 속한 운동이 치아빠스 주민들, 땅빛 피부를 가진 사람들과 연결된다. 나는 마르꼬스와 연결되고 마르꼬스는 모두와 연결된다. 문제는 하나다. 모든 것을 획일화하는 비민주적 시장권력이 문제다. 정답은 많다. 인간이라는 하나의 지평 위에, 세상도 많고 문화도 많고 경제모델과 정치모델도 많다.

이제 나는 사빠띠스따운동의 실체를 깨닫는다. 첫째, 사빠띠스따는 재분배를 다룬다. 문제는 자원·재화·토지의 재분배뿐 아니라 이 모든 것의 원천인 '권력'을 재분배하는 것이다. 둘째, 사빠띠스따는 민주주의를 다룬다. 이들이 말하는 민주주의는 현실적 민주주의, 지역사회 민주주의, 참여민주주의이며, 정치적 차원과 함께 경제적 차원을 포함한다. 셋째, 사빠띠스따는 다양한 세계가 공존하는 세계, 다인종의 활력이 넘치는 세계를 지향한다. 넷째, 사빠띠스따는 저항이다. 이들이 저항하는 체제는 성장이라는 미명 아래 사빠띠스따 같은 사람들을 무시하고 짓밟는 체제다.

달이 뜨고 있다. 구스따보와 작별하고 호텔로 돌아오는 길이다. 나는 아직 궁금하다. 사빠띠스따는 새로운 종류의 정치일까? 사빠띠스따가 뿌린 씨앗이 새로운 정치이념으로 자라날 수 있을까? 권력이 위로부터가 아니라 아래로부터 나올 수 있을까? 모든 이데올로기, 모든 '주의'를 의심할 수 있을까? 모든 거대한 기획, 모든 거창한 이념을 거부하고 뭔가 새로운 것을 건설할 수 있을까? 좌파나 우파 따위로 고정되지 않을 수 있을까? 마침내 전위의 정치가 아닌 국민의 정치가 나올 수 있을까?

이런 질문에 대한 대답은 내가 직접 찾아야 한다. 갑자기 치아빠스를 떠나는 것이 아쉽지만은 않다. 나는 세계 곳곳을 찾아다니며 이 이념과 이 운동이 어떻게 전개되고 있는지, 그리고 여기에 무슨 의미가 있는지 추적해볼 작정이다. 이 운동이 무엇을 부정하고 무엇을 긍정하는지 알아볼 것이고, 이 운동에 직접 몸으로 부딪혀 참여하는 사람들을 만나볼 것이다. 그리고 내가 만난 사람들의 이야기를 글로 쓸 것이다. 구스따보의 생각이 틀릴 수도 있다. 마르꼬스의 생각도 틀릴 수 있다. 그러나 만약 이들의 생각이 틀리지 않다면? 저마다의 이해관계를 쌓아올리는 것만으로 세상을 바꿀 수 있을까? 공동의 아픔을 가지고 공동의 기획 없이 세상을 바꿀 수 있을까?

구스따보가 저녁을 먹으면서 했던 말이 생각난다. "권력은 어디 저 높은 곳에 있는 것이 아닙니다. 권력은 쟁취하라고 있는 것이 아닙니다. 권력은 모두의 손에, 국민의 손에 있습니다. 사빠띠스따가 깨달은 것이 바로 이것입니다. 사빠띠스따는 권력을 가지고 뭔가를 이뤄내고 있습니다. 이들이 성공할 거라고 생각한 사람은 아무도 없었습니다. 나는 이것이 배울 점이라고 생각합니다."

이제 내가 풀어야 할 숙제는 이 사빠띠스따의 가르침이 얼마나 멀리까지 퍼지고 있는가를 알아내는 것이다. 나는 세계적인 대중운동이 진행되고 있음을 알고 있다. 그중에는 내 눈으로 목격한 것도 있다. 그렇다면 운동을 하나로 묶는 것은 무엇일까? '다양성 대 획일성'의 싸움일까? '문제는 하나, 정답은 많다'일까? 마르꼬스는 점점 더 세계화되어가는 이 운동의 이념이 변화의 의미를 설명해줄 수 있다고 말했다. 그의 말이 사실일까?

"굳이 세계를 정복하지 않아도 됩니다. 그냥 세계를 바꾸면 됩니다."

제 1 부 문제는 하나

제 02 장

야수의 뱃속

"시위자들이 우세하다. 지금은 거리에서 우세하지만, 머지않아 논쟁에서도 우세할 것이다. 세계화를 위해 싸우는 믿을 만한 선수들이 순식간에 없어졌다."

필립 스티븐스, 『파이낸셜타임즈』, 2001년 8월 17일.

"요즘엔 최루가스 없이는 무역정상회담을 할 수 없다. 최루가스 없는 정상회담은 치즈 없는 치즈버거다."

미국정부 관리, 미주정상회담, 2001년 4월.

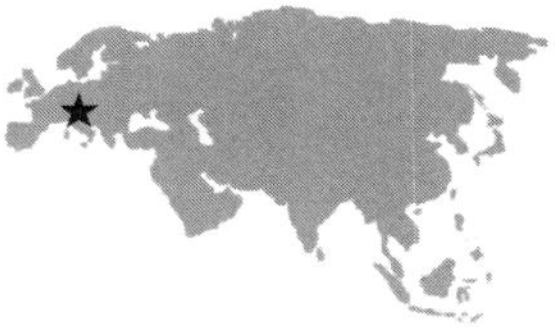

the belly of the beast

날씨에서는 아무런 조짐도 볼 수 없다. 화창한 하늘은 구름 한점 없이 푸르고, 태양은 하얗게 빛난다. 이딸리아에서 가장 아름다운 도시 제노바에서 지중해의 여름에만 볼 수 있는 청명한 햇살이 웅장한 저택과 성벽을 포근하게 감싸준다. 2001년 6월, 이 유서 깊은 항구도시에는 30만 명이 운집하여 미래에 대한 소유권을 주장할 준비를 하고 있다.

해질 무렵이면 모든 것이 딴판이 될 것이다. 우리는 아직 모르고 있지만, 얼마 후면 우리에게 불세례가 떨어질 것이다. 불길이 솟고, 최루탄이 터지고, 유혈이 낭자하고, 총알이 날아다닐 것이다.

오전의 중반을 지나는 현재, 앞으로 무슨 일이 닥칠지 아직 모르는 상태다. 바닷가의 초대형주차장을 개조한 활동가 '집회장소'에 엄청난 인파가 모였다. 혁명의 기운이 감도는 대신 거의 축제분위기에 싸여 있다. 망사날개를 단 분홍색 요정이 6호 썬탠로션과 씨름을 하고 있다. 초록색 의상에 은색 썬글라스를 쓰고 하얀색 턱수염을 기른 노인이 앞에서 걸어가고, 빨간색 피아뜨 '평화의 자동차'가 뒤에서 따라간다. 차체 위엔 조잡하게 만들어진 플라스틱비둘기가 달려 있다. 사람다리 여섯 쌍을 가진

'급진해방 변신 용(龍)'이 혁명전단을 물고 가는 개에 걸려 넘어진다. 오색풍선이 여기저기 떠다니고, 한편에는 '자본제국주의'를 비판하는 뜨로쯔끼파 현수막이 여러개 걸려 있다. 이에 질세라 '세계를 사랑하고 존중하고 공유하자'는 낙천적인 글귀가 씌어져 있는 하트모양의 안내문도 여러개 눈에 띈다.

외발자전거를 타고 아코디언을 연주하는 어릿광대가 20대 청년들 사이를 아슬아슬하게 빠져나간다. 청년들은 사빠띠스따 티셔츠를 입고 있다. '우리가 마르꼬스다'(Todos Somos Marcos)라고 씌어져 있는 티셔츠도 보인다. 청년들은 빨간색 스카프로 얼굴을 가리고 있는데, 사진 찍는 사람이 지나가면 스카프를 내리고 웃어 보인다. 리버댄씽(Riverdancing) 치어리더들이 모여 마지막으로 몸을 풀고 있는 뒤편으로, 스키마스크를 쓴 사람, 머리를 흑인스타일로 촘촘하게 땋은 사람, 코걸이를 한 사람, 턱수염을 애처롭게 기른 사람 등등이 게시판 주위로 모여든다. 게시판에는 A3용지에 휘갈겨 쓴 글들이 갈색 덕트(duct)테이프의 힘을 빌려 간신히 달라붙어 있다. '7월 20일 정상회담 포위공격'이라고 씌어져 있는 종이도 있고, '긴급수배'라는 제목에 '안 쓰는 물건과 필요한 물건을 적을 것'이라고 씌어져 있는 종이도 있다. '필요한 물건' 칸은 길지만 하나같이 '방독면' 이라고 적혀 있다. '방독면, 방독면, 방독면……'

청명한 하늘에서 갑자기 뭔가 날카로운 소리가 들려온다. 수천 명이 일제히 고개를 들고 하늘을 쳐다본다. 강철 색상의 비행기가 머리 위를 낮게 날고 있다. 꼬리 부분에는 재수 없는 별무늬와 줄무늬가 선명하게 찍혀 있고, 날개는 수면에서 반사된 새하얀 햇살에 부서진다. 지금은 오전 11시 20분. 10분 후면 죠지 W. 부시(George W. Bush)가 전세계 부하들

스위스
오스트리아
슬로베니아
프랑스
베네찌아
제노바
피렌쩨
이딸리아
아드리아해
꼬르씨까섬
로마
나뽈리
싸르데냐섬
지중해
씨칠리아섬
이딸리아지도

을 만날 수 있는 친목회에 참석하기 위해 제노바공항에 착륙할 것이다.

'미국대통령 전용기다!'라고 누군가가 소리친다. 군중들 사이로 함성이 퍼진다. 환호, 야유, 저항의 외침이 하나로 섞인다. 수백 명이 군대에서 경례를 붙이듯 가운뎃손가락을 치켜든다. '야, 이 새끼야!' 누군가의 목소리가 쩌렁쩌렁 울린다. '네놈이 드디어 제노바에 왔구나!'

정상회담은 여기서 겨우 1.6킬로미터 떨어진 곳에서 열린다. 잠시 후면 세계에서 제일 막강하다는 여덟 개 나라의 정상이 한데 모여 철조망·무장경찰·군인·장갑차·최루탄의 철통 같은 경비 속에서 비공개회담을 시작할 것이다. 후천성면역결핍증(AIDS)과 민영화, 기후변동과 생명공학에 이르는 모든 문제가 다뤄질 것이다. 여기서 오가는 은밀한 대화의 결과가 세계경제의 미래를 좌우할 것이다. 중세건축물 두깔레(Ducale)궁에서 토니 블레어(Tony Blair), 죠지 W. 부시, 블라지미르 뿌찐(Vladimir Putin), 씰비오 베를루스꼬니(Silvio Berlusconi), 장 크레띠앙(Jean Chrétien), 게르하르트 쉬뢰더(Gerhard Schröder), 자끄 시라끄(Jacques Chirac), 코이즈미 쥰이찌로오(小泉純一郎)가 회동한다. 공식명칭은 그 이름도 아늑한 '노변한담(爐邊閑談)'이다. 흔히들 G8정상회담이라고 부른다. 우리는 그들이 태평스럽게 한담을 나누게 내버려두지 않을 것이다.

세계를 이끄는 민주주의국가들은 국민들이 절대로 가까이 오지 못하게 하기 위해 일일경찰국가를 건설했다. 2만 명의 군인과 경찰이 배치되었고, 실탄, 고무탄, 최루탄, 물대포, 병력 이동용 장갑차가 지급되었다. '반테러 스쿠버다이버'가 항구 경비를 맡았다.

한편, 도심 전체가 쪼나 로싸(Zona Rossa), 즉 적색구역으로 지정되어, 거주자, 기자, 그리고 정치꾼에게만 출입이 허용되었다. 10킬로미터에 이르는 보안장벽이 5미터 높이로 설치되었다. 상점들은 판자로 막아놓았고, 맨홀뚜껑은 용접기를 이용해 막았다. 제노바로 들어오는 기차편과 항공편이 취소되었고, 고속도로에 순찰차가 대기했다. 이딸리아는 모든 유럽연합(EU) 국민의 자유로운 입출국을 허용하는 '셴겐(Schengen)조약'을 일시적으로 파기하고, 블랙리스트에 올라간 2,000명의 입국을 금지했다. 당국의 집계에 따르면, 제노바시에서 정상회담 때문에 지출한 경비는 2,500억 리라(약 1억 1,000만 달러)다. 그럼에도 불구하고, 우리는 미래에 무슨 변화가 생길지 아무도 모른다. 변화를 일으킬 주체가 누군지도 모른다. 자, 우리도 어떻게 돌아가는 판인지 좀 알아야겠다.

정상회담에 반대하는 국제적 차원의 대규모시위에는 세계무역기구(WTO), 세계은행(IBRD), 국제통화기금(IMF), 미주정상회담, 아시아개발은행(ADB), G8을 반대하는 시위 등이 있었다. 이러한 시위가 지금 형태로 자리를 잡은 것은 불과 몇년 전의 일이지만, 벌써 일정한 조직화방식이 생겨났다. 제노바도 예외가 아니다. 참가자 구성을 살펴보면, 노조, 환경운동가, 교회 대표, 중년의 부채 반대 운동가, 십대의 무정부주의자, 정당정치가 등 엄청나게 다양하다. 특정단체에 소속되지 않은 열혈시민들도 수천 명에 이른다. 이 인간파도를 '총괄'하는 개인이나 조직은 존재하지 않으며, 모두가 그때그때 상황에 따라 움직일 것이다. 그러나 대략적인 윤곽을 그려보는 것은 가능하다.

사람들은 안전과 연대를 위해 마음 맞는 사람들과 소규모 공감그룹(affinity groups)을 형성한다. 이렇게 형성된 작은 그룹은 활동가들이 각자의 신념과 전술에 따라 형성하는 좀더 큰 그룹에 합류한다. 평화주의를 견지하는 그룹은 경찰이 공격해도 자기방어에 나서지 않는다. 비폭력 대치상황을 선호하는 그룹도 있다. 기물 파손을 조장하는 그룹도 있다. 얼마 되지는 않지만 경찰을 공격할 각오가 되어 있는 그룹도 있다. 장벽을 뚫고 적색지대 진입을 시도하는 그룹도 있고, 위험은 일단 피하고 보는 그룹도 있다. 길가에서 춤을 추는 그룹도 있고, 리더의 지휘 아래 깃발을 높이 들고 행진하는 그룹도 있다. 옷을 맞춰 입은 그룹도 있고, 그런 것을 싫어하는 그룹도 있다. 아무 생각 없는 그룹도 있고, 진지한 그룹도 있다. 관심사가 하나뿐인 그룹도 있지만, 대부분의 관심사는 다층적이다. 남에게 가타부타하는 사람은 아무도 없다.

제노바에서는 씨애틀과 프라하에서 그랬던 것처럼, 색깔로 집단의 성격을 표시한다. 검은색, 하얀색, 분홍색, 초록색 등등. 오늘의 계획은 여러 집단이 저마다의 전략거점을 중심으로 적색지대를 포위하는 것이다. 오늘의 결과는 각 집단의 성과에 달려 있다. 운도 따라야 한다.

나는 공감하는 집단은 없지만, 로빈(Robin)이라는 친구가 있다. 장발에 사근사근한 영국인 무정부주의자다. 지난 며칠 동안 우연찮게 두 번이나 마주치며 친구가 됐는데, 그는 밀리는 군중들 틈에서 친구들과 헤어졌고, 나는 혼자니까 같이 다니기로 한 것이다. 우리는 분홍색-은색그룹을 선택했다. 분홍색 요정, 분홍색 용, 은색 가발과 망사 옷과 반짝이로 장식한 치어리더, 분홍색 우산을 쓴 금발 여인, 은박지로 만든 바지를 입은 수염이 우툴두툴한 남자들. 분홍색-은색그룹 사람들은 소위 '전술적 가벼움'을 견지한다. '충돌의 축제'를 즐기며, 최선을 다해 장벽 진입을 시도하지만 부상자가 생기는 것은 원치 않는다.

우리는 정오 무렵 주차장을 빠져나가 집회장에서 거리 쪽으로 천천히 걸어간다. 적색지대가 바로 저기다. 경찰헬기가 머리 위에서 윙윙거리고, 쌈바밴드가 연주를 시작한다. 사람들이 옥상에 올라가 시위대에게 격려의 함성을 보내며 손을 흔든다. 태양이 빛난다. 로빈은 말아 피우는 담배를 한 통이나 가지고 나왔다. 즐거운 하루가 될 것 같다.

바닷가에서 적색지대로 이어지는 넓은 중앙대로에 진입할 찰나에, 약간의 혼란이 생긴다. 측면도로에서 나오는 그룹이 우리 그룹과 섞인다. 도로는 수천 개의 심장으로 고동친다. 프랑스 문화영웅 조제 보베(José Bové)*와 그를 따르는 노래하는 치즈농민그룹이 긴 현수막을 들고 주먹을 휘두르며 'G8 물러가라'를 외친다. 모두들 멋들어진 아스떼릭스 콧수염을 길렀다. 로빈과 나는 이들에게 길을 내주고 길가로 물러섰다가 분홍색-은색그룹을 놓쳤다. 어디로 갔는지 잘 모르겠다.

* 1999년 세계화의 상징인 맥도날드 점포를 부순 사건으로 널리 알려진 프랑스 농민운동가.

우리는 길 한복판에서 담배를 교환하고 동전을 던져 갈 길을 정한다. 바로 그때, 측면도로 서너 곳에서 검은 복면을 쓴 사람들이 대로로 쏟아져나온다. 쇠방망이를 든 사람도 있다. 별로 멋있어 보이지 않는다.

'어라.' 그들이 누군지 알겠다. '블랙블록(Black Bloc)이잖아.'

블랙블록은 강성무정부주의의 대표 격이다. 그들의 철학은 간단명료하다. 자본주의를 때려엎자는 것이다. 그들은 자본주의를 때려엎기 위해 자본주의를 상징하는 것들을 때려엎는다. 은행, 맥도날드, 스타벅스 등 뭔가 커 보이고 구리게 돈을 번 것 같고 착취하는 것 같은 것은 뭐든 때려엎는다. 상징이라는 게 원래 그런 거니까. 블랙블록의 표현을 그대로 써보자. "우리는 사유재산이 절도이고, 국가재산은 기업이익을 보호하는

G8 정상회담 반대시위 참가자 중 한 사람이 아코디언을 연주하면서 행진하고 있다.

수단이라고 믿는다. 우리는 서로 돕고 자유로운 사회를 건설하려면 사유재산과 국가재산을 파괴해야 한다고 믿는다."[1] 다 그런 것은 아니지만, 많은 블랙블록 회원이 경찰의 머리통을 깨는 것을 좋아한다. ("경찰은 자본주의의 폭력적 얼굴이다. 다시 말해, 경찰은 부자들을 지키는 개다. 따라서 무정부주의자들이 부자들과 한판 계급전쟁을 시작할 때, 최전선은 경찰이다.")[2] 블랙블록을 좋아하는 사람도 있고 싫어하는 사람도 있겠지만, 블랙블록이 일을 저지를 때 주변에서 얼쩡대는 것은 결코 현명한 처사가 아니다.

우리는 서둘러 자리를 피한다. 검은 옷의 동지들은 벌써 은행에 침입해 유리를 깨고 컴퓨터터미널을 내던지고 있다. 하나씩 집어던질 때마다 환성이 터진다. 어디서 많이 듣던 쉬익 소리가 나는가 싶더니 약 9미터 앞에서 최루탄이 한 줄로 다다다다 떨어지고, 유리창 깨지는 소리와 군홧발소리가 합세한다. 경찰기동대의 검은색 제복과 무정부주의자들의 검은색 의상이 노란색 최루탄 연기 사이로 흐릿하게 뒤섞인다. 쇠방망이와 야비하게 생긴 곤봉이 맞붙는다. 이제 정말 여기서 벗어나야 한다. 그러나 가기 전에 사진 한 장을 찍고 싶다. 블랙블록은 사진발을 잘 받는다.

여기서 사진을 찍는 것은 내가 생각해도 바보 같은 짓이다. 하지만 당장은 이 순간을 남기고 싶다는 마음뿐이다. 내가 카메라를 들자마자 복면 쓴 사람이 뒤에서 거칠게 떼민다. 나는 비틀거리면서 보도에서 밀려난다. 그는 쇠방망이를 들이대며 경고한다.

"사진 찍지 마! 당장 꺼져!"

나는 당장 꺼진다.

우리는 간신히 분홍색-은색그룹을 따라잡았다. 우리는 적색구역 장벽에 이딸리아평화주의자그룹과 동시에 도착한다. 거대한 장벽이 반혁명 바리케이드처럼 중세의 오솔길을 가로막은 형국이다. 중무장한 경찰기동대가 당장이라도 우리에게 덤벼들 듯한 기세로 장벽 양쪽에 포진해 있다. 로빈과 나는 서로 얼굴만 쳐다본다. 모두가 자리에 앉는다.

인간의 물결이 거의 한 시간 동안 한자리에 앉아, 노래를 부르고 급진적인 연극의 한대목을 공연하고 장벽에 가까이 갔다가 유머감각 없는 경찰들에게 쫓겨오기를 계속한다. 참 성격도 좋다. 적어도 활동가들 쪽은 성격이 좋은 것 같다. 그러나 성격이 좋다고 장벽을 넘을 수는 없다. 로빈이 미안한 얼굴로 내 쪽으로 다가온다.

"너는 어떨지 모르겠는데, 나는 좀…… 음, 지겨워. 몸이 근질근질하다고. 저 장벽을 봐. 쉽게 넘을 수 있을 것 같아."

제노바 도심에서 벌어진 G8 정상회담 반대시위.

"그럼 넘어봐. 안 말릴 테니!"

"하루종일 노래나 부르면서 앉아 있고 싶진 않아. 가사도 모르겠고."

사실 맞는 말이다. 제노바 다른 곳에서는 무슨 일이 벌어지고 있는지도 궁금하다. 나중에 우리는 가만히 있을 걸 그랬다고 생각하겠지만.

화이트오버올(White Overall)그룹이 초대형 야외체육관을 빠져나와 산기슭의 브리놀레(Brignole)기차역에 도착한다. 체육관은 어젯밤 활동가숙소로 사용된 곳이다. 화이트오버올(이딸리아어로 뚜떼 비안께Tute Bianche)은 블랙블록과도 완전히 다르고, 분홍색-은색그룹과도 완전히 다르다. '반이데올로기'를 내세우는 화이트오버올은 1990년대 불법 '사회단체'네트워크에서 출발한 이딸리아 운동단체로서, 신자유주의에 반대하는 것만큼이나 전통적 좌파의 독단적 대안에도 반대한다. '야 바스따!'(Ya basta)활동가네트워크 회원들도 이 그룹에 끼어 있다. 옷도 화이트오버올과 비슷하게 입었다. '야 바스따!'는 사빠띠스따민족해방군(EZLN)과 연대하고 EZLN의 메씨지에 공감하는 사빠띠스따 지원단체인데, 치아빠스(Chiapas) 주민이 아닌 회원도 많다. 이들은 모두 스키마스크를 쓰고 있다. 오늘 제노바거리에 나온 시위자들 중에 멕시코 스키마스크를 쓴 사람은 수십만 명이 넘는다.

화이트오버올은 오늘 같은 시위에 대비해 소위 '폭력적 비폭력' 전술을 개발했다. 블랙블록의 방식(현장을 파괴하고, 경찰을 공격한다)과 평화주의 방식(물리적 충돌은 무조건 피한다) 모두를 거부하는 화이트오버올은 경찰 공격을 막을 수 있는 보호대를 착용한다. 낡은 구명조끼, 플라스틱병, 침대용 고무깔개 등으로 만든다. 또 이들은 플라스틱방패를 들고, 낡은 헬멧을 쓴다. 그들이 가장 애용하는 전술은 탄력과 반동을 이용해 경찰저지선과 부딪치는 방법이다. 보호대는 곤봉도 튕겨낼 정도다. 이들은 경찰에 반격을 가하지 않지만, 단호한 태도로 밀어붙여 저지선과 부딪치고, 그러다가 잘 되면 저지선을 뚫을 수도 있다. 이들이 경찰과 충돌하는 장면을 보면, 폭력을 시작하는 쪽이 어디인지 분명하게 알 수 있다. 전술의 목표는 바로 그것을 보여주는 것이다.

그러나 오늘은 이 방법이 먹혀들지 않는다. 화이트오버올그룹에 양쪽으로 구멍이 뚫렸다. 경찰이 악랄하게 공격한다. 과격한 시위자들은 앞줄을 방패막이로 사용한다. 돌멩이와 최루탄이 날아다닌다. 후텁지근한 데다 연기가 자욱하고 공기가 매캐하다. 과격한 전투가 계속되고, 상황은 점점 악화된다. 한편, 브리뇰레기차역 모퉁이 근처에서는 블랙블록의 과격분자들이 휴지통과 자동차에 불을 질러 사방에 검은 연기가 자욱하다. 상점과 차고가 파괴되거나 약탈당하고, 주류판매점이 습격당한다. 복면을 쓰고 있어 누군지는 모르지만, 정치적인 이유 때문에 저러는 건 아닐 거다. 도로 전체가 불타고 있는데, 경찰은 수수방관이다. 기차역 부근의 경찰들은 지금 화이트오버올을 두들겨 패느라 바쁘니까.

로빈은 목에 두른 스카프를 끌어올려 복면처럼 얼굴을 가리고는 주머니에서 물안경 하나를 꺼낸다.

“어디 한번 써볼까.”

나도 갖고 싶다. “어디서 났어?”

“진짜 어렵게 구했어. 미안하네, 친구, 네 것까지 사려고 했는데, 남은 게 하나밖에 없었어. 파티복가게가 다 문을 닫았어. 베를루스꼬니 지시인가봐. 치사한 자식.” 로빈이 쓰는 물안경에 플라스틱으로 만든 분홍색 인어가 달려 있다.

로빈은 변명처럼 말한다. "어린이용이야. 이것밖에 없더라고. 무지 바보같이 보일걸." 하지만 나처럼 바보같이 보일라고. 내게는 방독면은커녕 수건 한 장 없다.

로빈이 재촉한다. "가자." 우리도 이럭저럭 난투극에 끼어들었는데, 전진한 지 10초 만에 진흙 같은 연기에 휩싸인다. 아무것도 보이지 않는다. 눈이 불에 덴 듯 따갑고, 얼굴이 터질 것 같다. 나는 비틀거리며 측면도로로 빠져나와 벽에 털썩 기대 두 손으로 얼굴을 감싼다. 로빈도 오래 버티지 못한다.

"제길, 물안경도 소용없어!" 로빈이 누런 연기에서 빠져나오며 분통을 터뜨린다. "바보같이 보이는 데다가 '심지어' 쓸모도 없다니. 물러달라고 해야겠어!" 나는 내 눈에 신경 쓰느라 로빈의 말을 받아줄 여유가 없다. 로빈이 나를 챙겨줄 차례다.

"눈 비비지 마. 그럼 더 아파. 자, 고개 좀 뒤로 젖혀봐." 이어 병마개를 여는 소리가 들리는가 싶더니 얼굴 위로 물 같은 것이 쏟아진다.

"뭐야!"

"눈 떠보게, 친구."

"도대체 이게 뭐야? 최루가스보다 더 따갑단 말이야."

"물에 탄 식초야. 레몬도 들었어. 잠깐만 기다려. 괜찮아질 거야."

진짜 아픈 것이 좀 덜해진다. 30초는 족히 걸렸지만, 어쨌든 눈이 다시 떠진다. 로빈이 갖고 있는 약은 '씨애틀용액'의 변형이다. 1999년 반WTO시위 때 사람들이 초대형 쓰레기통에 담아 끌고 다니던 것이다. 로빈이 가진 것은 최루탄용인데, 제조법이 분사기용과는 좀 다르다.

"이제 어떡하지?"

"저 길은 막혔어. 저쪽으로 가면 저지선을 뚫을 수 없을 거야. 일단 좀 기다려보고, 연기가 걷히면 상황을 보러 가자."

몇분 후에 다시 한번 거리진입을 시도한다. 약 30미터 앞에서 경찰 셋이 의식을 잃은 경관을 호송차로 운반하고 있다. 얼굴은 피투성이에다 눈을 감고 있다. 부상당한 시위자들은 인도에 내동댕이쳐져 있고, 피를 흘리는 부상자도 보인다. 도시 여기저기에서 연기 기둥이 솟고 둔탁한 폭발음이 들린다. 사방에서 지붕 위로 폭발연기가 흩어진다. 가는 곳마다 전투상황이다. 경찰은 사진 찍는 사람이 있으면 곤봉을 휘두르고, 비폭력시위자들에게도 폭력을 가한다. 그런데 뭔가 이상하다. 기차역 쪽에서 바닷가 쪽으로 후퇴하는 사람들의 표정이 정상이 아니다. 그것은 저항도, 분노도, 결연함도, 좌절감도 아니다. 뭔가 아주 끔직한 표정이다.

30분 후에 로빈과 나는 간신히 만행의 현장을 빠져나와 바다가 내려다 보이는 학교건물까지 올라간다. 비폭력활동가들은 지난 일주일 동안 이곳에서 회의하고 교육하고 시위계획을 세웠다. 또한 이곳은 인디미디어 본부로도 쓰인다. 그런데 이곳 사람들의 표정도 마찬가지다. 나는 언론센터 모니터로 전송되는 사진과 기사를 보고서야 비로소 사람들의 표정을 이해한다.

기차역 근처에서(로빈과 내가 있던 곳에서 멀지 않은 곳이다) 이딸리아 시위자 까를로 쥴리아니(Carlo Giuliani)가 무장경관의 총에 머리를 맞고, 후진하는 지프차에 깔렸다. 이미 전세계로 현장사진이 전송되었다. 시체가 아스팔트 위에 널브러져 있고, 최루탄연기가 자욱하고, 사방에 파란 헬멧을 쓴 경찰관이 깔려 있고, 시체에서 나오는 피가 도랑을 타고 흐른다. 언론센터 전체가 쥐죽은 듯 고요하다. 뭔가 단단히 잘못됐다.

쥴리아니의 사망소식이 전해지자 시위현장에 그를 추모하는 시설이 급히 설치되었다.

상황은 나아지기는커녕 점점 악화될 뿐이다. 다음날 밤. 경찰관들이 언론쎈터를 습격하고, 활동가들이 숙소로 사용하는 맞은편 체육관까지 습격한다. 경찰은 자는 사람들을 곤봉으로 때리고, 밖에 있는 기자들을 때려 의식을 잃게 만들고, 아무 저항도 하지 않는 무방비의 사람들을 주먹으로 치고 발로 차고 더듬고 짓밟아, 온 벽과 바닥을 피바다로 만든다. 산 채로 시체부대에 실려 가는 사람도 있고, 경찰서에 끌려가 고문당하는 사람도 있다. 발가벗겨지는 사람, 위협에 못 이겨 무쏠리니시대의 파시스트노래를 부르는 사람도 있다. 다음날. 경찰은 자신들이 저지른 짓을 정당화하기 위해 수색의 결과라며 은닉 '무기'(화염병 · 망치 · 도끼 · 칼)를 언론에 공개한다.

얼마 후. 예심판사는 당시의 상황을 조사한 후 경찰을 기소할 것이다. 경찰이 만행을 정당화하기 위해 무기를 숨겨놓은 것을 알아냈기 때문이다. 몇달 후. 이딸리아의회에서는 경찰이 제노바에서 저지른 일을 놓고 청문회를 열 것이다. 하원의원들이 내무장관의 사임을 요구할 것이다. 베를루스꼬니는 국정조사권을 발동하지 않을 수 없을 것이고, 이딸리아 경찰총장은 '경찰의 과잉진압'을 시인할 것이다. 경찰간부 세 명이 옷을 벗을 것이다. 그러나 습격 다음날은 아무런 조치도 취해지지 않고 있다. 물론 조치를 취한다고 해결될 일도 아니다. 우리는 역사상 최대규모의 '반세계화'시위에 참여했다. 우리는 역사를 '창조'했다. 그러나 기뻐하는 사람은 아무도 없다. 상황을 어떻게 받아들여야 할지, 상황에 어떻게 대처해야 할지, 이제 무슨 일을 해야 할지, 아무도 아는 사람이 없다. 모두가 상처를 받았다.

그날 저녁. 적색구역 중심부에 있는 상들리에가 늘어진 '두깔레궁'에서 G8 정상들은 성명서를 발표했다. "빈곤을 줄이는 가장 효과적인 전략은 강력하고 역동적이고 개방적이고 계속해서 성장하는 세계경제를 유지하는 것이다. 우리는 이 일을 해낼 것을 굳게 다짐한다."

이것은 '반자본주의'운동 또는 '반세계화'운동이다. 불과 몇년 사이에 이런 말은 아주 흔한 말이 되었다. '무정부주의자들'(모든 종류의 반대파를 지칭하는 언론용어)이 로보캅같이 차려입은 경찰저지선과 대치하는 1면 사진만큼이나 흔해졌다. 런던, 제노바, 프라하, 씨애틀, 멜버른, 바르셀로나, 더반, 서울, 워싱턴 거리에서 전세계 경제정상이 모일 때마다 회담 저지를 다짐하는 시위자들이 나타난다.

이런 사건은 사실 빙산의 일각에 불과하다. 이 책에서 보여주고 싶은 것은 이런 사건 뒤에 훨씬 크고 중요한 움직임이 있다는 것이다. 대규모

시위는 이 운동의 전부가 아니며, 이 운동에서는 오히려 지엽적인 부분이다. 대규모시위는 전세계에서 언론의 주목을 받았고, 대규모시위를 계기로 이 운동의 참여자가 늘어났다. 대규모시위를 통해서 이 운동의 의제들이 전세계 정치가, 기자, 기업가, 그리고 일반시민들에게 알려졌다. 이들의 의제에 동의할 수도 있고 하지 않을 수도 있지만, 이런 대규모시위가 중요하고, 역사적이고, 불가피하고, 정기적인 사건이 되고 있는 것만은 부인할 수 없다. 대규모시위는 우리 시대를 정의하는 중요한 특징이다.

제노바 사태를 제대로 이해하기 위해서는 1999년으로 거슬러올라가야 한다. 지금은 흔한 일이 되었지만, 그때만 해도 세계정상회담 저지시위는 전례 없는 일이었고, 지금까지도 그만큼 성공을 거둔 적은 없다. 대중운동이 탄생한 곳이 1994년 1월 1일 치아빠스라면, 대중운동이 본격화된 곳은 1999년 11월 30일 미국 씨애틀의 거리라고 할 수 있다. 이때부터 최루탄과 분사기는 대중운동의 대명사가 되었다.

바로 그날, 새로 출범한 WTO가 첫번째 무역라운드 출범을 위해 회의를 열었고, 이 회의를 저지하기 위해 5만 명이 거리로 나왔다. 노조들, 농산물 유전자조작에 반대하는 농민들, 무정부주의자들, 바다거북으로 분장한 환경운동가들, 성직자들, 전투적인 택시운전사들, 녹색당 급진파와 철강노동자의 연합세력, 항만노동자들, 사빠띠스따 연대집단들, 삼림 파괴에 저항하는 꼴롬비아 부족민들, 에꽈도르 댐 건설 반대시위자들, 중국 민주주의운동가들, 그리고 그밖에 수천 명이 거리로 나왔다. 이들은 거리에서 다스 베이더(Darth Vader)처럼 차려입은 경찰병력과 충돌했다. 경찰의 특수장갑에서는 나이키제품처럼 쉭쉭 소리가 났다. 재밌고도 슬픈 장면이었다. 경찰은 접근하는 시위대에게 분사하고, 비폭력시위자를 무차별적으로 공격했다. 수만 명의 시위대가 회의장을 포위하자, 시장은 비상사태를 선포했고, 그렇게도 시끄럽게 선전하던 WTO의 무역라운드는 혼란 속에 결렬되었다. 그때부터 대중운동이 벌어지는 곳 어디서나 '이것이 민주주의의 참모습이다'라는 외침을 들을 수 있었다.

세계가 정신을 차렸다. 뭔가 새로운 일이 벌어지고 있었다. 구좌파의 투덜거림과는 양상이 달랐다. 구호도 다르고, 전술도 다르고, 조직원리도 달랐다. 이 새로운 연합세력의 요구는 다종다양했고 상호충돌하는 경우도 있었지만, 새로운 언어로 표현된다는 점에서는 사빠띠스따의 요구와 일치했다. 씨애틀시위는 조직책도 없었고, 지도자도 없었고, 이데올로기도 없었다. 이들은 예의에 얽매이지 않았고, 참신했고, 급진적이었고, 단호한 의지를 보였다. 그리고 눈부신 성공을 거뒀다.

'씨애틀전투'가 없었다면, 세계화를 둘러싼 논의는 지금과 많이 달랐으리라. 세계가 달랐을 거라고 말해도 과언이 아니다. 사빠띠스따 봉기가 최초의 탈근대혁명이었다면, 씨애틀은 최초의 탈근대가두시위였다.

씨애틀은 그때까지 분명치 않았던 것을 분명하게 만들어주었다. 뭔가 세계적인 것이 새로우면서도 자의식적인 양상을 띠면서 서서히 윤곽을 드러냈다. 씨애틀에서 시위가 벌어진 그날, 수십개 국의 수십만 인파가 거리로 몰려나와 연대시위를 벌였다. 활동가들은 오스트레일리아 브리즈번(Brisbane)주식시장에도 모였고, 필리핀 마닐라 대통령궁에도 모였다. 델리에서는 슬럼가 거주자, 농민, 학생 등 500명이 간디의 화장터 근처에 있는 WTO 조각상에 불을 질렀다. 카디프, 리머릭, 프라하, 베를린, 로마, 런던, 핼리팩스, 방갈로르, 워싱턴, 텔아비브에서 수천 명이 행진했다. 캘리포니아에서는 부두노동자가 파업을 벌였고, 디종에서는 시위자들이 상공회의소 앞 난간에 자기 몸을 묶었다. 인도에서는 60개 마을 1,000명이 넘는 주민이 거대한 댐 건설 부지인 나르마다(Narmada)계곡으로 소달구지를 끌고 나왔다. 이들은 혼자가 아니었다.[3)]

씨애틀에서 시작된 이 반란의 물결은 (이것이 뭔지는 확실치 않지만) 좀처럼 막을 수 없었다. 1971년부터 경치 좋은 스위스 알프스에서 조용히 회의를 가졌던 세계경제포럼(WEF)은 2000년 1월 다보스회의에서 1,000명 이상의 시위자들에게 포위를 당하는 수난을 겪었고, 회의에 참석한 대표들은 가공할 물자부족을 경험했다. "아시아에서 온 한 장관은 운전사를 놓치는 바람에 꼼짝할 수 없었다며 불만을 나타냈다"고 『데일리텔레그래프』(*Daily Telegraph*)는 분개하며 보도했다.[4)] 이듬해에는 더 많은 사람이 모였고, 똑같은 상황이 되풀이되었다.

2월에는 타이 활동가들이 방콕에서 유엔무역개발회의(UNCTAD)를 막기 위해 칠리를 불태우고 연기를 내면서 세계화의 앞잡이를 겨냥하여 '욕설의식'이라는 타이의 전통의식을 거행했다. 4월에는 볼리비아 주민 수천 명이 일주일 동안 꼬차밤바(Cochabamba) 곳곳에서 민영화에 반대하는 '물전쟁'을 벌였다. 같은 시기 워싱턴에서는 3만 명의 인파가 운집한 IBRD와 IMF 연례회의 반대시위 때문에 도시기능이 마비되기도 했다.

2000년 5월 1일 노동절에는 전세계에서 세계경제질서에 반대하는 시위가 번졌다. 5월 하순 아르헨띠나에서는 8만 명의 주민이 거리로 몰려나와 IMF가 아르헨띠나 경제를 좌지우지하는 상황을 성토했다. 2000년 9월 프라하에서는 씨애틀을 급습했던 연합세력 2만 명이 다시 모여 열두 시간 동안 IBRD와 IMF 연례회의가 벌어지는 회의장을 점거하는 쾌거를

G8 정상회담 반대시위에 쓴 피켓과 플래카드.

올렸고, 저녁에는 프라하 오페라하우스를 포위하여 대표단의 파티를 망치는 데 성공했다. 같은 시기에 오스트레일리아 멜버른에서는 5만 명의 시위대가 WEF 회의장 주변에 집결했고, 이와 함께 전세계 110개 도시에서 연대시위가 벌어졌다.

시위는 그치지 않았다. 그후 2년 동안 타이, 인도, 인도네시아, 오스트레일리아, 뉴질랜드, 남한, 브라질, 멕시코, 아르헨띠나, 미국, 방글라데시, 필리핀, 프랑스, 캐나다, 파푸아뉴기니, 파키스탄, 아일랜드, 벨기에, 폴란드 등 수많은 곳에서 시위가 벌어졌다. 시위장소의 목록은 끝이 없다. 시위의 흐름은 제노바까지 이어졌고, 이곳에서 끔찍한 사건이 있었지만 시위의 흐름은 끊기지 않았다. 시위는 2001년 9월 11일 이후 오히려 더 활발해졌다. 소위 전문가들은 제노바사태를 계기로 이런 식의 시위가 사라질 것이고, 사라져야 한다고 말했지만, 이런 말은 헛소리로 밝혀졌다. 시위는 바이러스처럼 돌연변이를 일으키며 확산을 거듭했다. 그리고 여전히 확산중에 있다.

이 새로운 운동을 명명하거나 규정하거나 포섭하거나 통제할 수 있는 사람은 없었다. 자기가 이 운동에 참여하고 있다고 생각하는 사람도 열이면 열 모두 다른 생각을 갖고 있다. '세계화' 운동이라는 사람도 있고, '반자본주의' 운동이라는 사람도 있다. '민주화' 운동이라는 사람도, '사회정의실현' 운동이라는 사람도 있다. 토니 블레어는 "무정부주의자들의 써커스 순회공연"이라고 했던 반면, 『이코노미스트』(*The Economist*)는 이들이 "사상투쟁에서 승리하고 있다"라고 했다. 유력한 미국 언론인 토머스 프리드먼(Thomas Friedman)은 "지구가 평평하다고 주장하는 사람들, 보호주의무역조합들, 1960년대 마약의 추억을 잊지 못하는 여피족이 함께 타고 있는 노아의 방주"라고 했다. 클레어 쇼트(Clare Short)는 "방향을 상실한 백인 중산층 행동가들"이라고 비난한 반면에, 노엄 촘스키(Noam Chomsky)는 "진정한 인터내셔널의 최초의 현실적 약속"이라고 찬양했다. 모두가 각자의 의견을 냈지만, 맞는 의견은 거의 없었다.

분석가들, 전문가들이 이 운동에 대해서 토론하고 논쟁하고 해부하고 비판하는 동안, 이 운동은 성장을 거듭한다. 이 운동은 수백만 명이 참여하는 전세계 네트워크다. 또 이 운동은 놀랄 만큼 빠른 속도로 확장되었으며 기성세력을 정기적으로 농락해왔다. 또 이 운동은 우리 시대에 일어난 가장 큰 사건이며, 가장 큰 정치사회운동이다. 당분간 이보다 더 큰 규모의 운동은 일어나기 어려울 것이다. 마지막으로, 이 운동은 세계를 변혁하려 한다.

이 운동은 어떻게 시작되었을까? 그리고 왜 시작되었을까? 두번째 질문에서 시작하는 것이 좋을 것 같다. 이 운동을 이해하기 위해서는 먼저 이 운동이 시작된 역사적 계기를 이해하는 것이 순서이기 때문이다. 이 운동은 바로 우리가 살고 있는 시대에 시작되었다.

우리 모두 알다시피 세계는 지금 급격하고도 총체적인 (경제 · 사회 · 정치 · 과학기술의) 변화를 겪고 있다. 이로 인해, 전통적인 정치구조, 고전적인 경제모델, 사회적 확실성, 국가의 경계가 사라진다. 모든 것이 변한다. 공산주의블록의 붕괴와 함께, 20세기를 장식했던 거대이데올로기의 격전이 끝났다. 자본주의가 냉전을 승리로 이끌었고, 그때부터 전세계 모든 나라에서 정치전쟁이 일어날 때마다 자본주의가 승리의 깃발을 휘날렸다.

모든 것이 상품이 되었다. 새로운 형태의 전세계 관계망 속에서 기업, 투자자, 은행가는 자기 집에 앉아서 다른 나라의 국가경제 전체를 뒤집어엎을 수 있게 됐다. 자기네 이익이 위협받으면 몇시간 만에 일국의 경제를 파괴할 수 있다. 이런 상황에서 '정치'의 의미는 완전히 달라졌다. 브라질과 영국, 남아공과 독일, 러시아와 멕시코, 뉴질랜드와 일본에서, 정치가는 좌우파 구분 없이 기술관료로 탈바꿈중이다. 궁지에 몰린 기술관료정치가들은 시장에 항복하지 않을 도리가 없다. 다른 출구는 없다. 대안은 없다. 승리의 미소를 지으면서 또는 체념의 한숨을 쉬면서 수많은 사람들이 역사의 종말을 예언했다. 그리고 우리는 드디어 역사의 종말을 맞았다.

세계의 종말을 가리키는 유행어가 하나 있다. '세계화'가 그것이다. 이 말은 널리 쓰이고 있지만, 의미를 제대로 알고 쓰는 사람은 별로 없다.

이 말을 들으면 막연하게 떠오르는 이미지들이 있다. 만삭의 타이여자가 화장실 갈 자유도 없이 공장에서 하루에 열두 시간씩 착취당하는 모습을 떠올리는 사람도 있고, 미소를 머금은 마사이족 전사들이 세렝게티 한복판에서 노트북으로 이메일을 주고받는 모습을 떠올리는 사람도 있다. 세계화가 무엇인지 정확히 몰라도, 자기가 떠올리는 이미지를 보면 자기가 세계화에 찬성하는지 반대하는지 알 수 있다.

세계화와 관련하여 모두가 동의하는 것이 하나 있다. 그것은 세계화가 새로운 현상이라는 것이다. 세계화라는 정치적·과학기술적 혁명은 각자의 견해에 따라 천국의 문일 수도 있고, 지옥의 문일 수도 있다. 인류가 새로운 발전단계로 진입하면서, 세상이 천국이든 지옥이든 알아볼 수 없게 변할 것은 확실하다.

한 평자는 이 새로운 과정을 언급하며 세계화로 야기된 사회적·경제적 격변을 정확하게 묘사했다. "고정되고 동결된 관계, 과거의 편견과 견해 일체가 사라지고, 새로 만들어진 관계는 굳어지기 전에 낡은 것이 된다. 고체는 모두 녹아 기체가 되고, 신성한 것은 모두 세속적인 것이 되고, 인간은 마침내 자신의 삶의 현실적 조건과 타인과의 관계를 냉정하게 직시하지 않을 수 없다." 세계화의 사회적 파급효과가 아주 시(詩)적으로 묘사되어 있다.

이 평자는 세계화의 경제적 파급효과에 대해서도 날카로운 논평을 가했다. "기존의 국가산업이 모두 파괴되었거나 파괴가 진행중이다. 국가산업을 밀어내는 산업은 더이상 국내 천연자원을 이용하지 않고 지구 반대편의 자원을 끌어온다. 이런 산업의 생산물은 국내에서 소비되는 것이 아니라 세계 곳곳에서 소비된다. 기존의 수요는 국가산업으로 충족되지 않게 되고, 새로운 수요가 창출된다. 새로운 수요를 만족시키기 위해서는 먼 나라 상품을 들여와야 한다." 세계화의 혁명적 위력을 다룬 이 논문은 1848년에 카를 맑스(Karl Marx)가 쓴 『공산당선언』이다.

이 글이 잘 보여주듯이, 지금 우리가 경험하는 상황이나 속도나 테크놀로지가 아무리 새로운 것이라 해도, '세계화'의 기반은 아주 오래 전에 형성된 것이다. 세계화에 대한 온갖 수식어가 나왔지만, 세계화는 무엇보다 '자본주의'라는 경제체제의 최종단계라고 봐야 한다. 자본주의는 최소한 500년 이상 지속된 체계다.

자본주의는 18세기 후반에 영국에서 산업혁명을 거치면서 중요한 세력으로 부상했고, 그때부터 여러 단계를 거치면서 발전했다. 맑스가 이 글을 쓰던 19세기 중반은 자본주의의 존재 자체가 위협받을 때였다. 유럽의 구체제가 혁명의 노도(怒濤) 앞에 무너지는 중이었다. 그러나 19세기 말이 되자 자본주의는 제국의 시장과 광산과 노동착취 덕분에 역사상 유례없는 맹위를 떨치며 전세계를 휩쓸었다. 자유자본주의 혹은 그냥 '자유주의'라고 알려진 단계다. '신자유주의'라는 희한한 말도 여기서 나왔다. 표현만 달랐지 똑같은 얘기다. 자본주의가 가난한 사람들의 것을 빼앗아 부자들의 배를 채우기는 그때나 지금이나 마찬가지다. 비서구 전체의 생명과 문화와 경제와 소망을 주변부로 밀어냄으로써 서구산업국을 세계의 지배자로 군림하게 만들기도 그때나 지금이나 마찬가지다. 자본주의가 전세계 대중봉기로 귀결되는 것도 그때나 지금이나 마찬가지다. 당시 최대규모의 봉기가 일어난 곳은 1917년 러시아였다. 그때와 지금을 비교해보면 묘한 기분이 든다.

20세기 초반의 혁명을 거치고, 1929년의 대공황과 제2차세계대전을 거치면서, 자본주의가 맹위를 떨치는 시대가 지난 것으로 보이던 시기가 있었다. 각종 규제, 복지국가, 강력한 노조로 인해 자본주의에 제약이 가해졌고, 제국의 몰락과 함께 과거의 실수를 되풀이하지 않으려는 강력한 의지가 퍼지면서 자본주의의 야심에 제동이 걸렸던 것이다. 인간의 힘으로 역사의 흐름을 바꿀 수 있을 것 같았다. 인류가 역사에서 교훈을 얻은 것 같았다. 그런데 1970년대에 밀턴 프리드먼(Milton Friedman)이라는 '신극우파' 경제학자가 나타났다. 그는 시장을 규제하지 않고 내버려두면 모든 문제가 저절로 해결된다고 믿었다. 칠레의 장군 삐노체뜨(A. Pinochet)는 프리드먼의 말을 믿고 모험을 걸었고, 마거릿 새처(Margaret Thatcher)와 로널드 레이건(Ronald Reagan)도 곧바로 그의 뒤를 따랐다. 그들 때문에 시작된 경제바람은 걷잡을 수 없이 커졌고, 1990년 동구권이 몰락하는 결정적인 원인이 되었다.

국제공산주의라는 융통성 없는 공상적 이데올로기는 죽었다. 그리고 그 자리에 또다른 이데올로기가 들어섰다. 똑같이 공상적이고, 똑같이 융통성 없고, 똑같이 인간의 고통에 무심한 이 이데올로기의 이름은 바로 세계자유시장의 꿈이다. 오랫동안 사람들은 인류에게 닥친 모든 난관을 해결하는 최선의 방법(유일한 방법)은 이 꿈을 좇는 것이라고 생각했다. 가난도 없앨 수 있고 환경파괴도 막을 수 있다는 것이었다. 가만히 앉아서 시장의 마술을 구경해라. 커다래진 케이크가 짠 하고 나타나면, 배 터질 때까지 먹어라. 냠냠. 30년 동안 이 꿈을 좇았다. 전세계 수많은 사람들에게 이 꿈은 악몽인 것으로 드러났다.

이를테면, 오늘날의 세계와 신자유주의 실험이 시작되기 전인 1970년대를 비교해보자. 상투적인 경제관념에서 생각하면, 우리는 그때보다 부자가 되었다. 세계총생산은 1960년에 10조 달러였던 데 비해, 오늘날은 43조 2,000억 달러로, 4배 이상 증가했다.[5] 그러나 이 부가 다 어디로 갔는지는 완전히 다른 문제다.

1960년에 부유한 서양산업국에 살고 있는 세계인구의 20%의 수입은 세계에서 가장 가난한 사람들 20%의 수입의 30배였다. 오늘날은 74배에 이른다.[6] 놀라운 일이지만, 세계인구의 거의 절반인 28억 명은 하루에 2달러 미만으로 살고 있다. 1980년대에 비하면 10% 증가한 수치다.[7] 한 나라(미국) 부유층 10%의 수입을 합하면, 가난한 20억 인구의 수입보다 많다.[8] 세상에서 제일 돈이 많은 사람 3명의 재산은 미개발국 GNP를 모두 합한 것보다 많다.[9]

국가간 빈부격차와 함께 국내 빈부격차도 증가했다. 돈이 많은 나라들의 경우에도, 빈부격차는 시장이 본격적으로 날을 세우기 시작한 1980년대부터 급격하게 증가했다.[10] 예를 들어, 영국에서 새처의 신자유주의실험은 빈곤선 이하의 삶을 살고 있는 인구비율을 10명 중 1명에서 4명 중 1명으로 늘리는 데 성공했다.[11]

세계적 불평등의 증가는 새로운 현상은 아니다. 19세기에도 세계적 불평등은 존재했다. 그러나 세계화는 엄청난 규모의 불평등을 가속화했고, 오늘날 세계는 인류역사상 가장 불평등한(불공정한) 상태에 놓여 있다. 세계화란 한마디로 말해서 부자는 점점 더 부자가 되고, 가난한 사람은 점점 더 가난해지는 과정이다. 빈부격차 하나만 보아도, 모두가 부자가 된다는 세계화의 약속이 얼마나 공허한 것인가를 알 수 있다. 또한 빈부격차 하나만 보아도 (다른 이유도 많지만) 국제적 봉기가 가속화되는 이유를 알 수 있다.

활동가들이 한결같이 주장하는 것처럼, 세계화로 가장 이득을 보는 것은 사기업이다. 지난 10년 동안 사기업은 인류가 시작된 이래 가장 강력한 정치적·경제적 권력을 얻었다. 세계 10대 기업이 살충제시장의 85%, 동물용 의약품시장의 60%, 약품시장의 35%, 상품종자시장의 32%를 지배한다.[12] 세계 100대 경제단위 중에 51개 단위가 기업이고, 민족국가는 49개에 불과하다. 제너럴모터스(Generl Motors)는 타이보다 크고, 미쯔비시(三菱)는 남아공보다 크고, 월마트(Wall-Mart)는 베네수엘라보다 크다.[13] 사기업의 정치적·경제적 권력이 무시무시한 속도로 증가하고 있다.

자유시장프로젝트는 계속된다. 북미자유무역협정(NAFTA)을 비롯해서 국제적 차원에서 진행되는 무수한 공식조약·비공식조약들로 인해 사기업의 이익이 경제·사회·문화의 모든 측면을 잠식하는 상황이 굳어진다. 자유시장프로젝트를 추진하는 세계 3대 기구인 IBRD·IMF·WTO는 활동가에게는 증오의 대상인 동시에 신자유주의자에게는 경애의 대상이다.

IBRD와 IMF는 1944년에 초토화된 전후 세계의 재건을 위해 만들어졌지만 1970년대와 1980년대를 거치면서 선진자본주의의 사냥개로 전락했다. 이들 기구는 '개발도상국'에게 돈을 빌려주어 인프라를 구축하고, 경제를 안정시키고, 최근에는 사회보장프로그램을 실시할 수 있게 한다. 그리고 그 댓가로 자기네 경제전문가들이 만든 모델에 따라 국가경제 '구조조정'을 실시할 것을 요구한다. IBRD와 IMF가 국가에게 요구하는 전형적인 댓가는 공적 지출을 대폭 줄이고, 민영화를 추진하고, 무역과 투자에 문호를 개방하고, 수출주도형 생산에 치중하고, 외국인 기업투자를 장려할 것 등이다.

IBRD와 국제금융기구의 운영국이 세계 최고의 강대국들이고, 두 기관이 운영국에 부여하는 투표권이 그들에게 받는 돈에 비례한다는 사실을 알게 되면, 상황은 좀더 간단히 이해된다. 두 기관 모두 운영하는 것은 부자나라들이고, 운영이 이루어지는 곳은 가난한 나라들이다. 워싱턴에 본부를 둔 기술관료들은 자기들이 고안한 정책을 '충격요법'이라고 부르며 잘난 척했다. 그들은 무역의 이름으로 '제3세계' 수백만 주민에게 충격과 함께 빈곤을 안겨줬다. 충격은 아직 가시지 않았다.

한편, WTO에서는 무역의 이름으로 국가정부의 권력이 소리없이 약화되고 있다. WTO는 1995년에 신자유주의자들이 시장낙원을 만드는 과정을 최종적으로 점검하기 위해 만들어졌다. WTO의 어마어마한 국제법 서류는 국가가 자국의 산업을 지원하거나 자국의 취약한 경제분야를 보호하거나 무역의 흐름과 기업의 자유를 방해하는 법률을 제정하는 등의 경쟁을 약화하는 모든 '무역장벽'을 없애려는 목적으로 만들어졌다.

안타깝게도, 기업이 '무역장벽'이라고 생각하는 것이 시민에게는 환경보호법, 사회보장프로그램, 공공의료 구제, 지역사회 구제계획 등이다. NAFTA가 치아빠스의 사빠띠스따에게 저질렀던 일을 WTO는 지금 우리에게 저지르고 있다. WTO조약으로 미국은 '청정공기법'을 개정하여 좀더 유해한 가솔린 수입을 허용해야 했고, 거북 보호장치가 되어 있지 않은 그물에 잡힌 새우에 대한 수입금지 조치를 없애야 했다. WTO는 EU에게 바나나 수입에 있어서 미국에 본사를 둔 치키타(Chiquita)사의 생산자들보다 카리브해의 소규모 생산자들을 우대하는 조치를 시정하라고 권고했다. WTO는 발암가능성이 있는 호르몬주사를 맞은 미국산(産) 쇠고기에 대한 금지조치를 불법으로 규정했다. WTO는 일본에게 수입농산물 농약잔류량의 법적 기준치를 상향조정할 것을 권고했다.[14] WTO는 기업이익을 수호할 것인가, 환경과 사회를 보호하는 법을 지킬 것인가의 기로에서 한결같이 기업의 손을 들어주었다.

IBRD나 IMF와 마찬가지로, WTO에서도 의제를 정하는 것은 부자나라들이다. 이론적으로는 모든 나라가 WTO회의에서 한 표씩 갖는다. 그러나 실제적으로는 많은 주요 사안이 최강국정부만 참석하는 비밀회의에서 결정된다. 많은 나라가 돈이 없어 WTO회의에 대표자를 보내지 못하는 형편인데, 부자나라는 장관들 한 무리를 보내는 것으로도 모자라 기업로비스트들까지 떼거지로 딸려 보낸다. 언제나 그렇듯이 세계무역의 틀을 자기네 입맛에 맞게 형성하기 위해서다.

이것이 '세계화'의 실상이다. 세계화는 에스키모가 미소를 지으며 스크린쎄이버를 다운로드하는 것도 아니고, 환경보호 관광객들이 저렴한 항공권을 구입해 아마존을 방문하는 것도 아니다. 문화이해를 증진하는 것도, 세계평화에 이바지하는 것도 아니다. 세계화는 강자들이 추진해서 우리에게 팔아먹는 정치적 기획이다. 그들은 세계화가 거역할 수 없는 발전이라고 선전한다. 밀려오는 바닷물처럼 피할 수도 돌릴 수도 없다는 것이다. 세계화는 무역이나 경제성장의 문제인 동시에 권력과 지배의 문제다. 세계화는 자원을 지배하고 정치를 지배하고 사회의 가치를 형성하는 여론을 지배한다.

사람들이 반대하는 '세계화'는 이런 것이다. 그리고 '반세계화'는 아래로부터 만들어지는 전세계적인 대중운동이다. 지금, 이 대중운동에는 명확한 이름이 없다. 다양하고, 지도자도 없고, 선언서도 없고, 마케팅예산도 없기 때문이다. 이 운동을 일컫는 가장 흔한 말은 '반자본주의' 운동, '반세계화' 운동이지만, 두 이름 모두 불완전하고 소극적인 이름이다. 활동가들은 '사회정의' 운동, '세계민주주의' 운동 같은 좀더 적극적인 이름을 선호하지만, 두 이름 모두 위원회에서 만들어진 것 같은 인상을 준다. 나를 포함한 많은 사람들은 이 운동을 그냥 '운동'이라고 부른다. 하지만 이름이 중요한 것은 아니다.

중요한 것은 이 운동의 의미다. 당신이 이 운동의 일부라면, 당신은 인류가 생긴 이래 권력의 횡포가 가장 심한 세계에 대항하는 봉기의 일부다. 지금 우리가 살고 있는 세계는 힘겹게 얻어낸 민주주의의 기획이 비인간적 정치실험으로 위협받는 세계이고, 경제를 사람에게 맞추는 것이 아니라 사람을 경제에 맞추는 세계다. 당신이 이 운동의 일부라면 당신은 더이상의 고통을 거부하는 반대론자들의 불어나는 힘의 일부다.

당신이 이 운동의 일부라면, 당신은 혁명의 일부다.

볼리비아의 도시 꼬차밤바는 안데스산맥을 가로질러 볼품없이 뻗어 있다. 희미한 산빛을 받아 비현실적인 신비로운 분위기를 풍긴다. 꼬차밤바공항은 세계에서 해발고도가 제일 높은 공항이지만, 그것을 제외하면 별볼일없는 공항이다. 구경할 시간도 없는데 다행이다. 내가 여기 온 것은 세계활동가대회에 참석하기 위해서다. 문제의 운동이 어떻게 조직되는지 배울 수 있을 것 같다. 여자친구 캐서린(Katharine)도 함께 왔다. 비행기에서 내리는 대로 만나기로 약속했다.

그리고 만났다. 내가 어슬렁어슬렁 짐 찾는 곳으로 들어서는데 캐서린이 나타나 인사할 새도 없이 팔을 잡아끌었다.

볼리비아지도

"얼른 가자!"

"짐 찾아야 되는데?"

"그럴 시간 없어. 아니, 빨리 찾아와. 대회 얘기는 하지 마!"

"그런 얘길 왜 하겠어? 근데 왜 그래?"

"그냥 하지 마. 수상하게 굴지 마! 빨리! 택시 잡아놨어."

"무슨 소릴 하는 거야?"

택시를 타고 유리로 된 공항건물을 빠져나와 황량한 알띠쁠라노(Altiplano)를 가로질러 꼬차밤바 경계에 가서야 나는 캐서린이 무슨 소리를 하는지 알게 됐다. 대회 참석차 볼리비아에 온 사람들 중에 수십 명이 공항에서 붙잡혀 강제출국을 당할지도 모른다는 것이었다. 캐서린이 붙잡히지 않은 것은 비행기멀미 때문에 내리자마자 화장실로 직행한 덕분이다. 캐서린이 화장실에서 나왔을 때는 이미 같은 비행기를 타고 있던 사람들 대부분이 붙잡힌 후였다. 캐서린은 한 시간 동안 볼리비아에 있는 아는 사람들과 대회집행부에 미친 듯이 전화를 걸어 뭔가 해보려고 했다.

택시가 출발하자 캐서린도 긴장이 좀 풀렸다. "뭘 해야 할지 몰랐어. 경찰이 갈 때까지 공항 기념품가게에서 100년은 기다린 것 같아. 물건을 구경하는 척했지만 직원들이 수상하게 생각하는 것 같았어. 나도 관광객이라는 것을 보여주기 위해 그 바보 같은 모자까지 살 뻔했어. 하지만 생각을 바꿨지. 그런 것을 사느니 강제출국 당하는 게 낫겠다고 생각했어."

알고 보니, 지방정부가 이 말썽꾼들의 대회를 막으려고 안간힘을 쓰고 있는 것이었다. 우선, 지방정부는 활동가들을 '테러리스트'로 규정하고, 입국하지 못하게 하고 있다. 나를 포함한 참석자 대부분은 관광비자를 갖고 있기 때문에 문제될 것이 없지만, 당국이 합법적인 시위행사를 원천봉쇄할 생각이라면 구실을 찾는 것은 간단한 일이다. 게다가 그들은 완벽한 구실을 갖고 있다. 오늘이 2001년 9월 15일이니까, 미국이 '테러와의 전쟁'을 선포한 지 나흘째이고, 평화시위자들이 그들의 과녁이 되었다.

'테러리스트'는 세계주민행동당(PGA)이라는 국제활동가네트워크 사람들이다. PGA는 내가 프라하와 제노바에서 합류했던 세계적 대중운동을 이끌었던 힘들 중 하나다. PGA에서 나는 이 운동의 현황에 대해 좀더 알 수 있을 것이다.

제3차 PGA국제대회가 열리는 곳은 꼬차밤바 산기슭의 평범한 학교건물이다. 정원에는 능소화가 흐드러지게 피었다. 안데스산맥의 희박한 공기 사이로 태양이 작열한다. PGA는 일주일 동안 학교건물 몇채를 사용해도 좋다는 허락을 받았다. 수업은 계속 진행되는 상태다. 검은 피부의 아이들이 간이매점에서 코카콜라를 사들고 이 교실 저 교실 돌아다니는 동안, 나무 밑이나 안 쓰는 교실에서는 봉기가 계획된다.

본국 송환을 면한 캐서린과 나는 대회 전날 오후에 도착해서 참가신청을 했고, 지금은 현수막이 걸린 건물들 사이를 거니는 중이다. 의제가 정해지고, 토론이 벌어지고, 워크숍이 계획된다. 다양한 인종, 다양한 민족의 사람들이 어울려 나무 밑을 거닐거나 꽃잎이 쌓인 풀밭 위에 앉아서 담배를 피우며 서로의 언어로 더듬더듬 대화를 나눈다. 학교종이 울리고, 벌들이 잉잉거리고, 학교 현관과 정원 사이에 있는 주홍색 능소화 사이로 벌새 한 마리가 날아다닌다. 제노바와는 아주 멀리 떨어진 곳이지만, 두 도시를 이어주는 보이지 않는 끈이 있다. PGA의 이야기는 세계운동의 이야기를 반영하기 때문이다.

PGA는 사빠띠스따의 영향으로 탄생했다. 1996년 치아빠스 엔꾸엔뜨로(Encuentro)가 끝날 때, 사빠띠스따는 "차이점과 공통점을 인정하는 초대륙적 저항네트워크"를 만들자고 제안했다. 전세계 저항들 중 하나가 되자는 것이었다. "우리의 모든 투쟁과 저항 중에 신자유주의에 맞서고 인간을 위하는 소통의 네트워크"가 되자는 것이었다. PGA는 바로 그런

네트워크였다. 엔꾸엔뜨로에서 잉태된 PGA는 1998년 제노바에서 열린 한 회의에서 공식적으로 탄생했다. 71개 국 300명의 '회원'이 열심히 주장한 것처럼, PGA는 조직이 아니라 방법이다. PGA를 통해 전세계 풀뿌리집단들이 투쟁을 결집할 수 있고, 서로 힘을 합해 세력을 강화할 수 있다는 것이다.

PGA가 처음 만들어졌을 때 조직은 간단했다. 사빠띠스따의 영향도 분명했다. 오직 풀뿌리운동들뿐이었다. 기성 비정부기구(NGO)나 정당은 없었다. 지역사회단체 대표와 활동가 '세포'가 전부였다. 모두 세계화와 신자유주의에 반대했고, 저항하는 방법으로 비폭력 시민불복종 노선을 지지했다. 또한 모두 새로운 방식으로 새로운 체제를 만들 각오가 되어 있었다. 권력을 쟁취하기보다는 권력을 나누고, '지방자치에 기초한 정치질서'를 추구했다.

PGA는 새로운 정치형태를 표방했고, 권력에 대한 새로운 생각을 가지고 있었고, 치아빠스에서 시작된 일들을 벌이기 위해서 새로운 방법을 사용했고, 세계적 차원에서 움직였다. 이것은 씨애틀, 프라하, 제노바의 성과, 그리고 지금 우리가 보고 있는 세계운동의 성과로 나타났다. 반세계화운동의 첫번째 단계였던 '정상회담 공략'의 방식을 만들어낸 것도 PGA였다(PGA 혼자 한 것은 아니지만 착상을 제공하고 핵심적인 역할을 한 것은 PGA였다). 첫번째 성공은 1998년에 있었다. 버밍엄에서 G8이 모였을 때, 29개 국에서 65건의 시위가 있었다. 이러한 국제적 규모의 반대시위가 일어난 것은 예상치 못했던 일이었다. 당시 시위의 진원지는 확실히 밝혀지지 않았다. 시위의 진원지는 PGA였고, 다음 목표는 씨애틀이었다.

PGA가 확산시킨 이 운동의 다른 세력들과 마찬가지로, PGA는 '수평적 조직' 개념에 거의 광적으로 집착한다(네트워크로 운영되고, 위계질서가 없고, 지도자를 정하지 않는다). 대회 전체, 네트워크 전체가 이러한 노선에 따라 운영된다(누가 누구를 대표하지 않고, PGA 전체를 대표하는 사람도 없다). 제노바에서, 그리고 치아빠스에서 보았던 것과 똑같은 원칙이다. 이런 원칙을 이해하는 것은 세계운동 전체를 이해하는 데 필수적이다.

나중에 알게 된 일이지만, PGA의 특징은 세계대중운동의 특징과 같다. 다양한 목표, 다양한 전술, 다양한 인종, 다양한 언어, 다양한 국가, 다양한 생각이다. 선언문도 없고, 따라야 할 노선도 없고, 따라야 할 지도자도 없다. 때문에 이 운동을 비판하는 사람들은 이 운동에 이념이 없다고 생각한다. 만약에 이념이 있다면, 기록하고 출판하고 정당을 만들고 카리스마 있는 지도자를 내세우고 권력을 쟁취하기 위해 전진하지 않겠냐는 것이다. 정치가 원래 그런 것 아닌가? 헌데 이 운동은 영광스러운 무정부주의다. 이 정치에서는 목적이 중요한 만큼 수단도 중요하다.

활동가들도 이런 생각을 받아들이기가 쉽지 않을 때가 있다. 어떤 대중행동이나 대회나 자발적 봉기에 참여할 때, '누가 이걸 시작했지? 누가 이걸 조직했지? 책임자가 누구지?'라는 생각을 하게 된다. '나를 여러분의 지도자로 뽑아달라'라는 사고방식에 본능적으로 젖어 있는 경찰간부나 정치가들은 '책임자는 아무도 아닌 동시에 모두'라는 대답을 아예 믿지 않는다. 씨애틀이나 제노바 같은 화려한 사건이 결정을 내리거나 결정을 철회하는 중심조직 없이 어떻게 일어날 수 있냐는 것이다. 지도자가 있어야 사람들이 따를 수도 있을 것 아닌가. 지도자가 있어야 한 사람만 체포하면 모두를 잠잠하게 만들 것 아닌가.

그러나 씨애틀과 제노바 사건에는 지도자가 없었다. 지도자가 없다는 것은 그 자체로 혁명적인 생각이다. 새로운 생각은 아니지만 거의 실행으로 옮겨진 적이 없는 생각이다. 그러니 '책임자가 누구냐'는 질문에 정확히 대답하는 것만으로 비약이다. 정확한 대답은 이것이다. 책임자는 모두이다. 책임자는 아무도 없다. 아, 책임자는 바로 나다!

이 운동은 이런 식의 접근방법 덕분에 효율적인 운동이 되었다. 네트워크의 지지기반이 넓고, 국지적인 동시에 전국적이고, 지역사회가 운영하는 동시에 인터넷을 통해 국제적으로 연계됨으로써, 아주 짧은 시간에 대단히 많은 사람들을 동원할 수 있다는 것을 증명했다. '스워밍'(swarming)이라고 불리는 이런 식의 조직화방식은 최근 몇년 동안 수많은 열광적인 대중적 논문의 주제가 되었다. 사빠띠스따 반란과 마찬가지로, PGA 같은 네트워크는 여러가지 면에서 인터넷으로 정의할 수 있다. 제노바도 인터넷으로 조직되었고(휴대전화도 도움이 되었다), 사빠띠스따도 인터넷을 통해 세상에 알려졌으며, PGA도 인터넷으로 운영되고 있다. 씨애틀이 성공한 것은 경찰이 활동가들의 이메일리스트를 확보하지 못했기 때문이라는 주장도 틀린 것만은 아니다.

인터넷활동주의는 기존의 동원형태와는 달리 쉽게 진압할 수 없다. 인터넷활동주의는 민주적이고 위계가 없으며 이 운동의 세계적 속성과 원칙에 전적으로 합치된다. 인터넷활동주의는 새로운 시위형태를 낳았다. '싸이버스쿼팅'(cyber squatting)도 그중 하나다. 기업활동에 항의하기 위해 수백 명이 기업 웹싸이트에 동시에 접속해서 씨스템을 마비시키는 방식이다. '드라큘라전략'이라는 것도 있다. 인터넷과 이메일을 사용해서 감추고 싶은 것을 백일하에 드러내는 방식을 말한다.

인터넷활동주의가 최고의 진가를 발휘한 것은 1998년, 경제협력개발기구(OECD)가 비밀리에 작성하던 국제조약(다자간투자협정MAI) 문서가 일군의 캐나다 활동가들에게 새나갔을 때였다. 이 조약이 통과되었다면 다국적 투자자들은 국가정부를 고소할 권한과 외국인투자를 통제하는 민주적 조치를 제거할 권한을 손에 넣었을 것이다. 그러나 이 조약은 웹싸이트와 이메일리스트를 통해 단 몇분 만에 전세계에 공개되었다. 신속한 동원이 시작되었다. 정부각료들은 조약의 내용도 제대로 모르고 있을 때, 세계적 차원의 반대시위는 점점 커져갔다. 햇빛에 노출된 MAI는 드라큘라처럼 쭈그러들었다. 타협을 진행하던 정치가들은 대중의 눈치를 살피며 조약에서 손을 뗐다. 이들의 성공을 공정하게 평가해준 것은 『파이낸셜타임즈』였다. 기사의 불평은 정확했다. "MAI는 복병을 만났다. 이들이 왜 매복해 있었는지, 어떻게 승리했는지를 이해하는 행정부는 거의 없다."[15]

'스워밍'의 최초의 승전보였다. 그로부터 열두 달 후, 씨애틀에서 다시 한번 승전보가 날아오게 된다. 인터넷의 아이러니가 여기 있다. 금융세계화, 기업세계화의 동력이 되었던 인터넷이 저항세계화의 동력, 세계적 저항네트워크의 핵심도구가 되었던 것이다. 인터넷이 없었다면, 이룰 수 없었던 일이다.

인터넷이 없었다면, PGA도 없었을 것이다. 여기는 꼬차밤바, 오늘은 PGA대회 첫날이다. 안 쓰는 학교현관에서 수백 명이 빨간색 플라스틱의자에 둘러앉아 PGA의 나아갈 방향을 토론하고 있다.

정확히 몇명이 왔는지는 모르지만, 대회 참가신청자는 43개 국 151개 단체였다. 신청한 단체 중에 오지 못한 단체도 있다. PGA는 참가자의 70%를 '개발도상'지역 단체로 한다는 관례를 적용했다. 결과적으로 대회의 의제는 이들의 관심사를 중심으로 정해졌다. 이 운동이 할 일 없는 중산층 백인애들 장난이라는 식의 천편일률적인 언론보도를 접했던 사람이 이번 대회를 본다면 생각이 완전히 변할 것이다.

앞으로 일주일 동안 우리가 할 일은 지역사회단체들의 연설을 듣고, 전술전략을 교환하고, PGA선언문을 고치고, 앞으로의 행동일정을 계획하고(다음번 거사는 11월에 있을 WTO회의이다), 앞으로 몇년간 우리 네트워크가 집중 공략할 사안을 정하는 것이다. 볼리비아 코카농민(꼬까렐로Cocaleros)조합은 이번 대회의 지역조직책 중 하나로서, 미국의 '마약과의 전쟁'이 사실상 꼬까렐로와의 전쟁임을 열심히 설명한다('테러와의 전쟁'과 마찬가지로 아무 수확도 없었으며, 승자는 언제나 마약이다). 이들은 대를 이어 코카를 재배해온 소규모 산지농민이다. 주민들은 코카잎을 씹거나 차를 달여 마시면서 약간의 각성효과를 본다. 코카잎은 코카인의 주성분이기도 하다. 미국당국은 미국 아이들이 마약을 못 하게 하는 길은 라틴아메리카의 광활한 들판에 강력한 살충제를 살포하는 것이라는 결론을 내렸다. 운이 좋다면 코카잎과 양귀비를 제거할 수 있을 것이다. 코카농민으로 대표되는 주민들의 생활, 전통, 산업도 제거할 수 있을 것이다. 덤으로 사람도 몇명쯤 제거할 수 있을 것이다.

이미 이 정책 때문에 코카농민을 비롯한 주민들이 급진화되는 효과가 발생했다. 또한 이 정책 때문에 PGA대회 참가자 전원이 다량의 코카잎을 씹게 되는 효과가 발생했다. 양키제국주의 침략자에 저항한다는 것을 나타내기 위해서다. 사실 이건 좀 가혹한 일이다. 정치적 의지가 아무리 결연하다 하더라도 코카잎이 역겨운 것은 어쩔 수 없다. 점심을 먹고 나면, 여성농민들이 중산모를 쓰고 알록달록한 망또를 걸치고 커다란 코카잎 부대를 목에 걸고 찾아와 참가자 한 사람 한 사람에게 코카잎을 나눠준다. 참가자들은 코카잎을 한줌씩 받아서 주머니에 넣거나 입에 넣고 씹다가, 보는 사람이 없다고 생각되면 짓이겨진 코카잎덩어리를 덤불 밑에 버린다. 하지만 중요한 것은 생각이다.

코카 맛을 좋아하지 않는 나도 PGA에 한껏 고무된다. 난생 처음 이 운동이 정말로 세계적인 운동이라는 것을 내 눈으로 직접 확인하기 시작한다. 지금은 대회 첫날 오후 1시. 현관 가득 간이식탁들이 정렬되어 있다. 나는 그중 한 식탁에서 점심을 먹고 있다. 내가 앉은 식탁에는 방글라데시에서 온 아디바시(adivasi)부족 여성, 러시아에서 온 생태주의자, 캐나다에서 온 노조대표, 땅딸막한 '야 바스따!'회원(지난번 제노바시위에서 최루탄연기 사이로 잠깐 보았던 사람), 삐노체뜨 치하에서 고문당했던 칠레의 인권운동가, 뉴질랜드에서 온 마오리 사람, 이곳 마을의 자원봉사학생, 여성 꼬까렐로 두 명이 앉아 함께 먹고 있다(식사중에 계속 이들의 휴대전화가 울린다). 이렇게 다양한 세계가 한자리에 모이면 갈등과 오해의 소지가 많겠지만, 지금은 상황이 다르다. 이들이 한자리에 모여 하나의 힘에 영향을 받는 지금, 결과는 그야말로 생산적이다.

점심 식탁의 화제는 9·11사태다. 9·11사태와 이로 인한 세계의 변화는 이번 대회에서 계속 나오는 화제다. 미국은 이미 자유무역 의제를 9월 10일 이전에 밀어붙였던 것보다 더 빨리 밀어붙이기 위해 테러공격을 구실로 삼고 있다. 구역질나는 미국의 '생각'은, 무역대표 로버트 졸릭

(Robert Zoellick)의 표현을 빌리자면, '테러에는 무역으로 맞선다'는 것이다. 또한 '테러' 진압에는 평화적이고 아니고를 막론하고 모든 반대파를 싹쓸이하는 공격도 포함될 것이 분명하다. 미국 상원의원들은 이미 반세계화시위대와 알까에다(al-Qaeda)를 결부시킨 바 있다. 모두가 불안을 느끼지만, 아무도 물러서지 않는다.

턱수염을 기른 금발의 캐다나 노조위원이 말한다. "매카시즘이 부활한 것 같습니다. '공산주의'가 '테러리즘'이라는 뜻이 됐잖아요. 꼬차밤바 시장도 이미 메씨지를 이해한 것 같아요. 다들 우리를 잡는 데 혈안이 됐어요. 상황이 좋지는 않아요."

에꽈도르에서 온 대단히 진지한 노부인이 말한다. "우리가 할 일은 테러리즘에 반대하는 성명서를 작성하는 것입니다. 여기에는 국가테러리즘도 들어갑니다. 국가테러리즘이란 미국이 라틴아메리카에서 오랫동안 지원해온 것입니다." 이 점에 대해서는 모두가 찬성이다. 영어를 못하는 사람들은 통역을 들으면서 시간차를 두고 동의를 표한다.

등골이 오싹할 정도로 알록달록한 셔츠를 입은 다부진 체구의 꼴롬비아 흑인 남자가 말한다. 그가 사는 곳은 꼴롬비아의 노예식민지였다가 해방된 곳이다. "지금 체제 아래서 우리는 말이고 그들은 말 타는 사람입니다! 게다가 그들에겐 채찍까지 있습니다!" 사람들이 다시 고개를 끄덕인다. 아까보다는 열의가 약간 식은 것 같다. 몇사람이 담뱃불을 붙인다. 모든 출입문 상단에는 예의 바른 금연표시가 있지만 아무도 신경쓰지 않는다. 이야기는 계속된다. 띠띠까까(Titicaca)호수에서 온 백발의 농부는 세계가 '생명의 문화와 죽음의 문화'로 나뉜다고 말한다. 자본주의와 테러리즘이 같은 편이다. 무슨 일을 해야 할지, 세계가 앞으로 어떻게 될지

꼬차밤바 물전쟁 승리의 주역 오스까르 올리베라.

확실히 아는 사람은 아무도 없다. 적어도 이 점에서만큼은 이들이나 세계를 지배하는 그들이나 마찬가지다.

그러나 점심식탁의 대화가 계속될 수는 없다. 꼬차밤바의 역사와 만날 약속이 되어 있기 때문이다. PGA가 꼬차밤바에서 만난 데는 다 이유가 있었다. 이제 곧 그 자세한 이유를 들어볼 시간이다. 불과 1년 전에 이곳에서 일어난 사건은 이미 이 운동 역사상 가장 유명한 승리 중 하나로 기록되었다. 이 사건이 있은 후 꼬차밤바는 활동가들 사이에서 치아빠스와 씨애틀 못지않은 상징적인 장소가 되었다.

우리는 오스까르 올리베라(Oscar Olivera)의 연설을 듣기 위해 학교체육관에 모여 있다. 이 지역 주민인 그는 이 운동 내에서는 이미 전설이 된 인물이다. 키가 작고 소탈한 전직 제화노동자 겸 노조간부인 그는 2년 전 꼬차밤바에서 벌어진 일을 들려주러 왔다. 당시 그와 그의 동지들은 '신자유주의 경제모델에 저항하며 이룬 최초의 승리'를 이끌었다.

오스까르의 이야기는 1999년 꼬차밤바시의 상수도씨스템이 다국적 컨쏘시엄에 넘어가던 때로부터 시작된다. 나중에 알고 보니 이 컨쏘시엄은 미국의 초대형 토목회사 '벡텔엔터프라이즈'(Bechtel Enterprises)의 자회사였다. IBRD('우리는 빈곤 없는 세상을 꿈꾼다')는 볼리비아정부에게 외채경감을 원한다면 꼬차밤바의 상수도씨스템을 민영화하고 빈민층의 수도요금을 지원하지 말라고 했다.

볼리비아로서는 처음 있는 일도 아니었다. 1985년에 IMF의 도움을 받아들이는 댓가로 볼리비아는 미국이 설계한 신자유주의노선에 따라 경제를 구조조정해야 했다. 볼리비아는 번영을 약속하는 세계화의 지침을 충실히 따랐다. 해외기업에 시장을 개방하고, 정부지출을 대폭 줄이고, 공사가 불분명한 것은 모조리 민영화했다. 이렇게 18년이 흘렀고, 볼리비아는 라틴아메리카에서 가장 가난한 나라가 되었다. 국민의 65%가 빈곤선 이하에서 살고 있다(시골의 경우는 90%가 넘는다). 도시 주민의 12%가 직업이 없고, 농촌 원주민(인구의 70% 이상)의 실업률은 그보다도 훨씬 높다. 빈부격차도 더욱 심해졌다. 배신감을 느끼는 볼리비아 사람들이 점점 많아지는 것도 무리가 아니다.[16)]

벡텔컨쏘시엄은 꼬차밤바 상수도 장기임대 계약을 맺으면서 임대료액수를 공개하지 않았다. 그 돈으로 벡텔은 꼬차밤바시의 상수도인프라뿐 아니라 이 지역 농민들의 오래된 관개시설과 공동우물까지 손에 넣었다. 상수도인프라는 정부가 건설한 것이라고 하더라도, 관개시설이나 공동우물은 정부가 팔 수 있는 것이 아니었다. 어쨌든 벡텔은 물값을 징수할 권리가 생겼다.

그리고 실제로 물값을 징수하기 시작했다. 2000년 1월에 꼬차밤바 주민들은 처음으로 사기업의 물값청구서를 받았다. 오스까르는 이야기를 계속한다. "벡텔이 상수도를 손에 넣은 지 한 달 만에 물값이 전부 올랐습니다. 300%까지 오른 것도 있었어요." 월 60달러 최저임금으로 사는 사람들이 수도꼭지 몇번 돌린 것 가지고 15달러짜리 청구서를 받았다. 벡텔이 꼬차밤바 빈민층에게 청구한 물값은 IBRD 경제학자들이 워싱턴에 내는 물값보다 많았다. 이에 대한 오스까르의 평가는 간단명료하다. "아주 바보같은 회사예요." 그리고 회사는 어리석음의 댓가를 톡톡히 치르게 된다.

2000년 1월, 꼬차밤바의 기능이 서서히 마비되었다. 꼬르디나도라(Coordinadora)라는 새로 생긴 지역사회조직이 나흘간 총파업을 지휘했기 때문이다. 당시 시위를 주도했던 오스까르의 동지들이 지금 체육관에 나와 있다. 정부는 1,000명의 병력을 투입하며 총파업에 대응했다. 거리의 아이들, 여자들, 가난한 농민들, 그리고 이 지역에 사는 수천 가구가 자기 도시의 중심부로 걸어가려 했다는 이유로 경찰의 최루탄공격을 받았다. 당황한 정부는 물값을 재조정할 것과 벡텔의 경영방식을 재검토할 것을 약속했다. 그러나 약속한 기한이 지나도록 아무런 조치도 취하지 않은 채 또다른 약속으로 상황을 무마하려 할 뿐이었다.

상황이 그쯤 되자 꼬르디나도라와 지지자 수만 명은 벡텔과의 계약을 취소할 것을 요구하기 시작했다. 그러나 정부는 그럴 수 없다고 맞섰다. 벡텔과 계약을 맺은 이상, 앞으로 40년간 물에 대한 권리는 벡텔에게 있다는 것이었다. 볼리비아의 국제적 신인도 문제도 나왔다. 정부가 대중의 압력 때문에 이번 민영화조치를 깬다면 모두에게 해로운 결과가 나올

꼬차밤바의 물전쟁.

수 있다는 것이었다.

벡텔에게는 해로운 결과가 나왔다. 4월에 꼬르디나도라는 완강한 정부와 오만한 컨쏘시엄에 맞서는 '마지막 전투'를 지휘하면서 나흘간 도시 전체를 마비시켰다. 수천 명이 거리로 쏟아져나왔고, 곳곳에서 전투가 벌어졌다. 꼬르디나도라 수뇌부가 체포되었다가 풀려났고, 계엄령이 선포되었고, 시위자들이 바리케이드를 쌓았고, 군인들이 군중에게 발포하는 바람에 17세 소년이 죽었다. 시위는 볼리비아의 전역으로 번졌고, 지역마다 거리에서 연대시위가 벌어졌다.

정부는 일주일 만에 두손을 들었다. 벡텔은 직원의 안전을 보장할 수 없다는 경고를 받았다. 상수도관계자들은(전원이 해외파견이었다) 컴퓨터와 회사 현금만 간신히 챙겨서 도망치듯 꼬차밤바를 빠져나갔다. 정부는 벡텔과의 계약 파기를 공표했고, 시민들은 자신들의 승리를 깨닫고

어리둥절했다.[17]

꼬차밤바 '물전쟁' 소식이 전세계로 퍼지면서 활동가들은 의기양양해졌고 투자자자들의 신경은 날카로워졌다. 벡텔은 라틴아메리카에서 제일 가난한 나라의 정부를 상대로 잠재수입 손실에 대한 '배상금' 2,500만 달러를 요구하는 것이 공정한 대응이라고 판단했다. 꼬차밤바 상수도는 새로운 공기업이 담당하게 되었으며, 꼬르디나도라 회원들도 임원으로 들어갔다. 꼬차밤바 시민들은 뭔가 거대한 것을 뒤집어엎었다. 그들이 뒤집어엎은 것은 상수도회사, 중요한 민영화사업에 그치지 않는다. 그들이 뒤집어엎은 것은 바로 거역할 수 없다는 편견이었다. 대안은 없다, 시민은 기업을 이길 수 없다, 사람들은 더이상 적극적 시민이 아니라 소극적 소비자다, 라는 미신을 타파한 것이다. 올리베라는 상황을 한마디로 요약한다. "우리는 할 수 있어요. 해보니까 알겠어요."

오후 햇살이 따뜻하다. 대회를 시작한 지 며칠이 지났다. 우리는 학교 현관에 몇명씩 모여 앉아 PGA선언문의 주요 부분을 고쳐 쓰는 일을 하고 있다. 대대적인 수정작업이 있을 것이다.

연필을 빨면서 벽에 기대어 앉은 남자가 입을 연다. "그렇다면 '북반구의 국가 개념'이라고 해야 할까요, 아니면 '북반구의 기업국가'라고 해야 할까요?"

옆에 앉은 사람이 제안한다. "'개념'이라는 말을 빼면 어떨까요?"

"음…… 괜찮을 것 같은데요. 그럼, '해방적 반자본주의 투쟁'…… 그러니까…… '자결의 이념을 지향하고 자본주의 국가 개념에 반대하는 해방적 반자본주의 투쟁'이라고 하면 어떨까요?"

"마음에 들어요!"

소모임 해산 후 모두 다 한자리에 모인다. 중요한 문제를 토론해야 하기 때문이다. 우리는 의자를 가지고 현관에 둥그렇게 둘러앉는다. 우리 주위의 모든 것들이 이곳에 기묘한 반란세력이 모여 있음을 보여준다. 원주민 깃발, 포스터, 조잡한 체 게바라(Che Guevara) 그림, EZLN 비디오, 자본주의의 필연적 붕괴를 다룬 에스빠냐어 도서목록이 보인다. 창문에는 현수막이 걸려 있다. 현수막 표어는 '자본이 초국적이듯 우리의 저항도 초국적이다' 등, 모든 활동가모임에서 발견되는 것들이다. 내가 제일 좋아하는 표어는 사빠띠스따의 경고 혹은 약속을 직역한 것이다. '우리는 모든 곳에 존재한다(Estamos en todas partes).'

토론주제는 직접행동이다. PGA에서 더이상 이 문제를 피해갈 수 있는 사람은 아무도 없을 것이다. 꼬까렐로들은 우리와 함께 차빠레(Chapare)에 있는 가까운 군사기지에서 '플랜 꼴롬비아' 반대시위를 벌이고 싶어한다. 그러나 한편에서는 '테러' 진압 얘기가 나오는 상황에서 그런 식의 시위는 별로 좋은 방법이 아니지 않느냐는 우려를 표한다. 불꽃 튀는 논쟁이 오가지만, 예의에 어긋나는 말은 없다.

이번 PGA대회가 어떤 식으로든 시민불복종 행동을 취하지 않은 채 끝날 수는 없을 듯했다. 우리는 일주일 동안 '지속가능한 지역사회운동'이 우리의 나아갈 바라고 말했지만, PGA가 비폭력직접행동(NVDA)에서 탄생한 단체라는 것 또한 사실이다. PGA선언문 수정모임에서도 다음 부분만은 고칠 수 없는 PGA의 '정수'였다. "우리는 대결의 자세를 견지한다. 초국적 자본이 정책결정의 유일한 주체인 비뚤어지고 비민주적인 조직에서, 로비활동이 큰 영향을 미칠 수 없음을 알기 때문이다."

이보다 명확한 표현은 없을 것이다. 직접행동, 시민불복종은 PGA의 생명이다. 나는 세계 곳곳에서 이 운동을 만날 때마다 직접행동에 대한 믿음을 확인할 것이다. 직접행동(내 손으로 하는 정치)은 로비의 도구나 좌절감의 표현이나 목표를 달성하는 수단에 그치지 않는다는 믿음, 직접행동 자체가 목표라는 믿음이다.

정상회담 반대시위에 비슷한 패턴이 있는 것과 마찬가지로, 시위가 끝난 후에 벌어지는 격렬한 논쟁에도 비슷한 패턴이 있다. 이들이 무엇을 얻었는지, 이들이 어디로 가고 있는지, 이들의 활동이 정당화될 수 있는지를 놓고 격론이 벌어진다. 그러나 언론이 놓치고 있는 것이 있다. 그것은 시위가 개인에게 가지는 의미다. 한번도 직접행동에 참여해보지 못한 채 직접행동의 목적, 의미, 미래에 대해서 논하는 사람들은 같은 방향으로 움직이는 수많은 사람들 중의 하나가 된다는 것이 개인에게 어떤 힘을 줄 수 있는지 결코 알지 못할 것이다. 그런 사람들은 문제의 요점을 놓치고 있다. 중요한 것은 사람들이 일어나고 움직이는 것, 마음으로 고무되어 스스로 발벗고 나서는 것, 투표하거나 청원하거나 남에게 맡기거나 하지 않는 것, 사람들이 다시 한번 '살아 있다'고 느끼는 것이다. 이것만으로도 절반 이상은 이룬 셈이다. 그런다고 자본주의가 항복하지는 않을 것이다. 그러나 이를 통해 수천 명의 사람들은 서로 힘을 모으고 저마다 발벗고 나서면서 자신이 어떤 권력을 가지고 있는지를 알게 된다. 이 권력은 그 어떤 것과도 비교할 수 없다. 한번 이 권력을 맛본 사람은 다시는 옛날처럼 살 수 없다.

대회 마지막날 밤이다. 활짝 핀 능소화 향기가 교정 가득 퍼진다. 차빠

레시위에 참가할 사람들은 내일 꼭두새벽에 버스를 타야 한다. 하지만 오늘 밤은 모두가 파티를 즐긴다.

현관에서는 다국적 여흥이 벌어진다. 볼리비아 아이들은 에스빠냐 정복자를 조롱하는 전통무용을 선보인다. 멕시코 남자 하나는 자본주의에 대한 대단히 심오한 연극을 공연한다. 다행히도 에스빠냐어라서 이해할 필요가 없다. 브리스틀에서 온 사내는 입으로 불쇼를 선보여 엄청난 환호를 받는다. 마오리 사람 티아노(Tiano)는 끝을 봐야 직성이 풀리는 사람이다. 친구와 함께 권주가를 부르고 싶어하지만 그에게 기타를 빌려주는 사람은 아무도 없다. "아직 노래를 제대로 부를 만큼 취하지 못했다"니 다행이다.

밤이 깊어지고 군무가 시작된다. 사람들은 현관에서, 현관 주변과 현관 바깥에서 한데 어울려 춤을 춘다. 나는 버지니아(Virginia)와 춤을 추다가 발이 땅에서 떨어진다. 남아공에서 온 버지니아는 무한한 에너지의 소유자다. 그녀는 나에게 사람들이 민영화 반대투쟁을 어떻게 하는지 알려면 요하네스버그에 가야 한다고 말한다. 나는 요하네스버그에 가서 그녀를 찾겠다고 약속한다. 지금 그녀는 나에게 토이토이(toyi-toyi)를 가르쳐주고 있다. 토이토이란 엉덩이를 흔들면서 추는 남아공 부족의 춤인데, 전에는 아파르트헤이트 반대투쟁의 상징이었고, 지금은 전지구화 반대투쟁의 상징이 되고 있다. "엉덩이를 움직여요, 영국양반! '엉덩이' 말예요! 나무토막 아니에요?" 그녀는 내게 계속 소리를 지르다가 캐서린과 함께 한바탕 여자들 특유의 폭소를 터뜨린다.

춤을 추는 동안 밤은 더 깊어만 간다. 모두가 점점 취한다. 나도 취했다. 나는 주위를 둘러보다가 한 가지 사실을 깨닫는다. 모두가 자리에서 일어나 체 게바라 노래에 맞춰서 미친 듯이 무서운 속도로 빙글빙글 돌고, 라틴아메리카 깜뻬씨노(campesino)농민을 상징하는 화려한 색상의 체크무늬 깃발이 휘날릴 때였다. 나는 남아공 사람이 되었다가 꼴롬비아 사람으로 변하고, 생태주의자가 되었다가 무정부주의자로 변하고, 브라질 사람이 되었다가 방글라데시 사람으로 변하고, 꼬까렐로가 되었다가 부족민으로 변한다. 모두가 미친 사람처럼 미소를 짓고 있다. 거의 다 춤을 잘 못 춘다. 그중에서 내가 제일 춤을 못 춘다.

바로 그때, 나는 주위를 둘러보며 또 한 가지 사실을 깨달았다. 지금 내 옆에 있는 사람들 모두가(피부색도 각각이고, 사는 곳도 다 다르고, 서로의 차이가 크지만, 모두가 함께다) 결연하게 함께 있음을 알았을 때였다. 나는 이들 사이에 뭔가 없앨 수 없는 강한 것이 있다는 사실을 깨달았다. 이 사람들을 다 죽이고, 이 사람들이 대표하는 수십만 명을 더 죽여야 이 운동을 막을 수 있을 것이다. 피리소리, 드럼소리가 높아지고, 사람들이 점점 빨리 돌며 반쯤 공중에 떠오를 때, 나는 깨닫는다. 이들의 입을 막을 방법은 없다. 이들의 손발을 묶을 방법은 없다. 이들을 조용히 돌려보낼 방법은 없다. 이들이 일을 내지 못하게 할 방법은 없다. 이들의 승리를 막을 방법은 없다.

제 03 장

아파르트헤이트 2탄

"남아공은 세계자본의 손아귀에 들어갔다.
국민의 정당한 염원이 실현될 수 없는 것은 그 때문이다."

금융투기꾼 죠지 쏘로스, 2001년.

"대통령은 빈민이 봉기하면 우리 모두 그들의 과녁이 될 거라고 했다."

타보 음베키의 법률고문 모잔쿠 굼비가 대통령의 우려를 드러내며, 1996년.

apartheid: the sequel

쏘웨토(Soweto) 근교. 흑인청년 하나가 전신주를 올라간다. 그가 입은 빨간색 티셔츠엔, 그 이름도 유명한 쏘웨토전력위기위원회(SECC) 로고가 찍혀 있다. 전신주 꼭대기까지 올라간 그는 메고 있던 가죽가방에서 펜치와 칼을 꺼낸다. 그리고 몇분간 전선에 뭔가 기술적 조작을 한 후 전신주를 내려온다.

청년은 전신주 옆에 있는 가정집 쪽으로 가는가 싶더니, 벽에 붙은 미터기를 향해 곡괭이를 휘두른다. 미터기가 떨어져나온다. 그는 벽에서 삐져나온 전선뭉치에 칼로 뭔가 조치를 취한다. 감전을 막는 데 곡식포대를 사용한다. 작업을 마친 그는 먼지를 털어내며 일어난다. 집주인 할머니가 문 앞에서 그의 일거수일투족을 걱정스럽게 지켜보고 있다.

청년은 할머니에게 다가가 말을 건다. "할머니, 이제 전기가 들어와요." 그가 스위치를 올리자 손바닥만한 거실이 환하게 밝아진다. 몇주간 전기가 끊겼던 할머니는 고마운 마음에 눈물이 앞선다.

할머니가 울먹이며 대답한다. "이제 아침에 차를 끓일 수 있겠소. 지금까지 물만 마셨다오! 정말 고맙소!"

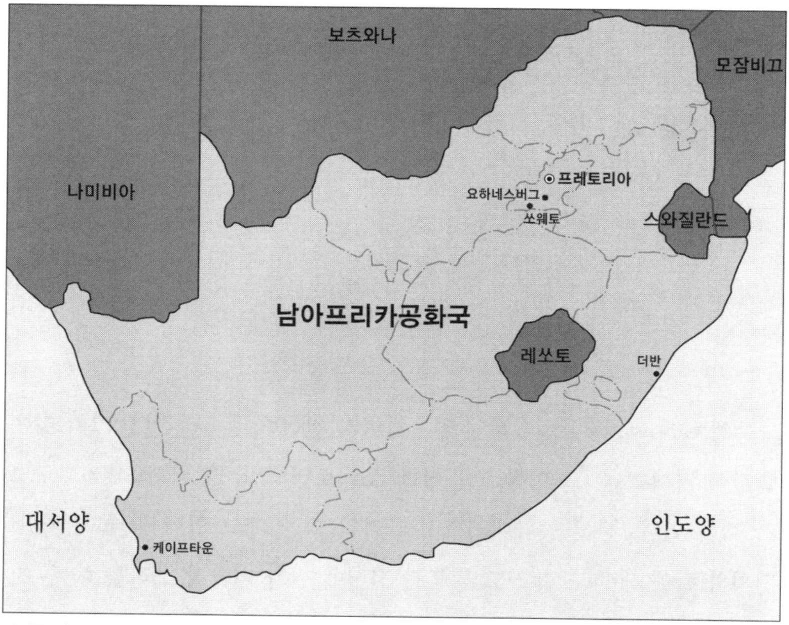

남아공지도

이 청년의 정체는 '끊긴 전기를 잇는' 불법기사다. 쏘웨토에는 이런 사람이 수십 명에 달한다. 요금을 못 내서 전기가 끊겼을 때, 전기를 다시 들어오게 해주는 사람이다. 이들의 작업은 '카냐사작전'(Operation Khanyisa), 즉 점등작전의 일환이다. 카냐사작전이란, 아주 기본적인 설비(수도 · 가스 · 전기 · 집세)의 사용료가 계속 오르는 것에 저항하는 캠페인을 말한다. 쏘웨토 빈민은 기본설비의 요금 인상 때문에 상당한 타격을 입고 있다. 쏘웨토 전체가 국영전기회사 에스콤(Eskom)에 내야 하는 체납액은 거의 10억 란드(약 8,000만 달러)에 달한다.[1] 그러나 쏘웨토 주민의 70%가 직업이 없고, 따라서 주민들은 전기료를 낼 돈이 없다. 에스콤은 수천 가구의 전기를 끊는 것으로 맞섰다. 그리고 주민들은 전기를 다시 연결하는 것으로 맞섰다.

청년의 말을 들어보니, 정부는 지난번 선거에서 빈민에게 무상 전기공급을 약속해놓고 이제 와서 시치미를 떼고 있다. 쏘웨토 주민들은 분노를 느낀다. 요금 인상이 계속되는 것은 정부에 책임이 있다는 것이다. 끊긴 전기를 다시 잇는 것은 위험하고 어려운 일이며, 무엇보다 법에 저촉되는 일이다. 그러나 주민들은 이런 식의 자구책 말고는 다른 방법이 없다고 말한다. 너무나 절박한 상황이라 이것저것 따질 겨를이 없다는 것이다.

쏘웨토 주민들의 말이 맞다. 전기요금이 자꾸 인상되는 것이 사실이다. 그리고 그것은 에스콤의 민영화 때문이다. 남아공정부는 세계은행

ANC의 지도자 넬슨 만델라가 한 투표장에서 투표하고 있다.

(IBRD)의 권고대로 흑인빈민보조금 지급을 중단하기로 결정했다. 흑인빈민들은 아프리카민족회의(ANC)가 자신들을 해방시켜주는 줄 알았다. 넬슨 만델라(Nelson Mandela)가 집권하고 아파르트헤이트가 종식되던 1994년에 흑인빈민들은 자신들이 남아공의 주인이 되는 줄 알았다.

그런데 남아공에서 이상한 일이 벌어졌다. 아파르트헤이트가 끝나고 해방을 맞이한 나라에서 이런 일이 벌어질 줄은 상상도 못했다. 전기가 끊기고, 수도가 끊기고, 사람들이 집에서 쫓겨나고, 집세가 치솟는다. ANC 집권 후 상황은 더욱 악화되었다. 빈부격차가 심해져 가난한 사람들이 더 가난해졌다. 남아공 빈민의 95%가 흑인이다.[2)]

불만이 전국으로 확산된다. '빈민과의 전쟁'이라는 말이 나오기 시작했다. ANC정부가 빈민의 적이라는 얘기다. 아파르트헤이트 때보다 살기가 더 어렵다는 말도 나온다. 도대체가 믿기 힘든 얘기지만, 그러나 이런 말이 점점 많이 들리는 것도 사실이다. 이 다인종국가에서 도대체 무슨 일이 벌어지고 있는 것일까? 왜 이런 일이 생기는 것일까?

요하네스버그공항에서는 가난의 흔적조차 찾아볼 수 없다. 이곳저곳에서 남아공국기가 펄럭이고(아파르트헤이트 국기 대신, 초록색·황금색·검정색의 새 국기가 젊은 나라 남아공을 상징한다), 서점마다 넬슨 만델라로 가득하다. 넬슨 만델라를 다룬 책, 넬슨 만델라가 쓴 책이 책장을 몇개씩 차지한다. 많은 책에서 만델라가 두 주먹을 불끈 쥐고 감옥에서 당당히 걸어나오는 장면이 책표지로 사용된다. 아직도 그때의 기억이 생생한데, 어쩌다가 이 지경이 됐는지 모르겠다.

어쩌다가 이 지경이 됐는지 설명해줄 사람이 하나 있긴 하다. 패트릭

본드(Patrick Bond)라는 사람인데, 요하네스버그에 사는 대학교수이고 반(反)아파르트헤이트 캠페인에 참여했던 인물이다. 또한 그는 만델라의 ANC정부가 집권한 1994년 이전부터 ANC와 함께 새로운 경제정책을 구상했던 인물이다. 그는 과거에 ANC의 내부인사였던만큼, 지금은 정부에 대한 신랄한 비판을 서슴지 않는다. 그는 일면식도 없는 내게 남아공 안내와 숙식을 책임져주기로 약속했다. 그는 내게 "요하네스버그에 오면 전화해요"라고 했고, 나는 그의 말대로 했다.

그는 신호가 울리기 무섭게 전화를 받더니, "남아공에 온 것을 환영한다"라고 인사한다. "내일 내가 당신 호텔로 갈까요? 당신이 관심 있어 할 일이 몇가지 있어요. 아침에 회의가 있는데, 당신만 좋다면 같이 가요. 남아공 좌파가 짐바브웨사태에 대한 시각을 공식 천명하는 자리예요. 토지개혁 문제가 나올 텐데 재미있을 것 같아요. 점심에는 노조지부 사람을 만나기로 했어요. 당신 얘기를 했더니 아주 반가워하면서 만나고 싶대요. 이곳 민영화상황을 소상히 설명해줄 거예요. 그리고 4시 30분에는 도하에서 열리는 다음번 WTO 정상회담에 대비한 회의가 있고……"

통화감이 좋지 않다. 패트릭의 말은 속사포처럼 이어지는데, 나는 거의 한마디도 알아들을 수가 없다. 사실 알아들을 필요도 없다. 패트릭이 다 데리고 다녀줄 테니까.

다음날 아침, 패트릭이 나를 데리러 왔다. 역시나 전화에서 느낀 대로 활력이 넘치는 사람이다. 호리호리한 체격, 교수다운 복장, 네모난 안경, 단정한 갈색 머리. 그런데 알고 보니 그는 인간발전기다. 그가 가진 정열은 두 명이 쓰고도 남을 정도다. 나는 시차 때문에 좀 멍한 상태인데, 다행스러운 일이다.

패트릭은 요하네스버그 교외에 산다. 켄씽턴(Kensington)이라는 곳이다. 백인이 절대다수를 차지하는 남아공 교외가 다 그렇듯, 집집마다 대문이 크고 개 짖는 소리가 요란하고 방범벨이 달려 있다. 패트릭의 집도 대문이 크고 개 짖는 소리가 요란하고 방범벨이 달려 있다. 남아공에서 온전히 하루를 보낸 뒤 처음 맞는 저녁. 나는 이 집 부엌에 앉아 있다. 창밖으로 요하네스버그가 내려다보인다. 패트릭은 진 토닉을 권하면서, 아파르트헤이트 이후 남아공의 상황을 들려준다.

1990년, 남아공 대통령 드클레르크(F.W. de Klerk)는 ANC를 합법화하고, 넬슨 만델라를 석방하고, 남아공을 민주화할 것을 선포했다. 만델라의 ANC가 선거에서 승리하고 정권을 잡을 것은 불 보듯 뻔했다. 피부가 희지 않은 절대다수의 국민은 만델라의 승리를 예상하며 열광했지만, 마음이 편치 않은 사람도 있었다. 백인 인종차별주의자 떨거지들은 물론이고(그들은 입 닥치고 가만히 있었다), 주식시장과 사업계에서도 우려의 소리가 높았다.

패트릭의 설명이 계속된다. "ANC는 남아공공산당과 무역노조회의(COSATU)와 손을 잡았습니다. 이들의 동맹관계는 지금까지 계속되고 있습니다. 게다가 ANC의 정강은 옛날부터 대단히 진보적이었습니다. 시장으로서는 환영할 일이 아니었습니다. 1990년에 주가가 왜 폭락했는지 아시나요? 만델라가 공식석상에서 국유화가 ANC의 정책이라고 말했다는 이유밖에 없습니다."

1994년에 남아공 역사상 최초로 민주선거가 실시되었고, 권력은 ANC에 돌아갔다. ANC는 망신창이가 된 나라를 물려받았다. 경제성장은 1% 선에 머물러 있었고, 조사마다 차이는 있지만 실업률이 적게는 20%, 많게는 30%였다. 인플레는 10%에 달했다.[3] 가장 심각한 문제는 사회의 극단적 양극화였다.

패트릭은 진 토닉으로 목을 축이며 말을 잇는다. "빈민의 95%가 흑인이었고, 나머지 4%가 '유색인' 즉 혼혈이었습니다. 빈민의 1%만이 백인과 인디언이었습니다. 최상층 5%(물론 모두 백인이었지요) 소비량은 밑바닥 85% 소비량을 모두 합한 것보다 많았습니다."

1994년의 남아공은 세계에서 가장 불평등한 나라 중 하나였다. 국민의 절반 이상이 절대빈곤 상태에 있었고, 남아공 흑인 중에 전기, 수도 등 기본적인 써비스를 이용할 수 있는 인원은 1/3에도 못 미쳤다. 토지 분배는 세계에서 가장 불공평했다.[4] 한마디로, 흑인은 가난했고, 백인은 부자였다. 경제·자본·토지·정치를 좌우하는 것은 백인부자였다. 1994년 선거를 통해 이 마지막 문제가 해결되었다. ANC는 나머지 문제의 해결에 나섰다.

선거를 치르기 전, ANC는 문제해결 방안을 제안하여 대대적인 환영을 받았다. ANC가 제안한 방안의 공식명칭은 '재건개발계획'(RDP)이었다. 패트릭도 참여했던 RDP는 경제재건과 사회개선을 목표로 하는 야심만만한 계획이었다. RDP의 "가장 급선무는 국민의 기본적인 필요(직업, 토지, 주택, 수도, 전기, 통신, 교통, 깨끗하고 위생적인 환경, 식량, 의료, 사회복지)를 채우는 것"이었다. RDP는 "토지 없는 사람에게 충분한 토지를 재분배하고, 100만 채 이상의 주택을 건설하고, 전 국민에게 상하수도를 공급하고, 250만 가구에 전기 공급을 늘리고, 전 국민이 의료시설과 통신설비를 이용할 수 있게 하는 프로그램"이었다.[5]

RDP는 내용이 분명한 만큼이나 생명이 짧았으며, 1996년에 이미 효력을 상실했다. 목표치는 (간혹 달성된 것도 있지만) 거의 달성되지 못했으며, RDP를 담당한 정부부처는 조용히 간판을 내렸다. ANC의 국가건설 실험은 2년을 넘기지 못했으며, 그 자리에 새로운 경제계획이 들어섰다. 이 새로운 경제계획은 RDP보다 갑작스러운 것이었고, RDP보다 훨씬 더 부담스러운 것이었다.

정부는 1996년에 성장고용재분배(GEAR)라는 이 새로운 경제계획의 베일을 벗겼다. 그때까지 ANC를 지지했던 사람들에게 GEAR은 고약한 충격으로 느껴졌다.

과거의 RDP는 여러 지역사회, 비정부기구(NGO), 노조 등에 자문을 구해서 오랜 기간에 걸쳐 작성한 것인 반면, GEAR은 15명의 경제학자가 비밀리에 작성하여 ANC에 전달한 것이었다. 자문과정은 완전히 건너뛰었다. 패트릭의 설명에서 불쾌감이 느껴진다. "경제학자 중 2명은 IBRD에서 나온 사람이었고, 나머지도 남아공의 대형은행과 보수적인 경제자문기관에서 나온 사람이 많았어요." 안 봐도 비디오였다.

GEAR은 단칼에 ANC의 경제정책 전반을 공공연히 재편했다. 사회민주주의정당이던 ANC는 하루아침에 아프리카에서 제일 파렴치한 신자유주의정강을 표방하는 정부가 되었다. 성장이 재분배보다 중요하다는 것, 성장을 위해서 민영화 확대와 외자유치가 필수라는 것, 이것이 GEAR의 생각이었다. 시장이 세계를 주도하는 상황에서 정부가 제안했던 사회복지프로그램(토지개혁 확대, 공공사업 계획, 국가주도의 주택건설 계획, 빈민에 대한 기본설비의 무상공급 등)을 실행하기란 불가능하다는 것, 이것이 GEAR의 전제였다.

GEAR은 국가재건의 논리 대신 시장의 논리를 따랐으며, '노동시장의

타보 음베키가 미국의
한 고등학교에서 강연하고 있다.

유연화' '경제안정' '건전한 재정정책' '외국인 직접투자' '수출효율성 제고' 같은 말을 즐겨 썼다. 이 모든 조치의 이면에서 귀에 익은 주문이 들려왔다. "개인자본이 부를 창출하고, 자유시장이 부를 분배하느니라."

패트릭은 한모금 남은 진 토닉을 털어 넣으며 말한다. "GEAR은 시장에 투항하는 것이고, 이 나라 기성권력에 투항하는 것입니다. 사실을 말하면, 민주주의가 시작되고 ANC가 집권할 때 일종의 거래가 있었습니다. 백인사업가들이 ANC에게 말했습니다. '좋다, 당신네가 국가를 가져라. 하지만 그 대신 우리 돈은 빼가게 해달라.' 한편, IBRD는 ANC가 집권하기 훨씬 전부터 남아공에서 냄새를 맡고 다녔습니다. 1990년대 중반부터 주택, 기간산업, 토지개혁 정책에 IBRD의 입김이 작용했습니다. 정책이 실패한 것은 그 때문입니다. ANC는 파우스트의 계약을 맺었는데, 얻은 것이 하나도 없습니다."

여기까지가 패트릭 본드가 생각하는 남아공의 상황이다. 그러나 남아공 대통령 타보 음베키(Thabo Mbeki)의 생각은 좀 다르다. 1996년

GEAR 출범에 즈음해 기자회견이 있었다. 경제정책을 180도 전향하면서 신새처주의자(neo-Thatcherite)가 되었느냐는 기자의 질문에 음베키는 싱긋 웃으며 이렇게 말했다. "그냥 새처주의자가 되었다고 합시다."[6]

ANC가 왜 파우스트의 계약을 맺었는지는 분명치 않지만, 계약의 결과는 분명하게 나타났다. ANC 반대파의 주장에 따르면, GEAR 때문에 거의 100만 명이 직장을 잃었다. 지금 남아공의 실업률은 적게 잡아 25%, 많게 잡으면 40%까지 올라간다. 남아공 국민 4,200만 명 중 2,200만 명이 절대빈곤 상태에서 살고 있다.[7] ANC가 집권한 후 빈곤선 이하의 남아공 흑인의 비율은 50%에서 62%로 현저하게 증가했다.[8]

IBRD가 승인한 GEAR의 '비용절감' 정책 때문에 상황은 더욱 악화되었다. 좋은 예로, 이 정책의 결과 남아공 국민 중 거의 1,000만 명이 수도가 끊겼고, 역시 1,000만 명이 전기가 끊겼고, 200만 명이 강제로 집에서 쫓겨난 것으로 추산되었다. 요금을 감당할 수 없었기 때문이다. 인구의 절반이 하루 2달러로 근근이 살아가는 나라에서 수도세·전기세·집세를 낼 수 있는 사람은 별로 없다.[9]

흑인구역 주민들은 아무도 예상치 못했던 이상한 생각을 하기 시작한다. 위대한 해방전사 ANC가 국민을 팔아먹고 있다는 생각이다. 만약 이들의 생각이 옳다면, 두 가지 의문이 생긴다. 첫째, 이유가 뭐냐는 것이고, 둘째, 이제 어떻게 해야 하느냐는 것이다.

요하네스버그 시내는 위험한 곳이라고 한다(각종 범죄가 창궐하고, 가게들은 간판을 내렸고, 수상한 자들이 거리를 어슬렁거린다는 것이다). 여행책자에는, 가까이 가지 말라고 나와 있다. 1990년대 초에 흑인이 도심에 들어올 수 있게 되자, 백인사업체는 한꺼번에 돈을 챙겨 빠져나갔다. 지금 도심에는 텅 빈 가게가 즐비하다. 그러나 실제로 와보니 그렇게 위험한 곳은 아니다. 길을 잃어버렸으니, 위험했더라면 큰일 날 뻔했다.

휴지가 흩날리는 고가도로 밑에서 30분은 족히 헤맨 것 같다. 드디어 내가 찾던 사무실 건물을 발견했다. 눈에 띄지 않는 갈색 건물이다. 담벼락에는 '부시는 인종차별주의자 돼지 같은 놈!' 'GEAR 물러가라: 사회주의 미래를 건설하자' 같은 그래피티가 가득하다. 나는 좌우를 살피며 건물 안으로 들어간다.

이곳에 온 것은 죠지 도르(George Dor)라는 사람을 만나기 위해서다. '대안정보개발쎈터'(AIDC) 요하네스버그지부를 운영하는 인물이다. AIDC는 정부의 경제계획에 반대하는 세력을 결집시키는 단체 중 하나다. 나는 AIDC 같은 조직이 무슨 일을 하는지 알고 싶고, 대중의 지지를 얼마나 받는지도 알고 싶다. 건물 맨 위층에 위치한 AIDC 사무실 바로 옆에는 ANC 지부가 있고, ANC 사무실 앞에 붙어 있는 대형포스터에는 '음베키에게 한 표를!' 이라고 씌어져 있다. 나는 음베키 포스터를 지나 맨 구석방 몇개를 연결한 자그마한 사무실에 들어선다. 죠지는 통화중이다.

사무실 사방에 포스터가 붙어 있다. 2000년의 프라하연대행진 포스터엔 'IBRD 돈을 꾸지 말자: 아파르트헤이트 빚을 갚지 말자' 라고 적혀 있다. 반민영화포럼(APF) 포스터엔 '전기요금 보이콧— 민영화 보이콧— 인종차별 보이콧'이라고 씌어져 있다. 한쪽 구석에 처박힌 커다란 주황색 꼭두각시인형에 달린 배지엔 '시장의 결정을 따르라' '노동유연화 정책 좋잖아'라고 씌어져 있다. 이상하게 고향에 돌아온 것처럼 편안하다.

1분쯤 지났을까. 키가 크고 마른 남자 하나가 내 쪽으로 걸어온다. 아무렇게나 자란 긴 갈색 머리, 카키색 셔츠, 코듀로이바지, 희끗희끗한 수염자국, 두꺼운 사각형 안경. 친절하지만 내가 좀 귀찮은 것 같다. 죠지 도르는 나를 자기 방으로 안내한다. 우리는 산처럼 쌓인 서류, 지나간 포스터, 보고서 사이에서 자리를 잡고 앉아 이야기를 시작한다. AIDC는 요하네스버그 활동가들 사이에서 중추역할을 담당하는 조직으로, 워크숍을 열고, 보고서를 만들고, 지역사회 단체들과 연락관계를 유지하는 일을 한다. 또 AIDC는 1996년에 CANSA가 탄생하는 모태가 되었다. CANSA와 함께 남아공의 반세계화운동이 처음으로 그 모습을 드러냈다.

'남아공의 신자유주의 반대 캠페인'(Campaign Against Neoliberalism in South Africa)의 약자인 CANSA는 국제통화기금(IMF) 총재 미셸 깡드쒸(Michel Camdessus)의 남아공 방문에 반대하기 위해 만들어진 소규모 임시연합조직이었다. 당시 깡드쒸는 남아공정부에 대한 추가대출 문제로 남아공을 방문했다. CANSA는 규모는 작았지만 상당한 파장을 일으켰다. 공항에 도착한 깡드쒸는 CANSA의 공격을 받고 리무진으로 퇴각하는 수모를 겪었으며, 그날 이후 CANSA가 주장한 명분은 탄력을 받았다. 지금 CANSA의 이름으로 진행되는 활동은 거의 없지만, CANSA의 탄생을 도왔던 AIDC 같은 단체들이 CANSA의 성과를 이어가고 있다.

CANSA가 깡드쒸를 덮쳤던 1996년 이후, 남아공의 신자유주의 반대운동은 GEAR에 대한 공동대응의 형태를 띠었다. ANC가 들으면 화를 내겠지만, GEAR은 세계화가 남아공 국민에게 미치는 영향을 확실하게 보여주었다는 의미에서 탁월한 교육적 효과가 있었다. GEAR에 반대하는 단체에는 세 부류가 있다. 첫째, AIDC를 비롯한 NGO들, 그리고 NGO를

반세계화시위를 벌이고 있는 남아공 민중들.

총괄하는 '남아공전국NGO연합'(SANGOCO)이 있는데, 이들은 ANC를 비판하고, GEAR에 반대한다. 둘째, ANC와 '삼각동맹'을 맺고 있는 남아공공산당과 무역노조회의 COSATU가 있다. '삼각동맹'은 아파르트헤이트를 무너뜨리는 데 일등공신이었지만, GEAR이 발효되고 ANC와 시장이 밀월관계로 들어서며 최대의 분열위기를 맞고 있다.

2000년부터 COSATU는 정기적으로 민영화와 GEAR에 반대하는 행진·집회·파업을 조직했다. 2002년 10월에는 COSATU 회원 200만 명이 민영화가 중단되지 않는 것에 항의하며 전국총파업에 들어갔다. 그 당시 가장 많이 외쳤던 유명한 구호는 이랬다. "우리가 해방을 위해 싸운 것은 돈을 제일 많이 준다는 놈에게 몽땅 팔아먹기 위해서가 아니었다." 공산주의자들 역시 ANC에 대한 반감이 점점 깊어진다. 두 정당이 등을 돌릴 날도 멀지 않은 것 같다.

마지막으로 풀뿌리 저항운동이 있다. 빨간 옷을 입고 이 집 저 집 돌아다니는 SECC 전기기사들은 이런 저항운동의 대표적인 존재다. 전국의 흑인구역에서 그동안 쌓였던 분노가 행동으로 표출되기 시작한다. 전기기사들, 수도기사들, 반민영화포럼들, 강제퇴거에 반대하는 조직들, '관계주민' 위원회들이 생겨나는 한편, ANC의 시장 주도 정책의 직접적인 결과들에 대항하는 비공식적인 움직임이 일기 시작한다.

이 세번째 부류의 저항운동이 전세계로 번지는 추세다. 지난번에 꼬차밤바(Cochabamba)에서 열린 세계주민행동당(PGA)대회에서 내게 열심히 춤을 가르쳐주었던 버지니아 쎄츠헤디(Virginia Setshedi)는 바로 SECC의 임시의장이다. 전세계 활동가가 한자리에 모이는 다음번 브라질 '세계사회포럼'(WSF)에서도 버지니아를 비롯한 남아공 흑인지역 사람들을 보게 될 것이다(6장 참고). 남아공 활동가들은 제2차 사빠띠스따 엔꾸엔뜨로(Encuentro)에도 참석한 바 있으며, 국제적인 부채반대네트워크에 속해 있다. 지금은 아프리카 안팎에서 상수도민영화와 전기민영화에 저항하는 여러 나라, 여러 지역사회와 연계하는 중이다. 이들이 제일 행복했던 순간은 2002년 8월 UN '세계정상회담' 기간이었던 것 같다. 세계 각지에서 찾아온 활동가와 남아공 국민 4만 명이 요하네스버그 거리에서 국제적·국가적 정치사안이 기업의 손에서 놀아나는 상황에 항의하는 시위를 벌였을 때였다.

이 중에서 ANC가 가장 우려하는 것은 세번째 부류, 즉 폭넓은 지지기반을 갖고 있는 지역사회 차원의 저항운동이다. 이런 저항운동이 무역노조의 불만세력과 성공적으로 연계하고, 나아가 세계적 차원의 저항운동과 연계한다면, 결과는 엄청날 것이다.

요하네스버그 NGO 중에는 이런 종류의 저항운동을 조직화하는 사람들이 존재한다. 죠지 도르는 그런 소수 NGO 활동가 중 하나다. 몇년 동안 이 일을 해왔다고 하는데, 쉬운 일은 아닌 것 같다.

"힘들어요." 죠지가 한숨을 쉬면서 말한다. 죠지는 패트릭과는 완전히 다르다. 열정적인 대신 혼란을 느끼고, 활활 타오르는 대신 은근하게 오래 탄다. "밥 먹을 시간도 없어요. 하지만 신이 날 때도 있어요. 눈덩이처럼 불어나는 게 보이거든요. 신자유주의에 반대하는 정치적 저항조직을 조직화하는 일은 아직 시작단계입니다. 하지만 급속도로 성장하고 있어요. 여러 단체에서 세계화에 대한 관심이 깊어지고 있고, 이러한 관심이 지역사회로 폭넓게 확장되고 있습니다. 사람들은 왜 ANC가 신자유주의 노선을 따르고 있는지, 그것이 자신들에게 무슨 의미가 있는지, 그리고 왜 상황이 점점 나빠지기만 하는지 알고 싶어합니다."

ANC는 죠지 같은 이들이 하는 일을 좋아하지 않는다. 당연한 일이다.

죠지는 말한다. "ANC의 대응도 재미있습니다. 그들은 말합니다. '너는 뭐냐? 시민사회? 원하는 게 뭐냐? 좀 가만히 있어라. 투쟁을 이끈 것은 우리였다. 우리가 바로 대중운동이다. 우리가 지금 정부다.' 정부를 등에 업고 거들먹거리는 사람들이 순식간에 퍼졌습니다. 그들은 누가 뭐라고 한마디만 해도 당장 '반혁명적'이라며 난리를 칩니다. 그러니 분노가 쌓이는 겁니다. 아직 눈에 띌 정도는 아니지만, 불과 몇년 사이에 사람들의 분노가 강도를 더해가고 있습니다. 사람들은 문제의 심각성을 실감하기 시작하고 있습니다. 사람들은 세계적인 문제점과 바로 이곳 남아공의 문제점 사이에 뭔가 관계가 있음을 깨닫기 시작하고 있습니다. 작년에 프라하에서 IBRD회의가 열렸을 때 여기서도 많은 사람과 단체가 워크숍과 대중포럼을 여는 등 활발한 활동을 벌였습니다. 온갖 인종이 행진대열에 동참했습니다. 밖에 있는 꼭두각시인형들은 그때 만든 겁니다."

"인형이 예뻐요."

"괜찮지요? 막판에 만든 겁니다. 어쨌든 잘 오셨습니다. 우리가 하는 일을 보고 싶다면, 시간을 잘 맞춰 오신 겁니다." 정말 좋은 때 왔다. 지금이 2001년 11월이니까, 세계무역기구(WTO)의 공식회의가 바로 다음 주에 열린다. 씨애틀사태 이후 처음 열리는 회의이자 거사다. WTO는 1999년에 새로운 무역조약라운드를 성사시키지 못했기 때문에, 이번에도 실패하면 WTO 전체가 위기를 맞을 수도 있다. WTO가 회의를 준비하는 태도는 결사적이다. 시위를 원천봉쇄하기 위해 회의장소는 공권력을 동원하기 용이하고 입국이 어려운 카타르의 사막 한복판으로 정했다. 게다가 이번 회의 때는 제노바 때보다 한술 더 떠 전국이 적색구역이 될 것이다.

요하네스버그는 11월 9일 반(反)WTO행동에 돌입하는 전세계 수백 개 도시 중 하나다. 죠지의 어깨가 무겁다. "다음주 내내 WTO에 관한 워크숍과 토론그룹 활동이 있습니다. 이들 활동은 9일 거리시위에서 절정을 맞게 될 겁니다. 아직 사람들은 WTO가 무슨 영향을 미치는지 모르는 것은 말할 것도 없고, 아예 WTO가 뭔지도 모르고 있어요. WTO에 대해 설명을 해주면 훨씬 더 많은 사람이 참여할 겁니다. 모레 쏘웨토에서 워크숍이 있는데 함께 가실래요? 재미있을 거예요." 죠지는 미소를 지으며 덧붙인다. "이번에는 성공할 것 같아요."

더반(Durban)은 요하네스버그와는 달리 볼거리가 많은 도시다. 국내외 관광객의 발길도 끊이지 않는다. 인도양 연안에 자리한 더반은 한때 우아한 백인전용 해변의 판타지를 찾는 남아공 백인의 주요 휴양지였다. 그러나 지금 판타지는 거의 사라졌다. 이곳이라면, 패트릭과 죠지가 말했던 투쟁이 무슨 효과가 있는지 알 수 있을 것이다.

요하네스버그와 마찬가지로, 더반에서는 반란이 한창이다. 2001년 6월에 '인종차별에 관한 UN 세계회의'가 시작될 때, NGO와 지역사회단체가 주축이 된 '더반사회포럼'은 대규모행진을 무대에 올렸다. 그들이 내세운 목표는 "남아공정부의 보수적 경제정책이 빈민을 더 가난하게 만드는 상황에 저항"하는 것이었다.[10] 2만 명이 더반 거리로 몰려나와 'ANC—국제아파르트헤이트의 앞잡이' '음베키 —우리의 미래를 팔지 마라!' 같은 구호를 외쳤다. 아프리카의 씨애틀이었다.

한편, 아파르트헤이트 치하에서 더반 변두리로 밀려났던 흑인, 인디언, '유색인' 들은 흑인구역 내에서 날마다 꾸준히 힘겨운 전투를 벌인다. 시정부는 사람들을 집에서 쫓아내고, 수도와 전기를 끊고, 대들면 감옥에 보낸다. 그럴수록 저항은 거세진다.

나는 지금 채츠워스(Chatsworth)로 가기 위해 고속도로를 질주하는 자동차 뒷좌석에 앉아 있다. 채츠워스는 한 번 본 사람은 도저히 잊지 못할 더반 변두리의 낡은 인디언마을이다. 지금 채츠워스에서는 ANC와 주민들 사이의 충돌이 점점 폭력적인 양상으로 전개되고 있다. 자동차 앞좌석에는 무시무시하게 유능하고 결코 타협이라고는 모르는 활동가 두 명이 앉아 있다. 뱃속에는 불을 품고 가슴에는 얼음을 품은 사람들이다.

애슈윈 데싸이(Ashwin Desai)는 남아공 인디언인데, 채츠워스에서 학교를 다녔다. 지금은 의사 겸 작가 겸 활동가 겸 동네영웅 겸 ANC의 요주의인물이다. 하인리히 봄케(Heinrich Bohmke)는 한때 ANC에 몸담았던 변호사 겸 활동가인데, 지금은 누구보다 ANC에 환멸을 느끼는 사람이다. 두 사람 다 아파르트헤이트 치하에서 옥고를 치렀으며, 둘 다 남아공의 정치를 바꿀 새로운 방향을 모색하고 있다. 두 사람은 지난 몇년 동안 채츠워스를 비롯한 더반 흑인지역 주민들과 함께 강제퇴거, 단전, 단수, 빈곤에 저항해온 거리의 투사다. 둘 다 모든 일에 분명한 의견을 갖고 있다. 이들은 지금 시속 110킬로미터 이상으로 달리는 차 안에서 내게 자신들의 의견을 들려주고 있다.

운전을 하고 있는 하인리히가 입을 연다. "나는 망할 놈의 좌파에 아주 질렸어." 그는 단정해 보이는 셔츠와 바지를 접어 입었고, 작은 사각형 안경을 쓰고 있다. 겉보기에는 변호사 같은데, 말하는 것은 혁명가 같다.

하인리히의 말이 계속된다. "남아공 좌파에는 두 가지 부류가 있어. 관료적이고 경직된 구좌파가 있고, 창조적이지만 아직 자리를 잡지 못한 신좌파가 있고. 똑똑한 맑스주의자들이 말하는 헛소리가 있고, 발등의 불을 끄기에 급급한 주민들이 있고. 주민들은 자기네가 하는 일과 거대한 신자유주의 기획 사이에 무슨 관계가 있는지 알지를 못해. 나는 '좌파'가 아니야. '좌파'입네 '진보적'입네 하는 것은 잘난 척이나 할 줄 하는 쭉정이들이나 하는 소리지. 우리는 새로운 어휘가 필요해."

"맞아." 애슈윈이 그의 말을 받는다. "우리는 이들 투쟁을 연결해야 해. 국가적 운동과 세계적 차원의 운동을 연결해야 해. 속도는 빠르지 않지만, 연결작업이 시작됐어. 국가에게 내놓으라고 하는 대신 어떻게든 스스로 쟁취할 방법을 찾아야 해. 채츠워스 주민들은 화가 나 있어. 집세를 못 내면 놈들이 총을 들이대고 쫓아내버린다니까."

하인리히가 끼어든다. "그러나 이 나라에서는 힘들어, 폴. 사람들이 싸우는 데 질려 있어. 그리고 아직 해방의 유산이 남아 있고."

애슈윈이 말한다. "사람들은 '에너지'로 가득 차 있어. 문제는 이것을 어떻게 올바른 방향으로 끌어오느냐 하는 거야. COSATU와 ANC가 사람들의 에너지를 가로챌까봐 걱정이야. 파시스트들도 에너지를 가로채려 하고 있고. 노동단체는 우리와 함께 일하려고 하질 않아. 우리를 싫어하거든. 그들은 그런대로 자기네 권력기반이 있으니까, 무슨 일이 있어도 그 기반을 포기하지 않을 거야. 아주 근시안적인 놈들이야. 인종차별회의 때만 해도 그래. 우리가 빈민들과 지역사회행진을 조직했고, 2만 명이 거리로 나왔어. 그런데 다음날 COSATU가 따로 행진을 조직했는데, 9,000명이 거리로 나왔어. 또 다음날은 ANC가 '따로' 행진을 조직해서 2,000명이 나왔어!"

하인리히가 거칠게 기어를 바꾸며 말한다. "하지만 사람들은 법을 어긴다는 부담감에서는 벗어나기 시작했어. 정부가 제대로 할 거라는 기대는 더이상 하지 않아. 알다시피 요하네스버그에서는 좌파지식인들이 골칫거리야. 그들은 프레토리아(Pretoria)*가 정신을 차리고, 자기네한테 경제계획을 세워달라고 부탁할 거라는 기대를 하고 있어. 우리가 저항운동을 조직할 때마다 그들이 훼방을 놓고 있어. 그들은 이렇게 말하지. '이봐 동지, 우리는 당신네 투쟁을 지지하네. 하지만 당신네 분석틀과 당신네 전술에 대해서는 우려를 금할 수가 없네.' 들었어, 친구? 당신네 전술이라니! 눈앞에서 사람들이 죽어가고 있는데, 놈들은 전술이 걱정이라는 거야." 패트릭이 이 자리에 없는 것이 다행이다.

* 남아공 동북부 내륙에 위치한 행정수도.

애슈윈이 말한다. "좋은 때 왔어, 폴. 우리는 이 나라 정치적 행동주의의 새로운 국면에 돌입했어. 하인리히와 나는 지금이 새로운 접근방법을 찾을 때라고 생각해. 우리의 운동은 스스로 제안하고 스스로 실천하고 우리 손으로 직접 일을 하는 거야. 알잖아, 사빠띠스따 스타일 말이야. 되찾는 것. 정부가 던져주는 개밥에 불평만 하지 말고, 지역사회가 스스로 나서는 것. 이곳의 많은 활동가들은 불의에 대한 저항이라는 구태의연한 방식에서 벗어나질 못하고 있어. 우리는 새로운 방법이 필요하다네, 친구. 얼른 찾아야 해."

내가 대답한다. "좋은 얘기야."

자동차는 고속도로를 벗어나고 교외를 통과해 채츠워스 변두리로 들어간다. 버려진 철로 옆 동네는 영 볼품없다. 울퉁불퉁한 흙길을 달리는 우리를 향해 맨발의 흑인소녀들과 인디언소녀들이 환하게 웃는다. 길 끝에 차를 세운다.

애슈윈이 말한다. "다 왔어."

1950년, 악명 높은 '집단지역법'이 제정되었다. 이 법은 백인이 아닌 주민들을 지정된 지역에 강제이주시키는 것을 골자로 하는데, 바로 이 법 때문에 아파르트헤이트가 생겼다고 할 수 있다. 흑인구역은 처음에는 도시 변두리에 생겼고, 나중에 시골에도 생겼다. 채츠워스 흑인지구 주민은 예나 지금이나 주로 인디언들이다. 생긴 지 40년이 되었고, 30만 명 정도가 산다. 영국의 최악의 슬럼가도 이곳에 비하면 부자동네로 보일 것 같다. 나는 차에서 내려 주위를 둘러본다.

노란색과 갈색 집들이 산기슭에 다닥다닥 붙어 있다. 유리창이 깨진 집이 많다. 문에는 전부 빗장이 질러져 있다. 범죄가 창궐한 곳이다. 집

남아공 빈민가의 한 여성.

밖에 설치된 공동수도는 꼭지를 자물쇠로 잠가서 사용할 수 없게 해놓았다. 빈민들은 돈이 드는 일은 아무것도 못한다. 잔디밭은 잡초와 진흙 천지고, 길에는 여기저기 구멍이 뚫렸고, 아이들 놀이터는 이만저만 위험해 보이는 것이 아니다. 십대 사내아이들이 권태로운 표정으로 주변을 어슬렁거린다. 어린아이들이 노는 곳은 폐타이어가 쌓여 있는 곳이나 나뭇가지가 낮게 늘어진 곳이다. 놀 만한 데가 없다. 학교에 다니지 않는 아이들이 많고, 부모가 실직한 아이들도 많다. 이곳 주민들은 직장을 구할 수가 없다.

채츠워스를 이 지경으로 만든 것이 ANC라고 할 수는 없다. 애초에 채츠워스를 만든 것도 ANC가 아니었다. 채츠워스는 40년 아파르트헤이트의 산물이다. 아파르트헤이트 치하에서 하얀 피부를 갖지 못한 사람들은 짐승취급을 받았다. 정부가 그들을 짐승이라고 생각했기 때문이다. 아파르트헤이트가 무너진 지 9년이 지났는데 사람들이 아직 이런 곳에 살고 있는 것도 새정부 때문은 아니다. 애슈윈과 하인리히, 그리고 채츠워스 주민들은 이렇게 말한다. "문제는 정부조치가 너무 느린 것이 아니다. 문제는 정부가 아무런 조치도 취하지 않는다는 것이다."

하인리히는 말한다. "아파르트헤이트가 무너진 후에도 공공써비스를 제대로 이용할 수 있기까지 상당한 기간이 걸리리라는 것을 모르는 사람은 없었어. 곧바로 낙원이 올 거라고 생각하는 사람은 아무도 없었어. 웬만한 생활수준을 기대하는 것도 비현실적인 일이었어. 이 사람들은 정부가 약속을 지키지 못했다고 싸우는 게 아니야. 주민들이 싸우는 건 정부가 빈민을 대놓고 '공격'하기 때문이야. 정부는 가난한 마을을 비참한 상태로 방치하는 정도가 아니라, 얼마 되지도 않는 빈민보조금을 아예 끊어버리고 있어. 국가예산을 워싱턴의 요구에 맞추기 위해서래. ANC는 남아공을 최고의 '신흥시장'으로 만들겠다면서 국제자본을 상대로 아양을 떠는 거야. ANC가 이런 짓을 하니까 이곳 사람들은 집을 잃는 거지."

채츠워스 주민들은 수십 년 동안 비참한 상황에서 살고 있다. 1970년대와 1980년대에 강제퇴거 명령서가 너무 많이 날아왔기 때문에(대부분 실직가정이었고, 밀린 집세 몇파운드 때문이었다), 아파르트헤이트정부에 저항하는 대규모시위가 있었다. 1994년에 ANC가 당선되어 극빈층에 대한 대규모 주택 공급을 약속했을 때 채츠워스는 그 어느 곳보다 열렬한 환영을 보냈다.

그러나 정부가 바뀌고도 강제퇴거 명령서는 계속 날아왔고, 단전·단수 조치도 계속되었다. ANC가 장악한 더반 시의회는 IBRD가 시키는 대로 '비용절감' 윤리를 채택했다. "정상적인 사업을 하려면 집세를 못내는 세입자를 쫓아내야 한다"는 것이 시의회 주택실무책임자의 말이었다.[11] 채츠워스의 실업률은 70%에서 줄어들지 않고 있다. 채츠워스 주민들 대다수가 쏘웨토 주민들과 똑같은 문제를 안고 있다. 즉 돈이 없다. 쏘웨토 주민들과 마찬가지로 채츠워스 주민들은 빈민을 위한 무상써비스라는 정부의 약속을 믿었다. 그러나 정부가 한 일은 일괄적으로 수도세와 전기세 약간을 깎아주는 것이 전부였다.

정부가 채츠워스 주민들에게 약속한 수도의 무상공급량은 미미한 정도였고(가구당 6킬로리터), 50킬로와트의 전기를 무상공급하겠다는 약속은 그나마도 지켜지지 않았다. 더구나 무상수도와 무상전기 혜택을 받으려면 조건이 아주 까다로웠다. 예를 들어, 무상수도의 혜택을 받으려면 체불금이 없어야 했는데, 사람들은 체불금 때문에 전기가 끊기는 실정이었다. 한편, 무상전기의 혜택을 받으려면 미터기를 달아야 했는데, 미터기는 선불이고 일단 끊기면 다시 연결할 수 없는 장치가 되어 있었다. 게다가 집세를 내지 못한 사람들은 집에서 쫓겨났다. ANC가 시의회를 장악한 후 집에서 쫓겨나는 사람이 수백 명씩 생겨났다. 노인들이 쫓겨났고, 아기가 있는 가족들이 쫓겨났다. 한마디로, 가난한 사람들이 쫓겨났다.

1996년에 더반 시의회는 아파르트헤이트시대의 전투병기를 다시 꺼내 채츠워스로 진격했다. 경찰견과 최루탄으로 무장한 시의회는 수백 명의 주민들을 집에서 내쫓고 수도와 전기를 끊었다.[12] 채츠워스 주민들은 마을조직을 만들고 다른 마을과 공조관계를 구축했다. 주민들은 시의원들이 마을에 들어올 때마다 시위를 벌였다. 무장보안관들이 날마다 마을을 습격했고, 그때마다 주민들은 단호하게 맞서 싸웠다. 전투가 벌어지고, 유리병과 돌멩이와 막대기가 날아다녔다. 시의회 사람들은 때로는 후퇴했고, 때로는 최루탄과 고무탄과 곤봉을 휘두르며 반격에 나섰다. 격렬하고 폭력적인 충돌이 몇시간씩, 며칠씩, 몇주일씩 계속되었다. 채츠워스 주민들은 싸움에 이골이 났다.

그때 저항한 덕분에 집에서 쫓겨나는 사람은 거의 없어졌다. 그러나 단전·단수 조치는 여전하고, 가난도 여전히 심각한 상태다. 그럼에도 이곳에서는 사람들의 긍지가 느껴진다. 주민들의 공동체의식도 느껴진다. 위로부터의 압력에 맞서는 사람들의 힘이 느껴진다. 우리가 도착했을 때 이곳에서는 한바탕 축제가 벌어지는 중이었다. 마을주민들이 공동체정신을 지키기 위해 준비한 행사다. 힌두족에게는 디왈리(Diwali)라는 빛 축제가 있는데, 채츠워스 주민들은 '빛 없는 축제'를 벌이면서 디왈리를 기념하고, 이와 함께 단전조치에 대한 마을의 저항을 기념한다.

마을공터에 빨간색, 하얀색, 파란색 대형천막이 세워지고, 천막 안 작은 무대에서 노래와 춤과 연극이 벌어진다. 얼굴에 울긋불긋 화려한 색을 칠한 소녀들이 수줍게 춤을 추고, 여자들은 노래를 부르고, 익살꾼 사회자는 관객을 웃기고 있다. 천막 밖에서는 남자들이 커다란 옛날식 쇠솥에 카레가루와 쌀을 가득 넣은 수프 달(dahl)을 휘휘 젓고 있다. 사람들은 굳이 내게 먼저 음식을 권한다. 그 답례로 나는 이번 축제의 공식사진사가 되기로 했다. 사진기를 가진 사람이 나밖에 없으니 다른 수가 있었던 것도 아니다.

나는 사진을 찍으며 여기저기 돌아다니다가 사람들에게 말을 걸었다. 우선 어머니와 할머니 들에게 왜 정부와 싸우는지 물었다. 누군가 "다른 수가 있나요?"라고 한다. 다들 같은 생각이다. 다음에는 청년들이 끊어진 그네 주변에서 어슬렁거리는 것을 보고 다가가 말을 걸었다. 이들은 ANC가 전에 있던 국민당보다 더 나쁘다고 대답한다. 아파르트헤이트 때는 최소한 누가 적인지는 분명했다는 것이다. 누군가 말한다. "더반에는 집에서 쫓겨난 가족들이 많은데, 아무데도 갈 곳이 없어요. 그래서 온 가족이 덤불에 살아요. 아무것도 남은 것이 없으니까."

화장실에 가려고 한 집에 들어갔다. 집 안은 밖에서 생각했던 것보다 더 열악하다. 중년여자가 부끄러워하면서 화장실을 알려준다. 방들은 너무 작고 더러운 데다 금방이라도 무너질 것만 같다. 벽은 칠이 벗겨지고 바닥은 썩어가고 깨진 유리창에는 비닐봉지가 박혀 있다. 방 세 개짜리 작은 집에 가구라고는 휴대용 스토브와 부서진 의자 몇개가 전부다. 수십 년 동안 쌓인 먼지는 웬만해서는 벗겨질 것 같지가 않다. 이 집에 몇 명이 사냐고 물으니 '여섯 명'이라고 한다. 여자는 당황한 것 같다. 도대체 말이 안 나온다.

집 밖에서는 애슈윈이 여기저기 돌아다니면서 사람들과 하이파이브를 하거나 반갑게 등을 두드리거나 잡담을 나누거나 뭔가 계획을 세운다. 이곳에는 그를 모르는 사람이 없다. 한참 후에 나는 애슈윈, 하인리히와 함께 낮은 돌담에 걸터앉아 축제를 구경하며 카레를 먹었다. 너무 많이 먹은 것 같다. 지금 나는 내가 먹은 음식과 내가 겪은 일을 소화해야 한다. 이렇게 비참한 광경을 본 것은 태어나서 처음이다. 그리고 이렇게 비참한 상황에서 이만한 긍지와 확고한 의지를 본 것도 처음이다. 그래서 그런지 내가 보잘것없는 존재처럼 느껴지고 우울해지고 화가 난다. 도대체 말이 안 나온다. 나는 애슈윈에게 충격을 받았다고 고백한다.

애슈윈은 달을 입에 가득 넣고 고개를 끄덕인다. "이곳에 와서 충격 안 받는 사람은 없어. 나도 '아직' 충격받는걸, 뭐. 이걸 좀 보라고." 그러면서 애슈윈은 한 팔로 눈앞에 펼쳐진 암울한 광경을 가리킨다. 그의 눈빛이 달라진다. 이런 눈빛을 하는 것이 이번이 처음은 아닐 것이다.

그의 목소리가 격해진다. "이 사람들은 이런 집에 살겠다고 '투쟁'을 하고 있어. 빌어먹을, '짐승'이 살기도 끔찍한 곳인데. 우리는 '그래서' 싸우는 거야. 그리고 계속 싸워야 해. 수세적인 싸움에 그치면 안되니까. 우리가 의제를 정해야 해. 그렇지 않으면 우리 싸움은 지연작전에 그치고 마는 거야. 정부의 공격으로 발생하는 최악의 피해를 일단 막고 보는 것, 그것만 가지고는 부족해."

하인리히가 끼어든다. "이것은 빈민과의 '전쟁'이야. 정부가 하는 짓을 좀 보라고. 정부는 사람들에게 불필요한 고통을 가하고 있어. 정부는 자발적으로 관세장벽을 허물면서 심지어 WTO의 요구보다도 한술 더 뜨잖아. 불필요한 실직이 생기거나 말거나. 그러니 이 사람들은 집에서 쫓겨나고 수도와 전기가 끊기고…… 그게 다가 아니야. 전에는 18세 이하의 자녀가 있으면 매달 양육비보조금 450란드(약 36달러)를 받았어. 그런데 지금은 7세 이하 자녀가 있을 때 100란드를 받는 게 전부야. 갑자기 수업료가 생겼어. 지금까지 없었는데……" 애슈윈이 다시 한번 고개를 끄덕인다.

하인리히의 이야기가 계속된다. "이런 말까지는 정말 하고 싶지 않지만, 보다시피 사실이 그런걸. 이 사람들은 '아파르트헤이트' 치하에서 받았던 것까지 빼앗기는 지경이야. 물론 그때 받은 것도 얼마 되지 않지만. 아파르트헤이트 치하에서 집세 보이콧을 할 때만 해도 국민당은 차마 군대를 보낼 생각은 못했어. 엄청난 참변이 일어날 게 뻔하니까. 하지만 ANC는 군대를 보내잖아. 그것도 개발이라는 이름으로."

애슈윈이 고개를 끄덕이며 말한다. "맞는 말이야. 이럴 때 저항은 '전적으로' 정당한 일이야. 정부의 조치에 저항해야 하고, 조치를 취하는 정부에 저항해야 해. 이 나라에서 ANC에 저항한다는 건 여간 어려운 일이 아니라네, 친구. 진짜 어렵다고. ANC가 해방전사라고 생각하는 사람이 아직 너무 많아. 우리는 ANC에 저항하는 것이 진보적인 일이 되는 문화를 만들어내야 해."

하인리히가 말한다. "우리는 나찌 같은 체제에서 살아왔어. 그리고 체제를 무너뜨렸어. 그러면서 영웅적인 일들도 많았지. 사람들은 아직 그때를 잊지 않고 있어. 그런데 ANC가 그때의 승리를 가로챘어. 자신들이 승리의 주역이라는 거야." 그는 고개를 설레설레 저으며 말을 잇는다. "그런데 그게 문제가 될 때가 있어. 'ANC 물러가라'를 외치는 게 쉬운 일이 아니야. 하지만 누군가 해야 할 일이야."

애슈윈은 말한다. "세계가 남아공을 주목하고 있어. 전세계 저항 움직임에 불을 붙일 책임이 있어. 이런 곳에서 벌어지는 투쟁을 어떻게 씨애틀과 제노바에 연결할 것인가, 이것이 문제야. 우리는 이 일을 해내야 해. 단전조치에 저항하는 일이나, IBRD나 IMF를 무시하는 일 등은 원인과의 싸움이 아니라 결과와의 싸움이잖아. 제노바 사람들이 이곳을 좀 봤으면 좋겠어. 국제기관을 무너뜨리려면 지역사회의 기반을 확보해야 한다는 것을 알려주고 싶어. 물론 지역사회만 가지고는 부족하지. 우리가 공조관계를 구축할 수만 있다면, 진정한 국제적 운동이 만들어질 수 있을 거야."

하인리히가 말한다. "맞아. 하지만 그건 진짜 어려운 일이라네, 친구."

애슈윈도 동의한다. "어려운 일이지. 하지만 누군가 해야 할 일이야."

따뜻한 11월의 아침. 나는 다시 요하네스버그에 있다. 쏘웨토의 핌빌(Pimville)도서관에 40명 정도가 모였다. WTO에 대해서 배우려고 온 것이다. 이곳은 요하네스버그에서 제일 크고 유명한 마을이다. 연두색 토론장 안에는 빨간색 티셔츠를 입은 쏘웨토전력위기위원회 사람들과 노란색 티셔츠를 입은 요하네스버그반민영화포럼 사람들로 가득하다. 다음주에 있을 WTO회의에 대비해 AIDC에서 마련한 토론회 자리다. 워크숍책임자 죠지는 기진맥진한 상태다. 이번 마을순회 워크숍은 이번주에만 네번째다. 그는 토론장에 마련된 하얀색 칠판 앞에서 머리를 쓸어 넘긴다. 모든 시선이 죠지에게 쏠려 있다. 머릿수건을 쓰고 아프리카 의상을 입은 뚱뚱한 아줌마들, '민영화 절대불가' 티셔츠를 입은 분노한 청년들, 관심있는 젊은 엄마들, 호기심 많은 십대들이 죠지가 입을 열기만 기다리고 있다. 토론장에서 흑인이 아닌 사람은 죠지와 나뿐이다.

죠지는 APF 측 사람에게 소개를 받고 나서 이야기를 시작한다. "오늘 우리가 이 자리에 모인 것은 WTO라는 것에 대해 토론하기 위해서입니다." 죠지는 칠판에 파란색 매직펜으로 'WTO'라고 쓴다. "다음주가 되면 전세계 사람들이 이 WTO라는 것에 반대하는 시위를 벌이게 됩니다. WTO에서 하는 일이 마음에 들지 않으니까요. 자, 이제 WTO에 대해서 알아봅시다. WTO에 대해서 아시는 분 있나요?"

사람들은 아무것도 모른다는 표정이다. 한 남자가 손을 들고 말한다.

"WTO는 경제의 근육 같아요. 세계를 하나의 경제로 만들어요. 하지

WTO에 반대하는 시위.

만 부자들을 위한 것일 뿐 우리 같은 사람들을 위한 것은 아닙니다."

다른 사람이 말한다. "아니에요. WTO는 일자리를 창출해서 여러 나라가 다 함께 경제 발전을 할 수 있게 해줘요."

"제 생각엔 WTO 덕을 보는 건 G8인 것 같아요."

또다른 사람이 말한다. "WTO를 원하는 것은 북반구국가들입니다. 우리의 부를 약탈하기 위해서입니다! 바로 그런 이유에서 APF는 WTO에 반대하고 민영화에 반대하는 것입니다!" 이 사람은 마치 책을 읽는 것처럼 말한다.

젊은 여자가 말한다. "WTO가 일자리를 창출한다고 생각하지 않아요. WTO는 회사들이 이윤을 챙기게 하려고 존재하는 거예요. 그런데 어떻게 우리에게 일자리를 주겠어요?"

책 읽듯 말하는 남자가 또 끼어든다. "WTO는 자본가계급이 좀더 많은 이윤을 얻기를 원합니다. 바로 그런 이유에서 APF는……"

죠지가 말한다. "좋습니다. 다른 분 없나요?" 노인이 손을 든다. 이 문제에 대해서 많이 생각해본 것 같다.

"문제는 WTO가 여러 이념을 인정하지 않는다는 것입니다. WTO는 자기네 경제모델에 맞지 않는 나라에 제재를 가합니다. WTO는 각 나라가 나름대로 발전할 수 있는 기회를 빼앗습니다."

죠지가 말한다. "좋습니다. 여러가지 이야기가 나왔습니다. 이제 토론에 들어가봅시다. 우선, 여러분께 WTO의 역사에 대해 말씀드리겠습니다. WTO는 생긴 지 5년밖에 안된 조직인데……"

한 시간이 지났다. 죠지는 WTO의 지적재산권협정에 대한 설명으로 넘어갔다. 청중은 귀를 기울이고 있다. WTO의 주장에 따르면, 무역관련 지적재산권협정(TRIPS)은 특허권 · 저작권 · 상표 등을 세계화함으로써 아이디어와 디자인의 불공정한 절도를 막고 '창의성을 보호'하기 위한 것이다. 즉 한 WTO 회원국에서 특허를 받은 것은 다른 모든 회원국에서 특허를 받은 것과 같으며, 특허권을 침해하는 것은 불법행위다.

한편, 남아공법에 따르면 정부는 국가비상시 약품의 '강제면허'를 낼 수 있다. 회사의 특허권을 취소하고 저렴한 약품을 대량생산할 수 있다는 뜻이다. 남아공 국민 중 470만 명(9명 중 1명)은 인체면역결핍바이러스(HIV) 양성반응자이기 때문에, 남아공은 항상 국가비상사태라고 할 수 있다. 빈민에게 후천성면역결핍증(AIDS) 치료약을 무료로 나누어주거나 저렴하게 제공하는 것이 도덕적으로 불가피하다는 점에 모두가 동의한다. 물론 세계에서 가장 큰 39개의 제약회사들은 예외다. 거대 제약회사들은 2001년 남아공정부를 상대로 법적 소송을 제기했다. 약품가격

인하정책이 불법이라는 것이었다. 그들은 자기네 주장을 뒷받침하기 위해 TRIPS를 인용했다.

남아공의 AIDS활동가들은 제약회사들을 상대로 국제적인 캠페인에 나섰고, 국제사회의 비난이 빗발쳤다. 제약회사들은 어쩔 수 없이 소송을 취하했다. 여론의 압력에 떠밀린 WTO는 성명서를 발표했다. TRIPS는 건강위기가 확산되었을 때 남아공정부가 특허권을 취소하는 것과 같은 상황을 금하지 않는다는 것이었다.

죠지의 설명이 계속된다. "WTO는 일단 말은 그렇게 했습니다. 그러나 미국정부는 똑같은 이유로 브라질을 WTO에 고발했습니다. 저렴한 의약품을 생산하고 특허법을 어겼다는 것입니다. 타이도 마찬가지입니다. 자, 이제 법을 들여다봅시다. 남아공에는 법이 있습니다. 이웃을 살인하지 말라는 법입니다. 살인하면 어떻게 될까요?"

토론장 안의 사람들이 웅성거린다. "체포됩니다."

"맞아요. 경찰에게 끌려가 법정에 서야 됩니다. 그렇다면 타이가 계속 값싼 AIDS치료제를 생산하면서 TRIPS를 깬다면 어떻게 될까요?"

잠시 침묵이 흐른다.

남자 하나가 대답한다. "타이가 체포되나요?"

죠지가 대답한다. "음…… 맞아요. 체포된다고 할 수 있죠. 타이는 WTO의 비공개재판소에 나와야 됩니다. 패소하면 제재조치를 가합니다."

뒷자리에서 누군가 소리친다. "하지만 불공평해요."

토론회가 끝나면 WTO가 불공평하다는 것에는 모두가 동의할 것 같다. 죠지는 정부의 산업지원에 대한 설명으로 넘어갔다. WTO 규칙을 지키려면 남아공이 산업지원을 점차 중단해야 한다는 것이다.

"최근 웨스턴케이프(Western Cape)의 통조림회사가 무더기로 문을 닫았습니다. WTO 때문에 정부보조금을 못 받게 되었기 때문입니다. 그런데 유럽의 경우, 정부의 농민지원금은 매년 수십억 달러에 이릅니다."

여자 하나가 손을 들고 말한다. "하지만 그건 경제억압이에요!"

죠지가 말한다. "맞아요. 경제억압이에요." 토론장이 술렁거린다.

색깔이 화려한 옷을 입은 거구의 여자가 묻는다. "우리나라 무역장관은 바보입니까?" 이 여자는 토론이 시작된 후부터 점점 흥분하고 있다. "서명을 하기 전에 무슨 계약을 하는지 읽어보지도 않나요?"

죠지가 대답한다. "물론 읽어보지요. 그들은 계약내용을 잘 알고 있어요. 이제, WTO 때문에 남아공이 100만 개의 일자리를 잃은 이유를 알아볼까요?"

"그럽시다!" 모두가 큰 소리로 합창한다.

남자 하나가 좌중을 둘러보며 말한다. "우리 정부 꼭대기에 앉아 있는 사람들은 우리가 원하는 걸 해줘야 합니다! 그게 그들의 일이잖아요!"

"맞습니다." 모두가 다시 한번 합창한다.

여자 하나가 말한다. "우리가 어떻게 해야 되지요? 모르는 게 제일 나쁜 것 같아요. 나는 오늘까지 WTO가 뭔지도 몰랐어요. 우리가 어떻게 싸워야 될까요?"

노인 하나가 말한다. "싸워야 합니다! 정부는 우리를 팔아먹고 있어요! 우리는 '항상' 팔아먹혀왔습니다! '반드시' 싸워야 합니다!"

워크숍의 열기가 무르익고, 모두가 토론에 열심이다. 다음주 행진에서 요하네스버그 중심부까지 교통편을 마련해야 한다는 얘기도 나온다. 모두가 도움이 되고 싶어한다. 한편, 토론장 구석에서 빽빽한 노트에 뭔가를 쓰고 있는 사람이 있다. 두두 음페녜케(Dudu Mphenyeke)다. 쏘웨토 전력위기위원회(SECC) 지도자 중 하나다.

두두는 수십 년간 핌빌에서 살아왔고, 2000년 7월에 전기가 끊긴 후부터 SECC의 설립을 도왔다. 두두는 SECC의 홍보담당이다. 17명으로 시작한 SECC는 이제 5,000명을 헤아리는 단체로 성장했다. 두두의 빨간색 티셔츠에 달려 있는 커다란 사각형 배지에는 '내부의 제3세계'라고 씌어져 있다. 나는 두두에게 SECC를 움직이는 힘이 뭐냐고 물어본다.

두두는 말한다. "우리는 전력이 권리라고 생각해요. 그리고 빈민을 부수는 것보다는 법을 부수는 것이 낫다고 믿어요. 빈민을 부수는 것은 마을을 부수는 것이나 마찬가지예요. 정부는 선거 때 무상수도와 무상전기를 약속해놓고 아직까지 지키지 않아요." 정부가 '빈민과의 전쟁'을 하고 있다는 애슈윈과 하인리히의 말에 동의하는지 두두에게 물어본다.

두두는 냉정하게 대답한다. "아. 쏘웨토는 살기가 점점 힘들어요. 아파르트헤이트정부 때가 더 나았어요. 수도와 전기가 끊기는 일은 없었으니까. 대학교 졸업장을 가지고 직장을 못 구하는 상황도 아니었고요. 지금 상황은 정말 심각해요. 사람들은 계속 직장에서 잘리고, 실업률은 올라가고, 회사는 민영화되고……" 두두는 한숨을 쉬면서 내 눈을 쳐다본다.

그리고 말을 잇는다. "현 정부 때문에 사람들은 전보다도 더 비참하고 가난해졌어요. 사업하는 사람들은 더 좋아졌지요. 세금이 낮아져 이윤이 많아지니까요. 하지만 노동자들은 더 힘들어졌어요. 우리 같은 보통사람들에게는 더 어려운 상황이에요." 두두는 다시 한번 한숨을 쉬면서 고개를 젓는다.

"남아공에는 자유가 없어요. 속은 기분이에요."

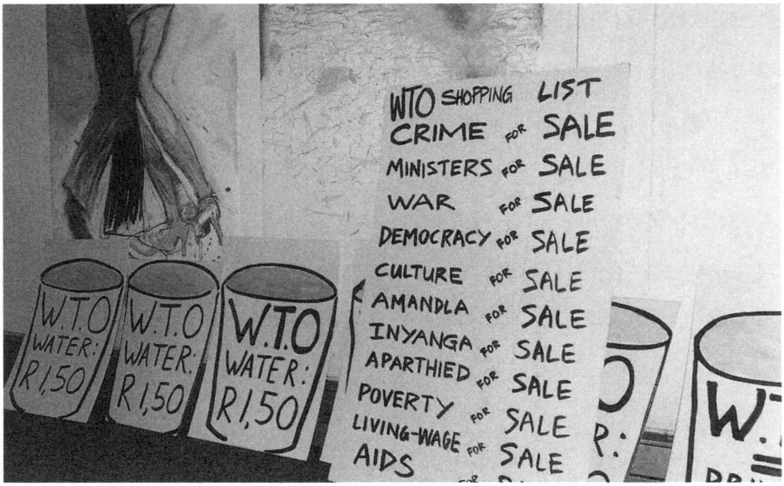

반세계화시위에 사용될 시위용품들.

이틀이 지났다. 11월 9일이 내일로 다가왔다. AIDC의 반WTO행진이 있는 날이다. 죠지는 온 도시를 동에 번쩍 서에 번쩍 다니면서 행사준비에 한창이다. 나는 소도구 준비를 도와주기로 약속했다. 그래서 지금 나는 공장을 개조한 거대한 작업실에서 내일 행진에 사용할 소도구를 만드는 중이다. 손에 닿는 모든 것이 재료가 된다. 작업실에서는 이상하게 땅콩냄새가 난다. 나는 지금 이 마을 미술공동체회원 네댓 명을 도와주고 있다. 이들은 빠른 시간에 소도구를 만들어주겠다고 죠지와 약속을 했다고 한다.

우리는 하루종일 아이디어를 짜내면서 펜과 물감통과 붓을 들고 바닥을 뒹굴었다. 새벽이 되자 우리의 노력만큼 재미있는 물건들이 쌓였다. 우선, WTO를 사랑하는 무역산업장관 앨릭 어윈(Alec Erwin)의 인형이 있다. 판지로 만든 커다란 인형은 WTO라는 글자가 찍힌 거대한 망치를 휘두르며, 아프리카를 상징하는 노란색 모형을 내리치려 한다. 아프리카에는 '판매중'이라고 씌어져 있다. 물잔 스무 개를 판지로 만들었다 ('WTO 물—1란드 50'). 거대한 씰크햇(silk hat) 네 개에는 달러기호와 줄무늬를 그려 넣었고, 부록으로 재벌이 피우는 씨가도 만들었다. 판자를 약병모양으로 잘라내고, 옆면에는 'AIDS 물러가라, TRIPS 물러가라, 약값을 인하하라!'라고 썼다. 천으로 거대한 반WTO 현수막 세 개를 만들었다. 말은 안 하지만, 뿌듯하다.

9일 새벽이 밝았다. 맑고 화창한 날이다. AIDC 사무실 앞 작은 주차장에 시위선발대가 모였다. 죠지가 내게 맡긴 일은 소도구를 설명하고 나눠주는 일이었다. 우리는 이 소도구를 땅콩공장에서부터 이곳까지 죠지의 낡은 고물차에 싣고 왔다. 내가 트렁크를 열자 사람들이 모여든다.

나는 조심스럽게 앨릭 어윈을 꺼낸다. "자, 이것이 앨릭 어윈입니다. 얘가 들고 있는 것은 WTO 망치예요." 누군가 어윈을 낚아채 주차장을 한바퀴 돌게 한다. 사람들의 환호성이 이어진다.

"잠깐만요. 이것은 아프리카인데요, 그러니까, '판매중'이에요. 앨릭 어윈이 WTO 망치로 아프리카를 치려는 거니까, 이 두 개는 항상 같이 붙어 있어야 해요." 이런 설명을 하고 있는 내가 좀 바보처럼 느껴진다. 그러나 내 말에 신경 쓰는 사람은 아무도 없다. 누군가가 순식간에 아프리카를 가져가버렸다.

"자, 미국 자본가가 되고 싶은 사람?" 내가 미처 말을 끝내기도 전에 누군가가 달려 나와 씰크햇이 머리에 맞는지 써본다. 달러와 줄무늬가 그려진 그 모자다.

나는 둘둘 만 종이에 조잡하게 색을 칠해 만든 씨가 한뭉치를 서둘러 꺼낸다. "씨가도 가져가요. 자본가는 씨가가 필요하니까."

누군가 "다가(Dagga)!"라고 외치며 씨가 하나를 집어간다. 사람들이 웃음을 터뜨린다. 다가는 남아공 말로 마리화나라는 뜻이다.

"이건 다가가 아니에요. 자본가의 씨가예요."

"자본가의 다가!" 사람들은 순식간에 씨가를 입에 물고 다가연기를 뿜어내는 시늉을 한다. 1분 만에 모든 소도구와 현수막이 주인을 찾아간다. 하루종일 고생한 것이 헛되지 않은 것 같다.

30분 후 도심에서 행진이 시작될 것이다. 쏘웨토 주민들이 도착했다. 다른 흑인마을 주민들과 이곳 시민들은 다들 와 있다. 다른 마을 사람들도 있고, 시내에 사는 사람들도 왔다. 소도구를 들고 있는 사람들은 광장 중앙에서 현란하게 춤을 춘다. 이곳에는 온갖 티셔츠가 섞여 있다. 쏘웨토 주민은 빨간색과 노란색 티셔츠를 입고 있고, 따로따로 참가한 사람들은 다른 색 티셔츠를 입고 있다. 티셔츠에는 '기업세계화는 세계아파르트헤이트' 혹은 '토지독점 = 인종차별' 같은 구호가 씌어져 있다. 제일 내 맘에 든 것은 'Just vom it'*이라고 씌어져 있는 나이키운동화다.

우리가 오고 나서 몇분이 지났을까, 광장에 차 한 대가 멈춰 선다. 연사 두 명이 자동차지붕에 올라가 있다. 차를 모는 사람은 트레보 능과네(Trevor Ngwane)다. 남아공 민중의 영웅으로 급부상중인 인물이다(패트릭은 '트레보는 우리의 마르꼬스'라며 열광한다). 트레보는 쏘웨토에서 ANC 시의원을 지냈지만, 쏘웨토 민영화계획에 반대하다가 당에서 축출되었다. 트레보는 지금 요하네스버그 '반민영

* '토하라'라는 뜻. 나이키 광고인 'Just do it'의 패러디.

미국의 대외정책에 반대해 한 여성이 시위를 벌이고 있다.

화포럼' 지도자이고, AIDC 소속이며, SECC 의장이다. 또한 그는 남아공은 물론 전세계를 돌아다니면서 쩌렁쩌렁한 쇳소리로 연설을 하고 있다. 그의 연설은 항상 관중을 사로잡는다. '세계경제포럼' (WEF)에서 억만장자 투기업자 죠지 쏘로스(George Soros)에게 화상으로 맹렬한 비난을 가했던 사람이 바로 트레보다. 워싱턴에 수천 명이 모였을 때, 단상에 올라가 토이토이(toyi-toyi)춤을 추며 "IBRD—하이하이—악마라네—하이하이"라는 노래를 부를 만큼 겁이 없는 인물이다. ANC는 그를 쫓아낸 것을 두고두고 후회할 것이다.

남아공에 왔으니 당연히 트레보를 만나고 싶었다. 그리고 드디어 기회가 왔다. 나는 물었다. "당신이 속한 지역사회단체들이 실제로 무슨 일을 이룰 수 있습니까? 예컨대, 반민영화포럼에서 무슨 일을 했습니까?"

"APF는 노조와 지역사회단체의 공조관계를 구축하려고 합니다. 민영화에 반대하는 사람들은 누구나 참여할 수 있습니다. 한편, APF는 새로운 정치적 동력과 시각을 제공하고 있습니다." 트레보는 ANC를 비판하지 않으려는 사람들의 마음을 바꾸는 것이 급선무라고 한다.

"빨리 바꿔야 합니다. 나만 해도 그랬어요. 내 손으로 만든 조직이고, 내가 몇년 동안 힘들게 일해온 조직인데, 떠난다는 것은 좀 아쉬운 일이지요!" 그는 이렇게 말하며 웃는다. 중후하고 길고 매력있는 웃음이다. 나는 또 물었다. "ANC는 당신 같은 사람들이 지금 하고 있는 일을 우려하고 있습니까?"

그는 미소를 지으며 말한다. "그럼요! '물론'이죠. 그들은 우리들 때문에 걱정이 많아요. 지금까지 내가 본 바로는, 그들은 주민들에게 더이상 과거의 ANC가 아닙니다. 그들은 국가일 뿐입니다. 그들은 국가일 뿐 사회운동이 아닙니다. 그들과 우리의 관계는 국가와 개인의 관계와 같습니다. 그들은 우리가 '반혁명적'이라고 합니다! 하지만 그들의 말을 듣는 사람은 점점 줄어들고 있습니다."

행진이 시작된다. 트레보가 차에서 뛰어내려 마이크를 잡고는 천천히 거리행진을 이끈다. 그는 걸으면서 구호를 외친다.

"음베키 — 물러가라!"

"GEAR — 물러가라!"

"WTO — 물러가라!"

"자본주의 — 물러가라! 물러가라!"

"남아공 만세! 만세!"

남아공 사람을 춤추게 만들기는 아주 쉽다. 행진이 시작되자마자 모두가 춤을 추기 시작한다. 행진을 하면서 토이토이춤을 춘다. 나는 행진하는 사람들 속에서 우연히 버지니아와 마주쳤다. 우리는 어찌 된 일인지 만날 때마다 춤추는 사람들에 둘러싸여 있다면서 버지니아는 웃음을 그치지 못한다. 군중은 행진을 하면서 거대한 인형을 흔들고 트레보의 구호를 외치고 경찰에게 손을 흔든다. 경찰은 무시무시한 사각형 장갑차로 시위대를 포위했다. 1980년대에 텔레비전에서 자주 보던 장갑차, 타운십(township)* 사람들에게 호스로 물벼락을 내리던 장갑차와 똑같은 것이다. 지금 장갑차 운전병은 흑인이다. 지금 모인 시위대는 300명 정도지만, 시위의 활기와 함성의 크기는 3,000명 못지않다.

* 아파르트헤이트 시절, 흑인들을 강제 격리한 마을.

얼마나 걸었을까. 패트릭이 숨을 헐떡이며 나타난다. 언제나 그렇듯이 그는 할 일이 너무 많다. 지금은 좀 우울해 보인다. 그러나 패트릭은 우울할 때라도 여전히 에너지덩어리다. 그는 방금 ANC 정책입안자들과 회의를 하고 왔다고 한다. 다른 동료 하나와 함께 회의에 참석해, ANC의 민영화정책 때문에 ANC가 투쟁으로 해방시켰다고 하는 바로 그 주민들이 피해를 입는다고 설득해보았다는 것이다. 나는 ANC 사람들이 뭐라고 했냐고 물었다.

"하! 물론 우리더러 반혁명적이라고 했지요. 그래서 비디오를 보여줬어요. 쏘웨토 주민들이 단전·단수 조치에 항의하는 내용이었어요. 비디오를 보고 나서 그들은 아무 말도 없었어요. 할 말이 없겠지요. 그리고 우리는 그들이 1999년 선거 때 내세웠던 무상전기 공급의 약속을 지적했어요."

"그랬더니 뭔가 조치를 취한대요?"

"아니오. 그들은 지금 자기네가 빈민들에게 민영화를 팔아야 한다고 생각하고 있습니다. 민영화가 곧 해방이라고 생각하는 것이지요." 우리가 함성을 지르며 모퉁이를 돌아가자 경찰들이 곤봉을 휘두르며 쫓아온다. 패트릭은 자기가 아는 사람 모두에게 나를 소개시켜준다. 모르는 사람이 하나도 없는 것 같다.

"폴, 꼭 만나봐야 할 사람이 있어요. 루씨앙(Lucien), 이 사람은 폴이야. 루씨앙은 우리 무정부주의 지도자예요."

루씨앙이 대답한다. "패트릭, 무정부주의자에 지도자가 어디 있어요?"

패트릭은 몇걸음 뒤에서 우리를 따라오는 노인에게 말한다. 약해 보이지만 눈빛이 친절한 사람이다. "울프럼(Wolfram), 이 사람은 폴이에요. 폴은 지금 이 운동에 대해서 책을 쓰고 있어요. 울프럼은 우리 해방신학 지도자예요."

패트릭은 성큼성큼 걷는가 싶더니 이번에는 앞서 가던 사람을 부른다.

"냐니아(Nhiania), 이 사람은 폴이야. 폴, 냐니아는 스와질란드에서 온 활동가 지도자예요. 이쪽 일도 알고 보면 아주 흥미로운 일이에요."

나는 패트릭에게 소개비를 내야 하나 잠깐 망설인다.

"민영화——물러가라! 물러가라!" 트레보의 목소리가 스피커에서 울려 나온다.

군중은 '아만들라' (AMANDLA)를 외친다. 나는 여기 와서 '아만들라'라는 말을 여러번 들었다. 소사(Xhosa)족 언어로 권력이라는 뜻이다. 남아공 국민은 아파르트헤이트에서 해방되었다. 그러나 진정한 권력을 얻는 것은 훨씬 더 어려운 일이었다.

남아공에 머물 수 있는 날이 이틀밖에 안 남았다. 꼭 해야 할 일이 하나 있다. 이 모든 상황을 초래한 장본인이라고 하는 ANC 사람을 만나서 그들의 생각을 들어봐야 한다. 그들이 하는 이야기는 다를 수도 있다.

그래서 나는 요하네스버그에 있는 웅장한 ANC본부 5층을 방문했다. 나는 지금 건물 5층에 있는 ANC 정책조사실장 마이클 쌕스(Michael Sachs)의 사무실에 앉아 있다. 쌕스는 ANC에서 영향력 있는 인물인데, 그는 내게 정부 쪽 생각을 들려주기로 약속했다. 나는 자리에 앉아서, 아, 네, 차 마실게요, 고맙습니다, 하고 말한 후, 녹음기를 틀었다. 그리고 질문을 시작한다. "정부에게 속았다고 생각하는 사람들이 왜 이렇게 많은가요?"

그는 천천히 입을 연다. "음, 우선, 그간의 정황을 고려해야 합니다. 우리는 지금까지 네 번의 선거에서 압도적인 지지를 받고 승리했습니다.

남아공에는 매달 약 열 번의 보궐선거가 있는데, ANC는 그때마다 꾸준히 대중의 지지를 받고 있습니다. ANC에게 속았다고 생각하는 사람들이 없다는 얘기는 아닙니다. 남아공에 불만을 가진 사람이 없다는 얘기도 아닙니다. 물론 불만이 있어요. 하지만 정황을 고려해야 한다는 겁니다."

"그렇지만 ANC가 지금 하고 있는 일에 불만이 많은 것 같습니다. 예를 들어, GEAR을 좋게 생각하는 사람은 아무도 없는 것 같습니다. 삼각동맹도 ANC 말고는 다들 GEAR을 싫어하지 않습니까?"

쌕스는 솔직하다. "불만이 많아요. 맞아요. GEAR에 대한 비판도 많습니다. 우리는 1996년에 보수적인 경제정책을 채택했습니다. 이른바 구조조정프로그램과 비슷한 부분이 많습니다. 재정을 엄격히 관리하고, 거시경제를 안정시키고, 부채를 상환하는 것을 골자로 합니다. 지금까지 정부가 소유하고 경영했던 기관들에 시장메커니즘을 도입했습니다. 이 문제와 관련해 논쟁이 활발하게 진행되어왔습니다."

"논쟁은 ANC 바깥에서 더 치열한 것 같은데요. 당은 국민을 희생해서라도 시장의 비위를 맞추는 데 열심인 것 같구요. GEAR은……"

그가 말을 가로막는다. "자, 이것 봐요. 어쨌든 지금은 GEAR을 조정하기 시작하고 있습니다. 재정에 대한 엄격한 규제도 많이 풀리는 중입니다. 물론 알고 있습니다. 아직도……" 그는 말을 끊고 한참 동안 생각에 잠긴다. "우리가 지금 하는 일을 우리나라 민주주의혁명의 맥락에 놓고 생각해보세요. 우리가 정권을 잡은 것은 혁명을 실현하기 위해서입니다. 상황은 대단히 어렵습니다. 지금까지 일어났던 혁명운동 중에 세계를 상대로 싸워야 했던 경우는 없었어요. 소련이 생긴 이후 지금까지 혁명운동이 권력을 잡았을 때, 국제적 조건이 이토록 열악했던 적은 없었어요.

금융자본주의가 고삐 풀린 망아지처럼 날뛰고, 금융자본의 이데올로기가 부상하면서 역사상 유례없는 헤게모니를 장악하고 있습니다." 그는 피곤한 듯 말을 끊었다가 다시 이야기를 시작한다. 그의 말을 들어보면 혁명에 대한 기대가 점점 없어지고 있는 것 같다.

"우리는 1994년에 민주주의를 달성했습니다. 그리고 곧이어 세계화라는 문제에 대면해야 했습니다. 우리는 여기서 뼈아픈 교훈을 얻었습니다. 이런 맥락을 생각하면, 누구라도 보수적인 거시경제정책을 채택했을 것입니다. 조금은 덜 보수적일 수도 있었을 겁니다. 조금은 사회비용을 더 쓸 수도 있었을 겁니다. 그러나 한 가지만은 확실합니다. 우리가 1994년에 케인스식의 사회주의프로젝트를 가동했다면, 지금쯤 ANC는 망했을 겁니다. 하나가 된 세계에서 우리가 목표를 향하여 나아갈 수 있으려면 무엇보다 거시경제의 안정이 확보되어야 합니다. 우리의 목표는 공공써비스를 제공함으로써 인종차별로 뒤틀렸던 이 나라 경제를 좀더 평등한 경제로 바꾸는 거지요."

"그렇지만 그런 안정을 추구하는 과정에서 목표에 타협이 필요하다면 어쩝니까? 경제안정 자체가 목표가 된다면 어쩝니까? 사람들 말을 들어보면, 아파르트헤이트가 끝나고 나서 생활이 오히려 더 열악해졌다고 합니다. ANC 때문에 이렇게 됐다고 합니다."

그는 다시 한번 오랫동안 말이 없다. 할 말을 찾고 있는 중인 것 같다.

"이것 봐요. 우리가 살고 있는 세계에서는 타협을 하지 않을 도리가 없습니다. 남아공정부가 자본을 규제하지 않는다고 생각하면 잘못입니다. 남아공정부가 국민에게 공공써비스를 제공하지 않는다고 생각하면 잘못입니다. 도시주민의 생활수준이 1994년보다 낮아졌다는 것은 있을 수 있는 얘깁니다. 거시경제계획은 엄격하게 실행해왔으니까. 그러나 지금의 위기를 초래한 것은 우리가 아닙니다. 하지만 우리는 해결방안을 모색하고 있습니다. 우리나라에서 민주주의가 시작된 해에 WTO가 만들어졌습니다. 우리가 얼마나 압력을 받았을지 상상해보세요. 이런 점을 고려하면, 우리가 지금까지 이룩한 성과를 인정해주어야 한다고 생각합니다. 물론 우리에게 실수가 하나도 없었다는 얘기는 아닙니다. 모든 것이 완벽해서 더이상 고칠 것이 없다는 얘기도 아니고요."

"하지만 당신네는 세계화를 어쩔 수 없이 받아들이는 정도가 아니지요. 한술 더 뜨고 있어요. 바로 지금 이 순간도 당신네 무역장관이 WTO에서 새로운 무역라운드를 밀어붙이고 있잖아요. 아프리카 무역장관 중에 남아공 말고는 그런 사람이 없습니다. 그래서 당신네 이웃나라들이 당신네 때문에 곤혹스러움을 느끼는 것 아닙니까? 당신네는 WTO가 요구하는 것보다도 더 빠르게 관세를 없애고 있잖아요."

그는 교묘하게 문제를 피해가며 대답한다. "자, 우리는 WTO에 반대하지 않습니다. 우리는 WTO를 없애자고 주장하지 않습니다. IBRD나 IMF를 없애자고 주장하지 않습니다. 우리는 이들 기관과 관계를 맺어야 한다고 생각합니다. 그러나 보세요. 이것은 배반이 아닙니다. 배반자는 없었어요. 물론 우리 진영에도 자본주의를 신봉하는 사람들이 있습니다. 그러나 ANC는 원래 그랬어요. ANC는 사회주의정당이 아닙니다. 우리가 취하는 입장은, 세계화와 어떻게 관계를 맺을까 하는 것입니다. 우리가 세계화에 비현실적으로 대응한다면, 원칙은 훌륭할지 몰라도, 현실은 그렇지가 않습니다. 세계는 단극체제 아래에서 움직이고, 그들의 금융자본의 힘이 막강하고…… 우리는 이런 사정을 염두에 두어야 합니다. 그리고 이런 맥락에서 어떻게 가장 생산적인 의제를 옹호할 것인가, 이것을 생각해야 합니다."

결국 그는 정부가 세계화 앞에서 완전히 무력하다는 것을 노골적으로 인정하고 있다. 이렇게 솔직한 사람은 처음 봤다. 쌕스의 솔직함이 존경스러워지기 시작한다.

그는 막연히 허공을 가리키며 말을 계속한다. "알다시피, 지금은 무작정 재분배를 할 수 있는 시대가 아닙니다. 소련이 있어서 우리를 지켜준다면 또 모르지만, 솔직히 말해서, 지금은 게임의 규칙을 지켜야 합니다. 모험을 하지 않도록 조심해야 해요. 그러면 알다시피 망할 것이 '뻔해요.' 칠레도 망했고, 니까라과도 망했고…… 다시는 그럴 수 없어요."

그러면서 이렇게 덧붙인다. "하지만 공공써비스가 다 나빠졌다는 말은 잘못입니다."

그는 힘을 주며 말한다. "써비스는 '진짜로' 개선되고 있어요. 부인할 수 없는 사실입니다. 농촌개발계획에 따라, 주민들에게 수도와 전기가 공급되고 있습니다. 생활비는 좀 올랐을 겁니다. 그리고 도시의 노동계급은 지난 5년 동안 힘들게 살았을 겁니다. 세계화 때문에 경제에 칼바람이 붑니다. 그러나 현 정부가 국민의 지지를 받는 민주주의정당이라는 사실에는 변함이 없어요. 빈민에 대한 써비스가 늘어나고 있는 것도 맞습니다. 불만이 있다는 것을 부인할 수는 없지만, 그렇다고 국민이 ANC를 버릴 거라고 생각하지는 않습니다." 남아공 NGO의 지지기반은 규모에서 ANC의 상대가 못 된다는 것이다. 나는 남아공 NGO와 연계되기 시작하는 '반세계화' 운동에 대해서 물었다. 그는 '문제가 있다'고 답한다.

"이런 운동은 공산주의도 아니고 사회주의도 아닙니다. 공산주의와 사회주의는 나름의 문제도 많았지만 최소한 비전이 있었어요. 국제자본주의를 대신할 비전이요. 그런데 이 운동은 그런 게 없어요. 아직은 없지요. 시장 관사에 숨어 들어가서 전기를 끊을 수는 있겠지요. 하지만 국가가 (아니면 국가 비슷한 뭔가가) 이런 문제를 초래한 체제를 대신해서 무엇을 세워야 합니까? 이 운동이 이런 문제를 극복할 수 없을 거라는 뜻은 아닙니다. 지금은 발전하는 과정일 수도 있습니다. 이 운동은 아직 '우리가 원하는 세계는 이렇다'고 말할 수 있는 단계에 도달하지 못한 듯합니다. 그러니까 내 말뜻은, 나 같은 사람들은…… 나는 자본주의에 반대합니다. 우리 모두 자본주의에 반대합니다. 인간이 인간을 착취하는 것은 잘못이라는 데 우리 모두 동의합니다. 그러나 그것만 가지고는 안 됩니다. 남아공의 상황에서 ANC를 대신할 정치적 대안이 뭡니까? 우리도 까스뜨로(F. Castro) 같은 정책을 펼쳐야 할까요(까스뜨로는 ANC의 가장 가까운 동맹세력 중 하나였습니다)? 우리가 선봉에 서서 제국주의를 비판해야 할까요? 그런 식으로 얼마나 버틸 수 있을 것 같습니까? 대안이 될 만한 조직은 없습니다. 현행 정책에 대안이 될 수 있는 현실적인 정책도 없습니다."

그는 의자에 몸을 기대고 한숨을 내쉰다. 녹음기는 계속 돌아간다. 벽 뒤에서 타자 치는 소리가 들린다. 남아공의 ANC정부는 국제무대에서 기대를 한몸에 받는 정부였다. 무수한 희망의 네트워크가 ANC정부에 기대를 걸었다. 그런데 ANC정부는 이제 세계의 기대를 대부분 저버린 것 같다. 스스로의 기대까지 저버렸다. 이 다인종국가의 해방세력은 세계화에 발목이 잡혔다. 아파르트헤이트보다도 강한 것이 세계화다. 마이클 쌕스는 최소한 이러한 사실을 솔직하게 인정한다.

그가 다시 입을 연다. "상황은 대단히 어렵습니다. 우리 진영 내부에도 불만의 목소리가 있다는 것을 부인할 생각은 없습니다. 우리가 모든 걸 다 잘하고 있다는 얘기가 아닙니다. 하지만 노력하고 있습니다. 이해하시겠습니까?"

더반에서 보낸 마지막 날. 애슈윈과 하인리히가 나를 공항까지 차로 데려다주었다. 그리고 나와 함께 요하네스버그행 비행기를 기다려주었다. 우리는 공항 특유의 무미건조한 까페에서 커피를 마셨다. 영업용 배경음악이 흘러나오고 있었다. 이런저런 얘기를 나누며 시간을 때우고 있는데, 애슈윈이 재미있는 화제를 꺼냈다. 그는 남아공 투쟁에 대해서 이야기를 하던 중에 남아공 투쟁의 핵심이 뭔지를 나름대로 정리해주었다.

"애초에 이 모든 투쟁이 왜 생겼을까?" 그는 자문했다. "우리는 당신네 광산에서 일하지 않겠다, 핵심은 이거야. 우리에게 땅을 달라, 우리에게 권력을 달라. 우리는 망할 놈의 투표권 따윈 원하지 않는다. 우리가 스스로 경제를 운영할 수 없다면, 투표권 따위가 무슨 '소용'이냐. 그래서 투쟁을 했던 거야. 만델라가 투표권을 주었을 때 사람들은 투쟁이 끝나는 줄 알았어. 투표권 때문에 투쟁을 했다고 생각했던 거야. 그러나 사실은 그게 아니었어. 정치적 권리가 중요한 만큼 경제적 권리가 중요했던 거야. 우리에게는 우리 경제를 관리할 권리가 있어. 우리 자원을 사용하고 우리 물건을 사고팔 권리가 있단 거야. 국민들이 보기에 '중요한' 문제는 바로 이거잖아. 이 모든 땅을 가진 것도 우리고, 이 모든 금을 가진 것도 우리인데, 어떻게 IMF와 IBRD와 주식시장이 우리에게 이래라저래라 하느냐 말이야. 어떻게 우리는 투표권은 있는데 자유가 없을 수 있느냐 말이야. 이제 국민들은 상황을 파악하기 시작했어. 우리의 투쟁은 끝나지 않았어. 21세기의 투쟁은 자기가 자기 경제를 다스릴 권리를 찾는 투쟁이야."

애슈윈이 한 말과 마이클 쌕스가 사무실에서 암시했던 내용은 정확히 일치했다. 그리고 이 둘의 말은 놀랍게도 내가 제노바와 치아빠스(Chiapas)와 꼬차밤바에서 들었던 말과 흡사하다. 이곳을 떠나 여러 나라 여러 상황에서 활동가들과 이야기를 나누면서 나는 똑같은 말을 듣게 된다. 생각은 간단했다. 전세계에서 일어나는 운동을 가로지르는 하나의 생각은 바로 이것, 경제적 자유 없는 정치적 자유는 의미가 없다는 것이다.

내게 남아공은 이 생각을 증명하는 극단적인 사례였다. 하지만 똑같은 일이 전세계에서 일어나고 있다. 정부의 활동은 세계화과정의 특징인 자본과 투자의 자유로운 흐름에 부딪혀 심각한 제약을 받는다. 상황은 한마디로 정리할 수 있다. 정부가 토지개혁이나 국유화나 기업규제나 부의 재분배 등 급진적이고 위험한 시도를 한다면(다시 말해, 이윤을 낼 수 있는 안전한 장소라는 일국의 위상이 정부에 의해 위협받는다면), 기업과 투자는 장애물이 없는 다른 곳으로 옮겨갈 것이다.

요란하고 전투적인 세계화 옹호자인 미국의 신문기자 토머스 프리드먼(Thomas Friedman)은 이런 상황을 '황금족쇄'라고 불렀다. 그는 온갖 화려한 수식어를 동원하여 이 운동을 비판했다. "한 나라가 황금족쇄를 찬다면, 두 가지 일이 일어난다. 즉 경제는 성장하고 정치는 위축된다. (…) 황금족쇄로 인해서 권력층이 선택할 수 있는 정치·경제 정책의 범위가 줄어든다. 상대적으로 엄격한 상수가 생기는 셈이다. 그렇기 때문에 오늘날 황금족쇄를 차고 있는 나라들에서는 여당과 야당 사이에 아무 차이가 없는 것이다. 일단 한 나라가 황금족쇄를 차게 되면, 정치적 선택은 펩시콜라와 코카콜라 사이의 선택으로 좁혀진다. 미묘한 취향의 차이, 미묘한 정책의 차이다."[13] 프리드먼이 보기에 이것은 바람직한 상황이다. 이런 상황이 바람직한 것인가 아닌가를 따지지 전에, 자유시장과 사회적 자유가 함께 발전한다는 흔한 주장이 무색해지는 대목이다. 남아공이 이러한 현실을 적나라하게 보여준다. 세계화는 민주주의를 아침식사로 먹어치운다.

남아공은 황금족쇄를 단단히 차고 있다. 그래서 이 소심한 정부는 세계자본이라는 죽음의 손아귀에 이끌려 국가의 급진적 야심을 시도할 엄두도 못 내고 있다. 그래서 이들의 혁명은 솔직히 말해서 배반당한 혁명이다. ANC정부는 세계시장에 굴복하겠다는 결정을 내렸다. 국민을 위해 세계시장의 성대한 식탁에서 떨어진 찌꺼기를 줍겠다는 결정이다. 이해할 수 없는 것은 아니다. 비겁한 결정인 것 같다. 어쨌든 남아공만 이런 결정을 내린 것은 아니다.

그러나 남아공 국민만 싸우고 있는 것 또한 아니다. 남아공 국민만 분노하고 저항하는 것도 아니다. 남아공 국민만 깨닫고 있는 것도 아니다. 이들은 정치적 독립을 위해서 싸워야 할 뿐 아니라 경제적 독립을 위해서도 싸워야 한다는 것을 깨달았다. 싸움은 시작되었다. 당분간 끝나지 않을 것 같다. 자유를 향한 남아공의 긴 행보는 아직 끝나지 않았다.

제 04 장

쇼핑중단파 교회

"우리 코카콜라 가족 전원은 아침에 일어날 때마다
오늘도 전세계 56억 인구가 한 명도 빠짐없이 목말라 할 것을 알고 있다.
이 56억 인구가 코카콜라를 피해가지 못하게 만들 수만 있다면,
우리의 미래는 확실하다. 다른 길은 없다."

「코카콜라 연례보고서」, 1993년.

"나는 대통령에게 '미국을 지지한다는 것을 보여주려면 어떻게 해야 하냐?'라고 물었다.
대통령은 '엄마, 정말 미국을 돕고 싶으면, 사고 또 사고 또 사요'라고 했다."

죠지 W. 부시의 모친인 바버라 부시, 2001년.

머리카락 덕분이다. 세 블록 떨어진 곳에서도 눈에 띈다. 맨해튼 겨울 햇살이 내리쬐는 거대한 황금빛 마천루 사이로 머리카락과 치아가 보인다. 단단한 하얀색 돌멩이 같은 치아가 모여 싱긋 미소를 짓는다. 환하고 정답고 아랫니가 드러나는 미소다. 나를 향해 웃고 있다. 이 사람이 틀림없다. 자전거를 타고 있는 그의 목에 자전거체인 열쇠가 걸려 있다.

"폴인가요?" 빌리(Billy)목사는 내 손을 꼭 잡는 것으로 인사를 대신한다. "빌(Bill)이에요. 늦어서 미안합니다." 목사는 내가 들고 있는 종이컵을 쳐다본다. 식어버린 스타벅스 까페라떼가 바닥에 조금 남아 있다.

빌이 묻는다. "설마 돈 주고 산 것은 아니지요?"

목사는 기분이 언짢은 것 같다. '진짜 커피'를 마셔야 한다고 말한다. 나는 종이컵을 버리고 목사를 따라서 애스터 플레이스(Astor Place)를 가로지른다. 맨해튼에서 제일 큰 스타벅스매장을 뒤로 하고 다 쓰러져가는 초록색 커피트럭을 찾아간다. 주인은 빌리의 친구다. 흔들리는 스피커 두 대에서 재즈가 신나게 울린다. 스타벅스와는 비교도 안된다는 그곳이다.

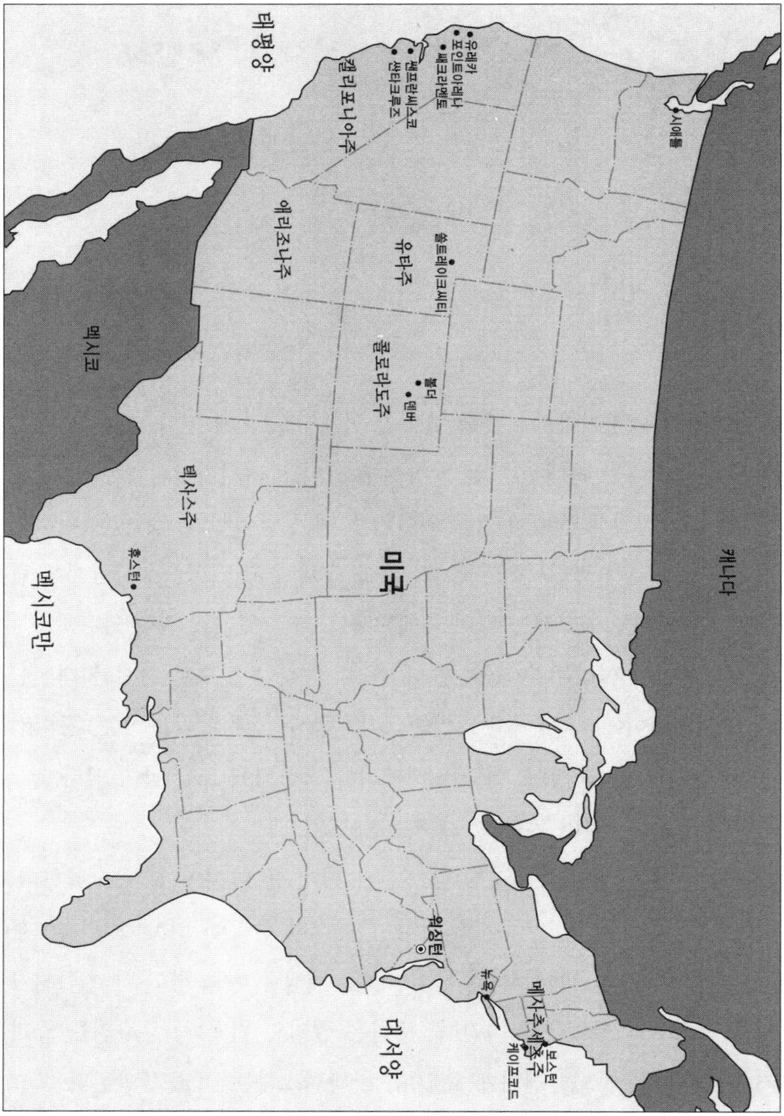
태평양
캘리포니아주
유레카
포인트아레나
새크라멘토
샌프란시스코
샌타크루즈
시애틀
애리조나주
유타주
솔트레이크시티
콜로라도주
볼더
덴버
멕시코
텍사스주
휴스턴
멕시코만
미국
캐나다
워싱턴
뉴욕
매사추세츠주
보스턴
케이프코드
대서양

미국지도

커피트럭 주인이 빌리에게 인사를 건넨다. "어이 친구, 요새 어때?"

빌리가 인사를 받는다. "그럭저럭. 이 집에서 제일 맛있는 까뿌치노 한 잔만 줘. 아니, 잠깐. 두 잔 만들어줘."

빌리목사는 쇼핑중단파(派) 교회의 창립자이자 정신적 지도자다. 그는 신의 부름을 받았다고 한다. 소비주의라는 재앙에서 뉴욕을 구하고 미국을 구하고 세계를 구하라는 사명이다. 이집트가 역병의 저주를 받았던 것처럼, 믿지 않는 자들은 소비주의라는 저주를 받았다. 소비주의는 모든 동네를 획일화하고, 작은 상점과 까페를 파괴하고, 자립 대신 종속을 조장하고, 거리를 관리하는 권한을 다국적기업이라는 해적에게 넘겨준다. 다국적기업은 사람들이 사야 할 물건을 정해주고 그 댓가로 돈을 받아 챙기는 족속이다. 빌리목사는 우리를 이 모든 악에서 구원하려고 세상에 온 사람이고, 나는 오늘 죄사함을 받으려고 애스터 플레이스를 찾아온 사람이다. 스타벅스 까페라떼를 마신 것만으로도 내 죄는 크다. 사실 내가 여기에 나온 것은 목사가 어떻게 우리를 구원할 것인지 설명해주기로 약속했기 때문이다.

우리는 시내 몇블록을 천천히 거닌다. 목사는 자전거를 끌면서 걷다가 몇발짝마다 멈춰서서 수년간 당당히 자리를 지켜온 이 지역의 유명한 건물을 손가락으로 가리켜 보여준다. 지금은 맥도날드, 디즈니스토어, 대형 서적판매체인 보더스(Borders)가 들어섰다. 스타벅스는 이쪽에도 있다. 맨해튼 중간지구에서 겨우 피난처를 찾아낸다. 아직 다국적 체인점이 마수를 뻗치지 못한 곳이 몇군데 있다. '존스 다이너'(Jones Diner)도 그중에 하나다. 60년 역사를 자랑하는 미국식 식당인 이곳은 온통 크롬, 강철, 네온, 플라스틱, 햄버거, 통밀로 되어 있다. 통밀이 뭔지는 알 수 없다. 이곳에서는 제임스 딘(James Dean), 험프리 보거트(Humphrey Bogart), 스티브 매퀸(Steve McQueen)의 분위기가 풍긴다. 영화에서 이런 곳을 본 적이 있다. 한눈에 알아볼 수 있다.

빌리는 말한다. "이곳은 동네에서 인간적인 규모를 유지하는 마지막 장소예요. 놈들은 이곳을 부수고 '행정구역 개발'을 실시하겠다고 안달입니다."

'존스 다이너'의 주인이 스테인리스스틸로 만든 카운터 너머로 머리를 내밀고 인사를 건넨다. "어이, 왔어?" 주인은 줄무늬앞치마를 둘렀고, 머리에는 흰색 모자를 쓰고 있다. 이곳은 진짜 식당, 진짜 뉴욕, 진짜 미국이다. 미국에 온 것이 처음인데, 모든 것이 벌써 끔찍하게 익숙하다.

주인은 빌리에게 다시 한번 인사를 건네며 손을 흔든다. "어이 왔어? 너 같은 놈은 안 오면 좋겠다. 말썽이나 일으키고." 둘 다 싱긋 웃는다. 만나면 으레 이런 식인 것 같다.

빌리가 대꾸한다. "알겠어. 그럼 스타벅스로 가야겠군. 거기에는 특수수축공법으로 포장한 귀여운 과자도 있어. 아무튼 우리 동네만의 개성은 필요가 없으니, 쌈박한 대기업제품을 사는 게 낫지."

주인이 말한다. "칠면조가 오늘의 요리야."

"그럼 우리 칠면조 부탁해, 친구." 식당 주인이 부엌으로 사라지자, 빌리는 다시 내 쪽을 바라본다. 치아가 등대 불빛처럼 반짝인다.

그가 말을 꺼낸다. "그럼 시작해볼까요?"

빌리목사는 처음 목사가 되었을 때부터 자기만의 스타일로 소비주의에 반대하는 일인(一人) 십자군전쟁을 벌였다. 스타벅스가 창궐하는 것을 싫어하는 사람은 많이 있다. 기업체인이 온 마을에 퍼져 동네 서점이나 햄버거가게를 먹어치우고 지역사회의 경쟁질서를 파괴하고 동네의 개성을 말소해버리는 것을 좋아할 사람은 많지 않다. 이들은 체인점을 보이콧하기도 하고, 항의편지를 쓰기도 하고, 때로는 플래카드를 들고 가게 앞에 서서 '스타벅스를 마시지 말아요' 등등의 구호를 외친다. 하지만 빌리는 이런 방법이 별로 효과가 없다고 생각한다. 빌리의 생각이 옳은 것 같다. 물 샐 틈 없는 소비주의, 대중광고, 정보과잉을 특징으로 하는 이 새로운 세계에서는 시위도 경제만큼 새로워야 하고 빤질빤질해야 하고, 계속해서 새로운 방식을 고안해야 한다고 빌리는 생각한다.

빌리는 스타벅스 커피를 사는 사람들이 단순히 마실 것을 사는 것이 아니라는 점을 알아야 한다고 말한다. 그래서 빌리는 간단히 무시해버릴 수 없는 방식을 개발하여 자신의 메씨지를 전달한다. 사람들에게 재미를 주려는 것도 그 때문이다. 빌리는 날짜와 시간을 정해놓고 불꽃 같은 근사한 머리모양을 하고 치아를 빛내며 개목걸이와 흰색 턱시도를 두르고 설교를 시작한다.

우렁찬 탄식, 정확한 표현력, 자기홍보의 재능을 타고난 빌리는 모여든 고객들 앞에서 '프랑켄벅스'(Frankenbucks)의 죄악을 백일하에 드러낸다. 스타벅스 우유에는 유전자 조작을 가한 몬싼토(Monsanto)표 젖소 성장호르몬이 들어 있다. 스타벅스사는 노동자들이 무역조합에 가입하지 못하게 하기 위해 총력을 기울인다. 스타벅스는 마을의 까페가 모인 곳에 매장을 열고 체인점 숫자를 점점 늘려가는 방식으로 다른 까페의 씨를 말리는 '밀집정책'을 채택한다. 스타벅스사는 상품포장에 수감자의 노동력을 사용한다.

빌리는 반(反)소비주의의 복음을 설교한다. 체인점으로 인해 동네들이

쇼핑중단파 교회의 지도자 빌리목사.

황폐화되어 죽기만을 기다리고 있다는 이야기도 들려준다. 고객들은 화를 내거나 재미있어 하고, 직원들은 어쩔 줄 모르고 우왕좌왕한다. 손님들이 하나둘씩 매장을 나가고, 운이 좋은 경우 빌리는 설교를 하면서 쫓겨난다. 빌리는 쫓겨나는 것을 즐긴다.

이것이 목사가 애용하는 무기인 것은 사실이지만, 다른 무기도 많이 있다. 우선, 목사는 '휴대전화 오페라'를 지휘한다. 그의 교회신도들은 가게 안을 돌아다니면서 휴대전화에 대고 커피농장의 노예노동에서 저임금노동까지 무엇이든 큰 소리로 외치는데, 그들이 한목소리를 내면 크레센도(crescendo)효과가 난다. 또 빌리는 '말다툼연극'을 제안했고 그 대본도 많이 썼다. 누구든 친구를 데리고 동네 스타벅스에서 연기를 할 수 있다. 물론 목소리가 커야 한다. 커플이 등장해 스타벅스 화장실에서 섹스를 하자고 큰 소리로 떠드는 대본도 있고, 출소자가 커피를 시켜 마시면서 자기가 감옥에서 풀칠했던 종이컵을 알아본다는 내용의 대본도 있다. '내 까페라떼는 어디에서 젖소성장호르몬을 얻었는가?'라는 제목의 연극에는 몬싼토의 재정지원을 받아 애인이 된 커플이 등장한다.

그러니, 스타벅스가 목사를 미워하고 또 무서워하는 것은 이상한 일이 아니다. 스타벅스는 뉴욕매장 전 직원에게 '빌리목사가 나타날 때의 대처방법'이라는 제목의 비공식문서를 배포했다. '일단 숨고 보자'는 내용이 담겨 있지 않을까.

평소의 빌리목사는 빌 탤런(Bill Talen)이라는 이름을 가진 평범한 노인이다. 그는 배우 겸 작가였는데, 몇년간 연기를 하다가 방향을 전환하기로 결심했다. 빌은 항상 자신의 예술이 사회를 반영하고 사회를 변화시키기를 원했는데, 목사가 된 후에야 원하던 결과를 얻었다. 그가 목사라는 분신을 만드는 데는 목사가 된 옛 친구, 어린 시절을 지배했던 깔뱅(Calvin)주의, 텔레비전 복음전도라는 미국의 전통이 많은 영향을 미쳤다. 뉴욕의 타임스스퀘어(Times Square)의 변화된 상황도 그에게 영향을 미쳤다.

1990년대 중반이었다. 루돌프 줄리아니(Rudolph Giuliani) 시장은 한창 뉴욕 청소 캠페인을 벌이던 중이었다. 타임스스퀘어를 '하층민'의 소굴에서 관광객과 소비자의 놀이터로 변모시키는 것도 캠페인의 중요한 일부였다. 빌은 갓 나온 칠면조요리를 먹으며 말했다.

"개성이 보이면 모두 쫓겨났어요. '타임스스퀘어'를 쇼핑몰로 만들고 있었으니까요. 전에는 설교하는 사람들, 뭔가를 외치는 사람들이 많았어요. 별별 사람이 찾아와 저마다 제 신념을 알리기 위해 목소리를 높였어요. 이상하게 생각하는 사람은 아무도 없었어요. 그러다가 뭔가가 천천히 변하기 시작했고, 결국은 이 지경이 됐지요. '타임스스퀘어'나 소호(SoHo) 같은 곳은 이제 너무 상업화되었고, 거리는 더이상 진정한 공공장소가 아니에요.”

빌은 자신이 소중하게 생각하는 지역사회 그리고 도시가 지방 최대의 소매기업들에 팔리고 있다고 믿고 있다. 목사를 낳은 것은 바로 이런 믿음이었다. 그리고 목사가 태어난 곳은 바로 ‘타임스스퀘어’의 디즈니스토어였다.

그는 말했다. “나는 제복을 입기로 했어요. 텔레비전 전도사 같은 정장과 칼라를 입었어요. 그리고 디즈니스토어 문 앞에 서 있는 것 자체에 기초한 신학을 만들어냈어요.” 그는 목사의 설교를 흉내냈다. “미키마우스는 적그리스도니, 자녀들아, 너희는 가게에 들어가지 말지어다. 공장노동자를 착취하며 하루 18시간 노동에 1달러를 주는 저들에게 너희 돈을 주지 말라. 너희 영혼을 구할지어다!” 뒷자리에서 얌전히 점심을 먹던 중년남자가 주위를 두리번거린다. 고함치는 정신병자에게 해코지나 당하지 않을까 걱정하는 표정이다.

목사는 가게 앞 설교를 마치고 안으로 들어가 거식증과 바비(Barbie) 인형을 주제로 한 휴대전화 오페라를 지휘한 후 정기적으로 경비에게 쫓겨난다. 경비들은 덩치가 좋고 표정이 없었다. 그는 뉴욕의 모든 연극비평가들에게 보도자료를 돌렸다. “쇼핑중단파 교회에서 새로운 연극을 무대에 올렸다. 주인공은 빌리목사와 친구들, 공연장소는 ‘타임스스퀘어’의 디즈니스토어였다.” 수백명의 관객이 몰려왔다. 빌리와 친구들이 카운터에 뛰어올라 금전등록기 작동을 중단시키는 것도 연극의 한 장면이었다. 빌리의 양팔을 붙잡는 보디가드들도 공연의 일부로 섞여들어갔다. 빌리는 “그들은 내 최고의 무대장치”라고 했다.

빌이 공연의 매순간을 즐기고 있는 것은 분명하다. 내게 이런 얘기를 들려주는 것도 즐기는 것 같다. 그러나 재미를 위해서 이런 일을 하는 것이 아님은 두 말 하면 잔소리다. 이것은 오락이 아니라 정치다.

"기업들이 공공장소로 너무 많이 밀고 나오기 때문에 공공장소가 없어져버렸어요. 가공할 사유화과정이 진행중입니다. 공공장소의 근본이 되어야 할 거리는 이제 우리의 것이 아닙니다. 내가 디즈니스토어에서 스타벅스로 목표를 바꾼 것도 이유가 있습니다. 스타벅스는 라이프스타일을 돈으로 살 수 있다고 하고, 의미를 돈으로 살 수 있다고 하고, 마을을 돈으로 살 수 있다고 하며 우리가 그들의 마을개념에 동의한다고 자부합니다. 철저한 기만입니다. 상황은 정반대입니다. 형광등이 번쩍이고 남의 눈치를 봐야 하는 체인점은 전 뉴욕에 퍼져 있습니다. 까페의 매력은 수다를 떨 수 있다는 것이고, 보통사람들이 놀라운 얘기를 들려줄 수 있다는 것인데, 이제 그 모든 매력이 상품이 되어버렸습니다. 그리고 이 '상품'은 득달같이 달려드는 상표들 때문에 죽어가고 있습니다."

분노에 휩싸인 빌리목사는 마을의 감수성을 가지고 전지구적 이해관계를 공격한다. 빌리는 동네의 반격이 시작됐다고 말한다.

"나는 동네에서 일어나는 일을 보면 연기를 시작할 큐 싸인을 받습니다. 건강한 동네인가? 사람들은 눈을 맞추고 이야기를 나누고 허물없이 욕도 할 수 있는가? 사람들이 소속감을 느끼는가? 누군가 어려움이 생기면 힘을 합해 도와주는가? 그렇다면 건강한 동네입니다. 그런데 초국적기업이 살아남으려면 '반드시' 동네가 사라져야 합니다. 그들은 우리를 쇼핑몰로 만들려고 합니다. 또 우리가 기본적으로 신용카드를 통해 인간관계를 맺기를 바랍니다. 초국적기업은 전체주의사회를 만듭니다. 초국적기업은 시장에서 개인들을 설득하고 있습니다. 시장이 없이는 인생을 향유할 수 없다는 겁니다. 사람들의 꿈, 사람들의 욕망은 초국적기업의 상품과 이미지를 통해서 매개될 수밖에 없다는 겁니다."

그는 남은 수프에 얇은 흰 빵을 적시며 말한다. "나는 여기에서 정치를 배웠습니다. 나는 지금 매개 없이 살아갈 권리를 수호하고 있습니다."

소비주의가 정말로 우리의 욕망을 매개하는 것이라면, 소비사회의 원조인 미국은 지구상에서 가장 매개가 많은 곳이라고 할 수 있다. 소비주의란 모든 사람이 원하는 것을 살 수 있는 권리를 말한다. 소비주의는 수십 년 동안 아메리칸 드림의 보이지 않는 추진력이었다. 국가적 목표가 물질적 소비의 광풍에 휩싸인 나라는 미국뿐이 아니다. 이른바 '선진국'은 정도의 차이는 있지만 모두들 소비자 십자군전쟁을 벌이고 있다. 못사는 나라들도 서구발전모델을 조심스럽게 따라가며 전쟁에 발을 들여놓기 시작한다. 새로 생긴 소수의 중산층이 거들먹거리며 KFC 할인쎄트에 앞니를 박아넣는 동안, 대다수 국민은 물 한 통 얻기 위해 몇킬로미터씩 걸어가야 한다. 그러나 이 전쟁에서 미국이 가장 크고 가장 강한 참전국인 것만은 틀림없는 사실이다.

미국은 세계인구의 5%밖에 안되면서 세계자원의 30%를 소비하며, 세계 화석연료의 25%를 소비함으로써 지구이상기온의 원인을 제공한다. 1990년대에 미국에서 태어난 아이는 75세까지 쓰레기 52톤을 생산하고 물 1억 6,000만 리터를 소비하며 석유 3,375배럴을 사용할 것이다. 매년 미국에서 나오는 폐기물은 10톤짜리 쓰레기차를 지구에서 달까지의 절반 거리에 늘어서게 할 수 있는 분량이다. 미국인 1명이 사용하는 에너지 소비량은 멕시코인 6명, 인도인 38명, 에티오피아인 531명과 맞먹는다. 미국성인 중 6,000만 명이 체중과다다. 인구의 1/3을 넘는 수치다. 최근 20년 동안 어린이비만도 42% 증가했다. 비만인구가 이토록 증가한 원인으로 패스트푸드와 텔레비전의 과소비 조장을 꼽고 있다.[1)]

이런 고이윤 악순환의 고리를 확실하게 유지하기 위해 기업들은 날마다 설치광고 120억 편, 라디오광고 300만 편, 텔레비전광고 200만 편 이상을 미국인의 머릿속에 쑤셔넣는다.[2)] 미국의 십대는 평균 360만 개의 광고에 노출된 상태로 고등학교를 졸업한다. 광고는 효과를 보는 것 같다. 미국 십대 소녀의 93%는 가장 좋아하는 취미가 쇼핑이라고 대답한다.[3)]

미국이라는 자유(시장)의 땅에서 광고의 공격에서 자유로운 곳은 별로 없다. 예를 들면, 어린이라는 성장시장은 인정사정없는 공격목표가 되고 있다. 코카콜라와 펩시콜라는 학교 전체에 자사상표를 붙인다. 회사는 학교운동장에서 일정량의 콜라를 팔고, 그 댓가로 학교에 돈을 준다. 액수는 학생 1인당 20달러다. 민영텔레비전회사 '채널 원'(Channel One)은 학생들에게 광고를 방영한다는 조건으로 미국의 1만 2,000개 학교에 장비를 기부하고 날마다 '교육' 프로그램을 방영한다. 생활용품 제조업체 '프록터앤드갬블'(Procter & Gamble)은 구강위생수업을 지원한다. 식품회사 '캠벨수프'(Campbell's Soup)는 과학'수업'을 만들어 학생들이 자사 쏘스와 경쟁사 쏘스의 점성을 비교하게 했다. 켈로그는 예술프로젝트를 만들어 '라이스크리스피'(Rice Krispies)를 가지고 조각품을 만들게 했다.[4)]

이 모든 일이 당연하게 여겨진다. 사업수완을 보여주는 예라는 것이다. 미국에서 어린이가 직접 쓰는 돈은 연간 240억 4,000만 달러이며, 성인이 어린이를 위해 쓰는 돈은 연간 3,000억 달러이다. 아동복업체인 '키즈 알 어스'(Kids R Us)의 전직사장은 태연히 이렇게 말했다. "어릴 때 잡으면, 커서도 놓치지 않는다." 다른 회사들도 이렇게 말한다. "이봐, 우리가 원하는 건 더 어린 아이란 말이야." 프리즘통신(Prism Communications)의 사장이 하는 말은 표현이 그나마 좀 부드럽다. "그들은 어린이가 아니라 '자라나는 소비자'다."[6]

성인들도 언제나 광고에 노출된다. 미국에서 기업들은 모든 공간을 사들이며, 낭비벽이 점점 심해지는 미국인들에게 상품을 쑤셔넣고 있다. 수백만 가지 광고판, 신문, 잡지, 텔레비전 광고는 물론, 화장실벽, 석유주입기, 현금출납기, 휴대전화 메씨지, 스팸메일, 오렌지에 붙은 스티커, 버스표뒷장도 새로운 수요를 창출하려는 기업의 노력을 피해가지 못한다. 직설적인 광고는 구식이 되고 있다. 21세기 기업은 공적 공간을 사들이는 데 심혈을 기울인다. 어떤 평자는 이를 가리켜 '문화적 공유지의 폐쇄'라고 했다.[7] 야구·농구·미식축구에 몰두하는 이 나라에서 스포츠경기를 보려면 콘티넨털에어라인스어리너(Continental Airlines Arena, 과거 메도우랜즈Meadowlands), 페덱스필드(FedEx Field, 워싱턴), 스테이플즈쎈터(Staples Center, 로스앤젤레스), 그리고 곧 이름이 바뀌게 될 엔론필드(Enron Field, 휴스턴) 등으로 가야 한다. 역사적인 건축물이 기업홍보를 위해 외장을 바꾸는 모습도 종종 볼 수 있다. 예를 들면, 엠파이어스테이트빌딩은 2002년 8월에 한 음료회사의 창설 30주년을 기념해 '스내플옐로우'(Snapple Yellow) 조명을 설치했다. 최근 피자헛은 러시아 우주로켓의 측면에 자사의 로고를 부착한 데 이어, 국제우주정거장 우주승무원들에게 '세계 최초의 우주피자'를 배달하는 쾌거를 올렸다. 피자헛 판매부장은 "인간이 있는 곳에 피자헛이 있습니다"라고 선언했다. '스타트렉'을 너무 많이 본 사람인 것 같다. 피자헛이 유별난 것도 아니다. 전자장치와 통신장비를 판매하는 '라디오색'(Radio Shack), '레고', 그리고 과학잡지를 발간하는 '파퓰러메커닉스'(Popular Mechanics)는 우주비행사들이 우주정거장에서 자사 물건을 홍보하는 조건으로 자금을 지원했다.[8] 그저 재미있는 이야기로 흘려들을 수도 있겠지만, 사실 이것은 우주상업화의 첫 단계를 보여준다. 지난 몇년 동안 기업들은 우주궤도에 거대한 광고판을 설치하여 카스피해에서 칼라하리(Kalahari)사막에 이르는 밤하늘에서 상품을 홍보하는 것이 수지가 맞을지 고려해왔다.

이토록 엄청난 규모를 생각하면, 미국인이 광고에 복종하는 것도 당연한 일이다. 미국인 1인당 소비량은 1970년에서 1990년 사이에 45% 증가했다.[9] 불행히도 그와 함께 비만과 우울증과 섭식장애, 가정파탄, 범죄, 수입격차 비율도 높아졌다. 우연의 일치는 아닐 것이다. 한편, 자신이 '아주 행복하다'고 느끼는 인구의 비율은 오히려 4% 감소했다.[10]

그렇다면 아메리칸 드림에 문제라도 생긴 걸까?

빌리목사는 소비주의가 아메리칸 드림을 죽였다고 말한다. 물론 처음 듣는 말은 아니다. 그러나 빌리는 여기에 해법을 제공한다. 소비주의가 미국인들의 머릿속에 '저스트 두 잇'(Just Do It) '싱크 디퍼런트'(Think Different) '말보로의 나라로 오세요'(Come to Marlboro Country) 같은 카피처럼 깊이 각인되어 있다면, 소통의 매체 역시 성공적인 광고카피만큼 세련되고 인상적이고 참신한 것이어야 한다. 많은 사람들이 빌리처럼 생각한다. 이런 해법을 가리켜 문화훼방이라고 한다. 소비주의가 퍼지는 것처럼, 문화훼방도 미국을 넘어 전세계로 확장된다.

문화훼방꾼들이 만든 G8회담 반대 창작물.

칼레 라슨(Kalle Lasn)은 문화훼방에 대해 설명하는 것을 좋아한다. 그는 의지가 강한 중년의 말썽꾼이며, 소비문화에 도전하는 캐나다 잡지 『애드버스터즈』(*Adbusters*)의 창설자이다. 전직 광고회사 간부들이 주축이 돼 만든 정신환경잡지 『애드버스터즈』는 자기만의 언어와 자기만의 방식을 갖고 있다. 『애드버스터즈』는 '전복' 개념을 대중화했다. 여기서 만드는 유령광고는 원본 광고를 너무나 똑같이 흉내내기 때문에, 전복적 메씨지가 원본 광고 못지않게 잠재의식으로 흘러들어간다. 『애드버스터즈』는 '영혼의 전투'(정신의 통제권을 둘러싼 전투), '만주(滿洲)의 소비자' '비광고'를 말한다. 『애드버스터즈』는 광고회사를 적으로 정했지만, 약간 잘난 척하는 것은 광고회사와 비슷하다. 그러나 라슨은 문화훼방이 무엇이고 미국에 왜 문화훼방이 필요한지 정확하게 설명하는 훌륭한 전문가다.

이에 관해 라슨은 저서 『문화훼방』(*Culture Jam*)에서 아주 잘 설명해놓았다.[11] 그에 따르면 "미국은 이제 나라가 아니라 수조 달러짜리 상표다. 미국문화를 만드는 것은 더이상 국민이 아니다. 우리에게까지 상표가 붙어 있다. 미국의 쌈박함은 전지구적 유행병이다." 문화훼방의 요점과 목적은, 탈근대라는 거울의 방을 부수고 인생의 의미를 새롭게 정의하는 것이다. 칼레 라슨을 비롯한 『애드버스터즈』 직원들은, 빌리목사와 마찬가지로 전지구적 기업들이 주장하는 활력·필요·재미에 매개되지 않는 인생을 살 수 있는 권리를 되찾기 위해 싸운다. 문화훼방꾼들은 스타일이 아닌 실속, 이미지가 아닌 현실, 상표인식이 아닌 자아인식을 내세운다. 라슨은 말한다. "아직도 싸울 가치가 있는 유일한 전투, 아직도 이길 가치가 있는 유일한 전투, 우리를 자유롭게 할 유일한 전투, 그것은 기업이라는 쿨한 기계와 사람 사이의 전투입니다."

'소비주의'는 정치적 저항의 대상이라고 하기에는 다소 모호해 보일 수 있다. 소비주의에 빠져 있는 부자나라에 산다면, 소비주의를 욕하는 것 말고는 할 수 있는 일도 별로 없다. 이딸리아 혁명가 안또니오 그람시(Antonio Gramsci)는 '문화적 헤게모니'를 말했다. 칼레 라슨이나 빌리목사 같은 사람들은 소비주의가 이 '문화적 헤게모니'를 장악한 사태를 우려한다. 우리 문화에서 소비주의는 지배적이고 뿌리 깊은 가치이기 때문에, 소비주의를 문제 삼는 것은 사실상 불가능하다. 결과적으로 기업이 제조한 문화가 진짜 문화를 대체한다. 그럴수록 소비주의의 가치에 문제를 제기하는 방식이 분명하고 지혜롭고 섬세해야 한다고 문화훼방꾼들은 말한다. 소비자 물질지상주의의 끈질긴 선전에 완전히 노출된 사람들은 나이키운동화의 '쉭~' 소리가 들리면 운동장에서 갈채받는 장면을 떠올린다. 이들의 피부를 파고들 수 있어야 한다. 문화훼방꾼들은 이것이 진짜 문화전쟁이라고 말한다. 문화전쟁에서는 문화를 보호하고 재창조하는 동시에 문화를 무기로 만들어야 한다.

활동가들이 정말 우려하는 점은 미국의 소비형태가 전세계로 퍼지고 있다는 것이다. 이와 함께 미국 소비형태의 바탕이 되는 가치들과 전제들도 확산된다. 누가 봐도 분명한 상황이다. 최근 약 10년간 시장이 확장되고 문호가 개방되고 무역장벽이 없어지는 것을 보면, 이러한 상황을 돌이키기란 불가능할 것만 같다. 서구소비주의는 이제 서구라는 지리적 경계를 넘어서 전세계로 확산되고 있다.

이러한 상황 때문에 문화가 획일화되었다는 비판의 소리도 들린다. 전지구적 시장이 생기려면 전지구적 취향이 필요하고, 전지구적 취향이 생기려면 전지구적 가치가 필요하다. 활동가들은 '코카콜라'와 '펩시콜라'의 사명이 지구상의 모든 사람에게 날마다 콜라를 먹이는 것이라고 말해왔다. 그렇게 되려면, 지구상의 모든 사람이 탄산과 설탕이 들어간 캔음료를 원해야 한다. 날마다 콜라를 먹고 싶어하는 사람은 자기 문화의 먹거리에 대한 취향을 없애버린 사람이며, 나아가 자기 문화를 '펩시콜라'나 '코카콜라'가 만든 문화와 다르게 만드는 전통과 역사의 무수한 결들에 대한 취향을 없애버린 사람이다.

하지만 이보다 더 중요한 조건이 있다. 날마다 콜라를 먹고 싶어하는 사람은 마을마다 냉장 탄산감미음료를 파는 자동판매기가 있는 환경에 적응한 사람이고, 마실 것을 사먹는 환경에 적응한 사람이며, 전지구적 기업들이 지역사회 생산업체들을 파괴해버린 가공할 환경에 적응한 사람이고, 정신없이 돌아가는 도시의 소비자 라이프스타일로 인해 정기적인 '피로회복'이 필요한 환경에 적응한 사람이다. 햄버거, 청바지, 지프차, 운동화, 헤어젤, 숄더백도 마찬가지다. 다시 말해, 콜라는 단지 탄산이 들어 있는 음료수가 아니다. 콜라는 문화다. 전세계 문화훼방꾼들은 말한다. 소비자기계가 미국을 좀먹고 있으며, 미국의 소비자기계가 전세계로 확산되면서 수많은 문화를 압살하고 있다. 그 자리에 남은 것은 뿌리 없는 코스모폴리탄의 전지구적 획일문화다.

이로 인해 다인종무지개가 표백되는 사태가 벌어진다. 대대적인 문화공습으로 인해, 인도와 아프리카 여자들은 위성텔레비전에 나오는 쿨한 백인처럼 보이려고 산성미백크림을 구입하고, 중국 아이들은 전지구 선생님께 좀더 듣기 좋은 영어를 들려주기 위해 혀수술을 참아낸다. 이런 세계는 '다양한 세계가 공존하는 세계'와는 정반대의 세계다. 이러한 전지구 쇼핑몰세계에서 기업은 작은 것들, 특정 지역에만 있는 것들, 개성 있는 것들, 뭔가 다른 것들을 삼키면서 커져간다. 우리가 갖고 싶어했던 모든 것을 식민화·상품화하고 그것을 우리에게 되파는 것이다.

여기에는 훌륭한 경제적 이유가 있다. 경제학자들이 좋아하는 설명이다. 자본주의는 오랫동안 이른바 '과잉생산 위기'에 시달려왔다. 서구의 경우에 사용가능한 원료가 증가하고 자원을 상품으로 가공하는 테크놀로지의 효율성이 높아진 것에 비해, 상품에 대한 수요는 100년 이상 거의 제자리걸음이었다. 소비재 수요를 늘리고, 새로운 필요를 창출하고, 사치품을 필수품으로 바꾸기 위해서, 광고산업에서 패션산업에 이르는 무수한 산업이 생겨났다. 그러나 한 나라 안에서 시장을 늘리는 것에는 한계가 있다. 과잉생산을 처리하여 이윤과 시장점유율을 높이고 경쟁에서 이기기 위해서는 시장을 바깥으로 확장하는 길밖에 없다.

19세기 후반, 서구의 시장 확대가 제국통치와 맞물려 있을 때, 제국 건설의 앞잡이였던 쎄씰 로즈(Cecil Rhodes)*는 이렇게 말했다. "우리는 새로운 땅을 찾아야 한다. 원료를 쉽게 얻을 수 있어야 하고, 식민지원주민의 값싼 노예노동을 착취할 수 있어야 한다. 식민지는 우리 공장에서 생산된 잉여상품의 처리장이 될 수도 있어야 한다."[12] 적어도 거짓말은 아니었다. 지금은 이렇게 노골적인 표현은 안 하지만, 서양상품의 새로운 시장이라는 동기는 옛날이나 지금이나 똑같다. 나중 일은 자신들이 알 바 아니라는 것이다.

* 영국의 정치가이자 현 남아공인 영국령 남아프리카제국의 창설자. 남아프리카에서 광산업으로 부를 모은 뒤, 정계로 진출했다. 케이프주 식민지총독을 지내기도 했다.

전지구화 옹호자들은 말한다. 다 종말론적 헛소리다. 시장이 확장된다? 맞는 말이다. 기업이 전에 없던 방식으로 많은 나라에 들어갈 수 있게 됐다? 맞는 말이다. 전세계 구석구석에 '맥도날드' '코카콜라' '리바이스' '스타벅스' '디즈니' 등등이 생겨난다? 맞는 말이다. 세계가 획일화된다? 맞는 말이다. 그러나 사람들이 이 모든 것을 원하는데 어쩌란 말이냐? 『이코노미스트』(*The Economist*)도 소리를 높였다. "사람들에게 총부리를 들이대고 맥도날드매장으로 가라는 사람은 없다. 나이키를 신지 않으면 감옥에 처넣겠다고 위협하는 사람도 없다. 사람들이 이런 것을 사는 이유는 그것을 원했기 때문이지 전지구화가 그것을 강요하기 때문이 아니다."[13]

여기에는 여러가지 반론이 있을 수 있다. 우선, 서양 다국적기업이 전지구경제의 목을 조르고 있다는 점이 지적될 수 있다. 세계무역 규칙으로 인해 자국의 문화산업을 일으키거나 지원할 수 없고, 외국산업의 위협에서 보호할 수도 없다. 할리우드와 MTV가 전세계 문화를 지배하는 상황에 도전하기란 사실상 불가능하다. 할리우드 관객은 전세계 영화관

객의 85%에 해당한다.[14] 대다수 국민이 거의 문맹수준인 나라에 수백만 달러짜리 광고로 맹공을 퍼붓는 상황에서 과연 선택이라는 것이 가능한지 되묻지 않을 수 없다.

전투는 계속될 것이다. 전지구적 운동이 나름대로 해답을 갖고 있기 때문이다. 소비자짐승의 뱃속인 미국에 국한된 해답이 아니라 다른 나라 사람들이 찾아낸 해답이다. 이들은 서양문화가 전세계를 지배하고 자신들의 문화가 사라지는 것에 분개한다. 표백과 다림질을 끝내고 상표까지 붙어 있는 지구라는 별이, 브리즈번(Brisbane)이나 뭄바이(Mumbai)나 똑같이 파국으로 치달을 때, 이 운동은 다양성이라는 대안을 제시한다. 활동가들은 오직 진짜 장소에 살고 있는 진짜 사람들만이 진짜 문화를 창조할 수 있다고 말한다. 상표를 만드는 컨썰턴트가 할로겐불빛을 받으며 씽가포르나 씬씨내티나 전세계 어디나 똑같은 사무실에서 만들 수 있는 것은 진짜 문화가 아니다. 진짜 문화는 위로부터 내려오는 것이 아니라 아래로부터 올라오는 것이다. 기업이 아무리 애써봤자 진짜 문화를 살 수는 없다.

칼레 라슨이 '두번째 미국혁명'이라고 부르는 전국민 탈상품화 투쟁이 시작될 조짐이 보인다.

'캘리포니아교도부'(California Department of Corrections)를 인터넷에서 검색하면, 웹싸이트 두 개가 나타난다. 첫번째는 주정부 공식싸이트로서 캘리포니아주의 '교도시설'에 관한 궁금증을 풀어준다. 제일 위험한 지명수배자 10명의 목록을 볼 수 있고 안락해 보이는 사형수 감방 사진도 몇장 볼 수 있다. 이런 것에 흥미를 느끼는 사람은 온라인으로 입사원서를 제출할 수도 있다.

다른 싸이트에 더 흥미를 느끼는 사람도 있을 것이다. '캘리포니아교도부'라는 이름의 다른 싸이트는 광고판 '교도'를 위해 열심히 일하는 문화훼방꾼들의 지하모임이다. 이들에게 필요한 것은 분무기, 종이, 레트라셋(Letraset), 상상력, 그리고 어두운 밤이다. 쌘프란씨스코에 본부를 둔 이 모임은 가장 오랜 시간이 필요한 형태의 문화훼방에 참여하고 있다. '광고판해방전선'은 최근 결성 25주년을 맞은 비교적 점잖은 조직이지만, 역시 같은 형태의 문화훼방에 참여한다. 이 조직의 본부도 쌘프란씨스코에 있다.

광고판을 '개조'해서 메씨지를 '전복'하는 것은 서구의 도시들에서는 흔한 현상이다. 광고판해방전선은 캘리포니아교도부와 마찬가지로 조직원을 외부에 알리기를 극도로 꺼린다. 그들의 활동동기는 "예술·과학·정신성이 인간정신의 가장 높은 성취이자 가장 고매한 목표라는 고답적인 생각이 자본축적이라는 크리스털해변에 부딪혀 부서졌기 때문"이다.[15] 또 그들은 '문화전쟁'에 참여한다고 말한다. 그들 또한 혼자가 아니다.

쌘프란씨스코, 뉴욕, 브리스틀(Bristol), 토론토, 케이프타운, 방콕 그리고 내 고향 옥스퍼드 사람들은 아침에 일어나 광고판이 바뀐 것을 볼 때가 자주 있다. 말보로 광고판이 말보로 담배꽁초로 바뀌고, 'Gap Athletic'이 '무감동'이라는 뜻의 'ap Ath etic'으로 바뀌고, 희대의 살인마 찰스 맨슨(Charles Manson)이 리바이스의 새 모델로 등장하고, 로레알을 쓰는 이유는 "당신이 소중해서"가 아니라 "당신이 바보라서"이다. 이런 '가짜광고'는 대단히 웃기는 것에서부터 당황스러울 정도로 재미가 없는 것까지 다양하다. 가장 효과적인 광고는 스타일에서나 실제제작에

'안 사는 날' 포스터.

서나 원래 광고와 구별할 수 없는 전문성을 갖춘 광고들이다. 미국에 광고판해방전선(BLF)과 캘리포니아교도부(CDC)가 있다면 영국에는 브리스틀에 본부를 둔 반광고판세뇌행동(ABB)과 런던 사람들의 신광고수준당국(NASA)이 있다. 그러나 광고판을 해방시키는 사람들은 이름없는(이름을 밝힐 수 없는) 소규모 문화게릴라들이다. 이들은 장난치고 싶은 순간적인 충동과 공적 공간을 되찾고 싶은 소망만 가지고 이런 일을 하고 있다.[16)]

소비주의와 함께 광고판 해방이 확산되는 동안, 문화게릴라들은 매체에 훼방을 놓아서 메씨지를 전달하는 다양한 방법을 선보인다. 『애드버스터즈』는 나름대로 '전복적 영상물'과 텔레비전물을 제작하는 한편(기업 소유의 미국 텔레비전채널은 이들의 제작물 방영을 계속 거절하고 있다), '안 사는 날'이라는 반(反)소비주의 기념일을 만들었다. 매년 11월이 되면 30개가 넘는 나라에서 이 날을 기념하는 행사를 벌인다. 스웨덴에서는 소비주의를 반대하는 싼타클로스가 쇼핑몰을 돌아다니며 물건을 안 사는 것이 얼마나 즐거운 일인지를 역설한다. 아일랜드에서는 더블린 쇼핑쎈터를 점거한 사람들이 '반자본주의 콩가춤'을 선보인다. 쌘프란씨스코에서는 양떼가 거리로 몰려나와 '좀더 사라 매애애애'(buy moooooore stuff) '노동착취 매애애애'(sweeeeeaaaatshops) 같은 구호를 외친다. 오스트레일리아의 케언스(Cairns)에서는 좀비들이 가슴에 바코드를 칠하고 쇼핑백을 흔들면서 행진한다. 씨애틀에서는 문화훼방꾼들이 쇼핑몰 앞에서 '신용카드 절단 써비스'를 제공한다.[17)]

'팬클럽회원들'(Fanclubbers)이라는 전지구적 네트워크는 전세계 체인점을 괴롭히기 위해 총력을 기울인다. 그들이 애용하는 전술은 물건을 구입하고 구입한 물건에 쪽지를 붙여서 환불받는 수법이다. 참여자가 많을수록 구입하는 물건도 많아진다. 런던에서는 팬클럽회원들 한 떼가 '나이키타운'에 들어가 운동복을 엄청나게 많이 구입한 후 '더러운 것이 묻었다'고 하면서 환불을 받았다. 알고 보니 그 더러운 것은 나이키 로고였다.

'휠마트'(Whirl-Mart) 사람들은 하얀색 낙하복을 입고 '월마트'(Wal-Mart) 통로에서 빈 수레를 밀면서 한 시간씩 오간다. 궁금해하는 고객이나 짜증내는 직원이 있으면, '소비를 깨닫는 예배'를 드리는 중이라고 해명해준다. '감시카메라 배우들'(SCP)은 맨해튼 곳곳에 설치된 3,000개의 폐쇄회로텔레비전(CCTV) 앞에서 거리무언극을 공연함으로써 감시사회와 공적 공간의 폐쇄에 대한 반감을 드러낸다. 스웨덴과 리투아니아의 SCP지부에서도 같은 일을 한다. 런던에서는 활동가들이 출퇴근길 시민에게 『이베이딩스탠다드』(*Evading Standard*, 『이브닝스탠다드』*Evening Standard*의 패러디), 『헤이트메일』(*Hate Mail*, 『핫메일』*Hot Mail*의 패러디), 『파이낸셜크라임즈』(*Financial Crimes*, 『파이낸셜타임즈』*Financial Times*의 패러디) 같은 가짜신문을 나눠준다. 미국 활동가들도 2000년 국제통화기금(IMF)과 세계은행(IBRD) 회의가 열렸던 워싱턴에서 같은 일을 했다. 이들이 나눠준 『워싱턴로스트』(*Washington Lost*, 『워싱턴포스트』*Washington Post*의 패러디)에는 '미국 새로운 소비자들, 운동예배에 참여하다' '뚱뚱한 미국, 인류체중 조절 위해 아프리카 굶겨' 같은 기사가 실렸다.[19] 타이에서는 사진활동가들이 쇼핑센터에 전쟁사진을 전시함으로써 미국의 새로운 침략(이번에는 군사적 침략이 아니라 경제적 침략이다)을 신랄하게 비판한다.

RTMark는 전복적인 아이디어를 교환하는 웹을 기반으로 한 본부다. 유한책임회사를 표방하는 RTMark에서는 재계와 정계를 뒤엎을 프로젝트들을 가지고 아이디어를 주고받는다. 사람들은 자기가 하고 싶은 문화훼방 기획안을 싸이트에 올리고, 필요한 경비가 있으면 예산서도 올린다. 그러면 다른 사람들이 동참하거나 자금을 댈 수 있다. 원한다면 익명이 보장된다.

RTMark는 1993년에 첫번째 성공을 거뒀다. 한 재향군인회가 RTMark를 통해 '바비해방전선'을 지원했는데, 이 돈은 완구점의 바비인형 목소리박스 300개를 같은 수의 미군병사 인형으로 교체하는 데 쓰였다. RTMark는 2000년 대통령선거 기간에도 결정타를 날렸다. 가짜로 죠지 W. 부시(Georgew W. Bush) 지지 싸이트를 만들었는데, 당황한 대통령 측근들이 서둘러 폐쇄조치해버렸다. 이 전투는 미국에서 주요뉴스가 되

『애드버스터즈』에서 만든 대기업 반대 창작물.

었다. 가짜싸이트에 대해 어떻게 생각하느냐는 질문에 부시는 "자유에도 제한이 있어야 한다"라고 답했다. 이 말은 지금까지 즐겨 인용된다.

내가 이 글을 쓰는 동안 RTMark 싸이트에서 참여와 지원을 기다리는 아이디어 중에는 "해적 라디오송신기를 만들거나 기존의 라디오송신기를 이용해 그럴듯한 광고를 만들어 대기업광고인 것처럼 라디오 시그널에 연결한다"는 것도 있다. 또다른 기획안은 월마트가 밤에 이동주택 주차를 허용한 것에 착안했다. "수천 명의 히피들과 노숙자들을 모아, 같은 날 밤 전국의 월마트 주차장에서 자게 한다. 침대 대용으로 종이상자를 특수 제작해 기업들이 지역사회를 파괴하고 있음을 부각한다. 전국적으로 뉴스에 나온다." 그밖에도 아이디어는 무궁무진하다.[20]

이런 활동이 늘어남에 따라, 기업은 저항활동 자체를 판매에 활용하는 대응방식을 취해왔다. 최근 들어, 소비문화가 거부행위 자체를 포섭하는 사례가 늘고 있다. 예를 들면, '갭'(Gap)의 착취공장은 활동가들이 좋아하는 과녁인데, '갭'의 윈도우 디스플레이를 보면 유리창 바깥에 붉은 깃발을 걸고 분무기로 가짜 낙서를 뿌린다. '나이키'는 축구화 광고에 가짜 착취 반대 시위자들을 등장시키거나 ("우리가 만든 것 중 가장 공격적인 신발"), 가짜 풀뿌리 시위단체를 조직한다. 시위자들은 나이키가 너무 좋기 때문에 나이키가 없는 사람에게 불공평하다며 시위를 벌인다(이렇게 뻔뻔할 수가!). '디젤'(Diesel)은 연출된 시위사진을 청바지광고에 사용했다. 블랙블록에서 영감을 받은 패션쇼 의상이 스키마스크로 완성되어 일요판 신문에 등장했다. 소비자사회에서는 모든 것이 상품이다. 소비자사회에 대한 저항도 상품이 될 수 있다. 이런 상황이 우리의 정신을 파괴한다. 문화훼방까지 훼방을 받게 된 것일까?

그럴 때도 있는 것 같다. 그러나 문화훼방의 요점은 이것이 아니다. 기업이 아무리 애를 써도 문화훼방은 예상을 뒤엎으며 계속되고, 발전하고, 부활한다. 바로 이것이 문화훼방의 요점이다. 문화훼방은 문화적 헤게모니와의 경쟁을 멈추지 않는다.

문화훼방이 얼마나 효과가 있는가? 이것은 어려운 질문이다. 문화훼방은 재미있다. 그러나 점점 더 심화되는 전지구 소비자문화를 살짝 간지럼 태우는 것 이상의 효과가 있는가? 문화훼방은, 가끔은, 약간은, 위선이 아닌가? 속내를 보자면 유치한 장난일 뿐인데, 이것이 정말 소비자자본주의의 헤게모니에 문제를 제기하는 최선의 방법인가?

나는 지금 애리조나 사막온천에 와 있다. 2월의 태양이 높고 따갑다. 유황냄새가 풍긴다. 파리한 하늘에 앙상한 나뭇가지가 걸려 있다. 갈색의 관목과 먼지가 몇킬로미터씩 이어져 있지만, 저 너머 지평선 위로 눈 덮인 로키산맥이 보인다. 이 자연온천은 '롤링스톤즈'(Rolling Stones) 소유였던 퇴락한 외딴 목장의 부속시설이다. 목장은 아파치영토 중앙에 위치해 있다. 유럽의 침략자를 상대로 자유를 위해서 싸웠던 북아메리카의 마지막 부족이 세계에서 가장 효율적인 게릴라전쟁을 벌였던 곳이다. 아파치족 추장 제로니모(Geronimo)나 영국의 록 가수 믹 제거(Mick Jagger)도 이 온천에 와본 적이 있을지 모른다. 그러나 지금은 나와 애플(Apple) 둘뿐이다. 애플은 나와 2m 정도를 사이에 두고 초록색 고무튜브 하나로 알몸을 가리고 있다. '생체제빵부대'(BBB) 특수요원이다. 그는 하늘을 보면서 알 수 없는 미소를 짓는다.

그가 말한다. "멋있지 않아요?"

동의하지 않을 수 없다. 멋있다. 이곳에 오는 데 이틀이 걸렸다. 잠은 렌트카 뒷좌석에서 잤다. 쌘프란씨스코에서 이곳까지 바보처럼 자동차를 몰고 왔던 것이다. 미국의 급진적 환경단체 '땅이 먼저!' (Earth First!)의 연례회의를 보기 위해 여기까지 왔는데, 영국의 여느 환경단체 연례회의와 별로 다를 것이 없다. 워크숍이 운영되고, 촘촘히 땋아 내린 흑인 헤어스타일이 유행하고, 산사(山寺)의 풍경과 비슷한 윈드차임(wind chime)과 스컹크가 선보이고, 도로 건설기계를 망가뜨리거나 광산용 굴착기에 몸을 묶을 때 가장 좋은 방법이 무엇인지에 대한 의견이 교환된다. 지금으로부터 20년 전, '땅이 먼저!'(느낌표를 빠뜨리지 말 것)는 불굴의 급진주의와 단호한 직접행동을 보여주며 운동의 선례를 남겼다. 지금은 다소 소강상태에 있지만, 아름다운 자연에서 집회를 여는 데는 일가견이 있다. 애플 요원은 '땅이 먼저!'와 '생체제빵부대' 모두에 소속된 탁월한 문화훼방꾼이다. 온천욕을 즐기면서 그에게 많은 얘기를 듣고 싶다.

'생체제빵부대'는 하룻밤 사이에 유명해진 조직이다. 익살극·정치·말장난·조리법을 결합한 선구적 조직 BBB는 전세계에 많은 모방조직을 낳았으며 미국에만 그야말로 막대한 세포를 갖고 있다. BBB는 1998년 캘리포니아에서 생겨났다. 애플이 살던 곳이었다. 신자유주의 경제학의 대부 밀턴 프리드먼(Milton Friedman)이 컨퍼런스 참석 차 쌘프란씨스코를 방문한 것을 계기로, 애플과 몇몇 친구들은 프리드먼을 위해 유기농 코코넛크림파이를 만들었다. 애플은 정장을 입고, 서류가방에는 파이를 넣었다. 실랑이 끝에 회의장 진입에 성공한 애플은 파이를 꺼내 프리드먼의 얼굴에 부드럽게 문질렀다. 애플은 나중에 언론에서 이렇게 말했다. "이 신자유주의 경제학자들은 우리에게 하늘에 떠 있는 파이를 먹으라고 합니다. 나는 다만 그 파이를 따다가 그에게 돌려준 것뿐입니다."

BBB는 이렇게 태어났다. BBB가 내세우는 목표는 '파이로 파워에 맞서기'다. 달이 가고 해가 감에 따라, 캘리포니아 원조세포는 특유의 전술을 연마했다. 가능한 한 유기농재료를 사용해 파이를 직접 만든 후, 표적의 얼굴에 정통으로 던진다. 파이를 던진 후에는 언론에 보도자료를 돌려 공격이유를 밝힌다. 보도자료를 작성할 때는 제빵용어를 사용한 절묘하게 끔찍한 말장난과 정치를 결합하여 BBB 특유의 개성을 살린다. 전술은 효과가 있었다. BBB의 전술은 언론이 관심을 가질 만한 방법, 사람들이 공감하고 즐거워할 방법을 사용하여 정치적 메씨지를 전달하는 것이었다.

달이 가고 해가 감에 따라, 애플과 BBB는 생체공학회사 몬싼토 사장 로버트 샤피로(Robert Shapiro)에게 파이를 던지는 데 성공했고, 퍼씨픽

(Pacific)목재회사의 찰스 허비츠(Charles Hurwitz)에게도 파이를 던졌다. 허비츠는 BBB의 캘리포니아본부 근처에 위치한 오래된 삼림을 열심히 파괴하는 중이었다. BBB는 미국 환경단체 씨에라클럽(Sierra Club) 회장 칼 포프(Carl Pope)에게도 파이를 던졌다. 목재상과 결탁했기 때문이었다. 이어서 BBB는 1999년에 요원 세 명이 쌘프란씨스코 시장 윌리 브라운(Willie Brown)에게 파이를 던진 사건으로 세계적으로 유명해졌다. 도시노숙자 정책에 대한 반대시위의 일환이었다. 브라운은 파이 투척분자들을 검거하여 법정에 세웠고, '체리파이 삼인조'는 결국 6개월 징역선고를 받았다.

애플 요원은 이후의 사태를 가리켜 '전세계 빵봉기'라 부른다. 미얀마 · 남아공 · 영국 · 독일 · 캐나다 · 칠레 전역에 봉기가 퍼졌다. 빌 게이츠(Bill Gates), 베르나르-앙리 레비(Bernard-Henri Lévy), 클레어 쇼트(Clare Short), 앤 위드콤브(Ann Widdecombe), 씰베스터 스탤론(Sylvester Stallone), 키스 캠벨(Keith Campbell, 복제 양 돌리의 '발명자'), IMF와 세계무역기구(WTO) 대표를 역임했던 헬무트 콜(Helmut Kohl), 자끄 들로르(Jacques Delors)가 푸딩세례를 받았다. 명단은 계속해서 늘어난다.

BBB '부사령관' 토푸티(Tofutti)에 따르면, '전세계 빵봉기'는 '사빠띠스따'(Zapatistas)에서 영감을 얻었다. 애플은 자신들을 가리켜 '권력층에 디저트를 배달하는 제빵투사들의 지하네트워크'라고 부른다. BBB는 권력을 누리면서 책임을 회피하는 사람들에게 파이를 던진다. BBB는 파이세례를 준비하며 거만하고 권력이 강하고 베일에 가려져 있고 유머감각이 없는 희생자를 좋아한다. BBB는 얼굴 없는 경제 진행과정에 요리로 대항하는 풀뿌리저항단체이다. 애플은 웃지도 않고 BBB에 '도덕적 빵받침'이 있다고 말한다.

"파이세례는 문화훼방에서 빼놓을 수 없는 중요한 요소입니다." 애플은 이렇게 말하면서 엄지발가락으로 나른하게 온천벽을 밀어낸다. "파이세례는 폭력을 사용하지 않으면서 정치적 메씨지를 전달할 수 있는 직접행동입니다. 눈에 보이는 에스페란토, 만국공용어라고 할 수 있습니다. 파이세례는 모두가 이해할 수 있습니다. 정치가가 크림을 줄줄 흘리는 장면을 보면…… 안 웃고 배길 수 있나요?" 그는 즐거운 듯 물장구를 치면서 이야기를 계속한다. 전통적 좌파와 전통적인 대항형식이 '지루하고 관료적이고 비생산적'이 되어버린 세계에서, **앙따르띠스뜨**(entartiste)에게는 뭔가 새로운 것이 있다. 프랑어권에서는 그들을 **앙따르띠스뜨**라고 부른다.

"모든 것이 이미지가 되고 이미지 조작이 되는 오늘날의 세계에서, 파이세례는 이미지 지배를 파괴하는 방법이고 우리의 메씨지를 전달하는 방법이고 우리의 이미지를 창조하는 방법입니다. 지금쯤 홍보전문회사에서는 고객들이 파이세례를 당한 후에 대처하는 방법을 가르치고 있을지도 모릅니다." 충분히 가능한 얘기다. 그러나 나는 물어보지 않을 수 없다. 파이에도 유효기간이 있을 텐데, 문화훼방에도 유효기간이 있을까? 문화훼방이 정말 변화를 가져올 수 있을까?

그는 다시 한번 물장구를 치면서 대답한다. "물론입니다. 파이세례는 무수한 저항의 무기 중 하나일 뿐입니다. 그러나 사람들의 관심을 끌기가 어려운 사안의 경우에 파이는 대단히 효과적인 소통의 통로가 됩니다. 노숙·벌채·전지구적 시장·기업통제·소비주의—우리는 이 모든 문제를 언론과 사람들의 머릿속에 각인시켰습니다. 집회나 시위만 가지고는 어려웠을 것입니다. 전술적 사고가 필요합니다. 미국에서 이뤄지는 모든 문화훼방 활동이 다 마찬가지입니다. 미국사회는 반대의견에 엄청난 무력을 가합니다. 미국은 세계 최대의 군사력, 세계 최대의 안보예산, 세계 최대의 수감인구를 자랑하는 나라입니다. 그러니 미국의 저항세력 사이에는 편집증이 만연해 있지요. 이런 상황은 어제오늘 일이 아니지만, 부시의 '테러와의 전쟁' 이후 상황은 더욱 악화되었습니다. 이런 맥락에서 문화훼방은 하나의 전술입니다. 게릴라전법 말입니다. 문화훼방은 국가나 체제와 무력충돌을 하자는 건 아닙니다. 메씨지를 전달하는 그야말로 진짜 긍정적인 방법이죠."

"그뿐이 아닙니다." 특수요원 애플은 고무튜브까지 팽개치고 나른하게 물 위를 떠다니며 손으로 낙엽을 휘젓는다.

그리고 말을 잇는다. "내 생각은 이래요. 동의할 수 없는 정책이나 체제에 반대하는 전통적인 방법은…… 있잖아요, 사회주의 노동자가 길에서 문건을 팔 수도 있겠지만…… 그런 것은 장난입니다. 보통사람이 그걸 보면 종이낭비라는 생각밖에 안 해요. 반면에, 잘 만든 광고판이라면…… 보통사람은 광고판을 볼 확률이 더 높습니다. 광고판을 들여다보고 이해합니다. 재미를 느끼면 내용에 대해 생각도 하겠지요. 권위에 의문을 제기하는 것은 좋지만, 문제제기 자체의 중요성을 과장해선 안됩니다. 문화훼방은 우리가 문제라고 생각하는 점을 사람들이 즐길 수 있는 방식으로 전달하는 최선의 방법일 뿐입니다."

애플의 말은 계속된다. "미래의 투쟁은 머리와 가슴의 투쟁이라고 생각합니다. 무장투쟁이나 전통적인 대중저항은 더이상 먹히지 않습니다.

서구세계에서 그런 것은 아예 찾아볼 수도 없어요. 무력투쟁은 국가의 파상공격을 초래할 뿐 아니라 사람들의 파상혐오를 초래합니다. 반면에 문화훼방은 정반대의 효과를 냅니다. 사람들에게 영감을 줍니다. 게다가 게릴라전략을 사용하기 때문에, 전통적인 저항을 진압하는 방법을 가지고는 막을 수가 없습니다. 문화훼방은 공격할 중심이 없어요."

그가 반대편에서 물 밖으로 머리를 내민다. "이제 슬슬 나가야 할 것 같은데. 당신은 산에 갈 건가요? 등산을 한대요. 나는 갈까 말까 망설이고 있습니다." 그는 물에서 나와야 한다고 말은 하지만, 사실은 나올 마음이 전혀 없는 것 같다. 제길, 날씨가 너무 좋은 아침이다.

그가 어딘가 철학적인 말을 꺼낸다. "'웃음'에는 믿을 수 없을 만큼 강력한 뭔가가 있어요. 보마르셰(P. de Beaumarchais)*도 어디선가 이런 말을 했던 것 같은데, 사람이 웃어야 하는 것은 울지 않기 위해서랍니다. 유머감각을 이용하지 못하면 실패할 수밖에 없어요. 실패해도 할 말이 없지요."

* 「세비야의 이발사」 「피가로의 결혼」 등을 쓴 프랑스의 극작가.

콜로라도주의 한 모텔에 도착했다. 피곤하다. 밤이 깊었다. 미국이 크다는 생각은 했지만, 생각한 것보다도 훨씬 크다. 왠지 모르지만, 나는 캘리포니아에서 애리조나를 거쳐 콜로라도까지 가는 길이 런던에서 브리스틀까지 가는 길과 비슷할 거라고 상상했다. 완전히 잘못된 생각이었다. 기진맥진해서 침대에 누운 채 피자 한 쪽을 들고 60개의 텔레비전채널을 이리저리 돌려본다. 구역질을 느끼지 않으면서 볼 수 있는 프로가 없을까 열심히 찾고 있는 것이다. 아까 산 피자는 하나도 맛있어 보이지 않는다. 그러다가 마침내 노다지를 발견했다. 「심슨가족」이다! 내가 원하는 바로 그 프로다. 「심슨가족」은 내 피로한 머리를 식혀줄 것이고 피자가 얼마나 느끼한지도 잊게 해줄 것이며, 모든 것을 너무 심각하게 받아들이지 않게 도와줄 것이다. 나는 자세를 가다듬고 텔레비전 앞에 앉는다. 그런데 이런 것이 나온다.

1. 「심슨가족」의 제목과 자막
2. 이어지는 광고: 화장품, 도넛, 포장이사, 휴대전화
3. 만화 시작: 6분
4. 다시 이어지는 광고: 휴대전화('자유로운 무선인생을 즐겨라')
5. 만화 계속: 미국 총기문화에 대한 신랄한 풍자와 비판(7분).
6. 다시 이어지는 광고: 저녁뉴스('빈 라덴 사망?' 특별보도!), 치즈버거, 스테이크식당, 바비큐식당, 지프 리버티(Jeep Liberty), 코카콜라, 야구경기, 최신곡 씨리즈.
7. 만화 계속, 만화 끝: 7분
8. 다시 이어지는 광고: 키퍼 써덜랜드(Kiefer Sutherland)가 나오는 블록버스터 영화, 지방 전화회사.
9. 「심슨가족」의 끝 자막

미국은 이번이 처음이다. 분명히 나는 좀 순진한 것 같다. 이런 것은 태어나서 처음 봤다. 우울해진다. 피자를 먹는 것은 포기했다. 잠이나 자야겠다.

다음날 아침 눈을 뜨니 미국 중서부 특유의 아름다운 하늘이 눈앞에

펼쳐져 있다. 퀼트커튼을 젖혔다. 따뜻해 보이는 갈색 산기슭 위로 로키 산맥이 우뚝 솟아 있다. 나를 환영하는 것만 같다. 쌘프란씨스코에서 기차를 타고 온 여독이 풀리지 않은 데다, 텔레비전프로그램의 충격에서 벗어나지 못한 상태지만, 아침을 먹기 전에 가까운 산까지 한 시간 동안 산책을 하고 나니 기분이 훨씬 좋다. 내가 이곳 콜로라도주 볼더(Boulder)까지 찾아온 가장 큰 이유는 만날 사람이 있기 때문이다. 소비사회가 시민들에게 이데올로기를 주입하는 방법은 광고와 상표가 전부가 아니라는 사실을 내게 설명해줄 사람이다.

수많은 활동가가 말하는 것처럼, 미국을 비롯한 여러 나라에서 소비자 메씨지를 전달하는 가장 교활한 방법은 광고가 아니다. 광고가 나오면 최소한 그것이 광고라는 것은 안다. 우리는 광고에는 돈이 든다는 것을 안다. 광고란 우리를 조종하고 설득하여 지갑을 열게 하는 것임을 안다. 반면에, 뉴스는 전세계에서 민주주의를 외치는 거만한 매체다. 그러나, 많은 사람이 동의하듯, 뉴스매체는 해결책이 아니라 문제점이다.

활동가들은 미국의 주류언론이 자기애에 빠져 있는 낭비사회를 반영하고 또 조장한다고 비판한다. 자유시장 전지구화의 이미지를 가지고 세계를 매개하고 있다는 비판이다. 활동가들의 비판에는 명백한 근거가 있다. 미국언론(특히 공중파)의 상업성은 전세계에서 가장 심하다. 텔레비전 광고채널, 라디오방송국, 출판사는 언론에 딸린 부속물들이다. 미국언론의 존재이유는 시청자와 광고주를 연결하는 것이다. 미국의 모든 텔레비전과 라디오방송국, 신문, 잡지는 기업의 광고구매에 의존한다. 기업이 출판물과 방송물에 직간접적으로 영향력을 행사하는 것은 불가피한 결과다.

기본적으로 기업들은 자기네 광고가 '부적절한' 기사와 함께 실리지 않도록 촉각을 곤두세운다. 코카콜라의 광고를 담당한 에이전시는 잡지들에 보낸 비공식문건에서 이렇게 말했다. "'코카콜라'는 광고가 사설 바로 앞이나 뒤에 실리기를 요구합니다. 사설은 브랜드의 판매전략과 일치해야 합니다. 우리가 부적절한 주제라고 생각하는 것은 어려운 뉴스, 섹스, 다이어트, 정치뉴스, 환경뉴스 등입니다."[21] 이런 식으로 회사강령을 강요하는 사례는 쉽게 찾아볼 수 있다. 『애드버스터즈』는 흥미로운 사례 하나를 소개했다. 몇년 전에 미국 텔레비전네트워크에 '안 사는 날'을 홍보하기 위한 '공익'광고를 실으려 했을 때였다. 광고단가도 높았고, 당장 돈을 주겠다고 했지만 광고를 수락한 채널은 하나도 없었다. NBC는 "합법적인 기업의 이익에 피해를 주는 광고는 받아들일 수 없다"라는 이유였고, CBS는 "미국의 현 경제정책에 위배되는 광고"라는 완전히 스딸린주의적인 이유를 내세웠다.

소유관계도 문제다. 텔레비전방송국과 라디오방송국, 잡지사, 출판사, 영화제작사, 음반제작사, 심지어 테마파크는 대부분 세계 10대 다국적 '엔터테인먼트' 기업—AOL타임워너(AOL Time Warner), AT&T, 제너럴일렉트릭(GE), 뉴스코퍼레이션(News Corporation), 비아컴(Viacom, 이 책 원서의 출판사도 비아컴 소유다), 베텔스만(Bertelsmann), 디즈니(Disney), 비방디(Vivendi), 리버티(Liberty), 소니(Sony)—의 소유다. 미국 바깥세계 사람들도 결코 안심할 수 없다. 위의 회사 중 네 곳이 미국 바깥세계 언론을 상당수 장악했기 때문이다. 10대 기업의 규모나 형태는 너무나 급속하게 변하기 때문에, 독자가 이 책을 읽을 때쯤에는 지금 인용된 수치가 이미 쓸모없을 것이다.

한 나라의 정보, 뉴스, 문화적 표현을 거대 오락기업에 맡긴 결과는 미국 텔레비전을 틀어보기만 하면 알 수 있다. 디즈니 사장 마이클 아이즈너(Michael Eisner)의 태도는 그 어느 활동가의 설명보다 문제의 심각성을 확실하게 보여준다. "우리는 역사를 만들 의무가 없습니다. 우리는 예술을 만들 의무도 없습니다. 우리는 명제를 만들 의무도 없습니다. 우리의 유일한 목적은 돈을 버는 것입니다."[23]

공공매체를 시장의 파괴력에서 보호할 목적으로 마련했던 규제들은 점차 폐지되고 있다. 당연히 상황은 더욱 악화될 수밖에 없다. 미디어의 상호소유를 금지하는 법률과 특정기업의 시장지배를 막는 법률과 지방매체 및 지역사회매체의 존속을 보장하는 법률이 1980년대 이후 점차 폐지되었다. 거대미디어의 공격적 로비 결과였다. 2000년에 죠지 W. 부시의 공화당 엘리뜨가 집권하고 2002년에 자리를 잡게 되자, 이러한 상황은 더욱 가속화되었다.

언론규제를 담당하는 연방통신회의(FCC)는 자유시장 신봉자 마이클 파월(Michael Powell)의 손바닥 위에서 놀아난다. 미국 국무장관 콜린 파월(Colin Powell)의 아들이기도 한 그는 '공공의 이익'이 무엇이냐는 질문에 "모른다"라고 대답했다.[24] 파월은 일련의 규제를 '비판적으로 검토'했는데, 그중에는 한 기업이 여러 라디오방송국을 소유하는 것을 금지하는 법률, 같은 지역의 텔레비전과 신문을 통제하는 법률, 지방 텔레비전의 '독립적 목소리'를 보장하는 법률 등이 포함된다. 2002년 2월에 FCC는 중요한 두 가지 규제를 없앴다. 하나의 텔레비전회사가 전국 시청자의 35% 이상을 확보하는 것을 금지하는 규칙과 하나의 텔레비전회사가 한 도시에서 케이블채널과 방송국을 소유하는 것을 금지하는 규칙이다. 첫번째 규칙은 60년 동안 지켜지던 것이었다.

세계화를 통해 가난하고 미개한 나라들이 새로운 '시장기회'를 얻게 됨으로써, 이런 현상은 세계적으로 반복될 것으로 전망된다. 한 언론자문위원은 이들 나라를 가리켜 "스크린이 부족한 세계, 쇼핑몰이 부족한 세계, 케이블을 기다리는 세계"라고 불렀다.[25] AOL타임워너 회장을 지냈던 게리 레빈(Gerry Levin)은 당시에 타결을 앞두고 있던 WTO협정에서 '기업을 공공써비스의 도구로 재정의' 하겠다는 야심을 공식 천명했다.[26] 이 조약은 바로 '써비스무역에 대한 일반협정'(GATS)이었다. 미디어회사들이 영향력을 행사하기 위해 심혈을 기울이는 협정이다. GATS가 공익매체를 보호하고 기업 소유를 제한하는 전국적·지역적 규제를 약화내지 폐지해주기를 미디어회사들은 희망한다. 이런 희망을 이루는 방법은 WTO일 수도 있고 아닐 수도 있지만, 전세계 미디어제국 황제들이 원하는 것은 오직 하나, 미국에서 손에 넣은 정보와 오락에 대한 통제권을 전세계로 확장하는 것이다.

이런 상황에서 언론의 '자유'를 확보할 가능성은 대단히 희박한 것 같다. 주류언론을 잠재적 동맹세력이 아닌 위협으로 간주하는 사람이 많아지는 것도 바로 그 때문이다. 데이비드 바싸미언(David Barsamian)도 그렇게 생각하는 사람 중 하나다. 볼더에 있는 시끄러운 커피숍에서 이야기를 나누면서, 나는 문화훼방꾼들의 주장과 바싸미언이 하는 일 사이에 어떤 관계가 있는지를 알게 된다. 이것은 정보를 둘러싼 투쟁이다. 사회를 만드는 것이 이야기라고 할 때, 이들의 투쟁은 이야기할 권리를 둘러싼 투쟁이다.

바싸미언은 '얼터너티브라디오' (Alternative Radio)의 창설자이자 경영자다. 1986년에 방송국을 세울 때 그는 경험이 전혀 없었다. 그에게 방송국 설립은 일종의 실험이었다. 지금 그의 방송국은 전세계 125개 방송국에 프로그램을 내보낸다. 청취자는 수백만 명에 이른다. 미국의 강직한 언론비평가로서 점점 명망을 쌓고 있는 바싸미언은 언제나 긴장을 늦추지 않고 똑똑하고 말이 빠른 사람이다. 미소까지 날카롭다. 희끗희끗한 더벅머리에 넙적한 안경을 쓰고 있다.

'얼터너티브라디오' 사무실은 화려한 것과는 거리가 멀다(그래서 더 마음에 든다). 바싸미언의 말을 빌리면, 사무실의 위치는 "주류 대중매체 안에서 방송국이 차지하는 위치에 상응한다. 골목 안쪽 주택 뒤편 차고 위층이다." 사무실에는 최근 프로를 녹음한 '공짜' 테이프가 쌓여 있다. 「마이클 퍼렌티: 역사를 만드는 공장」(Michael Parenti: The Manufacture of History), 「로버트 매체스니: 기업언론과 위협받는 민주주의」(Robert McChesney: Corporate Media and the Threat to Democracy), 「에크발 아마드: 그들의 테러리즘과 우리의 테러리즘」(Eqbal Ahmad: Terrorism-Theirs and Ours), 「아룬다티 로이: 작가의 정치적 위치」(Arundhati Roy: A Writer's Place in Politics) 등이다. '얼터너티브라디오'는 듣기 편한 방송이 되려 하지 않는다

바싸미언이 강의를 시작한다. "상황을 크게 보아야 합니다. 미국저널리즘의 변천을 전반적으로 봐야 합니다. 벤 백디키언(Ben Bagdikian)의 고전 『언론독점』(*The Media Monopoly*)은 우리 언론의 현주소를 보여주는 입문서입니다. 저자는 이 책에서 미국의 대다수 언론을 손에 쥐고 있는 기업을 밝힙니다. 1983년에 이 책이 처음 나왔을 때, 거론된 기업은 50개였는데, 재판이 나왔을 때 28개로 줄었습니다. 3판에서는 23개, 4판

에서는 14개, 5판에서는 10개로 줄었습니다. 2000년에 나온 최신판에서는 6개로 줄었습니다. 게다가 이들 기업은 이제 더 큰 기업에 종속되어 있습니다. CNN과 ABC는 디즈니의 손아귀에 있습니다. NBC는 제너럴 일렉트릭의 손아귀에 있습니다. 스스로의 운명을 결정할 수 없으니, 이미 뉴스 취재조직이라고 할 수도 없습니다. 이들 기업을 지배하는 것은 이윤 극대화를 목적으로 하는 연예오락회사입니다." 그는 이렇게 말하며 한숨을 내쉰다. 그러나 그는 한숨 쉬는 것도 재빠르다. 그는 모든 것을 재빨리 처리한다. 그는 오늘만 약속이 17개가 잡혀 있다. 약속시간도 거의 비슷하다. 그는 원래 그런 사람이다.

그의 강의가 계속된다. "이와 같은 정보집중과 정보독점은 민주주의에 심각한 위협이 됩니다. 이른바 좌파나 진보적 지식인만 이런 문제에 관심을 가진 것은 아닙니다. 보수적 이론가인 토머스 제퍼슨(Thomas Jefferson)이나 제임스 매디슨(James Madison)은 시민이 다양한 의견의 스펙트럼을 가지고 있어야 눈앞의 중요한 문제를 스스로 결정할 수 있다고 했습니다. 의견은 A부터 Z까지 있어야 하는데, 미국에는 A부터 B까지 있습니다. 미국 민주주의가 심각한 위기에 처한 것은 살아있는 언론이 없기 때문입니다."

기업이 언론을 소유하고, 언론이 이윤을 추구하고, 언론규제가 사라지는 등의 이유로 인해서, 언론이 정보와 교육(뉴스)보다 오락물에 치중하고 있다는 것은 바싸미언도 동의하는 점이다. 그는 당연한 일이라고 말한다. 정보력이 이윤을 추구하는 몇몇 경쟁기업에게 넘어갔는데, 더이상 뭘 바라느냐는 것이다.

"기업에 좌우되는 지금 언론은 이윤을 내느라 기사는 안중에도 없습니다. 취재보도는 찾아볼 수 없습니다. 인쇄매체에는 취재기사가 아직 약간 있지만, 방송매체는 전멸입니다. 심층취재를 하려면 돈이 들고 시간이 걸립니다. 언론이 기업을 중심으로 돌아감으로써 심각한 문제가 생깁니다. 보도범위가 축소되고, 취재범위도 축소되고, 상황을 이해하는 데 필요한 배경지식까지 축소된다는 것입니다. 아프가니스탄 사태만 해도 그렇습니다. 아프가니스탄의 상황을 설명해주는 것이 아니라 선악 구도, 자유와 증오의 대비, 흑백논리를 듣게 됩니다. 너는 누구 편이냐? 우리 편이냐, 테러리스트 편이냐? 바람직한 뉴스보도란 회색부분을 제대로 설명하는 것일 텐데, 그러려면 돈도 너무 많이 들고 시간도 너무 많이 걸립니다. 남는 장사가 아닙니다." 그는 화가 난 듯 까페라떼 큰 잔을 휘젓는다.

"사람들은 '바보'가 아닙니다." 그가 말에 힘을 준다. 마치 누가 갑자기 탁자 밑에서 나타나 반론을 제기한 것 같다. "바보는 태어나는 것이 아니라 만들어지는 것입니다. '미국인들은 무감각하다'는 말이 많습니다. 미국인들은 미식축구 보면서 맥주 마시는 것밖에 모른다는 것입니다. 그들이 그렇게 된 것은 무슨 유전적인 이유가 있어서가 아닙니다. 그렇게 만들어진 것입니다. 언론이 그렇게 만들었고 교육제도가 그렇게 만들었습니다. 언론과 학교는 시민의 역할을 제대로 하려면 소비자가 되어야 한다고 말합니다. 국가예산이나 미국의 외교정책에 관한 중요한 결정을 하는 것은 (모두) 부차적인 문제라는 것입니다. 사람들은 올해 덴버 브롱코스(Denver Broncos)가 성적이 저조한 이유가 러닝백에 대한 코치의 잘못된 결정 때문이라는 점에 관심을 가질 수 있습니다. 이 문제를 가지고 논쟁을 해도 좋고, 신랄한 비판을 해도 좋습니다. 그러나 중대한 외교정책 문제, 생사가 걸린 국가적인 결정은 그렇지가 못합니다. 아프가니스탄을 폭격해야 하는가? 이런 문제가 나오면, 성조기를 펄럭이며 이렇게 말해야 합니다. '나는 애국자다. 나는 지도자를 따르겠다.'"

나는 질문했다. "상황이 그렇다면, 언론의 정보통제를 막고 언론이 유포하는 왜곡된 가치를 거부하기 위해서는 어떻게 해야 합니까?"

그는 질문이 끝나기가 무섭게 대답한다. "자, 문제는 모든 언론, 그중에서도 방송언론이 사건을 이해하는 데 필요한 배경설명을 제공하지 않는다는 것입니다. 똑같은 말을 계속 하고, 똑같은 장면을 계속 보여주는 거죠. 상황이 이럴 때는 구호를 반복하는 경우가 많습니다. 다들 사실로 믿는 말을 앵무새처럼 되풀이하는 것입니다. 미국은 자유를 수호한다, 미국은 민주주의의 횃불이다, 죠지 부시가 하는 말들 있잖아요. 증거를 댈 필요도 없습니다. 관습적인 진리를 옹호하고 있으니까. 반면에, 누군가가 미국이 오랫동안 상당수의 국제테러를 지원해온 나라라고 했다고 합시다. 물론 맞는 말이지만, 사람들은 거부감을 갖습니다. 오랜 시간에 걸친 설명이 필요하고 증거가 필요합니다. 언론에서 하는 말을 그냥 따라 할 수가 없으니까. 사람들은 설명을 요구할 겁니다. 미국이 국제테러 지원국이라고 말했던 사람은, 미국중앙정보국(CIA)이 중앙아시아에서 테러집단을 훈련시킨 사실, 무자헤딘(mujahideen)*에 돈을 댔던 사실을 설명해야 합니다. 관습적인 진리에 도전하는 사람은 증거사실을 내놔야 합니다. 관습적인 진리를 흉내내는 사람은 그럴 필요가 없지만. 바로 이런 이유에서 진정한 언론, 즉 언론에 도전하는 언론은 더 많은 시간이 필요하고, 문제를 파고들 수 있는 역량이 필요합니다. 오늘날의 뉴스는 그럴 수가 없습니다. 그렇다면 어떻게

* 1979년 설립된 아프가니스탄의 무장게릴라 조직. 아랍어로 '성스러운 이슬람전사'를 뜻하며, 이슬람국가의 반정부단체나 무장게릴라 조직이 스스로를 지칭하는 말로 쓰이기도 한다.

해야 할까요? 첫째, 기업이 언론을 독점적으로 소유하는 행태를 더이상 조장하지 말아야 합니다. 기업의 언론소유 관계를 해체해야 합니다. 둘째, 연방통신회의가 더이상 월스트리트와 광고업의 중심지인 매디슨애비뉴(Madison Avenue)의 사업체 이익만을 보호하지 못하게 막아야 합니다. 공익을 지키라고 만든 기관인데 말입니다. 셋째, 이런 상황이 싫다면 스스로 매체를 만들어야 합니다. 매체를 만들 수 있는 가능성은 지금 그 어느 때보다 높습니다." 그는 커피잔을 비우고도 계속 스푼을 만지작거린다.

그리고 이렇게 말한다. "언론 소유 기업의 집중은 민주주의의 목에 칼을 들이대는 것과 같습니다. 목에 칼을 대는 것, 바로 그거예요."

바싸미언은 이렇게 말하는 사람이 자기밖에 없다고 생각하는 것 같다. 그러나 대중매체의 이데올로기와 실태에 문제를 제기하고 대안을 제시하는 것은 전세계 활동가들의 관심사다. 물론 성공적인 대안도 있고 아닌 것도 있지만.

좋은 예가 하나 있다. 제노바시위가 끝난 후 나는 신문과 텔레비전뉴스를 꼼꼼히 살펴보았다. 그러나 시위 전 일주일 동안 진행됐던 토론에 대한 기사는 어디서도 찾아볼 수 없었다. 우리는 일주일 동안 바닷가 천막에 모여서 환투기, 기업규제, 농업정책 변화, 토지개혁 등 모든 문제와 모든 해법을 가지고 토론을 벌였다. 세계 각지에서 모여든 단체들이 연대하여 국제정세에 관한 합리적인 논쟁을 벌였다. 그런데 언론에 비친 것은 벽돌, 최루탄, 총알, 깨진 유리창이 전부였다.

시위보도는 항상 그런 식이다. 주류언론은 폭력장면만을 보도하고, 폭력이 없으면 사건 자체를 보도하지 않는다. 예외는 드물다. 제노바에서 30만 명이 행진하며 시위를 벌였다. 가두투쟁만 뉴스에 나오고 시위내용은 잊혀졌다. 다음해인 2002년 3월에 바르셀로나에서 50만 명이 유럽정상회담에 반대하는 토론과 시위를 벌였다. 폭력은 없었고, 보도도 없었다. 활동가들이 보기에 이 모든 것은 언론의 전형적인 행태를 보여주는 사례일 뿐이다. 언론은 이들의 관심사를 올바르게 보도하고 싶어하지 않는다. 보도할 능력이 없는지도 모르겠다. 활동가들의 해법은 간단하다. 스스로 나서서 언론을 만드는 것이다.

언론을 스스로 만든다는 것은 새로운 방법은 아니다. 소규모 잡지, 뉴스레터, 무가지, 정당지 등은 정치운동에서 언제나 사용해온 방법이다. 오늘날의 대안언론은 두 가지 점에서 차이가 있다. 첫째, 다양성과 탈중심에 집착하는 운동의 소산이기 때문에 대안언론 역시 이러한 원칙을 반영한다. 신문, 라디오방송국, 웹싸이트를 막론하고 이 '운동' 전반을 대표한다고 주장할 수 있는 곳은 하나도 없으며, 그런 주장을 하고 싶어하는 곳도 없다. 이 운동의 정치조직에 중심이 없듯이, 이 운동의 언론에도 중심이 없다.

둘째, 오늘날의 대안언론은 테크놀로지와 밀접한 관계가 있다. 새로운 테크놀로지가 세계화과정과 공생관계에 있는 것은 사실이지만, 대안언론이 이처럼 괄목할 만한 성장을 한 것은 테크놀로지 덕택이었다. 디지털카메라와 디지털캠코더 가격이 몇백 파운드에 불과하고, 데스크톱컴퓨터와 인쇄프로그램만 있으면 몇시간 만에 전문가 뺨치는 잡지를 만들어낼 수 있고, 직접 만든 웹싸이트와 소수의 열정만 있으면 몇분 만에 전세계 수백만 명의 사람들과 의견을 나눌 수 있는 세상이 되면서, 대안적 정보 분배형태가 마침내 정말로 유력하고 정말로 대중적인 형태로 자리잡을 가능성이 생겨난 것이다. '이런 상황이 얼마나 계속될 것인가'(예를 들면, 인터넷이 언제까지 민주적인 무료매체로 남아 있을 것인가)라는 문제는 여전히 뜨거운 쟁점이다. 그러나 지금 같은 상황에서라면 '우리만의 매체'가 작동할 가능성은 충분히 존재한다.

대안언론을 만들기 위한 여러가지 시도가 있었다. 그중에서 가장 체계적으로 진행된 최고의 수확은 '인디미디어'(Indymedia)가 생겨난 것이다. 인디미디어는 각 지역에서 소규모로 관리하는 웹싸이트(혹은 라디오 방송국과 비디오프로젝트)들로 이루어진 전세계 네트워크로서 1999년 씨애틀 시위중에 탄생했다(인디미디어는 모든 사건을 '기업의 이해관계에 영향을 받지 않는 민초의 시각으로 보도'하는 것을 목적으로 한다. 인디미디어가 가장 많이 쓰는 구호는 "언론을 미워하지 말고 당신이 언론이 되라"이다). 작가·웹디자이너·활동가·영화제작자 등이 한데 모여 웹싸이트를 만든 것이 시작이었다. 이 싸이트에서는 주류언론에서 다루지 않는 WTO 회의내용과 시위소식을 전했다. 싸이트 조회수는 한때 1,500만 회를 기록했다. 인디미디어는 씨애틀시위 이후 4년 만에 전세계로 퍼졌다.

내가 이 글을 쓰고 있는 지금 지구상에는 31개 나라 91개 인디미디어 싸이트가 존재한다. 인디미디어는 이스라엘과 핀란드, 나이지리아와 에스빠냐, 인도네시아와 꼴롬비아, 인도와 러시아까지 퍼져 있다. 인디미디어는 제노바시위를 실시간 보도했고, 그로 인해 경찰의 악랄한 공격을 받았다. 인디미디어치아빠스는 사빠띠스따의 근황을 알려준다. 나는 남아공 인디미디어쎈터의 초창기 회의에 참석한 적도 있다. 남아공에서도 인디미디어가 태동하는 중이었다.

그러나 인디미디어는 실체 없는 조직이다. 본부도 없고 월급도 없고 규칙도 없고 방침도 없다. 재정은 기부금으로 충당하고 광고를 싣지 않기 때문에 정당이나 단체나 기업이 끼어들 여지가 없다. 전문기자도 있지만, 대부분은 일반인이고, 공식서열도 없다. 기자들은 회의·기획·의견조율을 위해 이메일이나 채팅방을 이용한다. 인디미디어 싸이트에서는 누구나 기사를 쓸 수 있고, 무슨 기사든 쓸 수 있다. 여러 인디미디어 쎈터를 링크하는 방식은 느슨하고 비공식적이다. 이들을 하나로 만드는 것은 주류언론에서 말해주지 않는 것을 알리고 싶다는 욕망, 아무도 주목하지 않았던 새로운 시각을 보여주고 싶다는 욕망이다.

인디미디어는 제노바, 프라하, 씨애틀, 더반 사건들의 이면을 파헤쳐 신문이나 텔레비전뉴스에 나오지 않는 이야기를 들려준다. 인디미디어는 예루살렘의 예수탄생교회 포위사건 이야기를 내부자의 시각으로 들려준다. 인디미디어는 아르헨띠나 대중들의 가두집회를 IMF로 인한 경제붕괴의 결과로 보도한다. 인디미디어는 인도의 상수도 민영화 반대투쟁이나 이스라엘의 반(反)시온주의시위 등 좀처럼 듣기 어려운 사건들을 취재한다.

인디미디어가 강조하는 두 가지 원칙은 수평적 조직과 편집권 개방이다. 수평적 조직의 원칙은 굳이 설명이 필요 없다. 대중운동 전반이 그렇듯이, 인디미디어 활동가들 역시 위계질서에 대한 뿌리 깊은 혐오감을 갖고 있다. 편집권 개방의 원칙은 사기업이 정보통제력을 늘리면서 소비주의와 세계화의 가치들을 조장하는 상황에 대한 직접적 대응이다. 인디미디어 기자 매슈 아니슨(Matthew Arnison)의 말을 빌리면, 편집권 개방은 "다국적기업의 정보민영화를 막는 혁명적 대응방식"이다. 누구나 뭐든지 쓸 수 있다는 것, 이것이 원칙이다. 인디미디어 싸이트들은 이 원칙에 따라 움직인다.[27] 내보낼 뉴스를 결정하는 전문적인 기자나 편집자도 없고, 기업의 입김도 없고, 노선도 없다. 단, 현체제에 반대하는 반세계화성향은 모든 인디미디어 지국이 공유하는 것이다. 따라서 인디미디어에는 양질의 기사도 많지만, 엄청난 헛소리도 들어 있다. 거짓말·오류·음모론·증오를 부추기는 각종 기사가 가득하다. 인디미디어를 이용해본 사람은 누구나 알 것이다.

보통 언론이 독백이라면, 인디미디어는 대화다. 독자가 뉴스를 만든다는 뜻이다. 물론 쓸데없는 기사도 많이 있다. 그러나 인디미디어의 기본 전제는 사람들이 좋은 기사와 헛소리를 구분할 지능을 가지고 있다는 것이다. 아니슨은 말한다. "언론사는 시청자가 바보라고 생각한다. 그들이 보기에 시청자의 창조력은 기껏해야 '시청자비디오'가 고작이다. 그러나 창조적인 사람들은 남들이 만든 것을 돈을 주고 사는 대신 자기가 스스로 만든다. 다국적언론에게 이것은 심각한 문제다. 그들은 시청자가 창조력을 발휘하게 내버려둘 수가 없다. 시청자의 창조력은 그들에게 손해이기 때문이다…… 하지만, 상관없다. 시청자 역시 기업언론을 신뢰하지 않으니까."

인디미디어는 주류뉴스를 대체하기 위해 생긴 것은 아니다. 주류뉴스를 대체할 힘도 없고, 자원도 없고, 전문성도 없고, 시청자도 없고, 그럴 생각도 없다. 그러나 인디미디어는 새로운 현상이고 중요한 현상이다. 인디미디어를 통해 대중운동은 빌리목사, 칼레 라슨, '광고판해방전선' 애플 요원, 데이비드 바싸미언이 모두 다 느꼈던 두려움에 해답을 제공하기 시작한다(인터넷에는 인디미디어를 모방하는 소규모 공개편집 미디어 지국이 생긴다). 지금까지 보고 들은 것을 생각하면, 나 역시 두려운 마음이 생긴다. 우리의 두려움은 한마디로 문화독점에 대한 두려움이다.

우리는 지금 세계적인 정보혁명의 한복판에 서 있다. 지지자들은 이 정보혁명이 나은 '품질', 더 고급스런 언론, 세계에 대한 더 넓은 시각을 제공할 것이라고 주장한다. 그러나 사실은 지구상의 거대기업들이 우리가 살고 있는 세계의 이야기를 매개하는 결과가 벌어진다. 게다가 거대기업의 숫자도 점점 줄어드는 추세다. 우리는 상품을 소비할 뿐 아니라 생각을 소비하고, 철학을 소비하고, 이데올로기를 소비하는 소비자가 되었다. 그들이 우리에게 여흥을 제공하면, 우리는 가만히 앉아서 즐긴다. 물론 이것은 우리가 돈을 내는 경우에 한한다. 이야기란 사회와 문화가 스스로를 비춰보는 거울이다. 그런데 지금은 CNN이 세계를 비추는 거울을 갖고 있고, 디즈니가 우리에게 동화를 들려준다. 버거킹(Burger King)은 동화 속 주인공을 끼워 판다.

이것은 상상력의 사유화에 다름아니다. 막아야 할 일이다. 활동가들이 내놓는 대안은 우리에게 마음속의 식민지를 독립시킬 것을 요구한다. 우리 손으로 언론을 만들자. 우리 손으로 뉴스를 찾아내자. 우리 손으로 공적 공간과 문화공간을 확보하자. 우리 손으로 이야기를 만들자. 우리가 이야기를 만들지 못하면 남의 이야기를 들을 수밖에 없다. 이야기는 상품으로 포장되어 전세계로 팔려나간다. 세계라는 쇼핑몰에서는 운동화에서 민주주의까지, 그리고 할머니가 들려주시던 옛날 얘기에 이르기까지, 모든 것에 가격표가 달려 있다.

제 05 장

남근덮개 혁명

“산과 자연이 상하면 어머니도 병든다. 산은 신성한 어머니다.
사람이 죽으면 영혼은 산으로 간다.
우리는 산을 신성하게 보호하며, 전통의식대로 숭배한다.”

톰 베아날, 아뭉느메 부족장.

“산의 나라에 살면서, 왜 진보라는 이름으로 산을 희생해야 하는가?”

PT프리포트인도네시아 대변인.

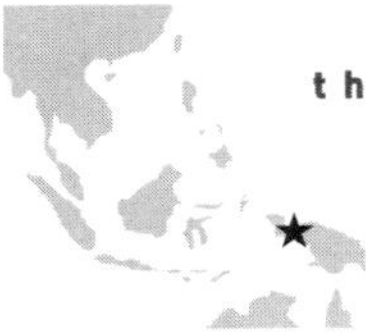

the penis gourd revolution

마른 체구에 피부가 햇볕에 그을린 키 180센티미터의 영국인 두 명이 불안한 듯 앞서가고, 온몸에 전사의 색깔을 칠한 채 고함을 지르는 키 150센티미터의 부족민들이 그뒤를 따라간다. 이들은 짚을 엮어 만든 아치를 지나 길도 나지 않은 마을의 중심부로 들어간다. 뉴기니(New Guinea) 고산마을이다. 사방이 산으로 둘러싸여 있는데, 봉우리마다 열대의 원시림이 층을 이루며 무성하게 자라 있다. 지금은 온 산이 안개에 싸여 있다. 역시 온몸에 전사의 색깔을 칠한 남자 두 명이 이들을 향해 천천히 걸어온다. 코를 뚫어 뼈다귀를 걸었고, 마른 상체에 흰색 진흙을 칠해서 일정한 문양대로 말렸으며, 코뿔새 깃털과 극락조 깃털로 덥수룩한 검은 머리를 장식했다. 갑자기 이 두 남자가 춤을 추기 시작한다. 앞으로 열 걸음, 뒤로 다섯 걸음 옮기면서 단단한 나무창을 의식을 행하듯 휘두른다. 두 남자의 양 옆에서 나이 많은 여자 두 명이 춤을 춘다. 가슴을 드러내고, 남자와 똑같이 온몸에 색깔을 칠하고, 풀치마 하나만 걸친 채로, 엉덩이를 흔들며 막대기를 하늘로 찌르는 시늉을 한다.

고함소리와 휘파람소리가 점점 커진다. 두 백인남자는 자기들을 마중

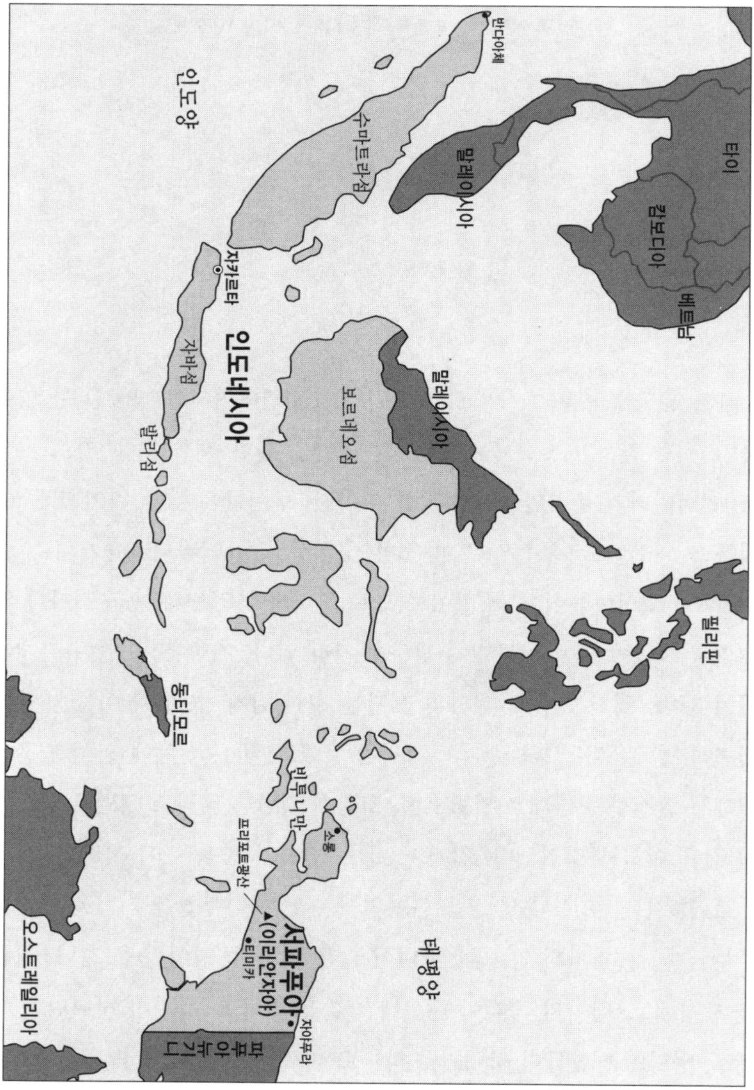

반다아체
인도양
수마트라섬
말레이시아
타이
캄보디아
베트남
자카르타
인도네시아
자바섬
발리섬
보르네오섬
말레이시아
필리핀
동티모르
비투니만
소롱
프리포트광산
서파푸아
(이리안자야)
티미카
자야푸라
태평양
파푸아뉴기니
오스트레일리아

서파푸아지도

나온 마을지도자들이 반원으로 둘러선 곳에 도착한다. 두 남자가 걸음을 멈추자 뒤따르던 전사들이 일사분란하게 자리에 앉는다. 두 남자는 정오의 희미한 햇빛을 받으며 어색한 자세로 서 있다. 이렇게 환영해주셔서 영광이라는 표정을 지으려고 노력하는 빛이 역력하다.

반원으로 둘러선 남자들 중 하나가 천천히 오열하기 시작한다. 억지울음으로 시작해서 똑같은 울음소리를 되풀이하더니 하염없는 눈물을 쏟는다. 곧이어 30명 정도의 어른들과 아이들이 함께 울기 시작한다. 저승에서 들려오는 듯한 처절한 흐느낌 사이사이, 고산지대 단어들이 귀에 들어온다. 흐느낌과 말소리 사이사이, 작은 풀잎, 이슬 맞은 양치(羊齒)류, 사방에 점처럼 흩어진 낮고 둥근 초가집이 눈에 들어온다.

그렇게 3분이 지나자 울음이 그치고 눈물이 마른다. 우리는 공식적인 환영과 예우를 받는다. 이곳은 라니(Lani)라는 오지마을이고, 우리는 손님이다. 차가 들어갈 수 있는 길부터 걸어서 이틀이 걸리는 거리다. 감동적이다. 이런 감동을 받아보긴 우리 둘 다 처음이다.

나는 입을 움직이지 않으려고 애쓰면서 스티브(Steve)에게 말한다. "와우. 아까는…… 이상했어."

스티브도 입을 움직이지 않고 대답한다. "아직 안 끝났어." 아직 끝난 것이 아니었다. 우리의 친구이자 안내자 겸 통역자인 갈릴레(Galile)가 스티브와 내 곁으로 다가온다. 주민들은 마을 관문으로 들어오는 사람들을 맞으러 나간다. 들어오는 사람들은 활과 화살과 창, 그리고 돼지 네 마리를 지고 온다. 날렵한 부족민 여덟 명이 살아 있는 돼지들을 꼬챙이에 꿰어 나무막대에 묶어 어깨에 둘러맸다.

갈릴레가 입을 연다. "이제 돼지를 죽여야 한다."

"누가, 내가?"

"당신 둘 다 돼지를 죽여야 한다. 활과 화살을 써라."

내가 대꾸한다. "제길, 갈릴레, 나는 돼지 못 죽여."

"전통이다. 우리 부족이 손님을 환영하는 방법이다."

"하지만 나는 채식주의자야. 어쨌든 나는 못 하겠어."

갈릴레는 스티브 쪽으로 고개를 돌린다. 옆에 서 있는 스티브 역시 난처해 보인다. 스티브가 대답한다. "나도 못 하겠어. 꼭 해야 돼? 안 하면 안돼?"

갈릴레가 대답한다. "좋다. 돼지는 다른 사람이 죽인다. 하지만 먹어야 한다. 그리고 보아야 한다."

발버둥치는 돼지를 어깨에 둘러멘 남자 두 명이 우리 쪽으로 걸어온다.

갈릴레는 우리가 할 일을 알려준다. "막대기를 잡아야 한다." 스티브와 나는 막대기와 씨름했고, 불쌍한 돼지와도 씨름했다. 갈릴레가 시킨 대로 돼지를 간신히 어깨에 올릴 수 있었다. 우리는 갈릴레가 시키는 대로 '와, 와, 와, 와, 와……'를 합창한다. 고산지대 말로 고맙다는 뜻도 되고 안녕이라는 뜻도 되는, 아주 많이 쓰이는 단어다. 군중이 격려의 환성을 터뜨리고, 또 한차례 휘파람소리 같은 괴상한 짐승소리를 낸다. 이번에는 이런 환대를 받는 것이 정말 뿌듯하게 느껴진다.

잠시 후 고산지대 부족민이 남근덮개로 사용하는 조롱박 코테카(koteka) 하나만 걸친 노인 하나가 우리 앞에 무릎을 꿇더니 불쌍한 짐승들의 심장에 태연하게 화살 네 발을 꽂는다. 돼지들은 1분 정도 미친 듯 버둥거리다가 잠잠해진다.

마을 원로 하나가 뼈마디소리를 내면서 일어나 라니어로 우리에게 뭐

서파푸아 고산지대 마을의 원주민.
코테카를 걸쳤다.

라고 말을 한다. 그동안 사람들은 희희낙락하며 돼지들을 둘러메고, 여자들이 진흙화덕을 준비하고 있는 모퉁이로 운반한다.

갈릴레가 원로의 말을 통역해준다. "당신들은 이제 라니의 가족, 라니의 부족이 되었다. 이곳은 당신들 마을이니까, 언제든 여기에 집을 짓고 싶으면, 땅도 당신들 땅이다. 정글숲 속 아무데나 당신들 집을 지어도 괜찮고 당신들 부족을 데려와서 살아도 괜찮다." 모두가 싱긋 웃는다. 우리도 싱긋 웃는다.

갈릴레가 말한다. "그러나 먼저 우리에게 자유가 필요하다."

1824년에 네덜란드는 세계에서 두번째로 큰 섬인 뉴기니의 절반에 대한 주권을 주장했다. 그 당시 '동인도'지역에서 식민지 쟁탈전을 벌이던 나라는 네덜란드 외에도 많았다. 네덜란드정부는 지금의 인도네시아에 해당하는 탐스러운 반도를 약탈하면서, 국가가 지원하는 다국적기업인 '네덜란드동인도회사'에 의존했다. 이런 회사에 비하면, 오늘날 활동가가 적으로 삼고 싸우는 회사들은 사회사업가동아리로 느껴질 정도다. '네덜란드동인도회사'는 새로운 식민지를 만들고 조약을 체결하고 화폐를 찍어낼 권한을 가지고 있었고, 사설병력까지 보유하고 있었으며, 이러한 군력을 기반으로 200년 만에 지금의 인도네시아 대부분을 식민지로 만들었고, 이윤 높은 향신료무역권을 장악했다. 동인도제도에 시장이 들어선 것이다.

동인도제도에는 유럽에서 뉴기니로 통하는 섬이 있었지만, 이곳을 눈여겨보는 사람은 아무도 없었다. 이 거대한 삼림에는 유럽의 식민지개척자들의 눈을 끌 만한 것이 별로 없었다. 1526년에 이곳을 지나던 뽀르뚜갈 탐험가 조르제 디 미니지쉬(Jorge de Meneses)는 이곳에 '일랴쉬 도쉬 빠뿌아쉬'(Ilhas dos Papuas)이라는 이름을 붙였다. 머리털이 부스스한 섬 혹은 타래머리의 섬이란 뜻이다. 나중에 에스빠냐 탐험가 하나는 섬에 사는 사람들이 아프리카 기니 사람을 좀 닮았다며 '뉴기니'라는 이름을 붙였다. 흑인이기 때문에 닮았다는 것이었다.

자기들이 '파푸아인'인 것을 나중에야 알게 되는 이 섬 사람들은 적어도 4만 년 동안 이곳에서 살아왔다. 부족은 1,000개가 넘으며, 부족마다 저마다의 언어가 있다(뉴기니에 전세계 언어의 1/5이 남아 있는데, 그중에는 사용자가 500명 미만인 언어도 있다). 이 섬 사람들은 그때나 지금이나 고산지대 군소부락이나 늪이나 숲 속에 살면서 고구마와 사고야자(sago palm)로 연명한다. 이곳은 식물 600종, 조류 200종, 파충류 200종의 유일한 서식지이자 극락조의 원산지이며, 광대한 우림지가 사람의 손이 닿지 않은 채로 남아 있는 유일한 곳이다. 한마디로 파푸아는 그때나 지금이나 별천지다.

파푸아인들의 생활이 변하기 시작한 것은 제2차세계대전이 끝나고 유럽의 식민지개척자들이 떠나갈 때부터였다. '네덜란드동인도회사'는 바야흐로 인도네시아라는 새로운 민족국가로 탈바꿈할 찰나였다. 그러나 네덜란드에서는 서파푸아가 독립국이 되기를 바랐다. 식민지에서 철수하던 네덜란드인들의 주장에 따르면, 하얀 피부의 아시아 무슬림인 인도네시아인들이 자기들과 전혀 다른 종족인 것처럼, 검은 피부의 멜라네시아 파푸아인들은 인도네시아인들과 전혀 다른 종족이었다. 파푸아인들은 인종이 다르고, 생태환경이 다르며, 문화가 다르고, 가치가 달랐다. 파푸아인들은 독립이 필요했다. 1949년에 네덜란드는 네덜란드령 동인도제도의 주권을 신생국 인도네시아에 이양했지만, 서파푸아는 거래에서 제외했다.

인도네시아로서는 받아들일 수 없는 처사였다. 초대대통령 수카르노(Sukarno)는 인도네시아가 아시아에서 최고가 되기를 바랐다. 그는 네덜란드 소유였던 모든 것이 인도네시아 소유가 되었다고 선언했다. 인도네시아와 네덜란드는 관계를 끊었다. 네덜란드는 1961년 12월 1일에 서파푸아에 주권을 넘겼다. 새로 생긴 파푸아 국기(샛별기)가 게양되었고 파푸아의 독립이 선포되었다. 자신들이 '국가'(유럽인들이 국가라고 부르는 곳)에서 살고 있다는 것을 안 것도 얼마 되지 않았을 때였다. 독립의 기쁨도 잠시였다. 인도네시아의 새로운 우방인 미국이 UN에 압력을 행사했고, 그로 인해 신생국 파푸아는 UN의 승인을 받을 수가 없었다. 네덜란드의 주권 이양은 아무 효력도 없었다. 1962년, 인도네시아 침략군이 낙하산을 타고 숲 속으로 쳐들어왔다.

결과는 불 보듯 뻔했다. UN이 개입하여 파푸아의 국민투표와 독립을 약속했지만, 인도네시아는 1,000명의 부족지도자 '대표들'에게 총부리를 들이대고 인도네시아가 되는 것에 찬성하는 '만장일치' 투표를 강요했다. 그 과정에서 엄청난 폭력이 동원되었고, 그때부터 잔인함은 인도네시아의 트레이드마크가 되었다. 서파푸아는 1969년에 인도네시아의 26번째 주가 되었으며, 이름도 '이리안자야'(Irian Jaya)로 바뀌었다.

그때부터 30년 동안 파푸아 역사상 가장 폭력적인 시기가 펼쳐진다. 장군 수하르토(Suharto)가 1967년 쿠데타로 수카르노를 무너뜨리고 새 독재자(대통령)로 등극하면서, 인도네시아는 서파푸아를 '인도네시아화'하고 파푸아문화를 없애는 캠페인을 시작했다. 인종청소에 반대하는 사람들은 끔찍한 방법으로 살해당하거나 고문당하거나 쥐도 새도 모르게 '사라졌다.' 인도네시아에 점령당한 후 살해당한 파푸아인들은 공식 집계된 수만도 10만 명이 넘는다. 비공식적으로는 80만 명에 이른다는 말도 있다.[1)]

식민지를 개척하는 이유가 원래 다 그렇지만, 인도네시아가 서파푸아 통치권을 장악하기 위해 그토록 포악한 캠페인을 벌인 데는 다 꿍꿍이속이 있었다. 그것은 바로 자원이었다. 서파푸아에는 세계경제를 움직이는 핵심자원이 그야말로 여기저기 널려 있다. 파푸아인들의 영광이자 비극이 바로 이것이다. 목재·석유·가스·구리·금 이 모든 것이 다 있고, 매장량도 어마어마하다. 이제 어떤 일이 생길지는 삼척동자도 다 예상할 수 있었다.

인도네시아는 서파푸아 통치권을 손에 넣기 전부터 미국 광산회사 프리포트(Freeport)와 협상을 벌이고 있었다. 프리포트는 서파푸아에서 대규모 구리광산사업을 벌이고 싶어하는 회사였다. 1969년 프리포트가 들어왔다. 이어서 영국과 네덜란드 합작석유회사 셸(Shell)이 들어왔고, 그 밖에 광산업자와 석유업자가 떼거지로 시찰을 시작했다. 서파푸아에서 수천킬로미터 떨어진 수도 자카르타에서 인도네시아정부는 이곳 지도를 펼쳐놓고 선 몇개를 찍찍 그어 '벌채권'사업자를 결정했다. 아마존에 이어 지구상에서 두번째로 큰 광대한 원시우림을 목재회사에 팔아넘긴 것이었다. 서파푸아는 불과 몇년 만에 이중 식민지로 전락했다. 인도네시아의 식민지인 동시에 당시 세계 최대 기업들(세계에서 가장 악랄한 기업들)의 식민지가 되었던 것이다.

오늘날 서파푸아는 인도네시아에서 가장 오염이 심하고 멸시가 심하고 착취가 심한 지방이다. 부족민들은 조상 대대로 물려받은 땅에서 이류시민으로 전락했다. 인도네시아와 다국적기업들은 해마다 이곳에서 50억 달러씩 벌어들인다. 정작 파푸아인들은 구경도 못하는 돈이다. 파푸아인들은 세계경제의 칼날 위에 서 있는 민족이다. 우리는 날마다 이곳의 자원을 사용하고 있으며, 자원을 빼앗기 위해서는 폭력마저 불사한다.

세계가 비겁하게 침묵을 지키고 있는 동안, 파푸아인들은 서서히 그리고 묵묵히 멸종위기를 맞았다. 그러나 이들에게도 생각이 있었다.

서파푸아의 수도 자야푸라(Jayapura)는 다 쓰러져가는 식민지마을이다. 상점, 낡고 오래된 호텔, 국수를 파는 간이식당, 공장은 (심지어 학교, 병원, 파푸아문화박물관까지) 대부분 인도네시아인들이 소유하고 운영한다. 자야푸라는 꾀죄죄하고 삐걱거리는 곳이다. 고산지대 산등성이와 태평양 연안 사이에 위치한 이곳은 저지대 무더위가 심해서 말라리아에 걸리기 쉽다. 해변에는 아직까지 제2차세계대전 당시의 상륙용 주정(舟艇)이 박혀 있다. 휴가를 보낼 만한 곳은 아니다. 여기서 휴가를 보내는 사람이 있을 리가 없다.

그런데 내가 휴가를 보낸다며 찾아왔다. 내 신분은 공식적으로 관광객이다. 서파푸아에서 관광 말고 다른 일을 하게 되면 인생이 고달파진다. 서파푸아 점령 이후 인도네시아정부는 정책적으로 특정지역에 대한 외부인의 접근을 엄격하게 통제했다. 이곳의 실상을 세계에 보여주고 싶지 않았던 것이다. 내가 오기 1년 전에 스위스 신문기자 하나는 '불법적 취재행위' 를 했다는 이유로 파푸아유치장에 갇혔다가 추방됐다. 기자는 감옥에서 '말할 수 없이 충격적인' 장면들을 목격했다. 인도네시아 경찰은 파푸아분리주의의 혐의가 있는 사람들을 잡아다가 곤봉 · 막대 · 대나무회초리 · 장화 · 주먹으로 고문했다. 파푸아사람 셋은 벽에 피가 튈 정도로 구타를 당했고, 기자가 보는 앞에서 몇시간 만에 싸늘한 시체가 되었다.[2)]

당연히 내가 이곳에 온 진짜 목적을 당국에 알릴 수는 없는 노릇이다. 그러니 이국적인 원주민문화를 구경하는 관광객 행세를 해야 한다. 관광객은 경찰서를 방문해서 여행자통행증을 신청해야 한다. 그러면 경찰은 한 달 동안 공식적으로 방문할 수 있는 곳의 지명을 적어준다.

초조한 데다 35도의 후텁지근한 날씨 때문에 땀이 비 오듯 쏟아진다. 나는 지금 자야푸라의 찜통 같은 경찰서 안에 있다. 내 앞에는 뚱뚱한 경찰관이 앉아 있다. 경찰관은 수상한 점을 발견하지 못한 것 같다.

경찰관이 묻는다. "인도네시아가 마음에 듭니까?" 그는 지금 '진품명품' 에 나올 법한 타자기로 내 통행증을 만드는 중이다.

"아주 좋아요."

"왜 왔습니까?"

"그냥 관광이요."

"관광? 여기서?"

"저어…… 네."

"일을 하면 안됩니다. 신문 절대 안됩니다. 그러면 감옥에 갑니다. 5년. 경고합니다."

"그런 게 아니고요. 그냥 휴가라서. 재미있는 부족도 많잖아요, 숲도 있고, 그러니까, 동물도 있고……" 나는 막연히 천장을 가리켰다. 지금 내 수중에 수상한 물건이 있던가?

"나 원 참, 관광하러 여길 오면 어쩝니까? 발리에 가야지. 해변 많고, 여자들 예쁘고, '빈탕'(Bintang)…… 알잖아요. 어쩌자고 여기에 옵니까? 이곳엔 야만인이 많아요. 놀 곳이 못 됩니다. 갈 수만 있으면 발리에 갔을 텐데. 하지만 내 신세는 일 때문에." 경찰관은 서글픈 듯 싱긋 웃는다. 그로부터 채 1년도 못 되어 발리의 나이트클럽에서 테러리스트가 던진 폭탄에 수십 명이 사망하는 사고가 발생한다. 이 경찰관이 나중에 그 사고뉴스를 봤다면 자기 직장을 고마워했을까?

"우리나라에서 좋은 시간 보내세요."

자야푸라를 비롯한 모든 파푸아마을에는 한 가지 아이러니가 있다. 파푸아인들은 인도네시아 점령자들에게 경제권, 운명결정권, 문화적 정체성을 모두 빼앗겼다. 그런데 이들 '점령자' 역시 얻은 것이 별로 없다. 이들이 고향에서 수천킬로미터 떨어진 이해할 수 없는 '낙후'지역으로 이주한 것은 인도네시아정부의 '섬끼리의 이주' 프로그램 때문이었다. 정부는 인구과밀 섬인 자바섬 사람들을 파푸아 같은 '인구가 부족한' 섬으로 이주시키는 데 많은 노력을 쏟았다. 이주자들은 이주장소를 선택할 권한이 없었다. 실제로 이주자들은 삼림지대 한 귀퉁이를 개간한 '농장'에 내팽개쳐졌다. 수도와 전기도 들어오지 않았고, 그나마 개간된 토지도 몇 년 안되어 못 쓰게 되었다. 그러나 이주정책은 (지금은 없어지는 중이지만) 자바섬의 과밀인구를 줄이는 동시에 서파푸아를 '인도네시아화'한다는 두 가지 수확을 얻었다.

자야푸라에는 또다른 아이러니가 있다. 멜라네시아땅에 있는 인도네시아마을인 자야푸라는 인도네시아정부가 자행한 파푸아 인종청소의 상징이지만, 인도네시아인들은 또 그들대로 인종청소를 당하는 중이다. 강력한 서구소비주의의 이미지가 인도네시아인들의 문화와 가치를 말살하기 때문이다. 텔레비전에는 자바인 가족이 청바지를 입고 식탁에 둘러앉아 봉지국수를 먹는 광고가 나온다. 인터넷 까페가 두 곳 있는데, 컴퓨터는 모두 미제 쏘프트웨어 영어버전으로 작동된다(아예 작동되지 않는 것도 많다). 다 쓰러져가는 영화관 앞에서 죠지 클루니(George Clooney)의 얼굴이 찍힌 대형광고가 하얀 옷에 베일을 쓴 무슬림여자들에게 윙크를 보낸다. 방과 후의 아이들은 지금 막 미국 중부에서 온 듯한 똑같은 차림을 하고 있다(인도네시아 어린이나 파푸아 어린이나 마찬가지다). 야구모자를 쓴 것까지 똑같다. 인도네시아정부가 파푸아인들의 정체성과 문화를 부지런히 말살하는 동안, 파푸아로 이주한 인도네시아인들은 부지런히 자기네 정체성과 문화를 버리고, 자신들이 결코 경험하지 못할 미국의 복제품을 뒤쫓았다.

나는 지금 접선자 아뭉구르(Amunggur)[3)]를 기다리는 중이다. 그는 파푸아 저항운동의 핵심적인 인물이다. 내게 서파푸아에 오라고 한 것도 그였다. 부족민들이 세계화에 저항하는 모습을 보아야 한다는 것이었다. 아뭉구르는 파푸아인들(가장 열악한 상황에 놓인 '저개발'부족민 중 하나)이 전세계 대중운동에 관심을 가지기 시작했다고 했다. 전세계 대중운동에 참여하는 것은 필요한 일이고 또 급한 일이라는 말도 했다.

부족민의 관심사를 다루는 국제적인 대중운동이 벌어진 적은 한번도 없었다. 이들 '야만인'의 운명은 지난 몇세기 동안 진보의 이름으로 간과되거나 무시되었고, 아예 멸종되는 경우도 많았다. 지금까지 숲 속, 산 속, 들판에 살고 있는 부족민의 존재는 영광스러운 산업사회의 미래를 꿈꾸는 우파와 좌파, 제국 건설자와 '국제사회주의자', 노동계와 재계 모두에게 20세기 내내 난감하고 당황스러운 걸림돌이었다.

그러나 이 운동은 달랐다. 운동을 시작한 날부터 원주민의 관심사가 중심이 되었다. 이것은 '개발도상'세계에서 일어난 운동이고, 토지와 문화적 정체성과 빼앗겼던 발언권을 되찾는 것이 운동의 핵심이기 때문에, 부족민은 처음부터 이 운동에서 중심적인 역할을 수행했다. 인도와 방글라데시에서는 아디라시(adirasi)부족민 수천 명이 집결하여 댐 건설에 반대하고, GM곡물 재배에 저항하고, 자신들의 권리와 문화를 위해서 싸웠다. 나이지리아에서는 오고닐랜드(Ogoniland) 등지의 부족들이 연합하여, '셸'의 석유가 부족마을을 파괴하는 것과 세계경제가 셸의 만행을 그대로 두는 것에 맞서 수년째 싸우는 중이다. 아마존 부족들은 벌채와 토지약탈에 맞서 싸우면서, 타이 산간부족들, 마오리부족들, 아메리카 인디언부족들, 에콰도르 부족들, 꼴롬비아 삼림부족들, 오스트레일리아 원주민부족들과 힘을 합해 부족의 문제를 세계적 차원으로 끌어올렸다. 이렇듯 부족연합세력은 부상중인 세계 대중운동의 이념과 방향과 가치에 영향을 미쳤다.

아뭉구르는 전세계를 돌아다니면서 부족연대를 만들었고, 자기 부족에게 연대의 필요성을 역설했다. 그 때문에 인도네시아정부로부터 불순분자(persona non grata)라는 낙인이 찍혔다. 나는 파푸아에 오기 전에 그를 만난 적이 있는데, 그때 그는 자기 부족이 오랫동안 세계화의 징후들과 싸우고 있다고 말했다. 그리고 이제 세계화의 원인에 주목하기 시작했다고 말했다.

이제 이곳에 왔으니 그의 말이 맞는지 알아봐야겠다. 최고의 안내자는 물론 아뭉구르 자신일 것이다. 문제는 도대체 그를 만날 수가 없다는 것이다.

끔찍하게 무더웠던 이틀 동안 나는 그를 찾아 자야푸라거리를 헤매고 다녔다. 그가 한번이라도 말한 적이 있는 곳은 모두 찾아가보았다. 그러나 내가 만난 것은 택시운전사들, 시장상인들, 반라의 노인들뿐이었다. 이들은 돼지수염 부적, 옛날식으로 나무를 깎아 만든 방망이, 소라껍데기로 만든 목걸이 따위를 사라고 졸랐다. 이틀 동안 안 가본 곳이 없었다. 위험한 줄 알면서도 사람들에게 물어보지 않을 수 없었다. 사람들은 아뭉구르가 있는 곳을 확실히 안다면서 나를 오토바이 뒤에 태우고 흙길을 달렸다. 그러나 그때마다 다른 사람을 아뭉구르로 착각한 것이었다. 모든 것을 포기하고 돌아가려는 참이었다. 그런데 바로 그때 우연히도 아뭉구르의 사촌이 있는 곳을 안다는 노인을 만났다. 놀랍게도 그의 말은 정확했다.

키가 작고 다부진 체격에 턱수염을 짧게 기른 갈릴레(Galile)는 파푸아인의 전형적인 특징을 다 갖고 있다. 코는 넙적하고, 눈썹은 두껍고, 짧은 머리가 곱슬곱슬하게 엉켜 있다. 특히 입이 압권이다. 내가 이곳에 온 이유를 말해주자, 그는 보는 사람이 시원할 정도로 입을 넓게 벌리면서 순박한 미소를 짓는다. 그리고 나에게 악수를 청한다. 족히 5분은 그에게 손을 잡힌 채 있었던 것 같다. 그는 내 손을 놓자마자 나를 자기 집으로 밀어넣고 문을 닫는다. 세월의 풍파를 겪은 낡은 판잣집이다. "스파이가 많다." 그는 소리를 죽이며 바닥에 앉는다. "자야푸라에서 조심해야 한다. 나라를 배신하는 파푸아인들 있다. 인도네시아인들에게 돈을 받는다. 루피아(rupiah, 인도네시아의 화폐단위)를 받고 위스키를 받는다. 거 참! 조심해야 한다!"

갈릴레를 만나지 못했으면 큰일 날 뻔했다. 알고 보니 아뭉구르는 지금 이 나라를 빠져나가고 없었다. 갈릴레는 심각하게 말한다. "그에게 큰 문제가 생겼다. 경찰과 군대에 쫓긴다. 파푸아인들의 고통을 세상에 알린다. 용감한 사람이다. 만약 경찰에 잡히면……" 갈릴레는 손가락으로 목을 긋는 시늉을 한다. 누구라도 이해할 수 있는 동작이다. 갈릴레의 말이 계속된다. "거 참! 상황이 나쁘다. 그는 파푸아가 안전해질 때까지 돌아올 수 없다. 나는 그가 지금 있는 곳을 모른다. 하지만 파푸아사람들 이야기를 들어보고 싶다면 내가 도와줄 수 있다. 힘닿는 데까지 뭐든지 돕겠다."

갈릴레와 아뭉구르는 사촌지간일 뿐 아니라 형제이자 친구이자 처남매부지간이자 부자지간이다. 파푸아에서는 다 별뜻 없는 말들이다. 모두가 '가족'이기 때문이다. 가족의 일원이라는 것이 중요하다. 지금 갈릴레는 숲 속 고향마을에서 수백킬로미터 떨어진 자야푸라에서 '장래를 위해' 공부를 하고 있다. 그러나 환경이 달라졌다고 해서 고향의 생활양식을 버리지는 않는다. 예를 들어, 그에게 제일 중요한 것은 가족(수백 명에 이르는 확대가족)이다. 갈릴레는 영락없는 파푸아부족민이다.

그러나 지금 그는 어두운 마룻바닥에 앉아서 살찐 모기를 잡으며 내게 미소를 짓고 있다. 상대방을 무장해제시키는 솔직하고 신뢰 가득한 웃음이다. 마치 오래전부터 알고 지낸 사람 같다.

그가 묻는다. "자, 하고 싶은 일이 뭔가?"

나는 하고 싶은 일을 말했다.

파푸아인들은 여러 형태로 인도네시아의 점령에 맞섰다. 점령 후 수십 년간 조직을 만들어 저항했던 유일한 단체는 '파푸아자유운동'(OPM)이었다. OPM이라는 사회운동은 1970년대에 결성되었으며, 폭넓은 지지기반을 갖고 있다. 서파푸아에서는 누구에게 물어봐도 (비밀보장이 확실하다면) OPM '소속'이라고 대답할 것이다. 그러나 'OPM'이라는 세 글자가 서파푸아 바깥세계에 의미하는 바는 (OPM을 아는 사람이 많지는 않지만) OPM조직의 무장세력이다. OPM은 로빈후드처럼 숲 속에 살면서 정기적으로 캠프를 옮겨 군대의 수색을 피하고, 어디선가 홀연히 나타나 광산을 습격하거나 아무것도 모르는 외국인들을 납치하는 신비하고 굳건한 게릴라집단이다. OPM게릴라의 말투는 그렇게 비정할 수가 없지만, 인원이 적고 전력도 약하기 때문에 (무기는 창, 칼, 활과 화살, 가끔가다 훔친 총이 고작이다) 인도네시아정부에 심각한 위협이 되지는 못했다. 사실상 지금까지는 식탁 밑에 떨어진 빵조각 같은 귀찮은 존재에 불과했다.

그러나 지난 몇년 동안 서파푸아에서는 상황이 변했다. 인도네시아 전체의 상황도 마찬가지였다. 수하르토가 집권하고 30년이 넘는 세월 동안 정권에 도전하는 사람은 아무도 없었다. 그러나 1998년에 경제태풍이 동남아시아를 강타하자 대중의 분노가 수면 위로 떠올랐다. 마침내 수하르토가 쫓겨났다. 두 명의 대통령이 그 뒤를 이었지만, 오래 간 사람은 없었다. 그러다가 2001년에 메가와티 수카르노푸트리(Megawati Sukarnoputri)가 대통령에 취임했다. 수하르토가 1967년에 몰아냈던 대통령의 딸이었다. 수카르노푸트리는 자기가 대통령이 됨으로써 정의가 이루어졌다고 생각했다.

독재자가 무너진 후 자카르타에는 조심스럽게 새로운 개방의 기운이 감돌았고, 파푸아인들은 이러한 상황에 힘입어 공개적으로 독립을 요구하기 시작했다. 1999년에 파푸아인들은 명령을 어기고 국가의 희망을 상징하는 '샛별기'를 게양했다. 1969년 이후 처음 있는 일이었다. 인도네시아 당국의 처벌은 그리 심하지 않았다. 이어 2000년 5월에 파푸아인들은 국가의 열망을 표현하는 공식행사를 개최했다. 당국의 허가를 받은 행사로는 사상 최대규모였다. 3,000명의 사절단이 '파푸아국민회의' 참석 차 자야푸라를 찾았다. 몇주가 걸리는 산길을 맨발로 걸어온 사람도 있었다. 파푸아국민회의는 독립을 요구하며 '파푸아의회'라는 새로운 독립추진단체를 결성했다. 500명의 부족지도자로 이루어진 파푸아의회는 공인된 비폭력 로비단체로서, 공개적으로 독립을 요구한다는 점에서 파푸아인들로서는 처음 가져보는 단체였다. 파푸아의회의 의사결정기구는 간부회(Presidium)라는 이상한 이름을 가지고 있었다. 간부회는 파푸아의회가 메르데카(merdeka), 즉 자유를 얻기 위해 OPM을 비롯한 여러 단체들과 협력할 것임을 선언했다.

내가 서파푸아에 온 것은 파푸아국민회의가 출범한 지 6개월째 되는 때였다. 그 당시 파푸아인들은 진정한 변화를 가져올 최대의 호기를 맞을 것 같았다. 자카르타에서도 그것을 알아챘다. 인도네시아정부는 독립요구를 묵살할 이중전략을 마련했다.

첫째, 정부는 파푸아인들에게 '특수자치'라는 것을 허용하겠다고 제안했다. 인도네시아의 일부로서 좀더 많은 권한을 갖게 해주겠다는 것이었다. 정부의 제안에는 지명을 '이리안자야'에서 '파푸아'로 바꾸는 것, 원주민이 요직을 차지하는 파푸아의회를 만드는 것, 서파푸아에서 나오는 자원의 일부를 돌려주는 것 등이 포함되었다. 둘째, 이 제안이 통하지 않을 경우를 대비해 자카르타 각료들은 독립요구를 근본적으로 짓밟을 비밀계획을 세웠다. 군대를 동원해 친인도네시아 의용군을 양성하고, 분리주의의 기미가 보이는 사람들을 관공서 일자리로 매수하는 것도 정부계획의 일부였다. 지금까지는 두 가지 전략 모두 통하지 않았다. 파푸아의회, OPM, 그밖의 독립운동단체들은 특수자치권한이 파푸아를 매수하려는 음모라며 거부했다. 그들이 원하는 것은 메르데카뿐이었다.

새로 결성된 간부회가 앞으로 어떤 형태로 운영될 것인지를 알아봐야 한다. 그러나 지금은 시기가 좋지 않다. 내가 서파푸아에 도착하기 2주 전에 간부회 지도자가 인도네시아군대에게 살해당하는 사건이 있었다. 이것 역시 독립운동 파괴공작의 일부로 보인다. 살해당한 테이스 엘루아이(Theys Eluay)는 카리스마가 넘치는 인물이었다. 간부회는 흔들렸다. 그러나 윌리 만도웬(Willy Mandowen)은 내 인터뷰 요청에 응했다. 중년의 윌리는 노회하고 학력이 높고 경험이 풍부하고 영향력도 상당하다. 그는 간부회 전략을 담당하는 핵심브레인 중 하나다. 서파푸아가 국민의 염원대로 독립을 얻는다면, 만도웬은 틀림없이 정부요직을 차지할 것이다.

나는 윌리의 집 거실 소파에 걸터앉아 그의 말을 듣고 있다. 윌리에 따르면, 간부회는 이전과는 전혀 다른 방식으로 나라를 다스릴 것이다.

그는 조용히 말한다. "우리가 독립을 얻었는데 수도는 다른 사람이 다스린다면 어떻게 될까요? 우리는 그런 위험이 닥칠 수도 있음을 잘 알고 있습니다. 어떻게 해야 이런 상황을 막을 수 있을까요? 부족지도자들이 정부 내에서 온전한 역할을 하도록 조치를 취해야 합니다. 회사가 산을 파헤치고 광산을 건설하겠다고 나설 수도 있습니다. 그러나 국민과 문화가 '안된다, 산은 우리 어머니다'라는 반응을 보인다면, 회사가 떠나야 합니다."

나는 그에게 묻는다. "당신은 정말로 부족민의 관습이 자원 개발과 엄청난 세계경제의 힘을 이길 수 있다고 믿습니까?"

그는 미소를 짓는다. "음, 그럼요. 이길 수 있습니다. 정의가 뭡니까? 소위 '선진국'이라는 나라들이 세계무역기구(WTO)를 등에 업고 약소국을 지배하는 상황은 이제 끝나야 합니다. 이것은 식민주의와 다를 것이 없습니다. 솔직히 말해서 선진국에 선진적인 것이 뭐가 있습니까? 뉴욕, 씨드니, 쌘프란씨스코에서 (자카르타에서도) 거리를 걸으면서 높이 솟은 텅 빈 건물들을 보았습니다. 건물에서 도망치듯 교외로 나가는 사람들도 보았습니다. 살기 좋은 집을 짓는 것이 더 좋지 않습니까? 왜 도시를 쓰레기통으로 만드는 겁니까? 왜 자꾸 모든 것을 강철로 만들고, 기름값 때문에 싸우는 겁니까? 파푸아에는 넓고 살기 좋은 곳이 많습니다. 우리는 산호초 사이에서 물고기를 잡고 싶고, 밀림에서 사냥하고 싶습니다. 한달씩이나 냉장고에 들어 있는 물고기는 싫습니다."

그의 말은 계속된다. "미국에 희한한 텔레비전프로그램이 있더군요. 제목이 '생존자'였던 것 같은데. 수백만 달러를 처들여 사람들을 일주일 동안 밀림에서 살게 하는 프로입니다. 로스앤젤레스에는 호텔 로비마다 인조밀림이 있더군요. 선진국사람들은 나 같은 사람으로 돌아가고 싶어 하는데, 왜 우리가 그런 나라를 따라가야 합니까? 명확한 비전이 있어야 합니다. 우리의 비전은 세계화를 현지화하는 것입니다. 이것이 파푸아 개발의 비전입니다. 우리가 미국인이 될 필요는 없습니다. 세계를 개발하는 것은 집을 짓는 것과 같습니다. 여기는 창문, 여기는 벽돌, 여기는 지붕이 있어야 합니다. 재료가 다 다르고 재료를 만드는 사람이 다릅니다. 모든 나라가 모여서 세계가 됩니다."

다시 말해, 다양한 세계가 공존하는 세계다. 아뭉구르와 말할 때도 느꼈던 것이지만, 윌리와 말할 때도 세계화·경제·독립에 대한 새로운 생각이 이토록 짧은 시간에 이토록 멀리까지 퍼졌다는 것이 새삼 놀랍게 느껴진다.

한편, 윌리는 기업규제 계획을 가지고 있다고 한다. 서파푸아에서 활동하거나 투자하기를 원하는 회사가 있으면, 엄격한 규칙(마을 단위에서 결정된 규칙)을 따라야 한다는 것이다. 기업이 들어오고 나가고를 결정하는 최종적 권한은 마을에게 주어진다. 기업이 마을에 들어오기로 했으면, 마을의 관습과 생활방식을 존중해야 하며, 이윤의 수혜자는 마을(그리고 파푸아정부)이 되어야 한다. 마지막으로, 서파푸아에 들어온 모든 기업은 마을에서 관리하는 신탁기금에 기부금을 내야 한다. 나중에 마을 지도자가 기부금이 마을을 위해 쓰일 수 있도록 결정을 내린다.

좋은 생각인 것 같다. 제대로만 운영된다면 분명 좋은 결과를 낳을 것이다. 그러나 윌리에게 물어보고 싶은 것이 있다. 이상한 소문이 떠돈다. 지금까지 언급한 야심찬 계획의 성패를 좌우할 수도 있는 소문이다. 들자하니, 서파푸아에 들어온 가장 큰 다국적기업들이 간부회에 자금을 댄다는 말이 있다. 아뭉구르와 OPM은 이들 기업이 신생국 파푸아를 강간하고 있다고 말했다(표현이 그렇게 과격하지는 않지만, 윌리의 생각도 마찬가지다). 프리포트, 셸 같은 벌목회사들이 자행하는 환경파괴와 인권침해는 상상을 초월한다. 최근 BP로 이름을 바꾼 석유회사는 '석유를 넘어' 사업을 확장하면서 서파푸아 서단에 위치한 빈투니만(Bintuni Bay) 석유가스 채굴권을 노린다. BP측은 주민과 동반자관계를 맺겠다는 주장이다. 다른 기업들의 실책을 눈여겨 보아온 BP로서는 OPM의 공격과 환경론자들의 저주와 인권유린의 소문을 피하고 싶은 것이 당연하다.

윌리는 다국적기업이 간부회에 자금을 댄다는 말이 사실이라고 한다. 그러나 갈등을 느끼는 기미는 전혀 없다. "맞습니다. BP와 프리포트는 파푸아의회의 교통비·회의경비·숙식비 일부를 지원하고 있습니다. 다른 회사들도 자금을 대겠다고 합니다. 우리는 BP와 긴밀한 관계를 유지하고 있습니다." 기업 신탁기금에 대한 윌리의 생각을 자세히 알아보기 위해 몇가지 질문을 해봤는데, 윌리의 생각은 석유회사의 주장과 똑같다. 이 석유회사는 다른 곳에서도 비슷한 신탁기금을 운영한다. 나는 그에게 갈등을 느끼지 않느냐고 물었다. 그의 대답은 간단하다. "아니오."

그러나 이제는 파푸아인들도 이런 것이 문제라고 생각하기 시작한다. 생각해보니 이 모든 것이 내가 전에 한번 보았던 상황이다. 요하네스버그에 있을 때였다. 나는 아프리카민족회의(ANC)정부의 국가재건 계획이 시장 앞에서 무너진 이유가 무엇인지를 물어본 적이 있었다. 그리고 이곳 파푸아에서 그 이유를 내 눈으로 직접 보고 있다. 기업들은 여기저기 돈을 뿌리면서 파푸아인들의 운명을 지배한다. 모두에게 돈을 뿌렸으니 누가 권력을 잡더라도 영향력을 행사할 수 있고, 대중의 환심을 샀으니 집권세력을 마음대로 주무르고 관리하고 필요하다면 축출할 수도 있다. 새벽녘에 모기들이 강가로 모이듯이, 미래의 권력은 윌리 주변으로 모인다. 윌리와 친구들이 이러한 상황을 통제할 수 있을까? 무수한 역사 속의 인물들이 그랬듯이, 상황에 말려드는 것은 아닐까?

노파심일 수도 있다. BP는 그저 도와주려 하는 것일 수도 있다. 최근 재계의 전문용어를 쓰자면 '출자자 대화'를 하자는 것일 수도 있다. 그러나 존 룸비악(John Rumbiak)의 생각은 다르다. 파푸아의 대표적인 인권단체 ELS-HAM 의장인 룸비악은 기업이 파푸아 투쟁에 관여하는 상황에 불안을 감추지 않는다.

그는 나에게 말한다. "간부회에는 중대한 문제가 있습니다. 아주 명확한 가치기준이 없으면, 무엇을 위해서 싸우고 무엇에 맞서서 싸우는지 분명히 해놓지 않으면, 당신네 나라에서 저질렀던 실수를 또다시 저지르게 될 겁니다. 여러가지 면에서 이 투쟁은 인도네시아인들에게 저항하는 투쟁이 아니라 체제와 가치에 저항하는 투쟁입니다. 체제와 가치는 그대로 둔 채로 인도네시아인들만 파푸아인들로 갈아치운다면, 달라지는 것은 아무것도 없습니다."

룸비악은 간부회가 돌아가는 방식에 (처음 생겼을 때부터) 불만이 많았다. "내가 우려하는 것은 파푸아 동포들이 너무 순진하다는 것입니다. 이들은 기업의 실적이 뭔지도 모르고 기업의 꿍꿍이가 뭔지도 모릅니다.

얼마 전에 런던에서 BP 사장 존 브라운(John Browne)과 두 시간 동안 만난 적이 있습니다. 그 사람이 나한테 그러더군요. '우리가 꼴롬비아 등 많은 나라에서 잘못을 많이 한 것은 인정한다. 그러나 서파푸아에서는 똑같은 잘못을 저지르고 싶지 않다. 파푸아인들과 좋은 이웃이 되고 싶다.' 그래서 내가 대꾸했지요. '웃기지 마시라. 당신네는 인도주의단체도 아니고, 교회도 아니다. 당신네는 기업이다. 당신네가 원하는 건 가스다. 당신네가 원하는 건 돈, 돈, 돈이다. 당신네 문화는 돈의 문화다. 우리 문화는 다르다.'"

서파푸아에서 기업에 저항하는 운동을 하려면, 기업이 어떻게 들어왔는지, 기업이 어떻게 작동하는지, 기업이 현지인들을 얼마나 무시하는지, 기업이 들여오는 '돈의 문화'가 무엇인지 알아야 한다. 그러나 단지 아는 것과 내 눈으로 직접 보는 것은 완전히 다른 일이다.

영국의 탐험가 월터 굿펠로(Walter Goodfellow)는 영국이 아니면 나올 수 없었을 인물이다. 1910년 굿펠로가 탐험대를 이끌고 서파푸아에 온 것은 이 섬에서 가장 높은 산을 등반하기 위해서였다. 바닷가와 산자락 사이에는 수백킬로미터의 삼림지대가 펼쳐져 있었다. 바닥은 김이 모락모락 나는 진창길이었다. 굿펠로와 그의 오른팔 알렉산더 울러스턴(Alexander Wollaston)은 이 늪지대를 걸어서 건너기로 결정했다. 외국인 안내자와 쿨리(coolie) 400명이 동행했지만, 이 섬에 와본 적이 없기로는 영국인들과 마찬가지였다. 탐험대는 계속되는 장애물을 지나면서 말라리아가 우글거리는 수렁을 꾸역꾸역 건너갔다. 짐은 무거웠지만, 정작 필요한 것은 없었다.

후일 울러스턴은 우림에 대해서 이렇게 말했다. "세상에, 비가 얼마나 왔던 걸까! 이 숲을 이 세상 그 무엇에 비할까? 단조롭기가 끔찍하고 견고하기가 난공불락이다." 굿펠로는 몇주 동안 단조롭기가 끔찍한 우림지대를(사실은 지구상에서 가장 생태계가 다양한 곳이지만) 꾸역꾸역 걸어갔고, 무표정한 짐꾼부대가 그 뒤를 따랐다. 결국 굿펠로는 말라리아로 목숨을 잃었다. 후임 탐험대장 쎄씰 롤링(Cecil Rawling)은 에카지(Ekagi)부족민 몇명과 마주쳤다. 이들에게 산으로 가는 길을 물어볼 수도 있었을 텐데, 롤링은 이들을 생포하여 우리에 가두고는 자기가 '발견' 한 것이라며 요란을 떨었다. 그는 이들에게 타피로피그미(Tapiro pigmy)라는 이름을 붙였는데, 왜 그랬는지는 본인이나 알 일이다.

결국 탐험대는 도저히 산까지 갈 수 없다는 것을 깨달았고, 쓰라린 가슴으로 발길을 돌려 영국으로 귀환했다. 탐험대는 실패를 자위하는 차원에서 '인종학 표본' 컬렉션을 챙겼다. 조류 · 포유류 · 파충류 희귀종 수백마리의 사체를 가져간 것이다.

그로부터 26년 후에 네덜란드 지질학자 도지(J.J. Dozy)는 드디어 산까지 가는 데 성공했고, 산에서 본 것을 스케치하거나 표본을 수집했다. 우뚝 솟은 거대한 봉우리 두 개에 마음을 빼앗긴 도지는 두 봉우리에 각각 '그래스버그'(Grasberg, 수풀산)와 '어츠버그'(Ertsberg, 광석산)라는 이름을 붙였다. 어츠버그는 이름대로 구리가 많이 묻혀 있는 것 같았다.

그후로 한참 동안 잊혀졌던 서파푸아는 1960년에 다시 한번 세계의 주목을 받았다. 지질학자 포브스 윌슨(Forbes Wilson)이 뉴올리언스에 본부를 둔 광산회사 프리포트와 이곳으로 답사를 나왔을 때였다. 우연히 도지의 보고서를 읽게 된 윌슨은 여기에 뭔가 있다는 예감이 들었고, 회사를 설득해 여기까지 오게 된 것이었다. 그의 예감은 적중했다. 어츠버그에 도착한 윌슨은 도지가 막연히 추측했던 것을 사실로 확인했다. 노천 구리광산 중 세계 최대 매장량을 자랑하는 곳이 바로 여기였다.

1960년 어느날 아침이었다. 윌슨이 이끄는 지질학자그룹은 텐트 밖에 나와서 깜짝 놀랐다. 야영지 사방을 뾰족한 막대기가 포위하고 있었는데, 막대기 끝을 해골과 뱀가죽이 장식하고 있었다. 금기봉이었다. 밤새 아뭉느메(Amungme)족이 다녀간 것이다. 그들은 불안을 느끼며 부족마을을 찾아갔다. 대화를 해보려는 것이었다. 그러나 화살세례가 그들을 맞았다. 그들은 부랴부랴 통역을 찾아냈다. 그리고 마을에서 간단한 통보를 받았다. "여기는 우리 땅이다. 이 땅은 신성하다. 여기서 나가라."

그러나 프리포트에서 파견된 사람들은 개척자이자 사업가였다. 그들은 야만인들이 회사의 미래를 망치는 것을 두고 볼 수 없었다. 그들은 부족지도자들에게 쇠도끼 몇개를 선물했다. 주민들은 도끼날을 보고 벌린 입을 다물지 못했다. 또 그들은 아이들에게 헬리콥터를 태워주었다. 나중에 백인들이 더 찾아와서 아뭉느메족에게 재미있는 장난감을 갖다줄 것이라는 약속도 남겼다. 그들은 이렇게 시간을 벌면서 자기들의 목적을 달성했다. 그리고 고향으로 돌아갔다. 그러나 곧 다시 돌아왔다.

윌슨의 탐험대와 굿펠로의 탐험대 사이에는 50년의 시간차가 있지만, 두 탐험대의 성격은 본질적으로 똑같은 것이었다.

나는 어딘지 불안한 녹슨 헬기를 타고 티미카(Timika)공항에 도착했다. 월터 굿펠로의 저주받은 탐험대가 늪지대탐험을 시작한 곳에서 몇킬로미터 떨어진 곳이다. 처음 눈에 들어오는 것은 '착륙휴게소'(오두막)

위쪽의 거대한 회사간판이다. 온갖 국기로 요란하게 채색된 간판은 20여 개 나라 노동자가 이곳에서 세계 최대 규모의 구리광산과 황금광산을 건설한 것을 기념하고 있다. 서파푸아에서 포브스 윌슨의 꿈이 실현된 것이다. 현실은 꿈보다도 대단했다. 1960년대 초에 지질학자들이 프리포트 본사에 답사결과를 보고한 후, 회사측은 어츠버그 소유국(인도네시아)에서 권력을 잡을 것으로 예상되는 세력과 교섭하기 시작했다. 파푸아가 인도네시아의 일부가 될 것을 공식적으로 '결정'하기 만 2년 전인 1967년에 프리포트는 수하르토정권과 계약을 체결한 최초의 외국기업이 되었다. 정말 이상한 일이다.

프리포트가 서파푸아로 들어와 어츠버그 채굴을 시작한 것은 1973년이다. 1988년에 어츠버그라는 검은 바위기둥은 이미 깊은 구멍으로 변해버린 상태였다. 프리포트의 지질학자들은 새로운 노다지를 발견했다. 여기에 비하면 어츠버그 광산의 기적도 아이들장난에 불과했다. 어츠버그 옆에 있는 그래스버그에는 세계 최대의 황금 그리고 세계에서 세번째로 많은 구리가 묻혀 있었다.

프리포트가 그래스버그 광산 주변사람들과 자연환경에 무슨 짓을 저질렀는가 (그리고 아직도 저지르고 있는가) 하나만 보아도 기업들이 파푸아인들을 어떻게 괴롭혔는가를 한눈에 알 수 있다. 통계 자체가 경악스럽다. 2001년에 그래스버그광산에서 3개월 동안 채굴된 금은 보통 금광의 1년치 채굴량에 맞먹는다. 프리포트는 날마다 바위 70만 톤을 옮겼다. 쿠푸(Khufu)왕의 피라미드를 일주일에 한 번씩 옮길 수 있는 작업량이다. 'PT프리포트인도네시아'(미국에 본사를 둔 다국적기업인 '프리포트맥모런'Freeport McMoran의 지사)는 인도네시아 세금 총액의 1/5을

그래스버그광산 때문에 거처를 잃은 가족.

납부하고, 생산량은 서파푸아 국내총생산(GDP)의 절반에 해당된다. 2001년에 프리포트 사장 짐 밥 모펫(Jim Bob Moffett)의 봉급은 700만 달러를 약간 밑돌았다(스톡옵션 400만 달러는 별도로 지급되었다).[4)]

프리포트인도네시아 노동자 9,000명 중에서 3/4 이상이 외지인이다. 인도네시아정부는 거의 100만 헥타르(제주도의 약 5.5배)에 이르는 부족의 옛 땅을 몰수하여 광산과 부대시설을 건설했다. 360만 헥타르에 이르는 광산부지에서 수천 가구가 아무 보상도 못 받고 쫓겨나 '재정착' 당했다. 프리포트는 불만을 품은 주민들의 광산현장 진입을 금지하는 비용을 지불했고, 무수한 사람들이 인도네시아군에게 죽임을 당했다. 광산감시단 프로젝트언더그라운드(Project Underground)에 따르면, 회사는 UN의 세계인권선언에 명시된 인권 중 여덟 가지 이상을 위반했다. 그래스버그가 폐쇄될 때까지 프리포트가 계곡에 버린 폐석은 30억 톤으로 추산

그래스버그광산 때문에 오염된 강.

된다. 빠나마운하를 건설할 때 파헤친 흙의 두 배 분량이다. 프리포트는 지난 30년 동안 3만 헥타르의 우림을 파괴했고, 산과 중금속이 다량 함유된 광산폐기물을 날마다 20만 톤씩 신성한 아이콰(Aikwa)강에 내버렸다. 주민들이 식수로 사용하고 물고기를 잡았던 강이다.[5)]

이런 연유로 해서 프리포트광산은 파푸아 투쟁의 핵으로 자리하게 되었다. 프리포트(『극동경제리뷰』*Far Eastern Economic Review*에 따르면, 오늘날 다국적기업 중 세계 최고의 망나니인 미국기업[6)])는 OPM 저항운동의 핵이고, 기업에 침략당한 파푸아인들의 분노의 핵이고, 세계시장 때문에 야기된 세계관 충돌의 핵이다.

1980년대 후반까지 티미카는 주민 200~300명 정도의 자그마한 마을이었다. 오늘날 티미카는 인도네시아에서 가장 빠르게 성장하는 도시로서, 인구는 11만 명에 이른다. 그중에 파푸아인은 1/3도 안된다. 도시가 폭발적으로 성장하면서 눈앞에 우울한 풍경이 펼쳐졌다. 티미카는 한마디로 쓰레기장이다. 전체 구조는 바둑판처럼 획일적이고, 길에는 쓰레기가 나뒹굴고, 노천하수구는 기름때에 찌들었고, 간이 국수식당은 양철지붕을 얹어놓았고, 호텔은 석탄재 콘크리트블록이고, 사방에는 인력거가 어지럽게 늘어서 있다. 상점주인은 대부분 인도네시아인이다. 파푸아인들은 노점상으로 전락하여 길가에 플라스틱좌판을 펼쳐놓고 바나나, 두리안, 멜론, 고구마를 팔고 있다. 노점들 옆에는 광산폐기물이 아무렇게나 버려져 회색 피라미드처럼 쌓여 있다. 도시 곳곳에서 이런 폐기물피라미드를 볼 수 있다. 오토바이떼들이 더러운 거리에서 개나 아이들을 요리조리 피하면서 후텁지근한 40도의 대기중으로 검은 연기를 뿜어낸다.

갈릴레와 나는 자야푸라에서 동행으로 뽑아온 친구 두 명과 함께 공항에 도착했다. 구바이(Gubay)는 청년독립운동조직인 파푸아학생연맹(APM) 회원이고, 스티브(Steve)는 나처럼 영국인인데, 영국에서 파푸아 투쟁을 알리는 일을 하고 있다. 우리는 곧 갈릴레의 '가족' 네 명이 운전하는 지프차 뒤에 올라탄다. 갈릴레는 이들을 처음 만났는데, 불과 몇초 만에 오랫동안 헤어졌던 형제들처럼 서로 끌어안고 웃고 난리다. 우리가 탄 지프차는 신록의 공원들을 지나 양철지붕을 얹어놓은 프리포트 직원 주택 앞에 멈춰 선다.

우리를 데려온 네 남자는 뎀막(Demmak)회원이다. 뎀막은 '남근덮개 회의' 쯤으로 번역할 수 있다. 서파푸아 모든 부족을 대표하는 포괄(umbrella)조직을 자처하는 조직이다. 1999년에 만들어진 뎀막은 출범 이래 발전을 거듭해왔다. 특히 뎀막은 간부회를 설득하여 급진적 저항운동을 견지하게 하는 데 성공했다. 뎀막은 간부회가 사람들을 팔아넘긴다고 생각되면 자신들이 주저없이 간부회의 역할을 대신해주겠다며 은근히 위협을 가했고, 실제로 그러한 위협이 통했다. 위험을 감지한 인도네시아정부는 뎀막을 금지하는 것으로 대처했다.

OPM군인들과 마찬가지로 뎀막회원들은 인도네시아정부에게는 불순분자이다. 정부와 밀월관계에 있는 기업들에게도 마찬가지다. 우리를 데려온 사람들은 우리를 도울 두 가지 방법을 제시했다. 우선 우리를 몰래 광산에 들여보내줄 수 있는 직원들과 접촉할 수 있다고 했고, 둘째, OPM게릴라와 인터뷰를 주선해줄 수 있다고 했다. OPM게릴라는 기자들의 질문에 대답하기보다는 기자들을 납치하는 것으로 알려져 있다. 그런 OPM게릴라를 설득해서 우리 쪽으로 찾아오게 하겠다는 것이었다.

다음날 아침 여섯 시. 프리포트 지프차에 올라탄 우리는 깡통에 든 콩처럼 이리 튀고 저리 튀며 안개 낀 산길을 올라간다. 차가 너무 흔들려서 뼈가 부서질 것만 같다. 프리포트의 그래스버그광산 현장은 가히 공학의 기적이라고 할 수 있다. 선구적인 테크놀로지를 총동원해 지구상에서 가장 올라가기 어렵다는 산에 광산을 건설한 것이다. 광산 자체(그래스버그산 전체가 하나의 거대한 구멍이 되었다)도 산업의 역사상 최대규모다. 오만하고 장엄한 아름다움이 느껴지는 곳이다.

그러나 파푸아인들은 이곳을 아름답게 생각하지 않는다. 프리포트가 서파푸아에 처음 왔을 때 몰랐던 것(그리고 나중에 알면서도 무시했던 것), 그것은 '그래스버그'라고 부르는 이 산이 아뭉느메부족에게는 신성한 장소라는 점이었다. 아뭉느메신화에 따르면, 모두가 굶주림에 죽어가던 시절에 한 어머니가 자식들의 생명을 구하기 위해 목숨을 바쳤다. 어

그래스버그광산.

머니는 자식들에게 자기를 죽이고 시체를 잘라서 머리는 북쪽으로 던지고 오른쪽 몸통은 동쪽으로 던지고 왼쪽 몸통은 서쪽으로 던지고 다리는 강 쪽으로 던지라고 했다. 다음날 아침, 자식들은 어머니의 머리가 있던 자리에 거대한 산(그래스버그)이 솟아나 있는 것을 발견했다. 오늘날까지 살아남은 아뭉느메부족은 어머니의 몸통부분(어머니의 젖가슴에서 가장 가까운 곳)에 살고 있다. 이곳에서 부족민 자식들은 어머니의 무릎을 베고 잘 수 있고, 어머니의 품에 안겨 위로를 받을 수 있다.

프리포트의 입장에서 그래스버그광산은 현대 과학기술의 기적이다. 아뭉느메부족의 입장에서 이곳은 문자 그대로 어머니의 머리를 잘라낸 형상이다. 성 베드로의 제단 밑에서 석유굴착기를 돌리는 것이나 다를 바가 없다.

우리는 광산으로 가는 길에, 쿠알라 켄카나(Kuala Kencana)에 잠깐 멈춘다. 프리포트가 5억 달러를 들여 건설한 직원용 주거단지다. 서파푸아에서 가장 초현실적인 곳이라고 할 수 있다. 부드러운 잔디밭, 커다란 교회, 이슬람사원, 도서관, 쇼핑몰, 체육관, 끝없이 이어지는 주택단지, 이 모든 것을 원시우림을 베어내고 건설했다. 깨끗하게 면도한 소비자들이 비닐쇼핑가방을 들고 조깅화 차림으로 주거단지를 활보한다. 미국의 교외를 뉴기니 부족마을에 옮겨온 것 같다. 우리가 탄 차는 캘리포니아를 연상시키는 도로를 달린다. 곡선 차로, 파스텔톤의 사각형 주택가, 우체통, 휴지통, 호스까지 없는 것이 없다(우림에 호스라니!).

쿠알라 켄카나에서 제일 휘황찬란한 것은 쇼핑몰이다. 코모로(Komoro)족의 옛 사냥터에 쇼핑몰을 지으면서 어울리지 않는다는 생각은 전혀 하지 않았던 것 같다. 크고 멋진 우림의 나무들로 둘러싸인 슈퍼마켓은 할로겐불빛으로 빛나며 사람들로 북적인다. 손수레, 바구니, 계산대, 삑삑거리는 바코드스캐너, 배경음악, 미국식 유니폼…… 시카고에 온 것이 아닐까 하는 착각이 들 정도다. 이곳에 처음 와본 갈릴레는 속이 좀 울렁거리는 것 같다. 그의 표정에는 놀라움과 불쾌함이 섞여 있다. 스티브는 말도 안되는 이 광경에 웃음을 터뜨린다. 행복한 고객들은 스티브를 이상하게 쳐다본다.

프리포트는 쿠알라 켄카나를 자랑거리로 생각한다. 회사측에서는 노동자들이 깨끗하고 넓은 집에 살고, 수도를 사용하고, 정기적으로 봉급을 받고, 상점, 체육관, 의료시설, 교육시설을 이용하고 있다는 사실을 강조한다. 적어도 쿠알라 켄카나 사람들 몇천 명만큼은(프리포트 노동자 중에 인도네시아인이 많기 때문에, 쿠알라 켄카나에도 인도네시아인이 많다) 파푸아인들보다 물질적으로 윤택한 생활을 하고 있는 것이 사실이다. 그러나 우리는 프리포트의 '개발' 모델에서 눈여겨보아야 할 것이 있다. 다수의 것을 강탈하고 환경을 파괴하여 선택된 소수에게 특권을 준다는 것이 문제의 전부는 아니다. 우리는 세계화프로젝트 전반의 바탕이 되는 전제들을 점검해야 한다.

회사가 노동자나 현지인에게 시혜를 베푸는 것은 문화적으로 심각한 위험이 될 수 있다. 지극히 미국적인 이 회사 사람들(대부분 남자다) 입장에서 '개발'이란 계몽이 덜 된 나라에 살고 있는 운이 좋은 사람들에게 '자유의 땅'의 복제품을 선물하는 것이다. 이것은 단순히 주택설계나 의상디자인의 문제가 아니라, 이런 것에 따르는 세계관의 문제다. 계몽의 세계관을 전파하는 프리포트는 '지역사회 개발'에 살짝 손을 대는 것만으로 지역사회를 박살낼 수 있다.

돼지의 예를 들어보자. 돼지는 파푸아 고산지대 문화의 중심이다. 돼지는 마을사람들과 동고동락하는 존재다. 돼지를 잡아먹는 것은 아주 특별한 경우, 이를테면 전쟁을 앞두고 연회를 벌일 때나 오랫동안 헤어졌던 가족이 돌아왔을 때뿐이다. 남자가 결혼을 원하면, 약혼자의 가족에게 지참금으로 돼지 열 마리를 주는 것이 상례다. 누군가가 다른 부족의 돼지에 손을 대면 남자들은 온몸에 색깔을 칠하고 전쟁 나갈 준비를 시작한다. 돼지는 전쟁, 결혼, 지위, 재산의 중심이다. 고산지대 오지에서 좋은 돼지 두 마리를 주면 비행기를 탈 수 있다.

그러나 프리포트는 파푸아인들의 돼지를 좋아하지 않았다. 냄새가 심하고 벼룩이 많을 뿐 아니라 불쌍할 정도로 효율성이 낮았기 때문이다. 전통적으로 전해 내려오는 파푸아의 '지저분한' 원형 초가오두막을 없애고 양철지붕을 얹은 깨끗한 사각형 주택을 지어주었던 프리포트는 이 참에 파푸아인들의 돼지 문제까지 해결해주기로 작정했다. 반티(Banti)라는 마을에서는 변두리에 축사를 짓고 돼지들을 그 안에 가두었다. 작고 색이 검고 털이 뻣뻣한 토종돼지를 몰아내고 뚱뚱하고 빨리 자라는 분홍색 미국돼지를 들여오기도 했다(마을사람 하나는 나에게 '별로 맛이 없다'고 투덜거렸다). 프리포트는 수세기 동안 이어져내려온 파푸아문화의 중심축을 단칼에 무너뜨렸다. 회사측은 파푸아인들이 왜 고마워하지 않는지 처음에는 이해를 못했다.

다국적기업이 세계관이 다른 전통부족을 만나면 문화충돌이 발생하게 마련이다. 이때 부족민이 경제식민지·문화식민지가 되는 것에 저항하면, 물리적 충돌로 발전할 공산이 크다. 프리포트가 서파푸아에서 저지른 일이 바로 이것이다. 특수한 상황은 아니다. 1999년과 2001년 사이에 있었던 마을 단위 저항운동의 결과로 인도네시아 전체에서 국제광산의 절반이 폐쇄되거나 파괴되거나 철수했다.[7]

진부한 표현이긴 하지만, 이것이 바로 진정한 의미에서 문명의 충돌이다. 이것이 서파푸아의 특수한 상황이 아닌만큼, 사람들은 '개발'이라는 개념 자체에 문제를 제기하기 시작했다.

'개발'이라는 말은 워낙 많이 쓰이기 때문에, 정작 이 말을 문제 삼는 경우는 거의 없다. 개발을 의심하는 것은 가난한 사람들에 역행하는 것이고, 진보에 역행하는 것이고, 미래에 역행하는 것으로 여겨진다. 사실 '진보'라는 말이 인간의 역사에 들어온 것은 최근의 일이다. 미국 대통령 해리 트루먼(Harry Truman)이 세계를 '선진국'(서구·산업화·소비주의)과 '개발도상국'(기타지역, 생산증대가 번영과 평화로 가는 열쇠인 곳)으로 나눌 수 있다고 했던 것도 1949년의 일이다.[8] 이로써 트루먼은 지구상 모든 문명이 진보하는 목적과 역사의 목표가 서양처럼 되는 것이라고 선언한 셈이다. 그 이후 세계는 한번도 뒤돌아본 적이 없었다.

이론적으로 '개발'이라는 것은 만인의 물질적 생활수준을 높이는 것이다. 만인에게 충분한 식량, 깨끗한 물, 의료 등을 제공하고 산업자본주의가 확장되면서 빈민가에 팽개쳐진 사람들을 구해내는 것이 바로 개발이다. 그러나 현실적으로는 상황이 다르다. 미국의 역사학자 에밀리 로젠버그(Emily Rosenberg)가 말한 것처럼, 개발은 '평화, 번영, 민주주의의 수사를 동원해 현대화의 이름으로 세계를 미국화'하려는 지극히 이데올로기적 기획인 경우가 많았다.[9] 간단히 말해서, '그들'을 '우리'처럼 만드는 것이 개발이었다. 우연의 일치인지 몰라도, 이런 식의 개발개념은 '백인의 의무'(개화된 인종이 야만인을 구해내야 한다는 도덕적 의무)라는 빅토리아시대의 관념에서 그리 멀지 않다.

물론 개발업자들은 상황을 전혀 다르게 볼 것이다. 그러나 '개발'을 자기 나라의 존재이유로 받아들이기에 앞서 파푸아사람들은 일단 그 의미를 다시 한번 생각해보겠다고 한다. 사람들은 말한다. "왜 우리는 강자가 정한 '선진국'의 꽁무니를 따라가야 하는가? 왜 우리는 부자나라가 우리 자원을 헐값에 빼앗아가는 것을 내버려두는가? 왜 우리는 값싼 노동력을 착취당해야 하는가? 왜 우리의 무역조건을 그들이 정해야 하는가? 왜 우리가 서양이 택한 길을 따라야 하는가? 왜 우리 손으로 '진보'의 의미를 규정할 수 없는가?"

OPM은 때로 극단적인 주장을 펼친다. "우리는 어떠한 개발도 거부한다. 종교단체, 구호단체, 정부조직을 모두 거부한다. 우리를 그냥 내버려두라!" 모두가 고립주의를 주장하는 것은 아니지만, 파푸아의 저항운동이 점차 '개발'을 문제시하는 방향으로 진행되는 것은 사실이다. 여기서 말하는 개발은 상명하복식의 산업개발, 도시개발로서 오랜 세월 좌우익 모두에서 신성시되었던 것이다.

우리는 자동차를 타고 울퉁불퉁한 회색 바위 사이를 지나고 발전소를 지나고 철탑을 지나고 철물작업장을 지나고 직업훈련쎈터를 지나며 오르막길을 올라간다. 우리는 군사기지도 지나간다. 1960년대에 프리포트가 이 지역에 들어왔을 때 수하르토는 회사를 돕기 위해 군사를 보냈다. 인도네시아 법률에 따르면 정부는 국가발전의 이름으로 부족 땅을 보상 없이 압류할 수 있었다. 거의 100만 헥타르에 이르는 조상 땅이 프리포트광산과 부대시설에 넘어갔다. 수하르토는 땅을 찾겠다고 나서는 건방진 현지인들을 막기 위해 군대를 보냈던 것이다.

오늘날 티미카는 인도네시아 최대의 군사 밀집지역이다. 인도네시아에 침략당한 후 이곳에서는 정기적으로 끔찍한 군사적 만행이 자행되었다. 과거에 군대는 영국제 호크(Hawk)제트기를 타고 산악마을에 기관총알을 쏟아부었고, 고산지대에 네이팜탄을 투하했고, 마을에 대한 경고의 표시로 분리주의자로 의심되는 사람들을 헬리콥터에서 떨어뜨렸다. 내가 이곳에 오기 바로 1년 전에 군대는 분리주의자로 의심되는 사람들을 군함에서 떨어뜨려 태평양의 상어밥이 되게 했다. 같은 해인 2000년에 고산지대 수도인 와메나(Wamena)라는 작은 마을이 전쟁상황에 돌입했다. 샛별기를 게양했다는 이유로 무장경찰이 파푸아인들을 공격했을 때였다. 약 40명이 사망했고, 90명이 부상당했다. 그때 갈릴레는 마을 병원에서 파푸아인들의 팔다리를 봉합하는 일을 했다. 의사들이 파푸아인들을 치료하는 것을 거부했기 때문이다.

그러나 서파푸아에 주둔하는 군인들이 이처럼 무자비한 것은 애국심 때문만은 아니다. 다국적기업의 이익이 걸려 있는 경우에도 인정사정없는 것은 마찬가지다. 한 가지 이유는 확실하다. 군인들은 기업이 나눠주는 현찰을 받아서 쥐꼬리만한 봉급을 메우는 데 혈안이 되어 있다(전문용어로는 이 돈을 '예산외기금'이라고 한다). 인도네시아군을 연구하는 전문가의 견해로는 그래스버그광산 현장 주변의 '안전'을 지켜주는 댓가로 프리포트가 티미카주둔군에 일시불로 지불한 비용은 350만 달러였고, 해마다 보너스 110만 달러를 지불할 것을 약속했다(인도네시아는 후일 이 연구자를 체포하여 투옥했다. 아체(Aceh)지방에서 일어났던 분리주의 반란사건을 조사했다는 이유였다). 이 돈의 1/3 이상이 고위층의 호주머니로 직행한 것으로 추정된다.[10]

인도네시아정부 내 솔직한 소식통에 따르면, 여기서 말하는 '안전'에는 정기적으로 광산 주변마을의 분노를 조장하여, 폭력진압의 훌륭한 구실을 만들어내는 것도 포함된다.[11] 폭력진압은 권태를 느끼는 군대에게 오락거리를 제공하는 역할도 하고 있다. 전직 프리포트 노동자의 말을 빌면, 광산을 지키는 군인들은 "재미삼아 부족민에게 총을 쏘고는, 사냥감을 잡은 사냥꾼처럼 죽은 사람의 가슴이나 머리 위에 발 한 쪽을 올려놓고 사진을 찍는다."[12]

프리포트는 군산복합체의 가장 전형적인 사례다. 프리포트는 특수한 사례가 아니다. 그래스버그 일대에서 자행되는 착취와 학대를 우리는 전세계 '개발도상국'의 광산, 댐 건설 현장, 벌목지, 유전에서도 똑같이 볼 수 있다. 전선에 들어간 구리나 우리 목에 걸려 있는 금붙이는 바로 이런 댓가를 치르고 생산된 것이다. 이들은 우리 체제의 이면이다. 그리고 우리는 체제의 이면을 모르는 것으로 되어 있다. 당연한 일이다. 세계시장을 돌리는 윤활유는 이들이 흘리는 피이기 때문이다.

한 시간쯤 산을 더 올라가 모퉁이를 돌았다. 나뭇가지가 늘어진 바위들 사이로 프리포트의 마지막 초대형 개발지인 템바가푸라(Tembagapura)가 펼쳐진다. '구리마을'이라는 뜻이다. 한쪽에 허름한 회색 고층건물이 모여 있고, 그밖에는 기계를 넣는 헛간, 작업장, 술집이 전부다. 광산노동자들이 교대할 때 머무는 곳이다. 시체 같은 그래스버그 밑에 웅크린 템바가푸라는, 시베리아 한복판에 위치한 유독 음침한 쏘비에뜨마을처럼 보인다.

그런데 우리는 템바가푸라를 벗어날 수 없었다. 모두가 실망을 금할 수 없었다. 차를 잠깐 세우고 식량을 마련해서 다시 차에 올랐는데, 이 지프차가 꼼짝도 안 하는 것이었다. 두 시간 동안 앞으로 밀다 뒤로 밀다를 반복하고, 보닛을 열고 여기저기 쑤셔보고, 무전기로 외부와 연락을 시도했지만, 아무 소용이 없었다. 끝장이다. 광산 입구까지 가는 계획은 무산될 것 같다. 스티브와 나의 실망은 이루 말할 수가 없었다.

템바가푸라에서 발이 묶인 우리는 오후 내내 뎀막 광부의 방에서 신세를 지면서 더러운 간이침대에서 따분해하는 광부들과 함께 위성텔레비전으로 중계하는 미국영화를 보았다.

그리고 저녁에 티미카로 돌아가는 광부버스를 탔다. 그래스버그는 수많은 사람들의 접근을 거부한 것처럼, 우리의 접근도 허용치 않았다.

그런데 다음날, 어제 일을 보상해줄 만한 좋은 일이 생겼다. 뎀막 사람들의 부엌에 둘러앉아 바나나와 쌀밥으로 아침을 때우고 있는데, 숲 속에서 우리에게 연락을 해왔다. OPM이 우리를 만나고 싶다는 것이었다. 부엌 전체에 전율이 흘렀다. 게릴라가 외부인과 이야기를 하는 것은 아주 드문 일이다. OPM의 메씨지에 따르면, 우리는 OPM의 무장세력인 파푸아해방국민군(TPN) 타밀카지부의 '작전대장'을 만나게 될 것이다. 그의 이름은 골리아 타부니(Goliar Tabuni)다. 그는 타밀카 반란군의 최고 군사전략전문가이며, 수십 년간 숲 속에서 무법자로 살면서 무수한 사건을 진행했다. 그는 최근 2001년 6월에 벨기에 신문기자 두 명을 납치하기도 했다. OPM은 인질을 풀어주는 댓가로 국제회의에서 서파푸아의 자유를 요구할 기회를 달라고 했다. 이들은 연설기회를 얻지 못했다. 이들에게 관심을 보이는 사람이 아무도 없었기 때문이다. 하지만 어쨌든 이들은 벨기에인들을 무사히 풀어주었다.

OPM으로서는 안타까운 일이지만, OPM의 공격은 대부분 불발로 끝난다. 골리아 타부니의 엉성한 군대는 무수한 사람을 납치했고, 여러번 군사기지를 공격했고, 프리포트를 습격했다. 그리고 그때마다 인도네시아군에 진압되었다. 프리포트 폐쇄를 노린 공격 중에서는 1977년 공격이 가장 성공적이었다. OPM은 현탁액이 흐르는 광산 파이프라인으로 침투해 현장을 단기간 폐쇄하는 데 성공했다. 정부의 보복은 전투기로 고산 마을들을 기총소사하고, 고산지대 일대에서 OPM 지지자로 의심되는 사람들 수천 명을 고문하고 살해하는 것이었다.

OPM이 이런 사건을 벌이면서 고립되어가는 것으로 보일 수도 있다. 몇명 되지도 않는 극단주의자들이(정확한 통계는 나오지 않았지만, 게릴라의 수는 2,000~3,000명을 넘지 않는 것 같다) 석기시대 수준의 무기로 무장하고 숲 속에 숨어사는 것이 대단치 않아 보일 수도 있다. 그러나 파푸아인들에게 물어보면 하나같이 OPM의 행동을 지지한다고 대답한다. 티미카 근방에서 주민들의 지지가 높은 데는 또다른 이유가 있다. 이들이 보기에 자신들의 삶을 파괴하는 광산회사를 파푸아인들이 스스로 몰아낸다는 생각은 불가능한 꿈이 아니다. 실제로 파푸아인들은 광산회사를 몰아낸 적이 있었다.

타밀카 근처에 위치한 파푸아뉴기니 소유의 부건빌(Bougainville)섬에는 그래스버그 못지않은 엄청난 구리가 묻혀 있다. 이곳이 판구나(Panguna)구리광산이다. 그래스버그와 마찬가지로, 이곳은 1960년대에 다국적기업 리오틴토(Rio Tinto)에 넘어갔고, 이 땅의 실질적 소유주인 부족민들에게는 아무런 발언권도 주어지지 않았다. 그래스버그와 마찬가지로, 광산회사는 군대의 지원을 받았고, 자연환경과 지역문화는 초토화되었다.

그러나 그래스버스와는 달리, 이곳 부족들은 맞서 싸워 승리를 거뒀다(적어도 그 당시 상황은 그랬다). 1988년에 현지인들은 광부들을 공격하고, 광산을 습격하고, 회사 다이너마이트를 가지고 광산설비를 폭파했다. 파푸아뉴기니군이 투입되었고, 곧바로 부족민들의 공격에 밀려 퇴각했다. 오스트레일리아(광산을 소유한 리오틴토 지사는 오스트레일리아 회사였다)가 군대와 전함을 이끌고 지원에 나섰다. 충돌은 내전으로 발전했고, 부건빌은 파푸아뉴기니로부터 독립을 선포했다. 그로부터 10년 후인 1998년에 평화조약이 체결되었고, 독립을 둘러싼 교섭이 시작되었다. 광부들은 돌아갔고, 다시 돌아오는 일은 없을 것 같다. OPM에게 부건빌은 놀라움 그 자체다.

나는 숲 속으로 연결되는 위험한 비밀통로를 통과해 OPM 밀림캠프에 가게 될 거라고 기대하고 있었는데, 게릴라들은 나의 영웅판타지를 채워줄 생각은 없는 것 같았다. 골리아와 부관들이 우리를 찾아온다고 했다. 우리를 데려온 사람 중 하나는 '당신이 위험한 일을 당하지 않을까' 걱정했지만, 사실 게릴라들이 위험한 일을 당할 가능성이 더 높다. 이들은 인도네시아에서 가장 유명한 지명수배자들이기 때문이다.

이들은 지명수배자일 뿐 아니라 슈퍼히어로인 것 같다.

우리를 데려온 사람 중 하나가 정색을 하고 말한다. "골리아는 키가 210센티미터다. 턱수염이 아주 길다. '이만큼' 길다." 그러면서 양팔을 쫙 벌린다. "그를 보면, 무서워서 머리카락이 쭈뼛쭈뼛 일어날 것이다."

또다른 사람도 거든다. "맞다! 그는 수많은 기적을 행했다. 인도네시아인들 때문에 감옥에 갇혔을 때, 철창을 통과해서 탈옥했다. 그는 비행기를 타고 돌아왔지만 인도네시아인들의 눈에는 보이지 않았다. 투명인간이 되었기 때문이다."

"그는 이틀 만에 걸어서 전국일주를 할 수 있다."

"그는 하늘을 날 수 있다."

"아니다. 그는 나뭇잎을 밟으며 걷는다. 사람들 눈에는 보이지 않는다!"

"그는 마술사다!"

나는 모든 말을 통역해주고 있는 스티브를 바라보았다.

"우리한테 장난치는 거야?"

"아니야. 거짓말을 하는 게 아니야. 진짜라고 믿는 것 같아. 다 믿지는 않을지도 모르지만, 아무튼 이들은 OPM에게 특별한 능력이 있다고 믿고 있어." 나중에 알고 보니, 이런 말을 믿는 사람은 아주 많았다. OPM

에서 훈련받은 군인 곁에서는 숲의 정령이 함께 싸워준다고 한다. 자연도 OPM 편이다. 모기와 뱀은 OPM게릴라는 물지 않고 적들만 문다고 파푸아인들은 믿고 있다. 숲 속의 여귀(女鬼)는 인도네시아인들을 숲으로 유인해 죽인다. 인도네시아 군인들 중에도 골리아 타부니에게 초능력이 있다고 믿는 사람들이 적지 않다.

OPM 사람들은 해가 저문 후에 도착했다. 지프차 두 대가 문밖에 멈춰섰고, 오렌지나무에 앉아 있던 새떼가 자동차 헤드라이트에 놀라 하늘로 날아올랐다. 우리를 데려온 사람들은 접견실을 분주하게 오가면서 의자를 정돈하고 커피를 준비하고 양탄자를 매만졌다.

스티브가 주의를 주었다. "사람들이 들어오면, 우리 모두 자리에서 일어나서 악수를 해야 해. 엄숙하게 행동해야 해. 여왕을 알현하는 것이랑 비슷해."

밖에서 차문 닫는 소리가 들린다. 우리는 모두 잔뜩 기대를 하고 자리에서 일어난다. 짜잔. 그들이 들어온다. 숲에서 방금 나온 사람들. 발은 맨발에, 머리는 수세미에, 옷은 찢어지고 진흙이 덕지덕지 묻어 있다. 세 사람이다. 현관계단을 오르고 덧문을 통과해 우리에게 다가온다. 장식장에 진열된 가짜 웨지우드(Wedgwood) 도자기접시들을 지나고, 가족사진들을 지나고, 값싼 소파의 값싼 무명덮개를 지난다. 우리는 미소를 지으며 엄숙해 보이려고 노력한다. 이들은 우리들 모두와 한 명씩 악수를 하고는 우리가 준비한 플라스틱의자에 앉는다. 의자 바로 위 액자에는 느끼할 정도로 귀여운 새끼고양이 두 마리가 고리버들바구니에서 놀고 있는 사진이 들어 있다.

키가 2미터 넘는 사람은 없다. 세 명 다 보통 파푸아인처럼 150센티미

파푸아자유운동 소속 게릴라들.

터 정도다. 수염 길이도 평균이다. 골리아 타부니의 얼굴에는 주름이 깊이 패여 있다. 작업복을 잘라 만든 반바지에, 각진 발가락은 인간의 것으로 믿기가 어려울 정도다. 목과 팔뚝과 손목에는 여러가지 색깔의 구슬을 걸고 있다. 프리포트티셔츠를 입고 있다. 자기 앞에 앉아 있는 백인 남자애 두 명을 살피는 그의 눈빛은 신중하면서도 강렬하다. 호의적이지만 의심을 늦추지 않는 눈빛이다.

골리아 오른쪽에 앉은 남자는 더러운 MTV티셔츠에, 골리아와 똑같은 반바지를 입었고, 구슬, 조개껍데기, 팔찌는 골리아보다 더 많이 달고 있다. 폭이 넓은 머리띠로 땋은 흑인 특유의 드레드록스(dreadlocks)를 고정한 헤어스타일이다. 골리아의 부관이다. 그는 저녁 내내 거의 한마디도 하지 않았다. 골리아 왼쪽에는 새까만 피부의 덩치가 앉아 있다. 야전사령관이라고 하는데, 챙이 넓은 녹색 모자를 눌러쓰고 우리를 노려보고 있다. 엄청난 도끼를 바닥에 세우고, 전혀 아무 말이 없다. 게다가 오른쪽 팔뚝에는 화식조뼈로 만든 약 60센티미터 길이의 칼이 묶여 있다. 나는 질문할 때 공손한 태도를 보이기로 결심했다.

인사를 나누고, 통성명을 하고, 우리는 본격적인 질문에 들어간다. 이들은 우리에게 자기네가 목숨을 걸고 무슨 일을 하는지, 그리고 왜 그런 일을 하는지 설명하기 시작한다. 골리아의 말은 원대하다. "우리는 자유를 위해서 싸운다. 그뿐이다. 다른 이유는 없다. 사람들은 우리에게 왜 싸우느냐고 묻는다. 우리의 대답은 이렇다. 싸우지 않으면 어쩌겠나? 물론 다른 방법도 있다. 외교도 중요하다. 하지만 싸움도 중요하다. 인도네시아인들이 들어왔고, 우리 땅이 우유처럼 달콤하다는 것을 알게 됐다. 그들은 우리 땅을 가로채고 싶어한다. 그들은 외교에는 관심이 없었다. 그냥 우리 땅을 빼앗고, 우리 민족을 죽였다. 그래서 우리는 싸운다."

지당한 말인 것 같다. 어쨌든 논쟁을 하려고 이들을 만난 것은 아니다. 더구나 바로 코앞에서 180센티미터짜리 도끼날을 만지작거리는 덩치와는 논쟁할 생각이 전혀 없다. 그러나 나는 이들이 어떻게 계속 싸울 수 있는지 알고 싶다. "계속 싸운다는 것은, 그러니까, 희망이 없는 것 같은데."

골리아는 대답한다. "우리는 강한 민족이다. 우리 음식, 우리 문화가 우리를 강하게 만든다. 우리는 포기하지 않는다. 하지만 영국 친구들에게 할 말이 있다. 우리는 무기가 필요하다. 무기가 너무 없다. 당신들에게 보여줄 것이 있다." 골리아는 이렇게 말하면서 무지갯빛 수제 숄더백에서 뭔가를 꺼낸다. 제2차세계대전에서 썼을 법한 권총이다. 빨간색 손수건으로 총구를 막아놓았다. 골리아는 권총을 휘두른다. 불안하다.

"우리가 갖고 있는 총은 이것이 전부다! 나는 20년 동안 숲 속에서 살았다. 내가 인도네시아인을 몇명이나 죽였는지 알고 싶나? 3,606명이다. 도끼와 창과 칼과 화살로 죽였다. 그리고 이 총으로 쏴 죽였다. 나는 총알 한 방으로 8명을 죽일 수 있다. 내가 얼마나 위험한 존재인지는 인도네시아인 모두가 알고 있다! 그러나 그것만 가지고는 부족하다." 글쎄, 그거면 부족할 게 없을 것 같은데. 그러나 야전사령관과 부관은 골리아의 말이 맞는다는 듯 고개를 끄덕인다. 뭔가 속셈이 있는 것 같다.

"우리는 당신네 활동가가 영국에서 무슨 일을 하는지 알고 싶다. 우리에게 총을 갖다줄 수 있나? 많이는 필요 없다. 총 몇개만 갖다주면, 여기 있는 인도네시아인들과 회사들을 완전히 몰아낼 수 있다."

스티브와 나는 서로 눈치를 살핀다. 상황이 영 이상하게 돌아간다.

"나는 영화를 본 적이 있다! 맞다. 영화였다. 영화에 람보라는 사람이 나왔다. 람보는 불붙는 화살을 쏘았다. 불붙는 화살 본 적 있나? 우리는 불붙는 화살이 필요하다!" 이 점에 있어서 사령부 전체가 동의를 표한다. 야전사령관은 눈동자를 빛내며 흥분을 감추지 못한다.

"우리는 영국의 무기가 최고라고 알고 있다. 텔레비전에서 당신네가 아프가니스탄 사람들을 죽이는 것도 봤다. 날아다니는 비행기도 봤다. 우리는 비행기가 필요하다. 당신들이 비행기를 갖다줄 수 있는지 알고 싶다. 우리는 당신들에게 도움을 청하러 온 것이다."

사람들은 바닥에 둘러앉아 대화를 경청한다. 방 안 공기는 무덥고, 빨간색 양철지붕 위로 열대우가 퍼붓는다. 커다란 쥐들이 얇은 천장 위를 뛰어다니고, 집 밖에서는 청개구리떼가 나무들 사이에서 한꺼번에 목청껏 울어댄다. 그리고 우리는 군수품 조달자가 되어달라는 부탁을 받고 있다.

잠깐 동안 침묵이 흐른다.

이윽고 스티브가 입을 연다. "저, 그게, 우리는 싸우는 사람들이 아닙니다. 총을 어떻게 구하는지 몰라요. 하지만 파푸아의 상황을 영국에 알릴 수는 있습니다. 그렇게 하면 당신들이 자유를 얻는 데 도움이 될 거라고 생각하고 있습니다. 이곳에서 일어나는 일들이 세계에 알려지면, 당신들을 도와줄 거라고 믿습니다."

골리아가 코를 훌쩍인다. 실망감을 감추려는 것이다. 야전사령관은 허리를 펴면서 슬픈 한숨을 내쉰다. 나는 갑자기 미안한 마음이 든다. 이 진흙투성이 전사들은 생전 처음 보는 사람들에게 도움을 청하기 위해 몇 킬로미터를 걸어왔다. 이들은 20년 동안 숲 속에 살면서 막대기와 돌멩이를 가지고 최첨단 대량살상무기와 싸웠다. 이 모든 것이 너무나도 부질없게 느껴진다. 작은 권총 몇개쯤은 나도 구해볼 수 있을 텐데……

무기 얘기를 하는 도중에 남자아이가 부엌에서 쟁반을 들고 나온다. 쟁반에는 설탕 묻힌 도넛, 도자기컵, 설탕, 커피가 담긴 파란색 주전자가 있다. 모두 양껏 먹는다. 게릴라들은 예절교육이라도 받은 사람들처럼 다소곳하다. 이 지명수배자 세 명은 아테네고양이 한 쌍의 사진을 배경으로 도자기컵에 담긴 커피를 홀짝홀짝 마신다. 그들은 도넛을 좋아하는 것 같다.

그러나 남은 시간이 별로 없다. 우리는 서파푸아에 들어온 기업들에 대해 질문한다. OPM은 그들을 어떻게 생각하는가? 무슨 일을 할 생각인가? 골리아의 대답은 무지막지하게 솔직하다.

"기업? 할 수만 있다면 죽이겠다. OPM은 항상 회사들에게 물러가라고 경고했다. 기업들이 들어와서 우리 땅을 빼앗고 우리 자원을 빼앗았다. 있을 수 없는 일이다! 프리포트는 살인자들이다. 할 수만 있다면, 모조리 쓸어버리겠다. 자유를 얻으면 정말 다 쓸어버리겠다. OPM이 기업에 대한 문제를 결정할 것이다. 우리가 정부가 될 것이다. 우리가 선택할 것이다. 폴, 당신이 우리 정부에 필요하면, 정부각료로 초빙할 것이다." 나는 기분이 우쭐해진다. 모자를 눌러쓴 야전사령관이 나를 보고 장난꾸러기 같은 미소를 짓는다. 수염 전체에 도넛 설탕이 묻어 있다.

내가 다시 묻는다. "그럴 수 있을까요? 간부회는 어쩌고요?"

골리아는 코웃음을 친다. "간부회는 우리에게 아무것도 주지 않았다. 우리 문화에서는 음식이 있으면 다 같이 나누어 먹는다. 간부회 사람들은 먹을 것이 있어도 혼자 먹는다." 파푸아에서 음식을 나누어 먹지 않는 것은 엄청난 결례다. "우리는 차도 없고, 총도 없고, 돈도 없다. 그런데 간부회는 돈이 그렇게 많을 수가 없다. 그들은 타락했다. 그렇지 않으면 그 돈이 어디서 났겠나?"

스티브와 나는 다시 한번 서로 눈치를 살핀다. 그리고 OPM이 바닷속에 처넣고 싶어하는 바로 그 회사들이 간부회에 자금을 댄다는 사실을 말해준다. 골리아가 아주 천천히 눈썹을 치켜 올린다.

골리아는 또박또박 말을 시작한다. "이 회사들은 도대체 뭐하자는 것들인가? 우리가 자유를 찾으려면, 회사들도 없어져야 한다. 인도네시아만 없어진다고 될 일이 아니다. 내가 알기로 요새는 다른 나라에서 기업들에게 물러가라고 경고하는 사람들이 있다. 또 내가 알기로 요새는 전 세계에 기업들과 싸우는 사람들이 많이 있다. 자, OPM은 옛날부터 그렇게 말했다. 우리는 다른 나라 사람들과 함께 싸울 것이다. 우리가 원하는 것은 자유다. 우리는 우리 땅을 파괴하는 돈 많은 자들로부터 자유를 되찾을 것이다. 이상이다."

잠시 더 이야기가 오간 후에 단체사진을 찍었다(스티브가 디지털카메라에 찍힌 사진을 보여주자 게릴라들은 자기들 모습을 보고 어린애처럼 웃는다). 골리아 일행이 떠날 시간이 되었다. 떠나기 전에 골리아는 다시 한번 커피를 따르면서 이렇게 말했다.

"당신들이 티미카에 올 줄 알았다. 당신들이 비행기를 타고 오는 것을 보았다. 당신들이 나를 만나고 싶어할 줄 알고 찾아왔다."

실내에 적막이 흘렀다.

골리아의 말이 이어졌다. "나는 능력이 많다. 내일이라도 파푸아뉴기니에 갈 수 있다. 숲이 내게 능력을 주고 있다. 비밀이다. 나의 능력은 형제들도 모른다." 이렇게 말하면서 골리아는 양 옆에 앉아서 도넛가루를 털고 있는 두 명의 무법자를 가리킨다. "나의 때가 오면, 비밀을 알릴 것이다. 그러나 아직은 그때가 아니다. 당신들은 알아야 할 것이 있다. 우리 파푸아인들은 정말 특별한 사람들이다."

꼬박 5초 동안 침묵이 흐른다. 침묵이 새벽종처럼 쩌렁쩌렁 울린다. 이윽고 반군들이 자리에서 일어났다. 이제 숲으로 돌아가야 한다. 골리아는 문으로 가다가 쟁반을 쳐다보고 누군가 주전자뚜껑을 닫지 않은 것을 발견했다. 골리아는 엄지와 검지로 솜씨 좋게 주전자 뚜껑을 닫고는 싱긋 웃는다.

그리고 우리에게 작별을 고한다. "잘 가라, 친구들. 당신들은 다시 돌아올 것이다."

서파푸아 고산지대 마을의 원주민.

다음날 우리는 뎀막 친구들에게 작별을 고하고 티미카를 떠나는 비행기에 올랐다. 이 나라에 머물 수 있는 시간이 일주일도 안 남았다. 갈릴레는 스티브와 나에게 '진짜파푸아'를 보여주고 싶어한다. 우리는 그를 따라 고산마을(그의 진짜 고향)을 방문할 것이다. 우리에게 잊을 수 없는 경험이 될 것이다.

갈릴레의 고향마을은 깊은 숲 속 고산지대다. 차가 다니는 길까지 가려면 걸어서 꼬박 이틀이 걸린다. 일행은 갈릴레의 가족들과 친구들이다. 우리는 한 줄로 서서 숲 속으로 들어간다. 우리는 경사가 완만한 숲 속의 언덕을 올라간다. 코뿔새 울음소리가 들리고, (가끔은) 극락조 울음소리도 들린다. 우리는 폭이 넓고 야트막한 강을 건너고, 가시덤불에 걸려 옷이 찢어지고, 너무 더우면 수정처럼 맑은 바위 웅덩이에서 멱을 감는다. 가던 길을 멈추고 낮게 드리운 포도덩굴에 매달려 덩굴이 끊어

지지 않기를 기도하며 타잔처럼 소리를 지르기도 한다. 좌우의 나무들은 몸통이 성당 기둥만 하고, 위로 뻗은 나뭇가지들은 웅장한 바위협곡 정상을 향해 간절한 기도를 올리고 있는 것 같다.

우리는 모기를 때려잡고, 10분에 한 번씩 장화에 달라붙은 거머리를 떼어낸다. 맨발의 파푸아인들은 발에 붙은 거머리를 낫으로 도려낸다. 밀림 속의 오솔길을 지나가는 여자들이 우리에게 고구마를 건네준다. 망태기에 가득 찬 짐 때문에 허리가 굽었다. 무성한 수풀 사이로 안개에 휩싸인 회색과 녹색의 거대한 봉우리들이 언뜻언뜻 위용을 드러낸다. 보이지 않는 바다까지 뻗어 있는 뉴기니의 등줄기다. 우리는 귀뚜라미, 매미, 개구리, 그리고 온갖 새들의 격려를 받으며 부지런히 걷는다.

우리는 자그마한 공터에서 하룻밤을 보냈다. 잠자리 옆으로는 강물이 넓은 녹색 계곡을 따라 흐르고 있었다. 다음날 우리는 마을에서 마중 나온 사람들의 호위를 받으며 목적지로 출발했다. 마을사람들은 활과 화살과 창을 어깨에 메고 있다. 우리는 마을에서 가져온 담뱃잎과 고구마(고산지대에서는 에롬erom이라고 부른다)와 끓인 물로 기운을 차렸다. 수풀 사이로 봉우리가 드러난 곳에 이르렀다. 사람들은 한 줄로 서서 산과 나무와 숲의 정령에게 바치는 노래를 부른다. 조상 대대로 내려오는 기쁨과 경배의 합창이 산바람과 하나로 어우러진다. 고산지대 산바람 속에서 갈릴레는 스티브와 나를 바라보면서 넋을 잃은 듯 미소를 짓는다.

그리고 이렇게 말한다. "이것이 우리가 싸우는 이유다."

우리는 늦은 오후가 되어서야 갈릴레의 마을에 도착했다. 갈릴레는 우리를 위한 환영식이 있을 거라고 말했다. 환영식이 끝나고 진흙가마에서 돼지고기가 익는 동안 갈릴레와 나는 공터 중앙에서 마지막 노을이 어두운 숲 속으로 빨려들어가는 모습을 바라보고 서 있었다. 커다란 보름달 주위에 무지갯빛 달무리가 생겼다. 장관이었다. 하늘에는 지평선 이쪽에서 저쪽까지 별들이 촘촘히 박혀 있다. 이런 것은 태어나서 처음 본다.

마침내 돼지고기가 나왔다. 갈릴레와 나는 갈릴레 아버지의 공터에 앉아서 음식을 먹으며 이야기를 나눈다. 김이 모락모락 나는 돼지고기는 바나나잎에 싸여 바닥에 놓여 있다. 갈릴레는 돼지뼈를 뜯으면서 생각에 잠긴다. 촛불 한 대가 공터를 비추는 유일한 불빛이다. 이곳에는 갈릴레와 나 말고도 네 사람이 더 있다. 나는 돼지고기를 남기지 않으려고 고생하고 있는데, 갈릴레는 못 먹는 것이 없는 것 같다.

갈릴레는 넓적다리를 쪽쪽 빨면서 물었다. "폴, 당신 생각을 알고 싶다. 나는 우리 문화가 특별하다고 생각한다. 그리고 우리 문화를 지키기 위해서 싸워야 한다고 생각한다. 당신 생각도 그런가? 우리 문화는 다른 문화와 다른 점이 많겠지만, 나는 파푸아를 떠나본 적이 없어서 잘 모르겠다. 나는 우리가 이 문화를 지켜야 한다고 생각한다."

"나도 그렇게 생각해."

갈릴레가 물었다. "파푸아문화는 영국문화와 많이 다른가?"

"글쎄, 맞아. 많이 다르다고 할 수 있어. 이봐, 갈릴레, 내 생각에는 당신들 모두 서양이 어떤지 정확하게 알아야 해. 영화에서 나오는 그런 것은…… 그렇게 사는 사람은 별로 없어. 당신들 나라를 어떻게 만들어갈 것인가를 결정하기 전에 서양의 두 가지 측면을 다 알아야 해."

"무슨 뜻이야?"

"음, 서양을 따라갈 때 무슨 댓가를 치러야 하는지 알아야 한다는 뜻이야. 모든 것에는 댓가가 있어. 우리처럼 살아보고 싶다면 얻을 수 있는 것도 많을 거야. 하지만 지금 갖고 있는 것 중에서 잃어야 할 것도 많을 거야. 둘 다 가질 수는 없어. 예를 하나 들어볼게. 미국에는 실업자가 700만 명 정도 있어."

"세상에!" 그는 눈을 휘둥그렇게 뜬다.

"그리고 200만 명 정도가 집이 없어."

"집이 없다고? 집이 없다는 것 이해할 수 없다. 잠은 어디서 자나?"

"길에서 자. 그리고 밥은 쓰레기통을 뒤져서 찾아먹어."

갈릴레는 더이상 말을 잇지 못한다. 돼지고기가 남았지만, 식욕이 싹 사라진 것 같다. 주제가 그만큼 심각하다는 얘기다.

"미국인과 영국인은 다 부자라고 생각했다. 다들 차가 있고, 직장이 있고, 큰 집이 있고, 돈도 많고……"

"그게 그렇지가 않아. 그리고 땅 문제가 심각해. 나는 내가 지금 살고 있는 집을 살 돈이 없어."

"하지만 우리 가족은 집이 세 채 있다."

"당신이 살고 있는 집 크기의 집을 영국에서 사려면, 돈이 얼마나 드는지 알아?"

"얼마인가?"

계산기가 없는 것이 아쉽다. "대략 30억 루피아(약 4억 원) 정도는 될 거야." 갈릴레는 너무 놀라 모닥불 위로 넘어질 뻔했다. 모닥불 맞은편에 앉아 있는 이 빠진 반라의 노인이 우리에게 미소를 지으며 말아 피우는 담뱃잎을 흔든다. 도무지 무슨 말을 하는지는 모르지만, 그래도 재미있게 듣고 있다는 표시다.

갈릴레가 심각하게 묻는다. "폴, 당신이 왜 그렇게 사는지 모르겠다."

"다들 그렇게 살아. 우리들한테는 당신들한테 없는 것이 많이 있어. 파푸아사람들 중에도 그런 것을 갖고 싶어하는 사람들이 있을 거야. 당신들에게 없는 것이 다행인 것도 많이 있어. 우리처럼 살고 싶다면, 그런 것도 참아야 해. 많이 변하게 될 거야. 얻는 것이 있으면, 잃는 것도 있게 마련이지."

갈릴레는 묻는다. "또 당신네가 가진 것이 뭐가 있나?" 그러나 별로 알고 싶지 않은 듯한 목소리다.

나는 그에게 양로원, 재활원, 우울증치료제 프로잭(Prozac), 판자촌, 고속도로와 이상기후, 유전공학과 쓰레기매립장 얘기를 해준다. 그는 거짓말 말라는 표정이다. 내가 너무 잔인한 것일까? 그러나 이 말만은 꼭 해야 한다.

"다른 것도 알고 싶어?"

갈릴레는 단단히 마음의 준비를 하는 것 같다.

"우리 돼지는 공장에서 살아."

"공장?" 최후의 일격이었다. 갈릴레가 의자에 앉아 있었다면, 굴러떨어졌을 것이다. 다행히도 우리는 짚을 뿌린 바닥에 앉아 있다.

갈릴레가 따져 묻는다. "왜?"

"경제적이니까. 공장돼지는 싸게 살 수 있어. 닭과 오리도 마찬가지야."

한대 얻어맞은 것 같은 얼얼한 침묵이 흐른다. 침묵을 깨는 것은 기분 좋게 돼지뼈를 빨아먹는 동네 개들뿐이다.

갈릴레가 천천히 입을 연다. "머리가 빙빙 도는 것 같다. 이런 말은 '한 번도' 들어본 적이 없다." 그는 눈으로는 남은 돼지고기를 보고 있지만, 마음은 딴 곳에 있다.

그리고 말한다. "그렇구나."

나는 서파푸아에서 6주간 머물면서 갈릴레 같은 사람들을 많이 만났다. 이들은 눈이 크고 아낌없이 주고 현대세계에 대해서 잘 모르고 낯선 사람을 본능적으로 신뢰한다. 파푸아사람들은 묘하게 멋있는 사람들이다. 전혀 모르는 사람들을 따뜻하게 맞아주고, 집에 초대해놓고는 아무 말 없이 곁에 앉아 딱히 하는 일 없이 세상을 향해 미소를 짓는다. 시간·일·목적·삶·사회에 대한 이들의 생각은 현대세계와 너무나 다르다. 그래서 소통이 어려울 때도 있다. 순진무구하다는 것은 이들의 본질적인 특징이다. 그러나 순진함과 무력함을 혼동해서는 안된다. 파푸아인들은 속일 줄 몰라서 손해를 보지만, 결연한 의지를 가지고 잃은 것을 되찾는다. 자유를 얻을 때까지 이들은 결코 포기하지 않을 것이다. 결연함은 순수함에 이어 이들의 두번째 민족성이다. 이곳에서 나는 가는 곳마다 결연한 의지를 보았다. '자유'를 얻겠다는 고요하고도 지독스러운 고집이 있었다. 파푸아인에게 언제 자유를 얻을 수 있겠냐고 물어보면 제대로 대답을 못할지도 모른다. 그러나 '언젠가는' 자유를 얻을 수 있겠냐고 물어보면, 대답은 한결같을 것이다. 나는 여기서 희망을 발견한다. OPM의 무기는 석기시대에나 썼을 법한 것이다. 인도네시아인들은 야만적인 억압을 가한다. 세계는 이들의 잊혀진 투쟁을 모른다. 그런데도 나는 희망을 발견한다. '동티모르 다음은 파푸아'라고 아뭉구르는 여러번 나에게 말했다. 나는 그의 말이 옳다고 믿는다. 파푸아인들이 자유를 얻을 것을 믿는다. 이들이 자유를 얻으면, 이들의 국가는 지금 세계를 본뜨지 않을 것이라고 생각한다. 이들은 남들과 다른 파푸아만의 미래를 소망할 것이다. 이들의 미래는 남들과 다른 가치를 추구할 것이다. 이들은 세계화 때문에 겪었던 고통을 더이상은 감수하지 않고, 남들과 다른 길을 가고, 남들과 다른 방식으로 '발전'할 것이다. 이들이 꿈꾸는 파푸아에서는 모두가 머리와 가슴으로 하루하루 온전하게 살아갈 것이다. 그들의 때가 올 것이다.

제 2 부 정답은 많다

제 06 장

시작의 끝

"그들이 무엇에 맞서서 싸우는지는 알겠는데, 무엇을 위해서 싸우는지는 모르겠다."

남아프리카 재정부장관 트레보 마누엘이 이 운동을 보고 당황해서, 2000년.

"나쁜 자본주의자! 마르띠니 금지!"

세계사회포럼 현수막, 2000년.

the end of the beginning

할 일이 너무 많다. 결정을 못 하겠다. 더이상 못 참겠다. 사방으로 길이 막혀 도저히 움직일 수가 없다. 앉아서 쉬고 싶다. 천장이 높은 대학 건물 로비가 수백 개 나라에서 찾아온 수천 명의 열정으로 출렁인다. 다양한 문화, 다양한 인종의 거대한 물결이 당장이라도 불붙을 듯한 기세로 저마다의 목적지로 흘러간다. 그런데 나는 갈 곳을 모르겠다. 처음에는 대형강의실에서 열리는 '금융자본통제' 컨퍼런스에 가려고 마음먹었다. 흥미진진할 것 같지는 않지만, 어쩐지 중요한 얘기가 나올 것 같다. 그런데 똑같은 시간에 다른 강의실에서 초국적기업에 관한 컨퍼런스가 있다. 그것도 괜찮을 것 같다. 또 어디에선가는 국제무역에 관한 컨퍼런스가 있다. 쎄미나도 열린다. 땅 잃은 농부집단이 '식량주권과 무역' 쎄미나를 시작했고, 똑같은 시간에 운동집단 여럿이 공동으로 '세계 아파르트헤이트 종식: 세계은행(IBRD)과 국제통화기금(IMF) 해체' 쎄미나를 시작했다. 생물의 다양성에 관한 쎄미나도 있고, 예산편성 참여에 관한 쎄미나도 있고, 활동가전술에 대한 쎄미나도 있다.

워크숍까지 계산하면, 수백 가지 행사가 동시다발적으로 열리는 셈이

베네수엘라
가이아나
수리남
기아나
꼴롬비아
쌍루이쉬
마라냥주
브라질
뻬루
브라질리아
볼리비아
빠라과이
쌍빠울루
리우데자네이루
이따뻬바
태평양
칠레
리우그란디두쑬
뽀르뚜알레그리
아르헨띠나
우루과이
대서양

브라질지도

다. 오늘 아침에 가보고 싶은 워크숍만 해도 일곱 개가 넘는다. 공공설비에 관한 워크숍, 교육에 관한 워크숍, '새로운 사회운동'에 관한 워크숍, '문화와 세계화'에 관한 워크숍, 지속가능한 농업에 관한 워크숍, 급진민주주의에 관한 워크숍, 세계무역기구(WTO) 폐지에 관한 워크숍……

인파를 헤치고 햇볕이 따뜻한 건물 밖으로 나오는 데 족히 5분은 걸린 것 같다. 걸음을 옮긴다. 꼭두각시인형극 무대 옆을 지나고, 전단지를 나눠주는 아마존인디언 곁을 지나간다. 그리고 가까스로 내가 아는 유일한 뽀르뚜갈어 세 마디를 동원해 커피 한 잔을 사가지고 풀밭에 주저앉았다. 얼빠진 상태다. 겨우 아침 9시인데, 벌써 녹초가 되었다. 하지만 이럴 때가 아니다. 6만 명의 사람들이 세상을 바꾸기 위해 이곳까지 찾아왔다. 나도 마찬가지다. 세상을 바꿀 시간은 일주일밖에 없다.

활동가라면 이런 질문을 만날 때가 있다. 격한 감정이 잦아들고, 최루가스가 흩어진 후. 똑같은 논쟁이 열 번 정도 반복되고, 캠페인의 과녁인 세계화 때문에 캠페인 자체가 난관에 부딪힐 때(민주주의의 부식이나 소비과잉, 환경파괴나 민영화도 바로 그런 세계화의 양상이다), 활동가는 바로 이 질문과 정면으로 맞닥뜨린다. **그래 좋다. 네가 무엇에 맞서서 싸우는지는 알겠다. 그런데, 너는 도대체 무엇을 위해서 싸우는가?**

그러나 이렇게 물어보면 대답하기가 어렵다. 이렇게 묻는 것은 이들이 그토록 없애려고 애쓰는 바로 그것, 즉 단일한 방법, 단일한 계획, 단일한 선언문, '거창한 이념'의 존재를 가정하는 것이기 때문이다. 그러나 이것은 중요한 질문이다. 활동가가 이 질문에 대답하지 못한다면, 자기가 무엇을 원하는지, 자기가 무엇을 꿈꾸는지 세상에게 설명할 수 없기 때문이다. 다른 사람에게 설명하지 못하는 것은 자기 자신도 모르고 있는 것일 수 있다.

이 운동이 이 질문에 대답할 수 없다고 생각하는 비판적인 사람들도 적지 않다. 그들에 의하면, 이 운동은 비누가 싫다고 머리를 감지 않는 사람들, 마음만 착하고 정보에 어두운 자유주의자들, 심술궂은 좌익사상가들, 보호무역을 주장하는 반동분자들, 무시무시한 러다이트주의자들(Luddites)로 이루어진 암담한 동맹세력이다. 게다가 하나같이 서양사람들이고, 또 하나같이 시간이 남아도는 사람들이다. 이들이 무엇을 위해서 싸우는지 모르는 이유는 싸우는 목적이 없기 때문이다. 이들은 뭔가 무섭게 느껴지는 것에 맞서서 싸우는 것뿐이다. 게다가 왜 자기가 무서움을 느끼는지 알지도 못한다. 최근 세계화론자들의 선언문이라고 할 수 있는 『열린세계』(*Open World*)에서 전직 WTO 인사 필립 레그랑(Philippe Legrain)은 이런 '생각'을 대변했다. '중산층 교외를 거의 벗어나본 적도 없는 대학생 꼬마들'이 자기가 이해하지도 못하는 세계경제에 대해서 '터무니없는 난센스'를 지껄이고 있지만, 이들은 세계경제를 제대로 이해도 못하고 이에 대한 대안도 없다는 것이다.[1] 『이코노미스트』(*The Economist*)도 똑같은 풍월을 읊는다. "시위 연합세력이 계속 뭉쳐 다니려면 지금까지 그래왔듯이 자신들이 추구하는 바에 대해 생각하지 말아야 한다."[2] 세계자본주의파 교회에서 똑같은 찬송가를 너무 많이 불렀기 때문에, 합창단은 목이 쉬기 시작했다.

이 책 1부에서는 이 운동에 대한 가장 흔한 미신, 즉 전직 IMF 부총재 스탠리 피셔(Stanley Fischer)가 퍼뜨렸던 "세계화를 비판하는 사람들은 대체로 부자나라 출신"[3]이라는 미신을 타파하고 싶었다. 2부에서는 이 운동에 대한 두번째 오해를 타파하고 싶다. 이 미신은 현 상태의 수혜자들에게 대단히 유용하고, 그들이 널리 전파하는 미신이다. 즉 이 운동이 해답이 없고, 대안이 없고, 목표가 없다는 미신이다.

알고 보면, 진실은 정반대다. 지금은 2002년 1월. 나는 6만 명과 함께 대서양 연안도시 뽀르뚜알레그리(Porto Alegre)에 왔다. 브라질 남부 가우쇼(Gaucho, 가우초)의 중심지인 이곳에서 제2회 세계사회포럼(WSF)이 열린다. 우리는 엿새 동안 최선을 다해 중요한 질문에 대답을 찾아볼 것이다. 문제는 이것이다. 우리는 무엇을 위해서 싸우는가?

그런데 겨우 이틀 만에 완전히 지쳤다. 커피가 없으면 정신을 차릴 수도 없다. 세계사회포럼이라는 용광로 때문에 정신이 혼미할 지경이다. 행사 전체가 압도적인 것만큼이나 자극적이다(좌절감이 들 때도 있다). 나는 불충한 생각이 들기 시작한다. 이 운동에는 해답이 없는 게 아니라 너무 많은 게 아닐까?

사람들, 단체들, 이념들, 현실들이 떼를 지어 어깨를 부딪치며 지나간다. 미국 노조, 아프리카 어부들, 일본 경제학자들, 브라질 화가들, 에꽈도르의 땅 잃은 농부들, 이스라엘 평화운동가들, 니까라과 지식인들, 프랑스 부채운동가들, 유럽 정치가들이 뒤섞인다. 오전 8시부터 저녁 늦게까지 도시 전체의 회의장, 3,000석 규모의 연설장, 천막촌, 공연장, 교실, 체육관, 교회 들이 사상가, 반란세력, 체제반대자, 몽상가 들로 가득 찬다. 타블로이드판 155면짜리 프로그램에서 모든 일정을 볼 수 있다. 일주일 가지고는 턱도 없는 일정이다. 이념, 이론, 제안서, 프로그램의 분량은 점점 많아지고, 나오는 속도도 점점 빨라진다. 그냥 일정을 따라가

세계사회포럼에서 열린 한 쎄미나.

는 것만도 벅차다.

세계사회포럼은 아직은 신선하고 대담한 행사다. 다른 국제행사와는 완전히 다르다. 이 행사를 구상했던 것은 1990년대 후반의 브라질 활동가들이었다. 이들은 당시 한창 불붙기 시작하던 운동에 구심점이 있어야 한다고 생각했다. 머리를 맞대고 의제를 만들어낼 곳이 필요했다. 프랑스 활동가들의 지원 아래 브라질 노조, 부채운동가들, 평화운동가들, 경제학자들, 땅 잃은 농부들로 이루어진 연합세력이 행사 준비를 담당했다. 10년간 좌파 노동자당(PT)이 다스려온 뽀르뚜알레그리 주정부는 행사의 주최지가 되는 것에 동의했다. 그리고 2001년 1월, 세계사회포럼이 탄생했다. 조직위에서는 2,000명 정도가 참가할 것으로 예상했다. 그러나 1만 2,000명이 찾아왔다.

행사의 명칭과 행사날짜는 상징적인 의미가 있었다. 세계사회포럼은 스위스의 다보스에서 해마다 열리는 세계경제포럼(WEF)과 같은 시기에 열린다. WEF는 전세계 권력엘리뜨를 한자리에 모으기 위해 1971년에 만들어진 일종의 사기업이다. WEF에 비하면 G8은 관대함 그 자체다. WEF는 세계 1,000대 기업이 지원과 운영을 맡고 있다. 참석하려면 초대장이 필요하다(WEF 1,000대 기업에 속하는 영예를 누리려면 연간 매출 100만 달러가 넘어야 한다. 회비는 약 1만 5,000달러다). WEF 참석자는 기업의 거물들, 잘 나가는 정치가들, '브레인들', 언론플레이의 대가들, 예의 바른 사람들로 엄선된 '시민사회 대표들'이다. 그들은 일주일 동안 다보스에 모여서 알프스의 수려한 경관을 즐긴다. WEF 측 얘기로는 "전세계 지도자들과 네트워크할 수 있는 유일한 기회"다.[4]

경제학자 애덤 스미스(Adam Smith)가 200년 전에 했던 말은 시간을 초월하는 진리를 담고 있다. "같은 직업에 종사하는 사람들이 모이면, 놀기 위해 모였어도 대화는 언제나 공공에 대한 음모로 끝난다."[5] 세계경제포럼에 딱 들어맞는 얘기다. 지난 30년 동안 '전세계 지도자들과 네트워크할 수 있는 유일한 기회'를 제공해온 다보스는 신자유주의 프로젝트를 관장하는 가장 유력한 구심점이 되어왔다.

세계사회포럼은 이 모든 것에 대한 반격이다. 세계사회포럼은 세계경제포럼을 반대하는 시위가 아니라 대안적 미래를 제시하는 대안적 포럼이다. 음모는 음모지만 색깔은 완전히 다르다. 올해 세계경제포럼(주제는 취약한 시대의 리더십)은 처음으로 개최지를 다보스에서 뉴욕으로 옮겼다. 조직위는 상처받은 도시에게 '연대'의 정신을 발휘한 것이라고 설명했다. 이 관대한 제스처 덕분에 2001년에 다보스의 산 속 피난처가 포위당했을 때와 같은 대규모시위가 일어날 가능성은 대폭 줄어들었다.

지금 브라질에서는 이 운동이 1년 사이에 얼마나 성장했는가를 증명하는 일들이 벌어지고 있다. 제2차 세계사회포럼은 지난번보다 규모도 크고 논의의 수준도 높고 사회적 파장도 크다. 세계적인 대중운동의 영향력도 느껴진다. 세계사회포럼은 이미 유사한 적극적 행사를 여러개 퍼뜨린 바 있다. 활동가들이 모일 때면 세계를 바꿀 방법을 토론하는 '사회포럼'이 열린다. 작년 한 해에만 이딸리아에서 유럽사회포럼, 에티오피아에서 아프리카사회포럼, 인도에서 아시아사회포럼이 열렸다. 제노바, 멕시코의 몬떼레이(Monterrey), 아르헨띠나의 부에노스아이레스, 남아공의 더반, 레바논의 베이루트, 워싱턴, 뉴욕에서 수많은 소형포럼이 열렸다. 앞으로 열릴 것도 많다. 이러한 행사가 언론의 주목을 받는 일은 거의 없다. 고성능 최루탄이나 경찰과의 투석전은 언론이 좋아하는 메뉴인 반면에, 적극적인 의제들은 '폭력'시위 같은 그럴듯한 헤드라인이 되어주지 못한다. 그러나 이 운동의 과거가 씨애틀 같은 대규모 가두시위였다면, 이 운동의 미래는 바로 이런 대안적 포럼일 것이다.

올해 뽀르뚜알레그리 행사의 운영원칙은 지난번과 동일하다. 당장 눈을 감고 욀 수도 있다. 하나, '자본의 세계지배'에 반대한다. 하나, '거대기업이 지휘하는 세계화과정'에 기반한 세계가 아니라 인권·민주주의·사회정의 원칙에 입각한 세계를 건설하고자 한다. 하나, 다양한 세력이 참여한다. 다양한 세력이 참여한다는 것은 한 개인이나 단체가 세계사회포럼을 책임지거나 대변할 수 없다는 뜻이고, 모두 동의해야 하는 '최종적 선언문'을 발표하지 않는다는 뜻이며, 하나의 정당이나 이념이 세계사회포럼을 독점할 수 없다는 뜻이다.[6]

나는 몇달 동안 세계사회포럼이 열리지를 고대했다. 나에게 이 행사는 뭔가 원대하고, 참신하고, 지금까지의 행사와는 완전히 다른 것을 의미했다. 씨애틀이나 제노바나 프라하에서와는 달리, 뽀르뚜알레그리에 모인 사람들은 뭔가에 반대하러 온 것이 아니라, 적극적 의제를 개진하고 계획을 세우고 꿈을 꾸기 위해 왔다. 이제 나는 이 행사의 의제가 무엇인지 알아볼 것이고, 이 의제를 가지고 지난 여행에서 갖게 된 질문들에 대답할 수 있는지 알아볼 것이다. 예를 들면 이런 질문이다. 이 운동은 어떻게 편성되는가? 어떻게 편성되는 것이 바람직한가? 이 운동을 결집시키는 이념들은 무엇인가? 치아빠스(Chiapas), 꼬차밤바(Cochabamba), 쏘웨토(Soweto)에서 자라나던 이념들과 똑같은 것인가? 만약 똑같은 것이라면, 어떻게 이런 이념들을 세계적 규모로 적용할 것인가? 이 운동의 내적 갈등을 어떻게 해소할 것인가? 그리고 어떻게 사회적 파장을 일으킬 것인가? 상황은 그리 좋지 않다. 2001년 9월 11일 테러가 일어난 지 다섯 달밖에 지나지 않았다. 새로운 세계는 보복과 전쟁 속에서 불확실한 미래에 대한 우려로 가득하다.

세계사회포럼의 구호는 단순하다. '또다른 세상은 가능하다'(가는 데마다 이 구호를 들었기 때문에 일주일째 되는 날은 다시 듣고 싶지 않을 만큼 완전히 질렸다). 언뜻 보면 진부한 말이다. 그러나 현수막에서 머그컵까지 온갖 곳에서 며칠 동안 이 글을 읽고 나니, 어떻게 읽느냐에 따라 이 말의 의미가 달라진다는 생각이 들었다. '또다른 세상'이 중요한 것이 아니라 '가능하다'는 것이 중요하다. 절박함의 표현이 아니라 저항의 표현이고 희망의 표현이다.

나는 지금 대학교 건물 1층의 불편한 플라스틱의자에 앉아서 미국의

데이비드 코튼.

인정받는 MBA 겸 전직 하버드대학 경제학 교수에게 자본주의를 철폐하는 방법에 대해서 듣고 있다. 데이비드 코튼(David Korten, 턱수염을 기른 중년 남자인데, 와이셔츠에 넥타이를 매고 있다)은 아카데미경제학자의 전형적인 이력을 밟았다. 스탠포드대학 경영학과에서 박사학위와 MBA를 받았고, '조직이론과 경영전략'을 전공했고, 하버드에서 경영학을 가르쳤다. 그런데 20년 동안 아시아 개발 프로젝트를 연구했던 코튼은 한 가지 확신을 얻었다. 그때까지 자신이 배우고 선전해온 경제모델이 문제를 해결하는 것이 아니라 오히려 문제를 일으키고 있다는 것이었다. 도저히 모른 척할 수가 없었다. 그가 1995년에 집필한 『기업이 세계를 지배할 때』(*When Corporations Rule the World*)는 기업경제에 대한 반론을 가장 잘 요약한 책으로서, 이 운동의 대표적인 입문서라고 할 수 있다. 그는 지금 자신이 과거에 믿었던 모든 것을 거부해야 한다고 역설하고 있다. 청중들은 열심히 듣고 있다.

내가 청중들 사이에 자리를 잡을 때, 그는 부드러운 목소리로 말한다.

"지금까지 우리는 경제체제가 두 가지뿐이라고 배웠습니다. 정부가 모든 자산을 소유하는 국가사회주의체제로 가든가, 아니면 '자본주의' 경제로 가야 한다고 합니다. '자본주의'는 18세기에 소수가 생산을 독점하고 다수를 배제하는 체제를 가리키던 말입니다. 여기서 우리는 중요한 사실 하나를 알아야 합니다. 자본주의와 실질적인 시장경제는 엄연히 다르다는 것입니다. 실질적인 시장경제 아래에서는 실질적인 지역사회에 뿌리박은 다수의 소규모회사들이 교역하고 경쟁할 수 있습니다. 그러나 자본주의 아래에서는 뿌리 없는 거대한 초국적기업들이 실질적인 시장경제를 파괴하고 생산을 독점하는 상황이 벌어집니다. 초국적기업이 책임져야 하는 것은 주주들뿐입니다. 확실히 해둘 것이 있습니다. 우리가 할 일은 자본주의를 철폐하고, 유한책임회사제도를 철폐하는 것입니다."

지금 나는 역설적인 광경을 보고 있다. 시장경제를 신봉하면서 자본주의를 증오하는 사람이다. 뽀르뚜알레그리 행사에 참가한 사람들 중에도 이런 생각을 하는 사람이 많이 있다. 이들은 소규모 자산, 지역사회에 뿌리내린 시장, 믿을 만한 기업, 공평한 토지분배가 경제안정과 사회안정의 근간이라고 믿고 있다. 또 이들은 '자유'무역이라는 지금의 무역모델이(사회적 의무와 책임에서 '자유'로운 무역모델) 과거의 그 어느 사회주의체제보다 심각한 정도로 경제안정과 사회안정을 파괴하고 있다고 믿는다. 이 운동 내에서도 '개량주의'라는 비판을 받지만, 흥미로운 시각인 것만은 사실이다. 코튼은 자신이 제시한 모델을 실현하는 구체적인 방법을 설명하기 시작한다. 자본주의 폐지라는 목표를 성취하려면 어떤 전략을 짜야 하는가 하는 질문을 받았기 때문이다. 좋은 질문이다.

"전략이라…… 지역사회에 뿌리박은 수천 개의 실질적인 시장들의 네트워크가 존재하고 있습니다. 옛날부터 존재했던 것입니다. 그러니까 전략으로 말하자면, 거대기업을 무너뜨리는 한편으로 이러한 소규모시장을 강화하고 활성화해야 합니다." 지금 그가 들고 있는 보고서 사본은 그와 함께 연단에 앉아 있는 사람들이 같이 준비한 것이다. 쌘프란씨스코에 본부를 둔 '세계화에 관한 국제포럼'(IFG) 사람들이다. IFG는 코튼 같은 사람들이 실무를 담당하는 기획조직으로서, 세계화를 둘러싼 '사유불가능한 것에 관한 사유'를 추구한다. 보고서 안에는 세계경제포럼 파견단이 대단히 불편해할 제안들이 포함되어 있다.

코튼의 말이 계속된다. "이 제안서에는 과감하면서도 실현 가능한 방법들이 나와 있습니다. IBRD는 대외채무를 유지하는 기관입니다. IBRD를 폐쇄하고, 국제채무변제연합을 만들어 외채를 없앱시다. IMF는 구조조정을 통해 빈곤을 공고하게 하는 기관입니다. IMF를 없애고 국제금융조직을 만들어, 국가로 하여금 금융흐름을 조절하고, 무역수지 균형을 맞추고, 국민에게 정말로 유리한 투자를 유치하게 합시다. WTO는 정부를 규제해서 기업을 규제하지 못하게 하는 기관입니다. WTO를 없애고 UN 산하조직을 만들어, 기업을 규제하고, 기업의 범죄를 색출·처단하고, 기업에 법률적·재정적 책임감을 부과하고, 모든 초국적기업에게 강제력 있는 윤리적 의무를 부과합시다. 기업의 정치적 간섭을 금지하는 조항도 넣어야 합니다. UN을 재조직하고, 세계권력을 UN의 질서하에 통일합시다. 국민의 필요가 경제에 따라 움직이는 것이 아니라 경제가 국민의 필요에 따라 움직이게 합시다. 기업의 복지비 지원을 금지하고, 무공해에너지를 장려하고, 토지개혁을 제도화하고, 지속가능한 농업을 장려합시다. 이 모든 것이 현실적으로 가능합니다."

코튼은 이 엄청난 희망사항들이 실현될 수 있는 희망사항이라고 말한다. 물론 어떻게 실현할 것인가는 또다른 문제다. 구체적인 실현방법을 말하기 위해서는 정치적 의지가 필요하고, 진정한 변화를 향한 대중일반의 강력한 요구가 필요하다.

코튼은 말한다. "이것은 거창하고 대담한 변화입니다. 그러나 우리의 요구가 진정한 권력으로 뒷받침된다면 현실적으로 가능한 변화입니다. 권력을 확보하려면 운동을 일으켜 여론을 바꿔야 합니다. 나는 오랫동안 이런 문제와 씨름해왔고, 이제 변화를 실감하고 있습니다. 10년 전에 내가 이런 얘길 하면, IBRD 사람들은 비웃었습니다. 오늘밤에 IBRD 사람들을 만나서 IBRD가 폐쇄되어야만 하는 이유를 설명해줄 겁니다. 그들은 더이상 우리를 비웃지 못합니다. 전세계 사람들이 보기에 그들은 더이상 정당성을 갖는 기관이 아닙니다. 정당성이 사라지면, 체제는 무너질 수밖에 없습니다."

사람들과 함께 강연장을 빠져나오면서 나는 힘이 솟는 것을 느낀다. 코튼의 생각에 다 동의하는 것은 아니지만, 코튼이 열강하는 동안 청중들은 창조적인 생각이란 과연 어떤 것인가를 실감할 수 있었다. 저항하고 반박당하고 현 상태 수호세력의 헛소리를 참아내는 것에 익숙했던 우리들로서는 이 새로운 운동에 나름의 거창한 이념이 있음을 확인하는 것만도 신나는 일이었다. 남의 의제를 거부하는 대신 나의 의제를 설정한다는 것은 정말 신나는 일이었다.

그런데 이 운동에 과연 '거창한 이념'이 필요할까? 거창한 이념은 해답이 아니라 문제가 아닐까? 세계사회포럼에 도착하기 전부터 나는 한 가지 걱정이 있었다. 온 세상 모든 문제를 해결할 '왕도'를 알고 있다고 확신하는 개인이나 단체가 이 행사를 독점하는 것은 아닐까? 산적한 문제들을 해결하는 유일한 방법이 또다른 거대 기획 내지 새로운 '거창한 이념'이라고 확신하는 개인이나 단체가 나타나는 것은 아닐까? 과거의 '노동자인터내셔널'이 그랬던 것처럼, 세계사회포럼도 지식인 엘리뜨가 좌지우지하게 되는 것은 아닐까? 사상적 전위들이 대중운동에 편승하여 자신들의 유토피아를 건설하겠다고 나서는 것은 아닐까?

행사에 참석하기 전에는 이런 생각 때문에 불안했다. 그러나 이곳의 상황을 보면 볼수록, 불안감은 사라진다. 내가 이 운동 전체의 원칙이라고 믿는 것이 뿌에르또리꼬에서도 똑같이 통하고 있었다. 여기서는 아무도 남의 말에 휘둘리지 않았다. 레닌(N. Lenin)의 망령이 있었다면, 실망하고 돌아갔을 것이다.

중요한 문제들은 여전히 남아 있다. 자치, 경제자립, 지역사회 민주주의 등은 모두 새로운 정치적 세계관의 초석이 될 수 있을 것이다. 그러나 이것만 가지고 새로운 세계관을 만들기에는 역부족이다. 이런 것을 가지고 전세계 금융구조와 무역흐름과 국제분쟁을 해결할 수 있을까? 이런 것을 가지고 기후변화와 세계적인 환경파괴를 해결할 수 있을까? 다시 말해, 역사상 가장 국제적인 정치운동의 원칙이 국제적으로 적용될 때, 본연의 모습을 간직할 수 있을까? 다양성과 민주주의를 향한 갈망을 간직할 수 있을까?

코튼의 시각은 이에 대한 해답을 시사한다. 우리에게 필요한 제도와 기관은 규모와 전망에 있어서는 국제적인 반면에, 실천에 있어서는 현지의 특수한 상황을 고려하는 것이어야 한다. '신신세계질서'는 공조와 국제주의를 염원하는 동시에 참여민주주의와 지역사회 단위의 권력에 의

존한다. 이러한 질서가 과연 실현될 수 있을까? 알 수 없다. 아직은 확실치 않다. 그러나 이런 이념은 (뽀르뚜알레그리에서 나온 무수한 이념이 그렇듯) 거창한 동시에 섬세하고, 세계적인 동시에 지역적이며, 구속하는 것이 아니라 해방시킨다. 예를 들면, IFG 제안서는 단일한 경제모델 내지 사회모델을 처방하는 것이 아니라, 사람들이 더 나은 세계를 만드는 것을 방해하는 최악의 장애물(기업권력, 극악무도한 부채, 왜곡된 무역관계, 시장권력, 타락한 민주주의)을 제거하려 한다.

최소한 이론적으로는 모든 것이 가능하다. 지금 세상에서 벌어지는 일들이 이 이론을 뒷받침해주는가를 이제부터 알아볼 것이다. 물론 방향을 제대로 잡는 것이 중요하다.

다행히도 나는 혼자가 아니다. 여자친구 캐서린도 같이 있으니까, 길을 잃어도 같이 잃는다. 다음날 아침. 캐서린과 나는 대학캠퍼스 풀밭에 앉아 있다. 풀밭에 자리한 포장마차에서는 농협사람들이 세계 곳곳의 요리를 팔고 있다. 일찍 일어났다고 생각했는데, 벌써부터 사방에서 사람들이 밀려온다. 학생 하나는 체 게바라와 똑같은 옷을 입고 있다. 붉은 별이 박힌 베레모와 아무렇게나 자란 턱수염까지 똑같다. 비정부기구(NGO) 지도자 두 명은 소매를 걷어 올렸다. 파견단 배지가 눈에 확 띈다. 인디미디어 기자가 카메라에 담고 있는 세 인도 여성은 나르마다(Narmada)댐 건설에 반대하는 현수막을 들고 있다. 벨기에 농부도 두 명 있다. 말레이시아 대학교수는 티셔츠와 청바지를 입고 있다. 법과대학 학생들이 시끄럽게 떠드는 소리도 들린다. 프랑스인은 유럽의회의원이다. 아침 햇살 아래서 신선한 오렌지주스를 마시면서 우리는 프로그램을 뒤적이며 오늘 하루를 생산적으로 보낼 방법을 연구한다.

내가 물었다. "'피스코의 작은 가게'가 뭘까? 왜 '워크숍' 목록에 있을까?"

"직접 가서 알아보면 되잖아?" 캐서린이 충고한다.

"이름이 마음에 안 들어. 에든버러페스티벌 같아.

"그럼 여기는 어때? '또다른 사회주의세상이 가능하다.' 나는 아까 것이 좋은데. 언제인지 모르겠네."

"아니면 '인민자본주의'는 어때? 인기 많을 거야."

"아니면 '만물의 상호의존'은?

"'쓰레기재활용: 사회 통합에 대한 대안!'"

"'휴식과 다중적 대화: 침묵의 공간과 확장된 언어!'?"

"'새천년 지도 작성법'! 어지러워!"

이러면서 시간을 보낼 수도 있다. 세계사회포럼의 놀라운 점 중 하나가 바로 이것이다. 누구든지 어떤 주제로든 워크숍이나 회의나 행사를 열 수 있다. 못하게 막는 사람은 아무도 없다. 사람들이 찾아와 휴식을 취하며 다중적 대화를 나눠도 아무도 못하게 막지 않는 공간을 보면서, 나의 민주적 심장이 뜨거워진다. 하지만 가까이 가고 싶진 않다.

그 대신 나는 청중이 들끓는 언론컨퍼런스에 간다. 강사는 노엄 촘스키(Noam Chomsky)다. 매너 좋은 매사추세츠대학 교수이자 반체제사상가이자 서양에서 머리가 제일 좋다는 그는 이번 행사에서도 인기몰이를 하고 있다. 나중에 촘스키 때문에 엄청난 혼잡이 발생한다. 수천 명이 대학건물 강당과 복도를 가득 메우는 바람에 강의시간 직전에 좀더 큰 강의실로 옮겨야 했는데, 바뀐 곳도 좌석이 턱없이 부족했다. 사람들은

노엄 촘스키.

촘스키가 나지막한 목소리로 참신한 평등주의를 설파하는 것을 듣고 싶었을 것이다. 수년 동안 촘스키는 약간은 거북하게 느껴지는 후광을 달고 있다. 그러나 촘스키 자신은 모르고 있는 것 같다. 촘스키는 오늘 아침 뽀르뚜알레그리 마을회관에서 거대하고 웅장한 석조기둥, 고전적인 벽화, 묵직한 샹들리에를 배경으로 기자들에게 자기 정부의 '테러와의 전쟁'에 대해서 어떻게 생각하는지를 들려주고 있다. 세계사회포럼과 그것이 대변하는 운동에 대해서는 어떻게 생각하는지도 들려준다.

지방신문 기자 하나가 그에게 물었다. 이 세계사회포럼은 그림의 떡 아닙니까? 이런 행사가 대안을 제시한 적이 있습니까? 교수님은 그런 대안을 실제로 작동하게 만들었던 나라의 예를 들 수 있습니까?

촘스키가 대답한다. "200년 전에 당신이 내게 똑같은 질문을 했다고 가정해봅시다. 노예 없이 굴러가는 사회, 의회민주주의가 운영되는 사회, 여성의 권리가 보장되는 사회의 예를 들라고 했다고 칩시다. 나는 예를 들 수 없었을 겁니다. 하지만 '그러니까 우리가 그런 사회를 만들자'고 대답했을 것입니다. 사람들은 정말로 그런 사회를 만들었습니다. 여기 모인 많은 분들이 수많은 사안에 대해서 상세하고 명확한 대안적 프로그램을 제시했습니다. 실현할 수 있습니다. 실현해야 합니다. 비전이 있다면, 열정이 생깁니다."

또다른 기자가 끼어들었다. 최근 반세계화운동의 현황은 어떻습니까? 촘스키는 약간 얼굴을 찌푸렸다.

"반세계화포럼이라는 말은 쓰지 않는 것이 좋습니다. 역사를 통틀어 모든 진보적 대중운동의 목표는 전세계 주민들의 권익을 위해서 세계적인 연대운동을 일으키는 것이었습니다. 모임에서는 리더십을 권력의 중심에서 주민일반으로 전환하는 방법을 모색하고 있습니다. 이것은 세계적인 야심입니다. 내가 보기에 이 모임은 세계화포럼입니다. 바로 지금 뉴욕에서 하는 것이 반세계화포럼입니다. 그들은 세계화를 거스르려 하지만, 그들의 노력이 성공할 것 같지는 않습니다."

그로부터 불과 두 시간 후. 나는 커다란 동굴을 연상시키는 붐비는 강의실에 앉아 있다. 철제 서까래에 조명이 달려 있고, 수백 명의 사람들이 동시통역 헤드쎄트를 끼고 있다. 인디미디어 기자들은 강의실 구석구석을 비디오에 담고 있다. 이곳에서 나는 촘스키처럼 생각하는 사람이 많다는 것을 알게 된다. 뽀르뚜알레그리에서 운동의 전반적인 방향이 잡히는 것이다. 각국 연사들의 강연이 이어지는 동안에, 이 운동의 이미지를 재정립하려는 노력이 엿보인다.

지금은 국제무역에 관한 컨퍼런스가 진행중이다. 말레이시아, 남아공, 벨기에, 멕시코, 미국에서 온 강연자들은 저마다 국제무역관계를 바꾸기 위한 방안을 내놓는다. 부자에게만 유리한 지금의 국제무역관계를 바꿔야 한다는 것이다. 지금까지 폭넓은 동의를 끌어낸 방안도 여러개다. 하나, WTO를 폐지하거나 근본적으로 재편해야 한다. 하나, 무역협약을 인권과 환경에 관한 UN조약에 종속시켜야 한다. 하나, 지역사회시장과 국가산업을 보호할 수 있는 세계적인 정책을 개발해야 한다. 하나, 새로운 무역라운드가 생기는 것을 막아야 한다. 하나, 초대형농기업이 더이상 소농을 파괴하지 못하도록 농업을 WTO조약에서 제외해야 한다. 멕시코 '대륙사회동맹'(ASC)의 엑또르 데 라 꾸에바(Hector de la Cueva)는 '신자유주의가 라틴아메리카에 파괴적인 영향을 미친다'고 말한다. 대륙사회동맹은 외채를 없애고, IMF와 IBRD의 '조정'을 거부하고, 금융거래 과세와 소농 보호에 주력하는 대륙동맹을 결성하기 위해 최선을 다하고 있다고 한다. 말레이시아 '제3세계네트워크'의 마틴 코르(Martin Khor)는 이 세계운동이 낳은 가장 저명한 경제학자 중 하나다. 그의 주장은 엑또르 데 라 꾸에바보다도 과격하다.

그의 말은 간단명료하다. "WTO와 협상을 해서는 안 됩니다. WTO의 부당성을 폭로하고, 써비스무역 자유화를 기도하는 새로운 조약이 생기지 못하도록 대중적 기반을 구축해야 합니다."

다음 강연자는 로리 월러치(Lori Wallach)다. 그녀는 미국의 대표적 소비자시민단체인 퍼블릭씨티즌(Public Citizen)의 무역전문 변호사로, 1988년에 다자간투자협정을 폭로하고 폐기하는 데 누구보다 큰 공을 세웠던 인물이다. 작은 체구의 금발에, 말이 빠르고 똑똑하다. 그녀는 청중의 주의를 모으는 방법을 알고 있다. 그녀는 아주아주 두꺼운 서류를 들고 있다.

"이것들은 WTO조약입니다. 그리고 이것은" 이렇게 말하면서 그녀는 연단 위에 거대한 두번째 종이뭉치를 올려놓는다. "북미자유무역협정(NAFTA)입니다. 기업이 정부를 비공개 무역재판에 회부할 수 있는 근거자료입니다. 오늘 이 자리에는 남북아메리카에서 오신 분들도 많습니다. 여러분 나라의 국회의원이나 대표 중에 NAFTA와 미주자유무역지역(FTAA)이 남북아메리카 전체의 지역법을 불법적인 무역장벽으로 규정하리라는 것을 아는 사람이 몇이나 됩니까? 정부가 학교 옆에 유독물질 폐기장을 설치하지 '않을' 권리를 얻기 위해 기업에게 '돈'을 내야 하리라는 것을 알고 있는 사람이 과연 몇명이나 됩니까?"

그녀의 말은 계속된다. "노동자보호와 환경보호를 위해 세계적으로 2,000건 이상의 다자간협정이 체결되어 있다는 것을 아는 사람이 여러분 나라의 국회의원 중에 몇이나 됩니까? 국제연합아동기금(UNICEF) 규범과 국제노동단체 관련법 등 주민을 우위에 놓는 공익적 법률이 모두 NAFTA와 IMF와 WTO에 종속되어 있다는 것을 아는 국회의원이 몇이나 됩니까?" 그녀는 무서운 속도로 말을 쏟아낸다. 방청석 여기저기에서 불안한 듯 웅성거리는 소리가 들린다.

"여러분도 이런 것을 좋아하지 않겠지요? 그냥 두면 안되겠지요?" 이렇게 말하면서 그녀는 서류뭉치 두 개를 어깨 너머로 던져버린다. 단상에서 쿵 소리가 울린다. 웅성거리던 소리는 어느새 웃음소리로 바뀌었다. 그러나 월러치는 심각하다.

"이른바 세계화라는 것이 불가피한 진행과정이라는 말을 우리는 오랫동안 들어왔습니다. 우리 운동은 그들의 말이 사실이 아니라는 것을 보여주려는 노력이었습니다. 그들은 특정집단의 이익을 위해서 세계화를 조작해내고는 불가항력적인 것이라며 우리에게 팔아먹고 있습니다. 그러나 이제 그들도 난관에 봉착했습니다. 모든 증거들이 나타나고 있습니다. 이런 조약이 무슨 짓을 하고 있는지, 현행 모델이 무슨 짓을 하고 있는지, 우리는 이제 알고 있습니다. 여기에는 엄청난 고통이 따릅니다. 그러나 고통은 우리 운동의 힘입니다. 왜냐하면 이 경제모델이 무슨 짓을 하는지를 알게 되는 사람들이 점점 더 많아지기 때문입니다. 신자유주의는 '현실성이 없습니다.' 그들의 실험은 실패로 끝났습니다. 그들은 많은 약속을 해놓고, 하나도 지킨 것이 없습니다. 자료도 준비되어 있습니다. 밀어붙일 때입니다. 우리 운동이 할 일은 밀어붙이게 도와주는 것입니다. 다시 말해, 우리가 무엇을 위해서 싸우는지(우리는 공세적인 운동입니다) 분명히 해야 합니다."

속사포 같은 그녀의 이야기가 계속된다. "우리에게는 두 가지가 필요합니다. 양날의 칼이 필요합니다. 우리는 전세계에서 변혁에 대한 요구를 끌어내는 동시에, 우리가 싸우는 '목적'에 관한 합의를 도출해야 합니다. 여기서 말하는 변화란 '진정한' 변화입니다. 우리 운동은 지엽적인 개혁을 추구하는 운동이 아닙니다. 이 신자유주의라는 체제는 괴저(壞疽)를 앓고 있습니다. 과감히 도려내야 합니다. 기업세계화라는 극단적 획일성의 모델로는 더이상 문제를 해결할 수 없습니다. 많은 사람들이 이 사실을 인식하고 있습니다. 우리 운동에 힘이 실리고 있습니다. 현 상태의 수호자들 역시 상황을 모르지는 않습니다. 그들이 우리를 공격하는 이유는 바로 그 때문입니다. 그들은 우리를 상대로 명백한 선전전(宣傳

戰)을 벌이고 있습니다. 그들의 주장은 뻔합니다. 그들도 나름대로 양날의 칼을 휘두르고 있습니다. 그들의 첫번째 전략은 세계화가 불가피한 과정이다, 진화의 과정이다, 사람의 힘으로 막을 수 있는 것이 아니다, 라고 주장하는 것입니다. 시나이(Sinai)산에서 십계명을 받았다는 투입니다. WTO조약도 그런 것입니다. 만약에 그래도 포기하지 않는 사람이 있으면, 그들은 두번째 전략을 씁니다. 체제에 맞서는 우리 운동이 부자나라 사람들의 운동이라고 주장하는 것입니다. 그러나 말도 안되는 소리입니다. NAFTA와 WTO가 서양에서 하고 있는 일을 IMF와 IBRD는 수십년 동안 남반구에서 자행했습니다. 이 운동이 남반구에서 처음 생긴 것도 바로 그 때문입니다. 그들은 그런 사실을 숨기고 싶어합니다. 그러나 그것이 쉽지 않다는 것은 그들도 잘 알고 있습니다. 그러나 우리 역시 우리가 무엇을 '위해서' 싸우는지 분명히 해야 합니다. 그들이 쳐놓은 함정에 빠져서는 안됩니다."

월러치는 탁월한 연기자다. 모든 사람의 시선이 그녀에게 고정된다.

"우리 운동은 기로에 서 있습니다. 그들은 우리에게 '안티'라는 꼬리표를 붙입니다. 우리는 이 수식어를 떼버려야 합니다. 우리는 민주주의를 '위해' 싸우고, 다양성을 '위해' 싸우고, 평등을 '위해' 싸우고, 환경을 '위해' 싸웁니다. 그들은 실패한 후에도 현 상태에 집착하고 있습니다. '그들'이 안티입니다. 민주주의에 '반대'하고 대중에 '반대'하는 것은 바로 그들입니다. 우리 운동은 세계 정의를 위해 계속 전진해야 합니다. 감사합니다." 그녀는 바닥에 던졌던 서류뭉치를 그대로 버려둔 채 자기 자리로 돌아간다.

큰 박수가 길게 이어진다. 군중심리를 자극하는 멋진 강연이었다. 월러치와 촘스키의 주장이 대단히 비슷하다. 여기 모인 사람들이 일주일 내내 하는 말도 이들의 주장과 똑같다. 즉 이 운동은 '안티' 운동이 아니라, 분명한 목표를 가지는 적극적인 운동이다. 우리는 씨애틀 이후 3년 동안 세계무대에서 현 상태의 문제점을 지적해왔다. 이제 대안을 내놓을 때다. 우리의 문제제기가 사실은 대안제시가 아니었는지 다시 한번 생각해보자. 결국 이 운동이 지적하고, 저항하고, 해체하려 했던 문제점들은 사실 우리가 꿈꾸는 세계로 가는 길을 막는 장애물이다.

세계사회포럼이 진행되는 어느날 저녁에 사람들로 붐비는 호텔 로비에서 마주쳤던 '전세계 남반구에 관한 타이 NGO 포커스'의 경제학자 니콜라 벌라드(Nicola Bullard)도 내게 똑같은 말을 했다.

"여기 모인 많은 사람들이 이런 주장을 반복하고 있습니다. 고무적인 일입니다. 우리 운동은 공세적입니다. '대안이 없다' 는 오래된 비난은 말장난에 불과합니다. 이런 말 때문에 공세적인 주장이 수세적인 주장처럼 들립니다. 제3세계 부채의 무조건 탕감을 예로 들어봅시다. 이런 조치를 '반(反)부채' 라고 말할 수 있겠지만, 사실 대단히 공세적인 대안입니다. 부채탕감이 가능하다면, 수많은 대안이 실현될 공간이 만들어질 것입니다. 외채상환에 묶여 있던 돈을 기본적인 의료, 교육 등등에 사용할 수 있습니다. 경제는 수출의존에서 벗어날 수 있고, '워싱턴 컨센써스' (Washington consensus)의 압력에서 벗어날 수 있습니다. 이것은 적극적인 변화입니다. 엄청나게 적극적인 조치입니다."

공간을 만들어내는 것이 중요하다. 로리 월러치도 똑같은 말을 했다. 데이비드 코튼이 세계경제 개혁을 위한 방안들을 제안했던 목적은 여러 가지 세계가 공존하며 발전할 수 있는 공간을 만들기 위한 것이었다. 뽀르뚜알레그리 행사의 목적도 마찬가지다. 이것은 또 하나의 양날의 칼이다. 세계경제 모델을 재편하여 경제권력의 거대하고 불가해한 압력을 무력화시킴으로써 지역사회의 특수한 상황에 맞는 대안이 실현될 공간을 마련해야 한다는 것이다. 둘 중 하나가 아니라, 동시에 둘 다 해야 한다. '거창한 이념'일 수도 있다. 하지만 수백만 개의 작은 이념을 탄생시키는 이념이다.

다음날 아침. 머리가 아프다. 전날 밤에 우연히 친구 몇명을 만나는 바람에 캐서린과 나는 바닷가 백사장에서 너무 늦게까지 까이삐리나(caipirinha)를 마셨다. 무대와 객석 등 미니축제의 모든 것이 갖춰진 곳이다. 당연히 숙취가 심했다.

꾸물거리느라 늦기도 했지만, 옛날 친구들과 마주치는 바람에 더 늦어졌다. 복도를 달려가는데(복도는 100개가 넘는다) 맞은편에서 죠지 도르(George Dor), 버지니아 쎄츠헤디(Virginia Setshedi)와 트레보 능과네(Trevor Ngwane)가 올라오는 것이었다. 그들은 아프리카사회운동회의에 들어가는 길이라고 했다. 반가운 사람들이다. 잠깐 인사만 한다는 것이 10분 이상 지체한 것 같다. 죠지는 행사 전체가 흥미진진하지만, 혼란스러울 때도 있다고 한다. 나도 마찬가지다. 트레보는 작년에 비해서 차분하게 보내는 것 같다. 트레보는 작년 다보스 세계경제포럼 당시 세계적인 자본가 죠지 쏘로스(George Soros)와 화상으로 격렬한 논쟁을 벌였었다. 버지니아는 자꾸 춤추러 갈 거냐고 묻는다. 하지만 춤추러 가기는 어려울 것 같다.

서둘러 커피 한 잔을 마시고 강의실에 들어갔다(다른 사람들은 벌써

다 자리를 잡았다). 세계사회포럼의 핵심주제 중 하나인 민영화를 중심으로 토론을 하고 있다. 전세계기업의 자원착취는 세계화과정의 결정적인 요인으로서, 이곳에서도 중대한 사안으로 다뤄지고 있다. 물과 종자, 토지와 인프라 등 세계적으로 공공자원의 민영화가 사상 초유의 엄청난 규모로 진행되고 있다. 민영화는 세계화와 궤를 같이 하는 현상이다. 물고기에게 물이 필요한 것처럼, 경제체제가 확장되기 위해서는 반드시 사유재산이 필요하다. 활동가들이 말하는 것처럼, 기업의 자원 착취는—빈자의 부를 부자에게 재분배하는 효과를 낳는다—사람들을 가난하고 힘없는 존재로 만드는 가장 큰 원인 중 하나다. 세계화주의자들은 현 체제 아래에서 빈곤이 사라질 것이라고 주장하지만 말도 안되는 소리다.

러시아 · 프랑스 · 영국 · 미국 · 꼬스따리까에서 온 연사들은 '지적소유권'을 규탄하는 중이다. WTO가 다시 한번 도마에 오른다. '지적소유권'에 관한 무역관련지적재산권협정(TRIPS)은 남아공 에이즈치료약과 관련하여 엄청난 논쟁을 일으켰던 조약으로서, 기업이 생명 자체를 통제할 수 있게 만드는 대단히 위험한 조약이다.

TRIPS는 WTO의 핵심조약 중 하나다(가장 논쟁이 되고 있는 조약이기도 하다). TRIPS가 만들어진 것은 몬싼토(Monsanto), 듀폰(DuPont), 제너럴모터스(General Motors)도 포함된 이기적인 기업들이 이 위원회를 조직해서 로비를 벌인 결과다.[7] TRIPS의 목적은 상품, 제조과정, 나아가 정보 자체에 대한 기업의 소유권을 철저하게 보장하는 것이다. TRIPS에 따르면, WTO 회원국은 가혹한 미국식 특허제도를 채택해야 한다. 즉 한 WTO 회원국의 특허권 · 저작권은 다른 회원국에서 자동적으로 효력이 발생한다. TRIPS조약 덕분에 수많은 기업활동이 정당화될 수 있다. 저렴한 쏘프트웨어 개발을 방해하는 행위, 수백만 명의 가난한 환자들이 이용할 수 없도록 약품가격을 인상하는 행위, 교과서에 비싼 저작권료를 매겨 '제3세계' 중고등학교에 팔아먹는 행위, 기초적인 테크놀로지의 확산을 막는 행위 등이 모두 정당화된다. 기초과학기술은 지금까지 여러 산업과 여러 국가 사이에서 개발과정의 일부로서 무상으로 이전되던 것이었다.

TRIPS가 만들어진 이유는 단순하다. 상품독점 · 자원독점 · 시장독점과 마찬가지로, 정보독점은 상당한 이윤을 보장해준다. 한편, 정보독점은 권력을 의미한다. 시장의 관점에서 보면, 정보공유는 정보낭비다. 이윤이 없으면 주가(株價)도 오르지 않는다. 독점은 자유시장의 기초질서를 모조리 깨뜨리는 것이므로, 신자유주의자는 독점에 강력하게 반대해야 할 것 같다. 그런데 신기하게도 나는 여행을 하면서 계속해서 반대상황을 목격했다. 시장의 이론과 시장의 현실은 완전히 다르다.

TRIPS의 최대쟁점 중 하나는 '생명에 대한 특허출원' 부분이다. 오늘 나온 연사들이 가장 관심을 보이는 것도 이 부분이다. TRIPS를 통하면 상품과 정보뿐 아니라 생명체(종자, 새로운 식물종, 유전자정보)에 대한 특허를 낼 수 있다. 발견과 '발명'은 동일한 것이라는 특허법을 들먹이면서 기업들은 식물, 의약품, 수천 년 동안 전해져내려온 아마존인디언 음식, 수세기간 치아빠스에서 자라난 다양한 품종의 멕시코옥수수, 인도 주민들이 공동으로 개량하고 사용해온 종자, 심지어 인간의 DNA 각각의 소질에까지 특허증을 처바른다. 이러한 행위를 부르기 위해 '생명음모'라는 말이 나왔다. 오늘 여기 모인 사람들도 모두 이 말을 사용한다.

1997년, 생명음모 최악의 사건이 일어났다. 텍사스에 본사를 둔 라이스텍(RiceTec)사는 바스마티(basmati)쌀의 '소유권'을 주장했다. 인도와 파키스탄에서 바스마티쌀은 수세기 동안 농촌경제의 근간이자 국민의 주식이었다. 유럽 사람들이 들어오기도 전부터였다. 그런데 특허를 획득한 라이스텍은 인도와 파키스탄 농민들이 개발해온 22가지 품종의 쌀을 통제할 수 있는 공식적인 권한을 얻었다. 라이스텍은 농민들에게 특허사실을 알려주지 않았다. 물론 보상할 생각도 없었다. 손에 넣은 '바스미티'를 미국과 세계에 팔아먹을 생각밖에 없었다. 나중에 인도정부의 항의가 있었지만, 특허는 약간 수정되었을 뿐 취소되지는 않았다.

생명음모의 해악은 어마어마하다. 다국적기업이 다양한 품종의 종자와 곡물에 특허를 내고, 농민은 지금까지 사용해온 종자와 곡물을 돈을 내고 사야 하는 사태가 발생할 수 있다(이런 사태는 이미 벌어지고 있다). 남는 장사지만, 이 컨퍼런스에서는 혐오의 대상이다. 최소한 생명이 있는 것은 TRIPS조약에서 제외되어야 한다는 생각에 여기 모인 사람들 모두가 동의한다. TRIPS조약이 아예 폐지되어야 한다고 생각하는 사람은 더욱 많다. 나라별로 자기 나라에 적합한 특허법을 만들어 시행해야 한다는 원칙에 오늘 나온 연사들 모두가 동의한다. 여기 모인 사람들은 생명체에 특허를 주고받는 행위를 강력하게 거부하며, 생명, 지식, 과학기술, 정보와 관련된 분야를 기업의 마수에서 영구적으로 보호할 수 있도록 국제조례를 만들자고 주장한다.

한 연사는 말한다. "TRIPS는 자원과 지식을 남반구에서 북반구로, 빈자에게서 부자에게로 이전하고 있습니다. TRIPS 때문에 얼마 남지 않은 공공재가 모두 사유화됩니다. 맞서서 싸워야 합니다. TRIPS는 우리가 소중하게 생각하는 모든 것을 해칩니다."

여기서도 관점의 충돌뿐 아니라 가치의 충돌이 엿보인다. TRIPS가 그토록 많은 사람들의 분노를 사는 이유는 공공재를 제거하는 결과를 초래했을 뿐 아니라 공공재를 제거하려는 의도를 가지고 있었기 때문이다. 역사를 통틀어 무수한 인간사회의 중심에는 공공재가 자리하고 있었고, 지금도 많은 사회의 중심에는 공공재가 자리하고 있다. 그런데 TRIPS가 공공재를 제거하는 것으로도 부족하여 공공재의 개념 자체를 제거하고 있는 것이다. 전세계 농촌은 물론이고, 수많은 도시에서도 공공재는 여전히 지역사회 생활의 초석이다. 사람들은 토지를 공유하고, 종자를 나눠 쓰고, 물 · 유전정보 · 임야 · 마을공터를 마음대로 사용한다. 그러나 세계자본이 왕 노릇을 하면서 이 모든 것은 돈을 내고 사야 하는 상품이 되었다. 종자는 유전자변형을 거치고 특허가 붙어서 농부에게 되팔린다. 토지는 담장과 경계가 생기고, 주인이 생기고, 사용료가 부과된다. 수돗물, 숲, 동물, 식물, 심지어 유전자지도까지 주인이 생긴다. 돈 있고 힘 있는 자들이 모든 것을 독식한다.

모든 것이 상품으로 변형된다. 세계화 지지세력과 반대세력은 바로 이 만물의 상품화를 둘러싸고 부딪친다. 세계화에 저항하는 여기 모인 (많은) 사람들은 근본주의적인 입장을 보인다. 공공재는 인류의 자연적 유산이고, 자원의 용도를 결정할 권한은 지역사회에 있다는 입장이다. 생명체에는(전세계의 생물학적 유산과 공중파, 종자와 물, 공기와 건강이나 교육 같은 공공써비스 등) 사유화되거나 상품화될 수 없고, 사유화되거나 상품화되어서도 안되는 영역이 있다는 데에 뽀르뚜알레그리 파견단 대부분이 동의한다. 이것은 타협의 대상이 아니라 원칙이며, 우리가 나아가야 할 오직 한 길이다. 이 원칙이 조만간 이 운동의 본질이 될 것이다.

원칙을 현실에 적용하는 것은 녹록찮은 작업이다. 그러나 지적재산권에 관한 컨퍼런스 외에도 세계사회포럼에서는 원칙을 적용한 구체적인 방안들을 많이 볼 수 있었다. 그날 오후에도 '물: 공동의 유산'이라는 제목의 컨퍼런스가 열렸다. 꼬차밤바 '연합회' 대표를 포함한 파견단은 "물은 생존에 필요한 기본적인 자원이며, 따라서 공동의 유산이다. (…) 물은 사유화될 수 없고 상품으로 변질될 수 없다"라고 역설했다. 전세계 24개 NGO가 서명한 선언문에서는 파괴적인 댐 건설 중지, 수자원 민영화 종식, 화학적 오염물질의 사용 금지, 기업이 사용하는 수자원을 보호하기 위한 엄격한 법적 의무조항 등을 제안했다. 이 모든 제안을 실현하기 위해서 컨퍼런스 파견단은 '세계수자원의회'(World Water Parliament)의 창설을 제안했다. 이것이 만들어진다면, 지역사회의 관리를 받는 지속 가능한 상수도체제를 장려함으로써 모두가 상수도를 사용할 수 있도록 감독하는 기관이 될 것이다.

한편, 사람들로 발 디딜 틈이 없는 작은 대학 회의실에서는 50개가 넘는 나라에서 온 과학자, 농부, 경제학자, 생명공학 운동가들이 '유전공공재에 관한 뽀르뚜알레그리조약'을 선포하고 있다. 생물체에 대한 특허출원과 생명음모를 금지할 것과 지구의 유전자원을 영구히 사유화될 수 없는 '공유유산'으로 인식하는 국제조약을 만들 것을 촉구하는 조약이다. 이 조약은 앞으로 전세계 국회에 도입되어 법률로 자리잡을 것이라고 조약을 만든 사람들은 말한다. 인도의 물리학자이자 환경운동가이자 작가인 반다나 시바(Vandana Shiva)도 그중 하나다. 그녀 역시 이 운동의 인기연사다. 그녀는 "생명음모는 도덕적으로 혐오스럽다"라고 강조하고,

반다나 시바.

모두가 동의한다. “생명음모는 절도행위입니다. 부자가 가난한 사람들의 것을 훔치는 것입니다. 유전자정보·식물·과일. 이 모든 것은 기본적인 공공재이며, 공공재로서 보호받아야 마땅합니다. 기업은 결코 이런 것을 소유할 자격이 없습니다. 우리는 강력하고 분명하게 말해야 합니다. 너무나 당연한 말입니다. 공공재는 우리들의 것입니다.”

세계사회포럼의 주요행사는 비슷한 패턴을 따랐다. 워크숍, 컨퍼런스, 쎄미나(이 세 가지 모임의 차이를 나는 도저히 모르겠다)에서는 엄청난 분량의 해결책, 대안, 이념을 제공한다. 약간 정신 나간 것도 있고, 의심스런 것도 있지만, 대부분 심사숙고를 거친 현실성 있는 것들이다. 역시 세계적으로 유명한 반체제지식인인 필리핀 경제학자 월든 벨로(Walden Bello)는 군중선동의 기회를 그냥 넘기지 못하는 것 같다. “다보스와 ‘세계경제포럼’은 쇠퇴일로에 있습니다.” “국제엘리뜨의 정당성은 위기에 봉착했습니다.” 세계가 이러한 사실을 받아들이고 경제를 개편해야 한다고 그는 말한다. WTO를 폐지하고, 기업활동과 영향력을 규제할 새로운 방

월든 벨로.

안을 강구하고, 세계금융구조를 재편하여 파괴적인 환투기(換投機)를 막아야 한다는 것이다.

기업 규제방안을 둘러싼 토론이 진행된다. 법으로? 소비자 압력으로? 두 가지 방법을 한꺼번에? 최근 몇년 사이, 국제금융투기에 과세하는 방안이 점점 힘을 얻고 있다. 제3세계 부채를 없애야 한다는 의견에는 모두가 찬성한다. 환경보호론자들은 '지속가능한 발전'이 어불성설이라고 주장한다. '지속가능한 발전'이라는 표현은 현 경제모델이 '지속불가능하다'는 사실을 가능한 한 감추기 위해서 기업과 정부가 사용하는 의미없는 말이라는 주장이다. 사회정의가 구현되기 위해서는 근본적인 토지개혁이 선행돼야 한다는 NGO의 주장에 농부들과 원주민들이 찬성을 표한다. 낙관적인 평화운동가들은 '전쟁예산'을 세우자고 제안한다. 이들이 개최하는 '세계회의'(World Assembly)에서는 매년 세계적으로 무기 구입에 사용되는 8조 달러를 사용할 바람직한 방법을 가지고 논쟁을 벌인다.

또다른 곳에서는 경제학자들이 국내총생산(GDP)을 재규정하고 있다. 환경운동에서 지난 수십 년 동안 검토하고 재고해온 개념이다. GDP는 경제성장, 즉 부를 측정하는 척도로 간주되어왔다. 그러나 GDP는 한 나라가 1년 동안 생산하는 재화와 용역의 총액 그 이상도 그 이하도 아니라는 것을 여기 모인 경제학자들은 다시 한번 강조한다. 생산이 많다고 해서 사회 전체가 향상되는 것은 아니다. 우림을 벌목해서 화장지로 만들면 GDP는 올라간다. 석유가 유출되거나 강간경보기 매출이 늘어도 GDP는 올라간다. 9월 11일 이후 온 미국에서 무기·방독면·'호신기구 쎄트'가 미친 듯이 팔릴 때도 GDP는 올라갔다(월마트에서만 권총 매출이 70% 증가했다[8]). 이 모든 것은 '성장'에 속하지만, 진보라고 할 수는 없다. 발전을 측정하기 위해서는 다른 척도(환경오염 정도, 사회적 결속력, 수입 형평성, 빈곤율, 실업률 등등)가 필요하다. 전체적으로 볼 때, 세계는 (특히 '선진국'은) 1970년대 이후 무한히 진보하는 것이 아니라 점차 쇠퇴하고 있다.

포럼은 6일 동안 계속된다. 필요한 행사이고, 중요한 행사이고, 없어서는 안되는 행사다. 영감을 주고, 의지를 주고, 열정을 주는 행사다. 그러나 너무 많은 기대를 해서도 곤란하다. 들어볼 만한 이야기도 많고, 참석해볼 만한 강연도 많고, 헤매볼 만한 미로도 많고, 수긍할 만한 이념도 많다. 공식행사는 이것이 전부다. 그러나 다행히도 세계사회포럼은 공식행사가 전부가 아니다. 컨퍼런스, 워크숍, 강연을 벗어나면 무엇이든 마음대로 해볼 수 있는 공간이 있다. 국제연합개발컨퍼런스보다는 제노바, 프라하, 씨애틀에 가깝다. 재미있다.

당연히 가두시위도 있다. 연일 계속되는 가두시위에서 팔레스타인을 지지하고, IMF에 반대하고, 토지개혁을 요구하며, 도심의 거리를 깃발,

세계사회포럼에서의 시위.

현수막, 북소리, 웃음소리, 폭격, 음악, 구호로 물들였다. 가장 규모가 큰 가두시위를 주최한 국제소농조합 '비아깜뻬씨나'(Via Campesina, 농민의 길)는 수천 명이 행사에 참석해 브라질 '토지 없는 농민운동'(MST) 회원들과 함께 동네체육관에서 야영했다. 대안에 대한 대안들이 이어졌다. 공식포럼에서 나온 대안에 대한 대안 중에 가장 주목을 받은 것은 '까를로 쥴리아니 청년캠프'(Carlo Giuliani Youth Camp)였다. 제노바에서 경찰에게 살해당한 에스빠냐 시위자의 이름을 딴 것이다. 청년캠프는 브라질 글라스똔부리(Glastonbury, 글래스턴베리)축제와 비슷했다. 외관과 냄새와 소리가 다 비슷했다. 수백 개의 천막, 간이식당, 장사꾼, 그리고 자체적인 행사일정이 있었다. 행사장 내부의 공식일정보다 더 현실적이었다. 제노바시위 비디오를 틀었고, 직접행동 테크닉에 관한 워크숍을 열었고, 각종 회의에서 '개량주의' 포럼의 '배신'을 비판하는 토론을 벌였다.

공식포럼에서 제시된 대안에 대한 대안들이었다.

어쩔 수 없이 고전적인 분열상이 드러나는 지점이다. 모든 반체제운동 내부에는 예나 지금이나 근본적인 질문을 둘러싼 갈등이 상존한다. 개혁인가, 혁명인가? '혁명가'는 '개량주의자'에게 경멸을 감추지 않는다. 시간낭비 하지 마라. 정부와 타협하고, 지엽적인 문제와 씨름하고, 조약 하나 고치고, 기업 하나 규제해서 어쩔 거냐. 문제는 체계다. 자본주의가 없어져야 한다! 그러면 '개량주의자'는 말한다. 헛소리 그만 하고 철 좀 들어라. 네 말대로 '체제'를 '전복'했다고 치자. 역사를 봐라. 무너진 체제로부터 더 좋은 체제를 만들 가능성은 대단히 희박하다. 정말로 중요한 문제는 변혁을 향한 정치적 의지를 고무하는 것이다. '개량주의자'는 개량주의자라는 말에 기분이 상할 때가 많다. 개혁과 혁명이 선명하게 구분될 수 없다는 것이다. '혁명가'는 그런 문제는 논외로 친다. 텐트에 틀어박혀 세상을 단번에 뒤집을 계획에 골몰할 뿐이다. 이들의 논쟁은 (쓸모도 없고, 좌절감만 일으키고, 인위적이고, 도식적이고, 해결의 기미도 보이지 않지만) 끊이지 않는다.

또다른 내부 분열도 드러난다. 이것이 더욱 장기적인 문제일 수도 있다. 나는 청년캠프에서 처음으로 이 내부 분열을 접했다. 가히 초현실적인 장면이었다. 어느날 아침, 캐서린과 나는 청년캠프에서 친구를 기다리고 있었다. 이틀 동안 찾아 헤맨 친구였다. 그런데 친구는 장사꾼과 말다툼을 벌이느라 약속시간에 늦었다. 장사꾼이 파는 물건은 스딸린(I.V. Stalin)이 그려진 빨간색 티셔츠였다.

친구는 티셔츠를 가리키며 말했다. "이 사람이 20세기 최악의 대량학살자라는 것을 모릅니까?"

장사꾼은 대꾸했다. "나에게 화내지 마쇼. 나는 그냥 티셔츠 장수요."

티셔츠 장수는 반체제모임이 있다는 말을 듣고 사회주의자나 공산주의자 모임으로 생각했을 것이다(남아메리카에서는 그다지 틀린 생각도 아니다). 스딸린이 공산주의자니까 티셔츠가 팔릴 줄 알았을 것이다. 안타깝게도 뽀르뚜알레그리에는 세계변혁을 위해서 20세기 최악의 좌파를 무덤에서 파내야 한다고 생각하는 사람이 티셔츠 장수 말고도 많이 있다.

소위 '구좌파' 대표들은 한 주 내내 세계사회포럼 캠프장과 행사장 주위를 맴돌았다. 그리스에서 온 공산주의자들, 에스빠냐에서 온 사회주의자들, 라틴아메리카 전역에서 모여든 강성 좌익정당 떨거지들, 유럽에서 온 시끄러운 뜨로쯔끼파들이었다. 이들은 '사회주의세계 건설'에 관한 워크숍들을 열고, 함성을 지르며 붉은 깃발을 흔든다. 연사들은 자치, 급진민주주의, 지역사회 관할권 따위는 개량주의자들의 헛소리일 뿐, 노동자혁명의 대안이 될 수 없다고 주장한다.

이 새로운 저항정치와 혁명좌파의 옛날 정치 사이에는 공통점도 많이 있다. 그러나 근본적인 차이점도 존재한다. 마르꼬스(Marcos)가 치아빠스 산 속에서 깨달았던 차이였다. 즉 이 두 가지 정치는 권력에 대한 시각과 권력에 대한 태도가 다르다. 전통적인 강성좌파 정치의 목적은 혁명이나 '노동자'정당의 선거 승리를 통한 국가권력의 장악이다. 이러한 전위정치는 반민주적일 때가 많다. 노동자정당은 노동자계급을 대변한다고 하지만, 지금 노동계급은 맑스(K. Marx)와 엥겔스(F. Engels)가 혁명의 복음을 집필하던 시대와는 많이 달라졌기 때문에, 맑스주의를 따르는 사람들도 누가 노동자고 누가 아닌지 분간하기 어려울 때가 많다.

예로부터 급진적 정치운동은 공동의 적을 공략하는 대신에 '인민전선'

에서 당파싸움이나 벌이면서 에너지를 낭비하는 것으로 유명했다. 그러나 지금은 많이 달라졌다. 아슬아슬한 통일성을 유지하는 데 전력을 다하고, 운동 내부에 위계질서가 생길까봐 전전긍긍한다. 세력과 영향력을 많이 가진 활동가들이 나타나서 다른 사람들을 휘두르는 상황이 두려운 것이다. 그래서 운동 내부의 차이점을 공개적으로 표명하고 '운동의 분열'을 조장할 가능성이 있는 모든 것에 대해 거의 병적인 공포를 갖고 있다. 예를 들어, 많은 사람이 '블랙블록'(Black Bloc)의 목표에 동의하지 않음에도 불구하고, 공개적 비판은 백안시되는 분위기다. 그러나 구좌파의 운동과 새로운 운동 사이의 분할은 양상이 다르다. 이들의 전투는 격렬하게 전개될 수 있다.

예를 들어, 영국에서 이런 논쟁은 '사회주의노동자당'(SWP)을 중심으로 진행된다. 모든 정치활동가 편에서는 녹슨 못과 같은 존재라고 할 수 있다. 결혼식에 참석한 황당하게 거만한 삼촌처럼 급진적인 명분마다 명함을 내민다는 평판을 얻고 있다. 1999년 씨애틀시위 직후, 선견지명이 있는 SWP 당원들은 발전을 보여주는 새로운 운동이 SWP의 '지침'과 '리더십'을 필요로 한다고 밝혔다. SWP 기관지 『사회주의자리뷰』(*Socialist Review*)에는 이런 글이 실렸다. "대중운동은 정치적 대변자를 가질 자격이 있다. 그러나 운동 내부의 소수파 활동가가 정치적 리더십, 즉 정당 창출을 시도하지 않는다면, 정치적 대변자를 갖지 못할 것이다. (…) 미래의 투쟁에 영향을 미치기 위한 첫번째 조건은 이 운동과 밀접한 조직적 관계를 맺는 것이다. (…) 이 운동은 현재 생성중이다. 사회주의자들이 기꺼이 이 운동의 일부가 되기로 한다면, 이 운동을 인도할 수 있을 것이다."[9)]

SWP는 친절하게도 이 가엾은 운동이 SWP의 리더십을 가질 자격이 있다고 생각했다. SWP가 왜 그런 생각을 했는지는 확실치 않지만, 활동가들은 별로 달가워하지 않았다. 수백만 명이 참가하는 운동이 '폭넓은 계급세력'을 동원할 대체세력이 될 수 없다고 주장했던 SWP 대변인에게 누군가가 공개편지를 보냈다. "세계적 운동이 사상 최초로 조직화되고 텔레비전중계까지 되는 상황에서 운동에 참여하는 사람들이 당신들의 정치적 이념을 표명하지도 않고, 당신들의 독단을 공유하지도 않는 것을 목격했으니, 혼란을 느끼는 것도 무리가 아닙니다. 우리는 운동이 어디로 나아갈 것인가, 누가 투쟁을 '인도'할 것인가, 무엇을 위해 투쟁할 것인가에 있어서 당신들의 독단을 공유하지 않습니다. 당신들은 세계적인 반자본주의운동이 모두에게 목격된 후에야 그 존재를 깨닫다니 어찌 된 일입니까? 우리가 이 운동을 준비하던 6년 전, 7년 전, 8년 전에 당신들은 어디 있었습니까?"[10)]

이런 분열은 여기저기 흩어진 운동가집단과 영국에서 '반자본주의' 단체로 가장 많이 알려진 '저항세계화'(Globalise Resistance) 사이의 투쟁으로 비화되었다. '저항세계화'는 제노바시위 직전에 SWP 당원 두 명이 발족한 단체로서, 그후 성장을 거듭하며 탄탄한 조직과 자원을 갖춘 지배적 좌익단체로 성장했다. 창설자 중 하나인 가이 테일러(Guy Taylor)는 이 조직이 '구조적으로 비이념적'이라고 강조한다. 회원들은 "사회주의자, 무정부주의자, 기독교도, 환경운동가, 그리고 꼬리표가 달리는 것을 싫어하는 많은 사람들"이라고 그는 말한다.[11)] 다른 활동가들은 '저항세계화'가 열심히 새로운 해답을 찾고 있는 운동에 위계적이고 독단적인 좌익이데올로기를 몰래 집어넣는 일종의 제5열이라고 비난한다.

브라이턴(Brighton)의 유력한 무정부주의단체는 '저항 독점?'(Monopolise Resistance?)이라는 제목의 날카로운 팸플릿으로 이 조직에 반발했다. "SWP가 맹목적인 행진을 벌이고 경찰서유치장에서 목이 쉬도록 소리를 지르는 것뿐이라면 문제될 것이 없습니다. 그들은 몇년 동안 그렇게 해왔는데, 아무도 눈치 채지 못했습니다. 문제는 그들이 사람들을 노골적으로 기만한다는 것입니다. (…) '저항세계화'의 존재이유는 반자본주의운동 내부에서 SWP의 영향력을 확대하는 것입니다." 필자들은 제노바시위에 참석한 '저항세계화' 대변인이 사석에서 했던 말을 인용한다. "잊지 말자. 여기 모인 사람 중에 반자본주의운동의 총괄적인 전략을 가진 것은 우리들뿐이다. 그러니 다섯 명은 회원카드를 가지고 나가고, 다섯 명은 문건을 팔고, 다섯 명은 스카프를 팔기로 하자."[12](스카프가 총괄전략과 무슨 상관이 있는지는 아직 밝혀지지 않았다.)

'저항세계화'가 SWP와 무슨 관계가 있는지는 분명치 않다. 두 조직의 포스터 디자인담당자가 같은 사람인 것은 확실하다. 어쨌든, 새로운 시각과 옛날 시각의 투쟁은 이미 부정적인 결과를 낳고 있다. 예를 들어, '영국사회포럼'이 오랜 논의를 거쳤음에도 아직 출범하지 못하는 이유는 '저항세계화'와 그 사회주의 동맹세력이 행사를 독점하는 것에 대한 우려 때문이다. 이것은 촌스러운 영국의 특수한 분쟁이 아니라 전세계에서 반복되는 문제다. 사빠띠스모(Zapatismo)와 급진민주주의에 고무되어 새로운 언어를 사용하고 새로운 이념을 내세우고 정당이나 전위를 원치 않는 새로운 운동은, 남이야 뭐라든 '노동자'를 위해서 국가 '권력'을 장악해야 한다고 확신하는 이상주의좌파의 독단적인 국가주의자들과는 결코 화해할 수 없다.

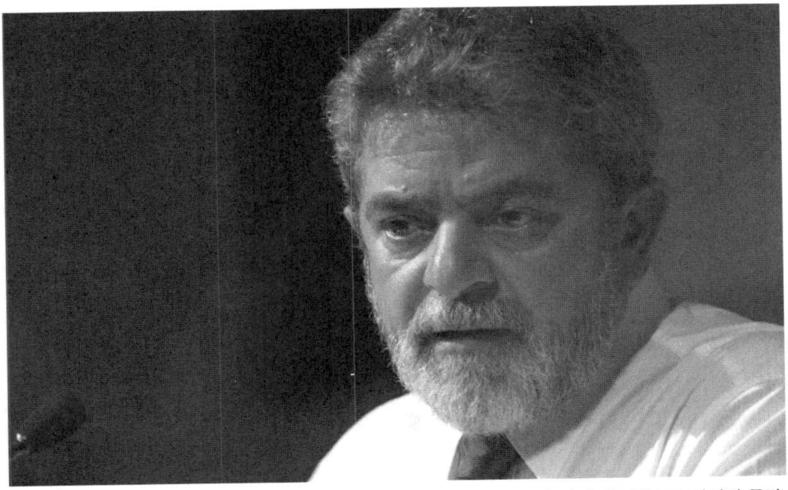

브라질노동당 후보로 출마해 대통령으로 당선된 룰라.

이런 맥락에서 보자면, 뽀르뚜알레그리에서 나온 토론 · 논쟁 · 주장 · 이념은 완전히 다른 어떤 것을 대변한다. 20세기 좌파의 길고 어두운 터널로부터 새로운 유형의 정치를 모색하는 시도들이 서서히 나타난다(낡은 이념은 창고로 들어가고 새로운 도구가 빛을 보기 시작한다). 물론 어려운 투쟁이다. 지금 전개되는 상황을 설명할 만한 언어와 방법이 아직 많이 부족하다. 그러나 여정은 이미 시작되었다. 지금 사람들이 생각하는 것보다 훨씬 더 중요한 여정일지도 모른다.

다음날. 다시 한번 이러한 분할을 상기시키는 상황이 벌어진다. 세계사회포럼 조직위원회에 속한 브라질의 노동자당(PT)은 포럼을 선거에 이용하려는 유혹을 떨치기 어려운 것 같다. 브라질은 올해 대통령선거를 치른다. 현재 여론조사에서는 PT 후보인 '룰라'(Lula)라는 전직 금속노동자가 앞서 있다(룰라는 2002년 11월에 선거에서 승리하여 브라질 최초로 선거로 선출된 좌파대통령이 된다). 오늘 아침 '룰라'가 연설을 하기 위해 포럼에 왔다. 당 관료들이 그를 둘러싸고 환호한다. 미래를 생각하는 사람들의 국제적 회합에 참석하는 것은 룰라에게는 좋은 기회다. 어쨌든 '룰라'도 정치가다. 중앙강당 스피커에서는 국민이 기필코 승리한다는 약속이 울려 퍼진다. 신경이 거슬린다. 이런 소리를 들으려고 여기까지 온 것은 아니었다. 바깥에서 군중들이 웅성거리는 소리를 들어보면, 불만을 가진 사람이 나 하나가 아닌 것 같다.

그런데 결국 나도 PT에 넘어갔다. 나에게 브라질 투표권이 있는 것도 아니니, PT가 나를 설득할 필요는 없었다. 그러나 쌍하파에우(São Rafael)호텔 회의실에서 두 시간 동안 PT의 연설을 듣고 나니, 지역사회 민주주의가 실현된 미래의 청사진이 그려진다. PT는 1988년부터 뽀르뚜알레그리시를 다스려왔는데, PT 집권시기에 실제적인 변화가 일어났다. PT는 주 전체에서 의식적으로 '신자유주의모델'을 공격하는 정책을 펴왔다(민영화를 중지하고, 일정 수준의 공공써비스를 보장하고, 농업과 중소기업을 지원한다). 또 PT는 이른바 '중심 없는 사회복지' 체제를 마련하기 위해 지역사회에 기반하는 문맹퇴치운동, 성인교육 프로그램, 주택사업, 노동자협동조합 등을 동원한다. 그러나 PT의 정책 중 가장 흥미로운 것은 따로 있다. 바로 뽀르뚜알레그리에서 시의 통치권 일부를 주민들에게 돌려주는 야심찬 실험이 시작되었다는 점이다.

뽀르뚜알레그리의 '참여예산'은 PT의 자랑거리다. 도시민주주의의 미래이자 '국민의 경제'라는 자평인데, 일리가 있는 말이다. 지금 호텔에서는 뽀르뚜알레그리 시정부 관계자가 참여예산 운영방식을 설명해주고 있다. 여름치마를 입은 여성이다. "과거에 주민의 참여는 몇년에 한 번씩 돌아오는 투표에 한정되어 있었습니다. 지금 주민들은 민주적 절차를 통해서 자기 돈이 어떻게 사용될지 결정할 수 있습니다." 물론 PT가 자기네 업적을 홍보하는 것은 당연한 일이다. 그러나 PT는 실제로 홍보할 만한 업적을 내고 있는 것 같다. 뽀르뚜알레그리 주민들은 자기 돈이 어떻게 사용될 것인가를 결정한다. 주민 참여가 이 정도까지 이루어지는 경우는 세계 어디서도 본 적이 없다.

시정부 관계자가 참여예산 절차를 설명한다. 1989년에 PT는 시의회 의원들과 기술관료들이 갖고 있는 시 예산 결정권을 박탈하고, 주민들의 자문을 구하기 시작했다. 참여예산의 결정과정은 매년 시행착오를 거치면서 점차 발전해왔다. 현행절차에 따르면, 예산의 우선순위가 항목별로 구분되고(환경 · 교통 · 과세 · 문화 · 건강 · 교육 등), 항목마다 지역별로 정기적인 공개컨퍼런스가 열린다. 시민이면 누구나 컨퍼런스에 참석할 수 있는데, 참가자들은 해당항목에 얼마를 어떻게 지출할 것인지를 놓고 논쟁을 벌인다. 이어서 컨퍼런스마다 대표자를 선출하여 사람들의 의견을 수렴하고, 나중에 예산의원들을 선출하여 시민의 의견을 반영하는 전체예산을 짠다. 마지막으로, 이렇게 만들어진 예산안은 몇달 동안의 검토와 수정과 토론의 과정을 거쳐서 주민투표에 부쳐진다. 예산안은 시민들이 찬성하는 경우에만 통과된다.

길고도 복잡한 과정이다. 결점도 없지 않다. 그러나 뽀르뚜알레그리 주민들은 자기 돈이 어떻게 쓰일지를 실질적으로 결정할 수 있는 권한을 갖고 있다. PT에 따르면, 참여예산을 통해 시민들이 원하는 우선순위가 반영되면서, 시 운영방식에도 변화가 생겼다. 참여예산이 도입된 이후, 2만 5,000킬로미터의 도로가 포장되었고, 96%의 가정에 깨끗한 상수도가 공급되었고, 하수도보급률이 점차 증가했고, 곳곳에 보건소가 생겼고, 유아노동을 금지하는 노력이 진행되고 있고, 유아원 수도 늘어났다. 참여예산의 기본이념은 돈이 사람들이 원하는 곳에 쓰여야 한다는 것이다. 정치가들이 사람들이 원한다고 추측하는 곳도 아니고, 정치가들 자신이 원하는 곳도 아니다. 참여예산은 대중의 지지를 얻으면서 브라질 전역으로 확산되었다. 리우그란디두쑬(Rio Grande do Sul) 500개 마을은 물론이고, 리우데자네이루(Rio de Janeiro)를 포함해서 PT가 집권한 많은 도시에서 참여예산모델이 차용된다. 전세계 수많은 도시가 뽀르뚜알레그리를 주목하고 있다. 세계사회포럼에 참석한 많은 사람들도 뽀르뚜알레그리를 주목한다. 참여예산은 단순한 상상이나 계획이 아니라 대안적 접근방식이 구체적으로 실현된 사례다. 그리고 실질적인 효과를 발휘하고 있다.

지금 막 포럼 마지막날 일정이 끝났다. 내일 아침 폐회식이 끝나면, 모두가 뿔뿔이 흩어질 것이다. 오늘 밤, 수천 명이 다시 한번 바닷가 풀밭에 내려와 송별회를 하고 있다. 연사들(카리스마 넘치는 룰라가 다시 한번 연사로 나섰다), 전세계에서 온 악단들, 불꽃놀이, 음식, 음료가 나온다. 대서양 밤하늘에 환한 보름달이 떴다. 캐서린과 나는 친구들과 함께 풀밭에 앉아 다시 한번 까이삐리냐를 마시면서 방금 들어온 뉴스에 환호를 보낸다. IBRD 총재 제임스 울펀슨(James Wolfensohn)이 신자유주의가 빈곤을 없앤다는 요지의 연설을 하겠다고 포럼에 왔다가 쫓겨갔다는 뉴스였다. 최루탄과 장갑차에 수도 없이 쫓겨났던 우리가 이제는 그들을 정중하게 거절해서 쫓아낸다. 그들은 우리가 신경이 쓰이는 모양이다. 의제도, 동력도 우리의 것이다. 바야흐로 우리 운동의 황금기가 도래했다. 우리가 전성기를 즐기고 있는 동안, 세계사회포럼 공식주제가가 우리의 기쁨을 노래한다. 일주일 동안 400번은 들은 것 같다. 발랄한 유로비전 스타일의 뽀르뚜갈어 코러스(이곳에서 또다른 세상이 가능하다 Aqui, um outro mundo é possível!)가 반복된다. 한번 들으면 좀처럼 잊혀지지 않는다. 유치한 것 같기도 하지만, 엄청난 전염력을 갖고 있다. 까이삐리나까지 몇잔 마시면 도저히 머릿속에서 지워버릴 수 없게 된다.

제노바를 떠난 지 꼭 여섯 달이 지났다. 씨애틀시위 이후 꼭 2년 만이다. 이곳 뽀르뚜알레그리에서 뭔가가 끝나는 동시에 다른 뭔가가 시작되는 느낌이다. 이 운동이 반환점에 이르렀다는 느낌, 시작이 끝났다는 느낌, 두번째 단계에 들어선 느낌이다(나와 똑같이 느끼는 사람이 많았지만, 아무도 왜 그런지 설명해주지는 못했다). 뽀르뚜알레그리에서 쏟아져나온 이념과 에너지는 경이로운 것이었다. 나로서는 기대 이상이었다. 이것이 얼마나 사람을 흥분시키는 일인지 바깥사람들은 아직 잘 모르는 것 같다. 이 운동은 갈 길도 멀고, 풀어야 할 갈등도 많고, 펴야 할 주름도 많고, 묻고 답해야 할 질문도 많다. 이 운동이 어디로 갈지는 아무도 모른다. 그러나 어쨌든 어딘가로 가고 있다. 올바른 방향으로 들어선 것 같다.

나는 잔을 들고 풀밭에 누워 있다. 불꽃놀이가 시작된다. 순간 등대가 환해지면서 빨간색·초록색·하얀색 불꽃가루가 쏟아져내린다. 나는 생각한다. 대담해질 때가 왔다. 새로운 기운이 느껴진다. 밀물과 썰물이 바뀌고, 패러다임이 바뀐다. 정확히 설명은 못 하겠지만, 이곳 뽀르뚜알레그리에서는 미래가 우리 손에 달렸다는 생각이 든다. 뉴욕포럼에 참석한 세계경제의 대리인들로부터 우리의 미래를 되찾은 것 같다. 이제는 못 할 일이 없을 것 같다. 정확히 설명은 못 하겠지만, 뭔가 큰 일이 벌어질 것이다. 보통 큰 일이 아니다. 미래를 위해 건배.

제 07 장

땅과 자유

"최근 반세기에 일어난 사회 변화 중에서 가장 급격하고 광범위한 것은 농민의 죽음이다. 농민의 죽음으로 인해 우리는 영원히 과거와 유리된다."

에릭 홉스봄, 1994년.

"브라질이 쌍떼하를 파멸시키든지, 쌍떼하가 브라질을 파멸시키든지 둘 중 하나다."

브라질 검사가 땅이 없는 사람들 두 명을 살인죄로 심문하면서, 2000년.

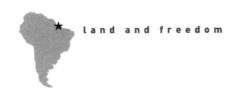

경찰이 나를 보았다. 그럴 줄 알았다. 경찰이 나를 보고 소리를 지른다. 걸음을 멈추고 뒤로 돌아 자기한테 오라는 소리다. 경찰은 가방 속에 무엇이 들었냐고 묻는다. 당장 가방을 보자고 한다.

그러나 나는 경찰이 하는 말을 알아듣지 못한다. 나는 뽀르뚜갈어를 모르고 경찰은 영어를 모른다. 굳이 나에게 하는 말이라고 생각할 필요가 없다. 그냥 내게 인사를 하는 것일 수도 있다. 몇시냐고 물어보는 것일 수도 있고, 노래를 하는 것일 수도 있다. 나는 계속 담장 쪽으로 걸어간다. 외국인이라는 것이 편할 때도 있다.

담장 너머에 농부 열 명 정도가 모여 있다. 나를 보고 있다. 1.8미터만 가면 된다. 경찰은 계속 소리를 지른다. 소리가 더 커졌다. 여전히 한마디도 모르겠다. 나는 계속 걸어가기만 하면 된다. 조금만 더, 조금만 더.

드디어 해냈다 싶었는데 철조망에서 불과 60센티미터 떨어진 곳에서 경찰이 거칠게 내 어깨를 잡는다. 나는 경찰에게 끌려 원점으로 돌아온다. 바로 옆에 순찰차 세 대가 서 있다. 순찰차가 주차된 곳은 담장 너머 사람들이 점거중인 봉쇄된 사유지 밖이다. 경찰은 나에게 소리를 지르면

베네수엘라
가이아나
수리남
기아나
꼴롬비아
쌍루이쉬
마라냥주
브라질
브라질리아
뻬루
볼리비아
빠라과이
쌍빠울루
리우데자네이루
이따빼바
태평양
칠레
리우그란디두쑬
뽀르뚜알레그리
아르헨띠나
우루과이
대서양

브라질지도

서 내가 들고 있는 흰색 쇼핑백을 가리킨다. 나는 가방을 열고 내용물을 보여준다. 바꾸리(bacuri) 열매인데, 맛있는 브라질 북부의 특산물이다. 경찰은 고개를 저으며 가방을 뺏는다. 다니엘라(Daniella)가 다가온다. 내 통역이다.

"과일은 내가 혼자 먹을 거라고 전해줘."

"가방에 열 개 있어. 경찰은 네가 먹성이 그렇게 좋을 것 같지 않대. 그리고 경찰은 네가 뽀르뚜갈어를 전혀 모른다는 말을 믿지 않아. 영국인은 게을러서 외국어를 배울 생각을 안 한다고 말해볼게."

"고맙군."

다니엘라가 경찰과 실랑이를 벌이는 동안, 나는 담장 너머에 모여 있는 사람들을 넘겨다본다. 아직도 이쪽 광경을 구경하고 있다. 이들은 철조망에 기대 나의 움직임을 주시한다. 밀짚모자를 쓴 쭈글쭈글한 노인들, 시소에 앉아 아기를 어르는 여자들, 배만 볼록 튀어나온 맨발의 아이들, 청바지에 쌘들을 신은 검은 피부의 반라의 청년들. 나는 어깨를 으쓱해 보인다. 몇몇이 미소를 짓는다. 이 땅에 들어온 사람들은 이 땅이 자기들 땅이라고 했고, 달리 갈 데도 없다고 했다. 그때부터 경찰은 이들을 (불법으로) 굶겨서 제 발로 나가게 할 작정으로 음식물 반입을 완전히 금했다. 실험 결과, 바꾸리 두어 개도 가지고 들어갈 수 없다는 사실이 밝혀졌다.

다니엘라는 경찰과의 실랑이를 끝냈다.

"당신을 체포하지 않겠대. 하지만 당신을 싫어해."

"괜찮아. 나도 경찰이 싫어."

"하지만 새 친구들이 생긴 것 같은데." 이렇게 말하면서 다니엘라는 우리를 구경하는 사람들을 가리킨다. 우리는 다시 한번 담장 너머에 있는 사람들 쪽으로 다가간다. 바꾸리 가방은 없다. 사람들은 나를 보고 고개를 끄덕이며 미소를 짓는다. 노인 하나가 굳이 내게 악수를 청한다. 우리가 들어갈 수 있게 누군가가 철조망을 벌려준다. 우리는 간신히 철조망을 통과한다.

브라질 북동부 마라냥(Maranhão)주는 브라질에서 가장 가난하고 썩어빠진 곳이다. 마라냥주의 많은 땅이 그렇듯이, 이 가족들이 점거한 땅은 라띠푼지우(latifundio, 부재지주 소유의 광대한 사유지)다. 땅을 점거한 가족들 말을 들어보니, 오랫동안 버려진 땅이다. 이 땅을 갖는 것은 절도인가, 정의인가?

이렇게 질문하는 사람들은 사유지를 점거한 사람들 말고도 많다. 지난 20년 동안 브라질에서는 이렇게 질문하는 사람들이 점점 많아졌다. 그들은 스스로 대답을 찾았다. 이곳을 점거한 가족들도 그렇다. 이들은 모두 '토지 없는 농민운동'(MST, Movimento dos Trabalhadores Rurais Sem Terra) 회원이다. MST는 브라질에서 땅을 잃고 비참한 처지에 빠지는 사람들이 점점 늘어나던 1984년에 생겨났다. MST는 20년 동안 토지 2,100만 헥타르(남한의 약 2.1배)에 30만 세대의 극빈가구를 재정착시켰다. MST는 아래로부터의 토지개혁 모델을 선보이며 라틴아메리카 최대의 사회운동으로 자리잡았다.

MST의 눈부신 성장 이면에는 한 가지 분명한 이유가 있다. 브라질은 엄청나게 큰 나라다. 미국보다도 크고 남아메리카 면적의 거의 절반을 차지한다. 그런데 불과 1%도 안되는 인구가 토지의 거의 절반을 소유한

철조망이 쳐진 MST 정착촌.

다. 대부분 부재지주 소유인데, 지주가 직접 농사를 짓는 일이 거의 없다.[1] MST에 따르면, 브라질 농토의 60%가 버려져 있는 동안, 2,500만 농민은 농촌에서 한시적인 일감을 찾으면서 근근이 살아간다. 게다가 수백만이 넘는 사람들이 빽빽한 도시의 슬럼에서 굶주림에 시달린다.[2] 세계화가 이런 상황을 부채질하는 것 같다.

MST는 이 모든 것을 바꾸겠다고 나섰다. 정부의 허락을 받겠다는 생각은 버린 지 오래다.

다니엘라와 나는 승합차와 화물차의 호위를 받으며 주도(州都) 쌍루이쉬(São Luís) MST지사를 출발해 한 시간 반 만에 최근에 점거된 농장에 도착했다. 12일 전에 이 땅을 점거한 주민들을 위해 음식과 지원물품을 가져온 것이다. 지방정부는 이들을 내보내는 데 혈안이 되어 있다.

우리는 붉은 먼지를 일으키며 농장 정문 앞에 멈췄다. 풍경은 광활하고 허허롭다. 드넓은 평원, 담장 철조망, 덤불숲. 들판은 끝이 없고, 바바쑬(babasul)야자수는 드넓은 하늘로 멋지게 뻗어 있다. 검은색과 노란색의 경찰차 여러 대가 흙길에 세워져 있다. 농장건물로 가는 주로는 정착민들에게 차단당했다. 정착민들은 가시철조망으로 주로를 차단했다. 막대기와 검은색 방수포로 임시거처를 만들었다. 바람이 부는지 방수포가 부스럭거린다. 폐쇄된 정문에는 MST를 상징하는 붉은 깃발이 걸려 있다. 브라질 지도와 낫을 치켜든 한 쌍의 남녀가 그려진 깃발이다.

수송대로 우리와 함께 온 사람 중에는 엘레나 부호스 엘루이(Helena Burros Heluy)도 있다. 마라냥 주의회에서 유일한 노동자당(PT) 의원이다. 마라냥에서 MST 문제를 심각하게 생각하는 정치세력은 'PT'뿐이다(다시 말해, 엘레나뿐이다). 엘레나는 나중에 내게 이런 말을 해주었다. "MST에 대한 주정부 정치가의 태도에는 세 가지가 있습니다. 첫째, 완전히 무시하는 것, 둘째, 강경하게 대처하는 것, 셋째는 대중에게 나쁜 이미지를 심는 것. MST가 도둑놈이고 테러분자라고 비방하는 것입니다. 이곳에서는 지주의 권력이 거의 절대적입니다. 그러나 MST는 진지한 운동이며, 국가적 중대사를 다룹니다. MST의 주장에는 정말 신빙성이 있습니다. 주정부가 계속 이런 식으로 나가서는 안됩니다."

엘레나는 차에서 내려 붉은 흙길을 지나 출입구를 지키는 경찰에게 다가간다. 경찰은 다들 방탄조끼를 입고 있다. 지방지 기자들이 엘레나 주위로 몰려든다. 나도 따라가보았다.

엘레나가 경찰에게 말한다. "들어가야겠습니다. 사람들이 어떻게 지내는지 확인해야겠습니다. 비켜주시겠습니까?" 경찰은 불안해 보인다. 엘레나는 옷을 잘 차려입고 단호한 의지를 보이는 중년여성이다. 권력도 갖고 있다. 만만한 사람이 아니다.

경찰이 대답한다. "서장님께 연락해보겠습니다. 주의회에서 나오신 분인데, 민권을 침해할 수는 없지요."

"그러니까, 주의회에서 나온 사람이 아니면 민권을 침해해도 된다는 겁니까?"

경찰관은 난처한 듯 미소를 짓는다.

엘레나는 경찰의 실수를 십분 활용한다. "대답해보세요. 왜 이 사람들에게 음식을 갖다주지 못하게 합니까? 불법인 줄 모릅니까?" 경찰관은 발로 땅바닥을 문지르며 먼지를 일으킨다.

"명령입니다. 서장님이 시킨 일입니다."

주의회에서 나오신 분께서 계속 추궁한다. "경찰서장은 그런 명령을 내릴 권한이 없습니다. 명령을 내린 사람이 누굽니까? 말하세요." 경찰은 눈을 내리깔며 발짓을 멈춘다. 다른 도리가 없다는 것을 그도 잘 알고 있다.

경찰이 우물우물 대답한다. "서장님도 주정부 지시를 따르십니다."

내가 경찰에게 화풀이 기회를 준 것은 이 일이 있고 난 다음이다. 식량장벽이 얼마나 높은지, 아무것도 모르는 외국인이 장벽을 넘을 수 있는지 시험해보겠다고 나섰는데, '불가능'이라는 결론을 얻었다. 그러나 나의 실패는 곧 의미가 없어졌다. 우리가 도착하고 불과 두어 시간 만에(엘레나가 중재에 나선 후에) 식량장벽이 갑작스럽고도 이상하게 무너졌다. 우리는 가져온 식량을 정착촌에 가지고 들어갈 수 있었다.

사유지 안에는 여기저기 흰색 농장건물들이 서 있다. 타일지붕에 파란색 목재현관이다. 정착촌 사람들은 분주하게 움직이고 있다. 토지를 살피며 파종이 가능한지 시험해보기도 하고, 땅을 밟으며 면적을 가늠해보기도 한다. 노인들은 집 밖에 의자를 놓고 앉아 담소를 나눈다. 라디오를 들으며 현관에서 바느질을 하고 있는 여자도 보인다. 아이들은 신발도 신지 않고 저고리도 입지 않은 채로 환하게 웃으며 흙장난을 하고 있다. 신기한 듯 내 뒤를 따라오며 사진 안 찍느냐고 물어보는 아이들도 있다. 사람들은 내 곁을 지나갈 때마다 어깨를 두드려주거나 미소를 지으며 뭐라고 말을 한다. 다니엘라의 통역에 따르면 "어이 친구, 바꾸리 가져왔어?"라는 뜻이라고 한다.

건물들 중앙에 깔끔한 초가지붕이 덮여 있는 벽 없는 건물이 서 있다. 가축시장으로 쓰려고 지은 것 같은데, 사용된 흔적은 없다. 서까래마다 그물침대가 달려 있다. 사람들은 건물 가장가리를 따라 일렬로 구불구불 줄을 서 있다. 각자 접시와 포크를 들고 있다. 김이 모락모락 나는 쇠솥 두 개에서 콩과 쌀이 끓고 있다. 점심식사다. 우리에게 같이 먹자는 사람도 많지만, 내가 굳이 거들지 않아도 충분히 빈약한 양이다.

30분 후. 나는 사람들로 둘러싸인 채 현관 앞 고리버들의자에 앉아 있다. 아이들은 바닥에 엎드려 젊은 여자의 말에 따라 분필로 타일에 글자를 쓰고 있다. 젊은 여자는 캠프아이들을 보살피는 사람인 것 같다. 다른 여자 하나는 현관 가장자리 의자에 앉아서 아기에게 젖을 물리고 있다. 빨간색 MST모자를 거꾸로 쓰고 있다. 현관 앞으로 지나가는 흙길은 폐쇄된 출입구에서 농장 중앙으로 이어진다. 흙길가에 서 있는 기둥에는 MST 깃발이 걸려 있다. 이 해방된 땅, 이 가난한 사람들의 나라에 대한 소유권을 주장하는 표시다.

내 옆에는 아닐두 디 모라이스(Anildo de Morais)가 앉아 있다. MST

국가운영위원 중 하나다. 검은색 턱수염, 검은 피부에 복장도 전형적이다. 옷은 다른 사람들과 똑같다. 고무 슬리퍼, 반바지, 티셔츠에, 역시 MST모자를 쓰고 있다.

그가 내게 말한다. "우리는 8개월 동안 정부의 대답을 기다렸습니다. 이 지역에서 못 쓰는 땅이 어디인지, 우리에게 줄 수 있는 땅이 있는지 알려주기만을 기다렸습니다. 8개월 동안 땅이 없는 300세대가 근처 길가에서 노숙을 하면서 정부가 땅을 주기를 기다렸습니다. 정부는 아무것도 주지 않았습니다. 그래서 우리는 더이상 기다리지 않기로 하고, 이 땅 안에 들어왔습니다. 점거과정은 간단했습니다. 사람들은 트럭이나 버스를 타고 여기까지 왔습니다. 사람들이 집결했습니다. 야간근무를 서는 수위가 문을 열어 우리를 들여보내주었습니다. 모든 것이 평화롭게 진행되었습니다. 다음날 시내에 사는 농장대리인이 중무장한 경찰관 50명을 데리고 들이닥쳤습니다. 그들은 사람들을 밀쳐내고 아이들과 노인들에게 총부리를 들이댔습니다. 우리는 저항하지 않았습니다. 대리인은 농장 안에 있는 자기 집에 들어가 여행가방 몇개를 챙겨갔습니다. 우리는 경찰차가 밀고 들어오지 못하게 하려고 가시철조망을 세웠습니다. 그래서 경찰은 밤낮으로 밖에 앉아 우리에게 겁을 주고 있습니다." 현관에 앉아 있던 사람들이 고개를 끄덕인다.

여자 하나가 끼어들었다. "우리가 여기 온 지 사흘째 되는 날 밤에 밤새도록 경찰차 싸이렌이 울었어요! 너무 시끄러워서 한숨도 못 잤어요!" 고개를 끄덕이는 사람이 더 많아졌다.

아닐두가 말한다. "어쨌든 농장주는 지방법원에 고소했고, 어제 판사가 법원명령이라면서 보름 안으로 이 땅에서 떠나라고 했습니다. 이의를 제기할 시간이 보름 남았다는 뜻입니다. 우리도 변호사가 있습니다. 우리가 이길 수도 있습니다. 경찰에서 했던 말을 법원에서 다시 한번 할 겁니다. 이 사람들을 이 땅에서 쫓아내면 도대체 어디로 가라는 겁니까? 이렇게 말하겠습니다."

머리가 하얗게 센 남자가 현관에서 몇미터 떨어진 담장기둥에 몸을 기대고 서 있다. 그 역시 오갈 데 없는 사람이다. 그러나 그는 이곳에 오기를 잘했다고 생각한다. 이름은 아르놀두(Arnoldo), 나이는 47세다. 1983년까지 농사를 지으며 살았는데, 그의 땅이 큰 농장에 팔리는 바람에 일거리를 찾기 위해 어쩔 수 없이 도시로 나갔다. 그는 도시가 싫었다.

"나는 농사짓는 사람이오. 한평생 그렇게 살아왔소. 내게 이래라저래라 하는 사람도 없었소. 그런데 도시에서는 항상 불안했소. 직장을 구할 수도 없었고, 나는 도시가 어떻게 돌아가는지 알지도 못하오. 우리는 농사를 못 짓게 되면서 힘들게 살았소. 그러다가 여기까지 오게 됐소."

힘들기는 여기도 마찬가지 아니냐고 나는 물었다. "쫓겨나면 어디로 갈 겁니까? 경찰은 어떻게 할 겁니까? 그럴 만한 가치가 있습니까?"

아르놀두가 대답한다. "위험부담은 있지만, 나는 걱정하지 않습니다. 이곳 생활도 어렵지만, 나에게는 익숙한 생활입니다. 우리가 평화롭게 농사짓도록 내버려두지 않는 자들이 있습니다. 하지만 우리는 언젠가 그들을 물리칠 겁니다. 그들이 다 빼앗아가니까 우리는 일할 수가 없습니다. 우리가 모두 힘을 합하면 아무 문제도 없을 겁니다." 그의 이야기는 조용하고 차분하다. 호기심 많은 사내아이들이 그의 등 뒤에서 나를 빤히 쳐다보다가 눈이 마주치면 킬킬 웃으며 눈길을 돌린다.

아르놀두의 이야기가 계속된다. "우리는 연대가 강합니다. 어려운 사람이 있으면 모두 도와줍니다. 우리는 벌써 야채도 심고, 쌀과 옥수수도 심었습니다. 이곳이 안전해질 때까지 아내와 아이들은 도시에 있으라고 했습니다. 곧 만날 수 있겠지요. 행복한 가정을 꾸릴 겁니다. 기다릴 만한 가치가 있다고 나는 아내에게 말했습니다. 농사짓던 땅에서 쫓겨난 후로는 진정한 평화를 찾을 수가 없었어요." 챙 넓은 밀짚모자를 쓰고 있는 그의 주름진 갈색 얼굴에 미소가 번진다.

"그런데 여기서 평화를 되찾았습니다."

땅(땅에서 나는 소출, 땅을 파서 먹고사는 사람들, 토지제도, 땅에서 생긴 문화)은 인간사회의 근본이다. 세계인구의 약 53%가 농촌에 살고 있다. 10년 안에 농촌인구가 도시인구보다 적어질 것으로 예상되기는 하지만, 이것은 인류 역사상 처음 있는 일이다.[3] 도시인구가 더 많아진다 하더라도, 도시는 예나 지금이나 농촌과 농산물에 의존할 것이다.

도시의 불규칙한 확장이 빠르게 진행되고 있지만, 도시 바깥에 사는 사람들에게는 충분한 땅에서 농사를 지으며 식구들을 부양하고 소출을 파는 것이 예나 지금이나 안정적이고 자립적으로 살아가는 가장 좋은 방법이다. 반면 땅이 없다는 것은 예나 지금이나 빈곤의 가장 큰 원인이다.

캘리포니아에 본부를 둔 '식량개발정책연구소'(IFDP) 공동의장 피터 로셋(Peter Rosset)은 토지와 토지개혁 문제에 있어서는 세계 최고의 권위자 중 하나다. 그는 지금 치아빠스에서 연구를 진행하고 있다. 치아빠스의 토지권투쟁은 최초의 멕시코혁명과 사빠띠스따봉기에서 제일 중요한 문제였다. 내가 브라질에 오기 5개월 전에 싼끄리스또발에서 그를 만난 적이 있었는데, 그때 나는 그에게 토지에 대한 권리의 세계적 맥락에 관해서 물어보았다.

그는 말했다. "토지분배가 지극히 불공평한 나라에서는 지속가능한 개발이나 기반이 넓은 개발을 결코 성취할 수 없으며, 따라서 빈곤이나 정치적 민주주의의 문제를 해결할 수 없다고 우리는 수십 년 동안 강조해 왔습니다. 농촌에서 땅이 없는 사람들이나 땅이 가난한 사람들(갖고 있는 땅이 너무 적어 식구들을 먹여 살릴 수 없는 사람들)은 일차적으로 국가경제에서 밀려납니다. 첫째, 이들은 자기나 식구들을 먹여살릴 방법이 없습니다. 둘째, 이들은 빈곤의 정도가 너무 심하기 때문에 시장에 들어가지 못합니다. 시장에 들어가지 못하면, 사회의 관심 밖으로 밀려납니다. 가난한 사람들은 정치적 권력도, 경제적 권력도 없습니다."

반면에, 토지분배가 공정하게 이루어지기만 한다면(필요하다면 급진적인 토지개혁을 단행해야 한다) 국민의 생활수준을 높이는 최선의 방법이 될 수 있다고 그는 말한다.

그의 말은 계속된다. "역사적으로 볼 때, 토지가 공정하게 분배되는 나라일수록 장기적으로(지난 수백 년 동안) 개발속도도 빠르고 개발기반과 개발범위도 넓었습니다. 단기적으로, 이를테면 제2차세계대전 이후를 생각해도, 가난한 사람들을 위해 토지개혁을 단행했던 소수의 국가들이 경제기적을 이루었습니다. 예를 들면, 일본, 타이완, 남한이 여기에 속합니다."

브라질은 혁명을 겪지 않았기 때문에 급진적 토지개혁의 계기가 없었고, 제2차세계대전 이후 격변에 휘말리기 않았기 때문에, 일본이나 남한 정부가 했던 것처럼 국민에게 토지를 돌려줄 필요도 없었다. 그래서 그런지 브라질을 지배하는 것은 여전히 지주엘리뜨계급이다. 브라질은 세계에서 두번째로 불공평한 토지제도를 운영하는 나라가 되었다. 물론 어제오늘 일은 아니다. 브라질의 토지소유가 극소수에 편중되는 양상은 뽀르뚜갈제국 시대부터 볼 수 있었다. 그러나 브라질이 세계시장에 서둘러 합류하면서 상황은 더욱 악화되고 있다.

브라질은 1990년대에 농산물시장을 개방하고 경쟁체제에 돌입했다. 그후에 무슨 일이 벌어졌는지는 사빠띠스따가 잘 알고 있을 것이다. 정부지원을 받는 외국농기업 농산물이 들어왔고, 브라질정부의 국내농업 지원금은 큰 폭으로 줄었고, 소농들은 계속해서 도시슬럼으로 흘러들어갔다. 지구상에서 가장 돈이 많고, 가장 탐욕스러운 기업들과 경쟁이 될 리가 없었다. 1985년에서 1995년 사이에 브라질 소농의 1/5이 감소했고, 농업에 종사하는 인구는 2,300만 명에서 1,800만 명으로 격감했다. 10년 사이의 사상 최대 감소율이었다.[4)]

브라질의 경제체제가 바뀐 것을 틈타 다국적기업들은 농사의 근간(종자)에까지 손을 대기 시작했다. 종자생산은 농사에 없어서는 안되는 부분이다. 종자생산을 지배하는 회사는 (농민은 말할 것도 없고) 경쟁사를 곤경에 빠뜨릴 수 있다. 다국적기업들은 두세 가지 품종을 집중적으로 생산할 수 있었고, 새로운 테크놀로지(가령, 유전자 조작)까지 도입했다. 당연히 몬싼토(Monsanto), 듀폰(DuPont), 다우(Dow), 아그레보(AgrEvo) 등 생명공학 분야의 거대기업이 브라질에 발을 들여놓았다. 1999년이 되자 다국적기업이 브라질 종자시장의 90%를 장악하는 상황이 벌어졌다. 브라질 경제학자 오라찌우 마르띵스(Horatio Martins)는 말했다. "지금 우리 경제는 외세에 지배당하던 식민지시대로 돌아가고 있다."[5)]

1994년부터 2002년까지 브라질을 통치했던 페르난두 앙리께 까르도쏘(Fernando Henrique Cardoso) 대통령은 토니 블레어(Tony Blair), 빌 클린턴(Bill Clinton), 독일의 수상 게르하르트 쉬뢰더(Gerhard Schröder)와 함께 '제3의 길'을 처음 만들어냈다고 자처했다. 제3의 길이란 무섭게 날뛰는 시장과 사회의 필요들 사이에서 또 하나의 길을 찾으려는 아슬아슬한 정치적 시도라고 할 수 있다. 세계화에는 대안이 없다고 까르도쏘는 말했다. 농민단체 지도자가 대통령에게 브라질 농촌의 몰락을 막기 위해 조치를 취해달라고 청원했을 때 까르도쏘는 이렇게 말했다. "시장의 법칙은 냉혹합니다."[6] 브라질 농촌의 미래는 몇몇 수출작물(콩·커피·사탕수수·면화)을 선택하고 넓은 토지에서 재배하여 비용의 효율성을 높이는 것에 달려 있다고 했다. 특화작물을 수출해서 외화를 벌어들이면 브라질 부채도 상환할 수 있고, 개발도 할 수 있다고 했다. 이러한 정책이 완전히 자리잡은 1999년까지 브라질은 콩 수출로만 510억 달러를 벌어들였다. 안타깝게도 브라질이 식량수입에 지출한 비용은 750억 달러였다. 수입품목은 대부분 쌀·강낭콩·옥수수였다. 그전까지 브라질에서 자급자족하던 농산물들이다.

물론 세계무역기구(WTO)에 가입한 브라질로서는 선택의 여지가 없었다. 'WTO 농업협정'에 따르면, 국가는 관세와 보조금을 꾸준히 내려야 하고, 다양한 곡물의 수입장벽을 최대로 낮춰야 하고, 농민을 보호하고 지원하는 새로운 방안을 도입할 수 없다. 그러나 기존의 지원에는 마지막 규칙이 적용되지 않는다. 다시 말해, 'WTO 농업협정'에 따르면, 유럽과 미국은 지난 수십 년간 해온 대로 농민에게 엄청난 보조금을 지급할 수 있지만, 브라질 같은 '개발도상국'은 농민을 보호할 새로운 조치를 도입할 수 없다는 것이다.

결과적으로, 브라질 농촌에는 다양한 상황이 공존한다. 많은 토지를 소유한 소수의 농민에게는 새로운 시장체제가 유리하다. 9만 명 정도(브라질농민의 2% 미만)가 전체 농가수입의 60% 이상을 차지한다. 수출도 많이 한다. 그러나 나머지 농민은 상황이 그렇게 좋지 않다. 브라질정부의 한 최고고문은 수백만 농민이 위기를 맞았다고 경고한다. 세계화로 인해 브라질 농가의 80% 이상이 파산할 것이라는 예측이 나온다. 이미 파산한 농가도 많다. 경쟁력을 갖추지 못한 사람들은 땅을 떠날 수밖에 없다. 1996년에서 1999년에만 400만 명 이상의 농민이 도시로 떠났다. 이들은 대부분 리우데자네이루(Rio de Janeiro), 쌍빠울루(São Paulo) 등 거대도시 변두리의 불결한 슬럼까지 흘러든다. 2000년에 브라질정부의 고문 길예르메 지아스(Guilherme Dias)는 행정각료들에게 이렇게 경고했다. "농민들은 지금처럼 급격한 변동을 견디지 못할 것이다. 지금 같은 상황에서 야기되는 사회문제는 너무나 엄청나기 때문에 국가 전체의 생산구조가 위협받고 있다."[7)]

불안한 상황에서도 땅을 떠나지 못하는 소농들은 계약직노동자로 전락했다. 미국 다국적기업의 종자생산을 하거나, 거대 정육회사에 닭과 돼지를 납품하거나, 유럽의 흡연자를 위해 담배농사를 짓는다. 콩에 대한 세계의 수요가 늘면서 콩만 재배하는 지역이 늘어났다. 콩은 주로 서양인들이 먹는 쇠고기의 사료로 사용된다. 이렇듯 콩이라는 단일작물의 재배지역이 늘면서, 아마존유역이 점점 줄어든다. 세계에서 가장 규모가 크고 생물종이 다양한 우림이 점점 파괴되고 있다는 뜻이다.

이로 인해, 이전부터 심각했던 브라질의 토지 편중양상은 더욱 악화되었다. 브라질로서는 토지 편중의 심화가 세계화의 가장 심각한 문제일 수도 있다. 1992년에서 1998년까지 2,000헥타르 이상을 소유한 농부들의 토지는 39%에서 43%로 늘어났고, 거대농가(5만 헥타르 이상)는 두 배 가까이 증가하며 전체 농토의 10%를 차지하기에 이르렀다.[8)]

이런 상황에서 MST가 등장했다. 지금의 '토지 없는 농민운동'이 형성되기 시작하던 1980년대 초반에 브라질은 여전히 군부독재의 치하에 있었다. 1964년에 권력을 장악한 세력이었다. 좌익정부가 쿠데타로 전복되자, 위로부터 국가적 차원의 토지개혁이 단행되리라는 희망은 물거품이 되었다. 브라질에 남아 있는 유일한 대안은 아래로부터의 개혁이었다. 군사정권 아래에서 토지개혁을 말하는 것은 위험한 일이었다. 그러나 땅 없이 굶는 것도 위험한 일이기는 마찬가지였다. 세계화는 아직 그 사악한 이빨을 드러내지 않고 있었지만, 기계화에 떠밀린 농민들은 이미 농토를 떠나고 있었다. 땅은 점점 더 소수에 편중되었다.

1979년에 브라질 최남단의 리우그란디두쑬(Rio Grande do Sul)주에서는 땅 없는 농민들이 행동을 취하기로 결정했다. 가톨릭교회의 공감과 지원이 있었다. 목숨 말고는 잃을 것이 없었던 농민들은 사유지를 점거하고 소유권을 주장했다. 전국의 언론이 이들을 주목하고 있었기 때문에 정부가 군대를 투입하기는 어려운 상황이었다. 점거는 기적적으로 성공했다. 1년도 못 되어 주정부는 사유지에 대한 농민들의 소유권을 공식적으로 인정했다. 이들의 승리에 고무된 땅 없는 농민들(이들의 이름은 쌍떼하sem terra였다)은 전국적으로 사유지 점거에 나섰다. 1984년, 13개 주에서 모여든 100명의 쌍떼하는 무역노조 조합원들, 성직자들과 연합세력을 형성했다. 이것을 계기로 쌍떼하는 새로 시작되는 사회운동에서 전국적 세력으로 성장했다. MST는 여기에서 태어났다. 그리고 '땅에서 살고 땅에서 일하는 이들이 땅을 갖는 사회'를 위한 행보를 시작했다. 이 새로운 정치세력이 무슨 파장을 일으킬지는 아무도 몰랐다. MST 자신도 몰랐다.

쎄바스찌안 바찌스따(Sebastian Batista)는 나를 데리고 옥수수밭 가장자리를 걷고 있다. "사람으로 태어나서 반드시 해야 할 일이 세 가지가 있습니다. 책을 써야 하고, 나무를 심어야 하고, 아이를 낳아야 합니다. 나는 두번째와 세번째를 했습니다. 당신은 첫번째를 하고 있는 중이고요. 나무 심는 것을 도와준다면, 당신도 세 가지 중에서 두 가지를 한 셈이 되지요." 쎄바스찌안은 건장하고 진지한 사람이다. 짧은 검은색 머리, 청바지, 파란색 작업복에 카우보이장화를 신었고, 허리에는 칼을 차고 있다. 땅이 없는 농민 500가구 이상이 쌍빠울루주 이따뻬바(Itapeva)에 있는 MST 최초의 정착촌에서 남들이 부러워할 만한 생활을 꾸려왔다. 쎄바스찌안과 나자레(Nazare) 부부도 그중 하나다. 쎄바스찌안을 비롯한 정착민들이 처음 이따뻬바를 점거했던 1984년에 이따뻬바는 버려진 땅이었다. MST가 탄생한 해였다. 그때 이곳에는 아무것도 없었다. 그런데 지금 이곳은 아래로부터의 토지개혁이 어떻게 가능한지, 아무것도 가진 것이 없는 이들이 어떻게 새로운 삶을 영위할 수 있는지를 보여주는 산교육의 현장이다.

쌍빠울루는 아마존우림에서 거리가 멀지만, 비가 오면 아마존우림 속에 들어와 있는 것 같다. 많은 비가 한꺼번에 쏟아지기 때문에 피할 곳을 찾아야 한다. 우리도 쎄바스찌안이 살고 있는 낮은 천장의 목조건물 안

두 명의 MST정착민.

으로 들어왔다. 비에 젖은 개가 현관 밑에서 비를 피하며 나무바닥에 물을 떨어뜨리면서 미안한 표정을 짓고 있다. 집 안에 있던 노인은 벽에 등을 기대고 하늘을 바라보며 흐뭇한 표정을 짓고 있다. "고마운 비." 쎄바스찌안은 부엌에 들어와 자리를 잡고는 이따뻬바 이야기를 들려준다.

"우리가 이곳에 온 것은 MST가 막 시작될 때였습니다. 하지만 1995년까지 정부는 이 땅에 대한 우리의 권리를 공식적으로 인정하지 않았어요. 11년 동안 싸웠어요. 그럴 만한 가치가 있었지요. 나는 이 근처 농장에서 자랐지만, 도시로 나가 금속노동자가 되었습니다. 직장을 잃었고, 아무것도 가진 것이 없었기 때문에 다시 농사를 짓기로 결심했습니다. 그러다가 MST에 들어갔습니다. 처음 이 땅에 들어왔을 때는 집도 없었어요. 1년 동안 검은색 플라스틱집에서 살았지요. 가족들, 아이들, 노인들 모두 다. 힘들었습니다." 나자레가 부엌으로 들어온다. 나자레는 비가 오는데도 정원에 나가서 잘 익은 자두를 따왔다. 나자레는 식탁 위에 자두를 쌓아놓고 먹으라고 권한다.

맛있는 자두다. 쎄바스찌안도 자두를 먹으면서 이야기를 계속한다. "우리는 이제 좋은 집이 있습니다. 다른 것도 많고요. 내일 보여드리겠습니다. 지금 우리는 옥수수·강낭콩·쌀·콩·밀을 기르고 있습니다. 돼지도 키우고, 꿀과 치즈와 우유도 만듭니다. 먹기도 하고 팔기도 합니다. 요새는 팔기가 쉽지는 않습니다."

"땅이 너무 좋아요!" 부엌 반대편에서 저녁을 만들던 나자레가 끼어든다. 검은색 곱슬머리의 친절하고 상냥한 부인이다. 손님대접이 끝이 없다. 다니엘라와 나에게 꼭 밥을 먹고 자고 가야 한다고 못을 박는다. "여기 흙은 굉장해요. 곱고 붉은 흙인데, 무엇을 심어도 싹이 나요. 브라질에는 땅이 나쁜 곳도 많아요. 그런 곳에 가면 돼지나 치는 수밖에 없지요. 이곳은 던지기만 해도 싹이 나요!"

쎄바스찌안이 말한다. "MST는 아주 중요합니다. MST 덕분에 사람들은 스스로 시작할 수 있습니다. 투표로는 아무것도 바뀌지 않아요. 예수가 대통령이 된다 해도 정치가가 하는 짓은 똑같이 다 할 겁니다. 자기 손으로 시작하지 않으면 아무것도 바뀌지 않습니다. 세계관 자체를 바꾸지 않으면, 아무것도 바뀌지 않을 겁니다. 브라질에서도 그렇지만 다른 곳도 마찬가지입니다." 이렇게 말하면서 그는 자두씨를 콘크리트 바닥에 던진다.

"MST 덕분에 스스로 생각할 수 있습니다. MST는 글을 모르는 사람들에게 읽고 쓰는 법을 가르쳐줍니다. 함께 일하는 방법도 가르쳐줍니다. 우리는 학교도 있고, 땅도 있고, 집도 있습니다. 떨치고 일어나 싸웠기 때문에 가지게 된 겁니다. 옛날에 교회양반들은 가난이 하나님의 뜻이라고 말했습니다. MST는 가난이 착취의 결과라고 말합니다. 나는 이곳에 들어와서 한 가지 배운 것이 있습니다. 브라질은 아주 부자나라고, 브라질에서는 모든 사람이 잘살 수 있다는 것입니다. 그러나 잘살고 싶다면 (일한 만큼 잘살고 싶다면) 싸워야 합니다." 이렇게 말하면서 자두를 또 하나 해치운다.

그의 말은 계속된다. "이곳에 살면서 부자가 될 수는 없을 겁니다. 그러나 우리에게 필요한 것을 가질 수 있고, 갖고 싶은 것을 가질 수 있습니다. 이 정도면 잘사는 겁니다. 브라질에서는 모두가 잘살아야 합니다. 충분히 잘살 수 있습니다. 하지만, MST에서 배운 가장 중요한 것은 따로 있습니다." 그는 나의 눈을 똑바로 쳐다보며 말한다.

"가장 중요한 것은 자긍심입니다."

이따뻬바는 규모가 큰 곳이다. 토지 1만 7,000헥타르에 주택과 공동건물이 많이 들어서 있다. 여느 MST정착촌과 마찬가지로 이따뻬바 역시 협동조합 형식으로 운영되는 공유지와 사유지의 흥미로운 조합이다. 정착민들에게는 똑같은 면적의 토지(쎄바스찌안에 따르면 17헥타르 정도)가 주어진다. 그러나 개인명의로 된 토지는 없다. 누군가가 토지를 판다면, 정착촌이 파괴될 것이기 때문이다. 이곳 경치도 마라냥처럼 광대하고 평평하다.

다음날 아침. MST지도부 소속의 자미우 하모스(Jamil Ramos)가 나를 데리고 다니며 정착촌을 구경시켜주었다. 그는 정착촌에서 가장 멋진 곳을 보여주고 싶어한다. 당연한 일이다. 머리가 벗겨지기 시작하는 자미우는 염소수염에 MST티셔츠를 입었다. 그가 제일 보여주고 싶어하는 것은 라디오방송국이다.

'라지오깜뽀네자'(Radio Camponesa)는 '농민라디오'라는 뜻이다. "우리 손으로 방송국을 세웠고, 지역사회 전체에 방송을 내보내고 있습니다. 사라지고 있는 전통음악도 틀고, 토론과 논쟁도 내보냅니다. 프로그램은 종류가 많습니다. 원하는 것은 무엇이든 방송할 수 있습니다."

야트막한 라디오방송국 건물 지붕에는 안테나가 달려 있다. 안내받아 들어간 스튜디오는 정사각형의 작은 방이다. 커다란 믹싱용 데스크가 공간의 대부분을 차지한다. 책상 뒤로 벽화가 보인다. 스튜디오 안에는 아무나 들어와 돌아다니고 있는 것 같다. 문은 잠글 수 없게 되어 있다. 나긋나긋한 청년이 오디오 뒤에서 쌍떼하를 위해 방송을 하는 동안, 아이들은 스튜디오 바닥을 돌아다니면서 CD를 만지작거린다. 옆방에서 담소를 나누던 엄마들이 장난치는 아이들을 조용히 시킨다.

나는 DJ를 인터뷰해보고 싶다는 생각이 들었다. 라디오방송국이 무슨 일을 하는지, 왜 그런 일을 하는지, 라디오가 지역사회에 무슨 의미가 있는지 물어보고 싶었다. 그런데 나중에 알고 보니, 그도 나를 인터뷰하고 싶어했다. 물론 다니엘라가 통역을 맡았다. DJ는 내게 아주 커다란 마이크를 건네주며, 내가 여기서 무슨 일을 하는지, 이따뻬바에 대해서 어떻게 생각하는지, 브라질을 좋아하는지 등등을 물었다. 방송용이었다. 그는 마지막으로 "MST 영웅들에게 전하실 말씀은?"이라고 묻고는 뭔가 멋진 말을 해보려고 멈칫거리는 나의 대답을 열심히 경청해주었다. 다니엘라의 번역이 내가 했던 말보다 낫기를 바라는 수밖에 없었다.

다음 방문할 곳은 천연약재약국이었다. 이따뻬바의 여성협동조합에서는 사무실 뒤쪽에 특별히 마련한 밭에서 뽀뿌리(pot-pourri)를 재배하여 그것으로 약재를 만들었다. '약초상 루씨아'로 알려진 사람이 나에게 자신의 약초밭을 보여주었다. 아침 내내 비가 억수처럼 쏟아졌지만, 나는 잠깐 비가 멈춘 사이에 깔끔한 약초밭을 구경할 수 있었다. 루씨아(Lucia)는 약초밭에서 뽀뿌리를 꺾어 향기를 맡게 해주었고, 자신들이 하는 일도 설명해주었다. 우리는 사무실 겸 치료실로 들어왔다. 루씨아는 여성협동조합의 가장 중요한 역할이 의료활동이라고 했다.

루씨아가 말한다. "이따뻬바에는 의사가 없어요. 의사를 보려면 도시에 나가야 합니다. 멀어요." 루씨아를 비롯한 열 명의 여성협동조합 회원들은 약초를 가지고 마을의 부족한 의료시설을 보완한다. 알레르기연고, 두통약, 피부병에 바르는 약, 소독약도 있다. 이 모든 약을 약초밭에서

일다 마르띵스 다 쏘자와 가족.

딴 식물을 가지고 만든다. 칼슘이 들어간 밀가루도 만들 수 있다고 루씨아는 자랑스럽게 말한다. 이 밀가루를 가지고 어린이와 골다공증에 걸린 성인들을 위한 빵을 만든다고 한다.

"아픈 사람은 거의 없어요. 약초로 해결할 수 있는 문제가 많아요." 이렇게 말하면서 루씨아는 집에서 만든 약초샴푸와 MST 제조법으로 만든 모기약을 사라고 한다. 거절할 자신이 없다.

한 시간쯤 후. 마을 구경을 마친 나는 일다 마르띵스 다 쏘자(Ilda Martins da Souza)의 집에서 치즈와 커피를 먹고 있다. 집에서 만든 맛있는 치즈와 집에서 재배하는 커피다. 예의 없이 너무 빨리 먹어치운 것 같아 걱정이다. 일다는 56세의 여성으로, 눈동자가 활기차다. 그녀의 미소는 시원하면서도 분명하다. 일다가 내게 이야기를 들려주는 동안 손주들은 온 방을 들락날락하면서 바닥에서 뒹굴고 난리다. 일다도 이따뻬바를 처음 점거했던 사람들 중 하나였다고 한다.

"우리는 2년 동안 길가에서 살았어요. 이 땅을 얻기까지 2년이 걸렸어요. 그리고 그럴 만한 가치가 있었어요. 이곳을 보세요. MST에 들어와서 나는 한 가지 배운 것이 있습니다. 중요한 것은 땅을 얻는 것이 아니라 새로운 유형의 사회에서 살아가는 방법을 이해하는 것입니다. 여기 들어와서 지금까지 나는 사람들에게 진정한 변화가 일어나는 것을 보았습니다. 사람들이 스스로 노력하게 되었어요. 좀더 평등한 사회에서 살 수 있다는 것도 이해하게 되었고요. 그래서 나는 MST를 사랑합니다. 그러니까 여기까지 온 겁니다. MST를 알면 알수록 좋은 점이 보입니다." 일다가 이야기를 하는 동안 손주인 니나(Nina)와 마르꼬(Marco)가 어디선가 튀어나와 할머니 무릎을 덮친다. 일다는 손주들의 머리를 쓰다듬어주면서 부엌에서 음식을 좀더 가지고 오라고 시킨다.

"물론 모든 것이 완벽하진 않습니다. MST가 완벽한 조직은 아닙니다. 이따삐바도 마찬가지구요. 여기저기 할 일이 많아요. MST 생활은 지속적인 투쟁입니다. 갈등도 있습니다. 노숙하면서 땅을 기다리고 있을 때는 우리들 사이에 절대적인 연대감이 있었습니다. 그런데 땅이 생기고 정부에게 소유권을 인정받고 자기 집이 생겼습니다. 그러면서 문제가 복잡해졌습니다. 사람들 생각이 바뀌고, 이기적인 마음이 생기기도 했습니다. 그러나 아직 이곳은 내가 아는 사회 중에 가장 연대감이 강한 곳입니다. 나는 MST 투쟁을 하면서 브라질에 출구가 있음을 발견했습니다. 브라질이 나아갈 새로운 길이 보입니다."

니나와 마르꼬는 커피와 치즈를 더 가지고 나왔다. 비가 다시 내리기 시작하면서 양철지붕을 내리치는 소리가 들린다. 나는 일다에게 MST에서 여성의 생활이 어떠냐고 질문했다.

"훨씬 낫죠!" 일다는 망설임 없이 대답했다. "브라질에서는 남자가 주도권을 가지고 있어요. MST에서는 남녀가 훨씬 평등해요. 점거가 시작되기 전, 처음 MST에 들어왔을 때, 여성들은 초창기회의에 빠지지 않고 참석했습니다. 몇년이 흘렀습니다. 남편들도 있었지만, 남자들은 회의에 한번도 나타나지 않았어요. 그런데 여자들이 땅을 얻고 집을 갖게 되자, 남편이 있어야 했습니다. 우리는 분노를 느꼈어요. 정부가 들어와 주택 소유권 계약서를 작성할 때, 여자를 무시하고 남편과 계약을 하려고 했어요! '남편' 명의가 필요하다는 거예요!" 일다는 비웃듯이 콧방귀를 뀌었다. "집을 갖게 되자 집을 팔려는 남자들이 생겼어요. 여자들은 다시 노숙자가 되고! 우리는 남자가 주인이 되지 못하게 했어요. 지금 MST에서는 남자 혼자 집을 팔 수 없게 돼 있어요. 남녀의 역할은 대단히 평등합니다. 부부의 역할이 이렇게 평등한 사회는 다른 데선 본 적이 없어요."

그러나 MST의 중요성은 따로 있다. 일다에 따르면, MST가 상징하는 이념은 정착촌 밖에서도, 나아가 브라질 밖에서도 적용될 수 있다. 나에게 이해시켰다고 확신할 때까지 일다는 이 점을 여러번 강조했다.

"변하고 싶다면 노력해야 합니다. 사람들은 변화를 생각할 때 소비자의 시각으로 생각합니다. '저기 좋은 것이 있다, 갖고 싶다, 사야겠다'고 생각하는 것입니다. 그러면서 점점 사소한 일에 매달려, 인생의 큰일을 잊어버리게 됩니다. 그런 물건을 파는 사람에게 의존하게 되고, 교육·교통·의료시설을 제공하는 정부에 의존하게 됩니다. 투쟁을 두려워해서는 안됩니다. 투쟁이란 남과 싸우는 것도 아니고 폭력적인 것도 아닙니다. 투쟁이란 자신의 문제를 깨닫고 자기 손으로 해결하는 것을 말합니다.

그러나 혼자 힘으로는 투쟁할 수 없습니다. 연대하는 법을 배우고 함께 싸우는 법을 배워야 합니다. 그러면 투쟁할 수 있습니다. 우리는 그렇게 성공했습니다. 사람들 속에는 좋은 점이 많습니다. 함께 힘을 합하면 좋은 것을 밖으로 펼칠 수 있습니다. 이것이 바로 연대입니다."

일다는 안 떨어지려는 손자들을 무릎에서 일으키고는 자리에서 일어나 방 반대편으로 걸어간다. 나는 경악했다. 15분 만에 치즈 두 접시를 입 안에 쑤셔넣은 것을 비로소 깨달았기 때문이다. 그러나 일다는 눈치채지 못한 것 같다. 일다가 눈치챘더라도 신경쓰지 않았을 것이다. 그녀는 창밖을 내다본다. 계속 쏟아지는 빗물이 모여서, 붉은 흙길과 길가 풀밭에 개울을 이루며 흘러간다.

일다가 문득 입을 연다. "사람은 죽어요. 너무해요. 죽으면 천국에 간다고 하지만, 당신도 천국에 가고 싶지 않지요?" 일다는 나를 보며 다시 한번 미소를 짓는다.

"천국이 이곳과 비슷하다는 확신만 있으면, 나는 기꺼이 천국에 가겠어요."

스모그 자욱한 거대도시 쌍빠울루에 위치한 MST본부는 우리가 흔히 볼 수 있는 사무실이다. 벽에 걸린 액자 속의 흑백사진들(MST정착촌 생활을 담은 사진작가 쎄바스찌앙 쌀가도Sebastião Salgado의 유명하고 범박하고 아름다운 작품들)만 빼면, 쾌적하고 평범한 사무실이다. 화분·복사기·안내데스크·에어컨까지 설치된 이곳은 마라냥이나 이따삐바에서 수백킬로미터 떨어져 있다. MST를 비판하는 사람들이 이 점을 놓칠 리가 없다. 거슬릴 수도 있는 부분이다. 먼지를 뒤집어쓴 가난한 농민들은 플라스틱으로 만든 집에 사는데, 이들을 이끄는 조직책은 도시에 살면서 일정한 봉급을 받고 있다. MST지도부가 땅 없는 농민들을 정치적 목적에 이용한다는 비판도 있었다. 물론 이런 비판에는 농촌사람들이 무지하고 순진하다는 잘못된 가정이 깔려 있다. 그러나 MST지도부와 민초들 사이에 갈등의 소지가 있는 것은 사실이다. MST의 일부 조직책은 MST가 브라질을 변혁하기 위한 정치적 기획이라고 생각하는데, 민초들에게 중요한 것은 일상이다. 잘사는 것이 무엇보다 중요한 것이다.

나는 MST의 촉망받는 지도자 중 하나인 네우리 로쎄또(Neuri Rossetto)를 인터뷰하기 위해 사무실을 찾아왔다. 네우리는 전국 MST 이사진 23인 중 하나다. MST 이사는 정착촌에서 파견된 대표들이 정기적으로 열리는 전국정기총회에서 선출하는 직책이다. 안경 쓴 중년남자인 네우리는 오랫동안 MST에서 일하면서, MST가 토지개혁운동에서 시작해서 폭넓은 지지기반을 갖춘 전국적 개혁운동(일다가 이따빼바에서 내게 보여주고 싶어했던 MST의 모습도 바로 이것이었다)으로 변모해온 더디고도 힘겨운 과정을 지켜볼 수 있었다.

MST가 이러한 변모를 거쳤다는 사실이 간과되어왔다고 네우리는 말한다. 그러나 미래를 생각할 때 바로 이러한 사실에 주목해야 한다는 것이 네우리의 설명이다.

우리는 커다란 회의용 나무탁자에서 커피를 마시면서 이야기를 하고 있다. "MST가 발전하면서 세 가지 단계를 거쳤다고 할 수 있습니다. 첫번째 단계는 1980년대 초반에 운동이 시작되던 단계입니다. 두번째 단계는 1985년 무렵부터 1995년까지 결집과 성장의 단계입니다. 우리는 지금 세번째 단계(가장 어려운 단계)에 와 있습니다. '모델 충돌'의 단계라고 할 수 있습니다. 간단히 말해서, 오늘날의 자본주의하에서는 전통적인 토지개혁 모델이 불가능하다는 것입니다." 그는 보일 듯 말 듯 어깨를 으쓱해 보인다.

"땅 없는 사람들은 땅을 가져야 합니다. MST가 태어난 것도 그 때문입니다. 그러나 현행 경제모델하에서는 소농은 '필요'가 없습니다. '아예' 농민이 필요가 없습니다. 소농은 시장 때문에 곤란을 겪습니다. 상황은 1995년부터 더욱 악화되었습니다. 정부가 농촌에 실질적인 신자유주의 조치를 도입하던 때입니다. 군사독재 시절에도 농업은 정부의 지원을 받았고, 연간예산은 약 180억 달러였습니다. 까르도쏘정권이 들어서면서 예산이 절반 이하로 줄었습니다." 그로 인해 소농과 소지주들이 사방에서 공격을 당하게 되었다고 네우리는 설명한다.

"농기업의 권력이 엄청나게 커졌습니다. 우리 농업을 네댓 개의 거대회사가 지배하고 있습니다. 우리 정착촌이 어떻게 경쟁을 하겠습니까? 우리도 시장에 진입해야 한다는 의견도 있지만, 진입하고 싶어도 할 수가 없습니다. 예를 들어봅시다. 세 개의 거대회사가 낙농시장 전체를 좌우합니다. 우리 정착촌 중에서 규모가 가장 큰 세 개 마을이 얼마 동안 시장진입을 시도했습니다. 그러나 경쟁할 도리가 없었습니다. 시장을 좌우하는 낙농회사들에서 정착촌가격을 싫어하면, 안 사면 그만입니다. 우리로서는 대안이 없었습니다. 가격이 너무 낮게 형성되고 보조금도 없기 때문에, 농업은 살아남을 도리가 없습니다. 지금 우리나라는 모든 것을 수입하고 있습니다. 감자는 벨기에에서 수입하고, 코코아는 말레이시아에서 수입하고, 동물사료도 수입합니다. 전부 다 우리도 재배할 수 있는 것들이고, 수입할 필요가 없는 것들입니다. 신자유주의가 농촌을 이 지경까지 몰아갔습니다."

까르도쏘정부도 이런 문제를 잘 알고 있다. 정부는 농촌문제를 해결하는 조치를 취했다고 주장하는데, 사실 브라질의 토지문제는 그 때문에 더 복잡해지고 흥미로운 양상을 띠고 있다. '세계 최대의 농촌개혁 프로그램'을 실시했다는 것은 오랫동안 까르도쏘와 전투적인 농업개발부 장관 하울 중만(Raul Jungmann)의 자랑거리였다. 정부집계에 따르면(여기에는 온갖 반론이 있지만), 까르도쏘정부는 1994년에서 2001년까지 50만 가구를 약 180만 헥타르의 토지에 정착시켰다.[9] 대지주의 토지를 넘겨받으면서 정부는 약 65억 달러를 지출했다고 한다. 까르도쏘의 토지개혁 자문을 맡았던 프란씨스꾸 그라지누(Francisco Grazino)에 따르면, "세계 최대이자 세계 최악의 토지개혁 프로그램"이었다.[10]

정부정책에 많은 비판이 가해졌다. 네우리에 따르면, MST의 비판은 크게 두 가지였다. 첫째, 수치가 대단히 의심스럽다. 정부가 토지소유권을 주었다는 50만 가구 중에는 MST 점거지역에 정착했다가 땅을 얻은 사람들도 다수 포함된다. 다시 말해, 정부가 땅을 주었다는 사람들 중 다수는 실제로는 MST가 땅을 준 사람들이다.

"정부는 이 수치를 들먹이며 MST가 없어져야 한다고 주장했습니다. 'MST는 필요없다, 땅은 정부가 나눠준다'라는 것이었습니다. 그러나 상황은 정반대입니다. 우리가 토지를 점거해서 정부에게 압박을 가하지 않았다면, 토지개혁은 일어나지 않았을 겁니다. 정부가 했다는 일들은 사실 MST가 했던 일입니다."

그러나 MST 같은 급진적 개혁세력은 물론, 다양한 입장에서 다같이 비판하는 사항도 있다. 사람들에게 땅을 주기만 해서는 아무 소용이 없다는 것이다. 토지개혁에 일관성이 없고 불완전한 것도 문제지만, 근본적인 문제는 따로 있다. 현행 경제정책하에서는 농사를 지어먹고 사는 것이 실질적으로 불가능하다는 것이다. 정부의 문제가 바로 이것이다. 그러나 MST도 똑같은 문제를 안고 있다.

그것은 네우리도 인정한다. "그렇습니다. 현행 경제체제하에서는 토지개혁이 '필요'가 없습니다(토지개혁 안 해도 경제는 잘 돌아갑니다). 우리는 농민이 땅을 얻기 위해 싸우도록 돕습니다. 그런데 땅을 받고 2년이 지나면 농사를 지어서 먹고 살 수 없다는 것을 깨닫게 됩니다. 땅이 있어도 농사를 지을 수 없다는 겁니다. 사람들이 받는 정신적 충격은 엄청납니다. 이런 체제에서 무슨 일을 할 수 있습니까? 이런 세상에서 토지개혁이 무슨 소용이 있습니까? 까르도쏘가 어떻게 땅 없는 농민에게 땅을 준다는 소리를 할 수가 있습니까? 까르도쏘의 정책 때문에 해마다 농토를 버리고 떠나는 사람이 MST에게 땅을 받은 사람과 정부에게 땅을 받는 사람을 합친 것보다 더 많은데 말입니다. 우리는 바로 이 모델 충돌의 문제를 풀어야 합니다. 이 문제는 지금 MST 앞에 닥친 숙제입니다." 그는 숨을 깊이 들이마시고 큰 한숨을 내쉰다.

"아주 큰 숙제입니다. 그러나 우리가 풀어야 합니다. 우리는 농촌주민들을 조직해서 토지개혁을 요구하는 일도 계속해나가야 하지만, 다른 단체들과 힘을 합해 브라질 '대중프로젝트'를 진행해나가야 합니다. 우리들 모두는 한 가지 중요한 문제에 주목하고 있습니다. '나라를 어떻게 조직해야 국민의 기본적 수요를 채울 수 있을까?'라는 문제입니다."

'대중프로젝트'는 MST로서는 중요한 도약이 될 수 있다. 2000년에 제4차 전국대회에서 공식화된 이 '대중프로젝트'에서는 MST가 전국적 정치세력으로 거듭나겠다는 의지를 밝혔다. MST로서는 건설적인 토지개혁이 사회적·정치적·경제적 개혁 없이는 불가능한 것이라는 인식을 공표한 셈이다. 이 문제는 최근 MST가 봉착한 최대의 난제다.

"대중프로젝트는 아직 초기단계입니다. 프로젝트의 목표는 현안문제의 원인을 규명하고, 구체적인 해결책을 제시하고, 대중조직을 만들어 해결책을 실천하는 것입니다. 이를 위해 우리는 다른 대중운동, 무역노조, 진보적인 종교세력, 진보인사, 그리고 기타 연합을 원하는 세력과 손을 잡고 있습니다. 우리는 변혁을 위한 전국적 대중운동을 건설하고 있습니다."

대중프로젝트의 선언문은 없었지만, 몇가지 목표는 밝혀진 바 있다. 프로젝트가 발표되던 2000년 MST대회에서도 그중 몇가지가 밝혀졌다. 23개 주에서 모인 1만 1,000명의 대표단은 외채상환을 보류할 것, 공공예산을 의료·교육·농업에 집중할 것, 국제통화기금(IMF) 채무를 갚지 말 것을 주장했다. IMF가 까르도쏘정부에게 돈을 준 것은 브라질국민들이 금융위기를 이겨내고 '경제정책의 고삐'를 늦추지 말라는 뜻이었다. 이러한 목표를 달성함으로써 브라질의 농업모델을 전격적으로 재편할 수 있을 것이라고 MST는 말했다.

MST의 일차적인 목표는 물론 의미있는 토지개혁이다. 그러나 토지개혁만 가지고는 충분치 않다는 것도 잘 알고 있다. 그래서 MST는 수출이 아니라 내수를 기초로 농업을 재편할 것을 강조한다. 가족 단위 농가에 힘을 실어주기 위해 가격보장과 농촌신용대출을 실시해야 하고, 농협을 활성화하여 소농의 시장진입을 쉽게 해야 하며, 농촌문제를 다루는 정부기구를 개편해야 한다. 농업테크놀로지 연구는 생명공학 등 기업 본위에서 벗어나 브라질의 토질, 경관, 가족 단위 농가에 적합한 테크놀로지 개발 쪽으로 가야 한다.

그렇게만 된다면, 중소농가를 기본으로 하는 농업모델을 일으킬 수 있고, 나아가 국가의 식량안보와 빈곤구제를 실현할 수 있다. 최소한 이론적으로는 가능한 일이다. 이게 바로 '식량주권'이라고 네우리는 말한다.

"모든 나라는 자국에서 식량을 재배하고, 재배방식과 재배품목을 결정하고, 수입품목과 수출품목을 결정할 권리가 있습니다. 어떻게 재배할지, 무엇을 재배할지, 무엇을 수입하고 무엇을 수출할지 결정할 권리가 있습니다. 식량은 단순한 상품이 아닙니다. 운동화나 자동차와는 다릅니다. 식량은 사회가 성장하고 생존하는 기반이 됩니다. 식량주권은 중요한 원칙입니다. 따라서 WTO를 비롯한 모든 자유무역협정에서 농업을 반드시 제외해야 합니다. 국민이 자기 나라의 문화와 필요에 따라서 자국의 농사모델을 결정해야 합니다." 이런 주장을 하는 곳은 MST 말고도 많이 있다. 식량주권이라는 개념은 전세계의 농민들과 활동가들이 점점 많이 내세우는 개념이다. 세계사회포럼에서도 이 주제를 가지고 반나절 동안 컨퍼런스가 열렸다. 컨퍼런스에 참석한 대표단은 식량주권이 세계적으로 적용되어야 할 원칙이자 인간의 권리라는 데 합의했다. 한편, 식량주권은 MST의 정치적 목표를 보여주는 증거였다(사실 MST는 세계사회포럼을 출범시킨 단체 중 하나였다).

이런 게 MST의 장기계획이다. MST는 대중프로젝트를 통해 이런 계획을 실현할 지지기반을 마련하기를 바란다. 실용성과 전략적 사고의 흥미로운 결합을 보여주는 사례인 것 같다. MST가 해온 일은 언제나 그랬다. MST는 대중적 기반을 갖춘 인상적인 조직으로서, 회원들이 더 넓게 생

MST마을에서 만난 어린이 두 명.

각할 수 있도록, 그리고 회원들이 이미 성취한 것 이상을 생각할 수 있도록 박차를 가한다. 아직 해야 할 일이 많지만, 많은 일을 시작해놓았다.

이미 결과가 나타난 일도 있다. 아무것도 가진 것이 없었던 수백만 명의 사람들에게 땅을 주고 생계수단을 마련해준 것 외에도, MST는 모든 정착촌에서 의료프로젝트를 실시했다. 의료진을 양성하고, 에이즈교육을 시작하고, 이따뻬바의 경우처럼 약초처방을 장려하는 것도 의료프로젝트의 일환이다. 또한 MST정착촌에서는 야심만만한 대중교육 프로그램이 운영되고 있다. 처음에 MST는 정부가 정착촌에 학교를 설립해줄 것을 요구했는데, 지금은 상당 부분 자체적인 교육프로젝트가 실현되고 있다. MST는 자체적으로 교사를 양성하고, 어린이와 성인 모두를 위한 대중교육 프로그램과 문맹퇴치 프로그램을 실시한다. 정부의 지원도 있었다. 아직은 보완할 부분이 많지만, MST가 새로운 대중교육 창안에 큰 기여를 한 것만은 틀림없다. MST 집계에 따르면, 15만 명의 어린이가 대중교육 프로그램을 통해 초등학교 과정을 배우고 있으며, MST가 양성한 1,200명의 교사들이 2만 5,000명의 성인들에게 글을 가르쳤다. 다음 단계는 'MST대학'을 설립하는 것이라고 MST는 말한다.

MST의 목표가 원대하다는 것은 바로 이런 점을 통해 알 수 있다. MST는 이제 이 원대한 목표를 국가 차원으로 넓히고자 한다.

"브라질에서는 국민 모두의 필요를 채울 수 있습니다. 우리가 힘을 합해 좋은 체제를 만든다면 가능한 일입니다. 국민의 필요는 네 가지로 나눌 수 있습니다. 토지·일거리·주택·교육입니다. 모든 필요를 민주화하여 모두의 필요를 채워야 합니다. 토지를 민주화하고, 자본을 민주화하고, 교육을 민주화해야 합니다. 이 세 가지를 가로막는 장벽은 모두 부숴야 합니다. 아주 힘든 일입니다. 우리가 모든 문제에 해답을 갖고 있는 것도 아닙니다. 그럴수록 조직을 만들어 문제와 맞서야 합니다. 제대로 조직화되기만 한다면, 가족 단위 조직이 체제 변혁의 과업을 달성할 수 있습니다."

"모든 사람에게 땅이 있어야 합니다." 오스마르 브란다오(Osmar Brandaó)는 이렇게 말하면서 언덕 사이로 넓게 펼쳐진 옥수수밭을 둘러본다. 이쪽 언덕은 그의 텃밭이고 저쪽 언덕은 그의 호박밭이다. 바람에 흔들리는 노란색 옥수수 사이로 환한 햇빛이 쏟아진다.

"땅이 없는 사람은 완전하지 못합니다. 그러나 땅을 어떻게 다루느냐에 따라 행복해지느냐 마느냐가 결정됩니다." MST정착촌에서 만났던 많은 사람들처럼, 오스마르도 웃음이 많은 사람이다. 그가 자기 생활에 만족한다는 것을 금방 알 수 있다. 이곳 사람들은 모두 자기 삶에 만족한다. 나에게는 시사하는 바가 크다. 오스마르는 금발 머리와 파란 눈동자를 가진 삼십대 남자다. 우리는 그의 텃밭에 서 있는 키 큰 나무 밑 그늘에서 이야기를 하고 있다. 우리는 옥수숫대로 만든 의자에 앉아 있고, 그의 아이들은 우리 주위를 뛰어다니면서 놀고 있다. 좋아서 어쩔 줄 모르는 검정개도 아이들과 함께 뛰어논다. 오스마르는 자기 콩밭에서 일하다가 나와 이야기를 하기 위해 잠깐 집에 들른 것이다.

"나는 내 땅에 독약을 뿌리지 않습니다. 화학비료를 사용하지 않습니다. 여기 오기 전에는 사용했습니다. 그러나 여기 와서 MST기술자들과 이야기하면서 화학비료가 땅에 얼마나 나쁜지 알게 되었습니다. 그리고 자문했습니다. 이 독약이 내가 먹는 강물로 흘러들어가면 좋을까? 내 아이들에게 화학비료로 키운 음식을 먹이고 싶은가? 자연적인 방법으로 농사를 짓고 싶지 않은가? 그래서 유기농을 선택했습니다." 그는 자기 선택을 후회하지 않는다고 한다.

그의 말이 계속된다. "유기농은 힘이 많이 듭니다. 잡초를 뽑는 일도 훨씬 많습니다. 그러나 그럴 만한 가치가 있습니다. 화학비료를 안 사니까 돈이 덜 듭니다. 유기농을 하면 많은 것이 바뀝니다. 온갖 것에 농약을 뿌리던 때와 비교해보면, 지금 나는 땅을 더 소중하게 여깁니다. 땅속의 미생물도 소중합니다. 새와 벌레와 사람은 땅과 관계를 맺으면서 살아가고 있습니다. 옛날에 내가 살던 곳에서는 독약을 많이 뿌렸습니다. 벌 한 마리 찾아볼 수 없었고, 새소리 한번 들어볼 수 없었습니다. 건강에 문제가 있는 친구들도 많았습니다. 그런데 여기서는 그렇지가 않습니다. 여기 사는 사람들은 모두 보시는 바와 같습니다."

이렇게 말하는 사람은 오스마르 말고도 많이 있다. 오스마르를 포함해서 리우그란디두쑬에 있는 울랴네그라(Hulha Negra) MST정착촌 주민들은 모두 유기농을 하고 있다. 우루과이 국경에서 멀지 않은 곳이다. 나는 이미 이곳 정착촌 견학을 마쳤다. 협동조합 농산물판매장을 방문했고, 짚으로 엮은 거대한 부대자루가 쌓여 있는 창고도 구경했다. 시끄러운 탈곡기가 돌아가는 곳이었다. 넓은 밭 주위로 미끌미끌한 진흙길이 나 있었다. 포장실에서는 십대 아이들 몇명이 종자봉지를 풀로 붙이고 있었다. 농부들을 만나 여러가지 이야기를 듣기도 했다. 바제(Bagé)라는 근처 마을에 MST농민시장이 새로 생긴 덕분에 채소의 판로가 생겼다는 말도 들었고, 집에서 기른 약재로 소를 치료하는 방법을 배우고 있다는 말도 들었다. 살충제를 쓰지 않으면서부터 건강이 좋아졌다는 말도 들었다. 오스마르를 비롯한 울랴네그라 농부들은 브라질농민들이 직면한 경제문제(그리고 환경문제)의 해답을 찾으려는 MST의 새로운 실험에 동참하고 있다.

아르떼미오 빠르씨아넬루(Artemio Parcianello)가 그 이유를 설명해준다. 대로를 30분 정도 올라가면 나오는 지붕이 낮은 사각형 콘크리트건물이 아르떼미오의 사무실이다. 아르떼미오는 MST의 지역종자협력회사 '꼬뻬랄'(Cooperal)의 종자책임자다. 그는 내게 엄청난 플라스틱병들을 구경시켜주었는데, 상상할 수 있는 모든 종류의 종자가 가득 담긴 병들이 사무실공간의 대부분을 차지하며 어지럽게 널려 있다. 또 그는 내게 고생스러워 보이는 원통모양의 기구쎄트도 보여주었다. 소를 인공수정시키는 기구라는데, 이 기구에 자부심을 느끼는 것 같았다.

울랴네그라의 MST 정착촌은 브라질에서 가장 비옥한 지역의 한복판에 자리하고 있다. 모든 국유종자회사와 많은 다국적기업이 이곳에서 종자를 재배한다. MST정착민들도 1980년대에 처음 이곳에 왔을 때는 큰 회사에 종자를 납품하는 일을 했다. 그러나 사람들은 오래지 않아 익숙한 문제에 봉착했다.

"2년이 지나면서 우리는 종자회사들이 일하는 방식이 우리의 가치와 배치된다는 사실을 깨달았습니다. 종자회사들은 어떤 농가는 선택하고 어떤 농가는 배제했으며, 서로 경쟁을 붙였고, 일하던 사람을 내쫓기도 했습니다. MST의 이념과는 맞지 않는 행동이었습니다. 다른 문제도 있었습니다. 설사 우리가 경쟁할 마음이 있었다고 하더라도, 우리 농산물을 가지고는 시장경쟁에서 이길 수가 없었습니다. 우리는 회사가 시키는 대로 할 수밖에 없었습니다."

사무실에 들어오는 사람은 조앙 로께뜨(João Rockett)다. 울랴네그라에 오기 전에 바제에서 그를 만난 적이 있다. 바제에 사는 조앙은 수다스럽고 열정이 넘치는 농경제학자다. MST를 일신하는 데 힘이 될 수 있는 사람이고, 울랴네그라 정착민들에게 유기농을 소개해준 사람이다.

"MST의 희망은 유기농이라고 생각합니다. 유기농시장이 성장하고 있습니다. 비용을 절감할 수 있고, 건강에 좋을 뿐 아니라, 생산자가 생산물에 대한 권리를 가질 수 있습니다. 종자회사와 거래하면 그런 권리를 가질 수 없습니다. 그러나 유기농의 효과는 서서히 나타납니다. 정착촌에도 유기농을 하고 싶어하는 사람들이 많습니다. 그런데 지도부는 반응이 느립니다. 지도부는 아래로부터 압력을 받고 있습니다. MST 최고지도부 중에는 정치전사 출신이 많습니다. 본부사람들 일부와 현장사람들 사이에 갈등이 좀 있습니다. 본부사람들은 전국적인 토지개혁과 정치변화가 지속가능한 농업보다 중요한 일이라고 생각합니다. 그러나 두 가지가 모순되는 것은 아닙니다. 흥미롭게도, 젊은 사람들이 나이든 사람들보다 유기농에 훨씬 더 관심이 많습니다. 정착촌에서 지도부에게 유기농을 하자고 압력을 가하고 있습니다. 그래서 나는 변화가 생기리라고 기대합니다."

유기농이 MST의 많은 문제를 해결할 가능성이 있다는 데에는 조앙과 아르떼미오가 의견을 같이한다. 첫째, 유기농은 특화된 판로를 개척할 수 있다(경제학자들이 틈새시장이라고 부르는 것이다). 생산량, 테크놀로지, 값싼 노동력에 있어서 MST는 결코 다국적기업과 경쟁할 수 없다. 그 대신 MST는 점점 수요가 늘어나는 품목(유기농종자와 유기농식량)을 생산할 수 있다. 유기농은 경제적 해결책인 동시에 환경적 해결책이다.

유기농을 통해 자연환경과 사람의 건강을 회복할 수 있을 뿐 아니라 농가의 재배비용을 절감할 수 있다. '환경농업'(Agro-ecologia)으로 알려진 이 농업모델은 중심 없이 전파되는 환경친화적이고 비기업적인 농업방식으로서 많은 브라질농민들에게 대안으로 떠오르고 있다.

MST 종자회사 '꼬뻬랄'은 몇년 전에 거대 다국적기업들과의 계약을 파기했다고 아르떼미오가 말한다. 그 대신 MST가 만들고 키운 새 회사 '비오나뚜르'(Bionatur)와 거래를 시작했다는 것이다. 종자회사 비오나뚜르는 MST가 만들었고, MST 소유이고, MST가 관리한다. 비오나뚜르는 유기농종자를 생산하고 판매하는 일을 한다. MST정착민들이 재배하는 유기농종자는 전세계 유기농가로 팔려간다. 수요는 점점 늘고 있다. 로께뜨를 비롯한 MST사람들이 비오나뚜르를 만들 당시, 종자 재배에 참여한 농민은 열두 명이었다. 두세 가지 품종의 당근과 양파를 실험적으로 재배한 것이 시작이었다. 오늘날은 50가구가 넘는 농가에서 20종이 넘는 품종을 재배하고 있으며, 생산된 종자는 국내외로 판매된다.[11] 프로젝트가 성장하고 있다.

울라네그라에서 환경에 대한 관심은 또다른 분야에서도 나타난다. 아르떼미오의 사무실에서 일하는 사람들 중에는 '유전자변형 반대' 혹은 '나는 실험실의 쥐가 아냐'라고 씌어져 있는 모자와 티셔츠를 입고 있는 사람이 많다. 전세계 많은 사람들과 마찬가지로, MST활동가들 역시 유전자조작식품에 반대하는 캠페인에 점점 더 관심을 갖고 있다. 1999년에 브라질대법원에서는 안전이 확인될 때까지 브라질에서 GM식품의 생산을 금지하는 판결을 내렸다. 몬싼토를 비롯한 생명공학회사들의 강력한 로비를 받았던 까르도쏘정부는 오랫동안 판결을 번복하기 위한 노력을 기울였다. 그러나 역설적이게도 이 판결은 브라질에 유리하게 작용했다. 경제적인 관점에서도 브라질에 이익을 가져왔다. 브라질은 세계 2위의 콩 수출국이고, 1위국과 3위국(미국과 아르헨띠나)은 GM콩을 생산하기 때문에, 브라질은 유럽을 비롯한 여러 나라에서 증가하고 있는 비GM농산물의 수요에 부응할 수 있었던 것이다. 대법원 판결 이후 브라질의 콩 수출량이 전세계 콩 무역량에서 차지하는 비율은 24%에서 36%로 증가했다.[12]

MST의 주요 관심사는 ('그린피스'를 비롯한 환경단체들과 함께 GM농산물 파괴에 참여해온 단체로서) 역시 기업권력이다. GM농산물이 건강과 환경을 위협하는 것도 문제지만, 기업이 농민에게 권력을 행사하는 수단이 바로 GM농산물이다. 농민이라면 모두 동의할 것이다. 기업이 농민에게 종자와 살충제 '패키지'를 판매하면, 농민은 해마다 기업의 상품을 사지 않을 수 없게 된다. 이런 식으로 농민은 기업에 의존하게 된다. 아르떼미오의 표현을 빌리면, 기업은 종자를 '농민을 지배하는 수단'으로 이용한다. 많은 MST농민들이 유기농을 원하는 또다른 이유가 바로 이것이다. 이런 식으로 MST농민들은 환경문제와 경제문제가 뒤얽히는 세계운동에 다시 한번 연결된다.

울랴네그라를 떠나기 직전에 나는 나딸리노(Natalino)라는 나이든 농부를 만날 기회가 있었다. 우리는 나무그늘에 앉아서 이야기를 나누었다. 마른 체구의 나딸리노는 햇볕에 그을린 피부에 턱수염을 기르고 있었다. 한쪽 눈은 백내장이었다. 우리는 속을 파낸 조롱박으로 마떼(maté)를 마셨다. 마떼는 브라질을 대표하는 술인데 조롱박에 담아야 제맛이 난다. 나딸리노는 이곳에 들어온 후 예전보다 훨씬 행복해졌다고 했다. 소젖을 어떻게 짜는지, 무슨 농사를 짓는지 말해주었고, 글을 배우고 있다는 이야기도 해주었다. 꿈이 뭔지도 얘기해주었다. 나딸리노는 이런 얘기를 하면서 '만족'이라는 말을 썼다. 이곳 사람들이 많이 쓰는 말이었다. 나딸리노는 이 땅에 살고부터 '만족'을 얻었다고 했다.

마라낭에 사는 아르놀두는 '평화'를 얻었다고 했고, 이따뻬바에 사는 쎄바스찌안은 '존엄'을 얻었다고 했다. 역시 이따뻬바에 사는 일다는 '천국'에 사는 것 같다고 말했다. 그리고 나딸리노는 '만족'을 얻었다고 했다. 사람들이 이런 말을 할 때면 눈동자에서 빛이 났다. 그들이 눈으로 말하고 있는 그것은 경제학자가 측정할 수도 없고, 활동가가 전파할 수도 없다. 계량할 수도 없고, 통계로 만들 수도 없다. 그러나 사람이 뭔가를 하는 이유는 바로 이런 것을 느끼기 위해서다.

정착촌을 견학하고 정착민을 만날 때마다 나는 사람들에게서 만족을 보았다. 억지로 흉내낼 수 없는 진정한 만족, 진정한 행복, 진정한 기회, 진정한 안정감, 진정한 인간의 긍지였다. 삶이 나아지는 것을 느끼는 사람의 만족, 독립심과 자긍심을 되찾은 사람의 만족이었다. 흙에 사는 사람의 만족이었다.

만족의 문제를 거론하는 사람들은 농촌생활을 낭만적으로 채색한다는 비난을 받곤 한다. 어쨌거나 세계화 논쟁은 빈곤의 통계, 성장률, 규모의 경제, 국제조약에 포함된 기만적 조항들을 토대로 해야 한다. 세계화 논쟁은 측정이 가능한 엄밀한 통계를 토대로 해야 한다. 현대사회에 낭만적인 감상주의가 들어설 자리는 없다. 농사를 지으며 흙과 함께 사는 것은 힘겨운 일이다. 도시사람들은 짐작도 못할 만큼 힘들다. 그러니 시골사람들은 기회만 있으면 땅을 떠날 궁리를 한다고 우리는 생각한다. 시골사람들은 도시로 가서 손톱에 낀 흙을 씻어내고 까페라떼를 마시면서 직장을 구하고 양복을 빼입고 싶어한다고 우리는 생각한다. 시골사람들은 '우리처럼' 되고 싶어한다고 우리는 생각한다.

세계화 논쟁은 이런 식으로 진행될 때가 많다. 세계화 논쟁이 농촌과 연결될 때마다 아이러니와 모순이 튀어나온다. 가난한 나라에 살고 있는 어린 아이들은 분명 농촌을 떠나고 싶어할 것이다. 텔레비전을 보면 서양사람들이 다 잘사는 것 같으니까, 그렇게 살고 싶어할 것이다. 미국 시트콤 「프렌즈」(Friends)에 나오는 등장인물들처럼 살고 싶어할 것이다. 한편, 서양에서 과도한 긴장 속에 살아가는 도시인들은 9시에 출근해서 오후 5시에 퇴근하는 끔찍하게 단조로운 일상을 벗어나 장미꽃넝쿨 우거진 시골집에서 살고 싶어한다.

그러나 세계화 논쟁의 아이러니 중에는 이보다 더 암담한 것도 있다. 세계시장의 십자군은 농촌을 대안적인 생활방식으로 거론하는 사람들을 오랫동안 싸잡아 비난해왔다. 농촌이 도시생활의 대안이라고 말하는 사람은 모두 전원판타지에 빠져 있는 중산층몽상가라는 것이었다. 중산층몽상가는 '가난한 사람들'이 뼈빠지게 농사를 지으며 입에 겨우 풀칠이나 하게 내버려두면서, 중앙난방이 갖춰진 집에서 여유를 즐긴다고 세계시장의 십자군은 주장했다. '우리'가 '그들'의 '선택권'(우리처럼 되기를 선택할 권리)을 박탈했다는 주장이다. 이런 '낭만주의'를 간직하고 있는 사람은 바로 땅에서 농사짓는 사람들이었다. 나는 그것을 브라질에서 확인했고, 치아빠스와 파푸아에서도 확인했고, 그밖의 여러곳에서 확인했다. 세계시장의 꿈을 옹호하는 도시인들은 그들의 전원생활을 경멸하고 오해한다. 농민의 목소리는 이번에도 무시당한다.

사실, 농촌주민에게 선택권이 없는 것은 바로 세계화 때문이다. 시장의 복음을 전하는 선교사들이 지지하는 경제체제는 농촌의 라이프스타일을 파괴한다. 현행 경제체제하에서 농민들은 농촌을 떠날 수밖에 없다. 내가 브라질에서 만난 MST정착민들도 마찬가지다. 이들은 농촌에서 안정과 평화를 느끼지만, 어쩔 수 없이 도시로 나가서 기계에 매달려 무의미한 노동에 시달려야 한다. 이것이 바로 세계화다. 세계화는 소비자의 낙원이라는 당근을 세계인의 눈앞에 대고 흔들지만, 이것은 거짓된 꿈이고 닿을 수 없는 꿈이다. 선택권을 박탈하는 것이 바로 세계화다. 수백만 명의 농민이 농사를 지어서 가족을 부양하고 안정된 삶을 살겠다는 선택권을 박탈당했다. 내 말을 못 믿겠다면, MST사람들에게 물어보라. 그들은 자신들이 살고 싶은 곳을 알고 있다. 그리고 자신들이 살고 싶은 곳에 사는 것을 방해하는 것이 누구인지도 알고 있다.

이러한 논쟁은 브라질에 한정된 것이 아니다. 세계화의 결과로 지구상의 모든 나라 농촌에서 격변이 일어난다. 전세계농민들은 반격에 나선다. 남북아메리카 전역에서 땅 없는 사람들, 농민들, 농촌주민들은 브라질과 똑같은 압력을 겪었고, 브라질과 똑같은 결과에 직면했다. 그리고 MST와 비슷한 '라틴아메리카농촌조직회의'(CLOC)를 만들었다. CLOC에서 MST가 핵심적인 역할을 하고 있다. 수백만 농민을 대표하는 CLOC는 농부들을 무차별적으로 파괴하고 있는 신자유주의정책에 저항하는 캠페인을 시작했다. 한편, 볼리비아에서도 최근 MST와 유사한 조직이 생겼다. 원주민인 코카농민 지도자 에보 모랄레스(Evo Morales)는 2002년에 반신자유주의의 급물살을 타고 볼리비아 대통령이 될 뻔했다.

인도에서는 '전국국민운동동맹'과 '카르나타카주농민연합'을 비롯하여 수천만 농민을 대표하는 여러 단체가 자유무역 반대행진을 벌이고, 세계은행(IBRD) 회의장을 봉쇄하고, 패스트푸드 매장을 파괴하고 몬싼토 농작물을 불태운다. 한편 '필리핀농민운동'은 80만 명의 농민들, 땅 없는 사람들, 어부들을 대표하는 단체로서, 자유무역체제에 저항하는 캠페인을 벌인다. 남아공에서도 2001년에 '토지 없는 농민운동'이 출범했다. 내가 남아공을 방문하기 몇달 전이었다. 또한 남한·일본·방글라데시 농민들은 연대투쟁을 시작했고, 이러한 농민연대는 전세계로 확산된다. 농민운동의 물결은 점점 더 세계화되고 있다.

지금의 세계화를 역사적 맥락에서 살펴보면, 지금 전세계는 수백 년 전에 서양에서 시작된 한 가지 사태(인클로저enclosure)의 최종적 결과 때문에 고통받고 있는 셈이다. 영국을 비롯해 당시 산업화되던 많은 나라에서는 의회의 법률, 경제변화, 지주의 압력 등으로 인해 공유지가 사유화되었다. 농민들은 농촌을 떠나 도시로 가야 했고, 소농은 파괴되었고, 토지의 소유권이 공고화되었다(이를 통해 19세기의 자유무역프로젝트가 가능해졌다). 지금 이 모든 사태가 전세계에서 다시 한번 진행되고 있다.

하지만 세계화에 저항하는 투쟁 역시 전세계에서 진행되고 있다(부자나라 농민들은 반격에 나섰다). '프랑스농민연합'은 새롭게 등장한 농민영웅 조제 보베(José Bové)의 지휘 아래 맥도날드와 '나쁜 음식'(인스턴트식품)을 공격한다. '캐나다전국농민조합'은 유전자조작농산물에 저항하는 캠페인을 벌인다. 미국의 소농들은 북미자유무역협정(NAFTA)과 WTO에 저항하는 시위를 벌인다. 그리고 북반구와 남반구에서 퍼지는 농민운동의 물결은 세계 최초의 국제적 노동연합 '비아깜뻬씨나'(Via Campesina)를 통해 하나로 이어진다. MST가 만든 이 단체는 마지막 남은 자영농을 파괴하고 있는 경제체제에 맞서 캠페인을 벌이고 대안을 개발하고 있다.

요컨대, MST는 혼자가 아니다. 세계농민반란(자유무역경제에 저항하는 농민봉기)이 일어나는 중이다. MST는 이 세계농민반란의 일부다. 브라질의 경우와 마찬가지로, 이 세계적 투쟁은 대안적 체제, 대안적 이념, 대안적 가치를 내세우며, 땅에 뿌리박은 소농 중심의 농업, 지역사회의 전통, 친환경농업, 식량주권, 폭넓은 지지기반을 갖춘 사회적 진보를 표방하는 체제를 지향한다. 이 투쟁은 세계화가 내세우는 모든 것을 저주한다.

브라질의 새 대통령(2002년 11월에 당선된 PT 지도자 '룰라' 다 씰바)

이 MST가 요구하는 과감한 도약을 실현할 의지가 있는지는 아직 두고봐야 한다. 대통령이 시장에 끌려다닐 가능성도 없지 않다. 그러나 나는 브라질에 와서 한 가지 확신을 얻었다. 이 사람들(농부들, 땅 없는 사람들, 농민계급)은 사라지지 않는다는 확신이다. 전세계 농민은 사라지지 않을 것이다. 왜 그들이 사라질 거라고 생각하는가? 세계시장으로 인해 (우리가 알고 있는) 농업이 파괴된다는 것, 이것은 임금이나 일자리나 돈에 국한된 문제가 아니다. 농업이 파괴되면, 우리가 알고 있는 생활방식이 파괴되고, 땅의 문화가 파괴되고, 땅을 일구고 살아가는 사람들이 파괴된다.

이 새로운 농민반란은 점점 커질 수밖에 없다. 세계화라는 '멋진 신세계'에는 이들(수백만, 수천만)이 들어갈 자리가 없기 때문이다. 자유무역은 이들이 죽어주기를 바란다. 그러나 이들은 순순히 죽어줄 생각이 전혀 없다.

제 08 장

꿈꾸는 캘리포니아

“우리는 우리 사회의 신흥귀족인 부자기업을 근절할 것이다.
기업은 이미 우리 정부의 힘을 시험하며 우리 국법에 도전장을 내밀었다.”

토머스 제퍼슨, 1816년.

“기업이 정치활동을 하고 있는 동안, 기업을 효과적으로 통제하기란 불가능하다.
기업의 정치활동에 종지부를 찍는 일은 금방 끝나는 일도 아니고 쉬운 일도 아니다.
그러나 충분히 가능한 일이다.”

시어도어 루스벨트, 1910년.

california dreaming

1864년 11월. 미합중국 16대 대통령 에이브러햄 링컨(Abraham Lincoln)이 윌리엄 엘킨즈(William Elkins) 대령에게 편지를 쓰고 있다. 수백만 북군이 링컨을 위해서 싸우고 있다. 다섯 달 후면 남군이 항복하고 북군의 승리가 확정될 것이다. 그리고 다시 엿새가 지나면 링컨이 암살될 것이다. 암살자의 총알 한 발로 미국은 노예제를 폐지한 위대한 인물을 잃게 되고, 링컨은 엘킨즈에게 토로했던 두려움이 현실화되는 장면을 목격할 기회를 잃게 된다(링컨은 전후 미국에서 전개될 상황에 두려움을 가지고 있었다).

링컨은 엘킨즈에게 보내는 편지에서 이렇게 말했다. "자축할까요? 이 잔인한 전쟁이 끝나가고 있으니까요. 막대한 비용이 들었고, 엄청난 피를 흘렸습니다. 미국은 힘든 시간을 견뎌냈습니다. 그런데 저는 더 큰 위기가 다가오는 것을 느낍니다. 국가의 미래가 걱정입니다. 전쟁의 결과로 기업이 세상을 지배하게 됐습니다. 곧 고위층 부패의 시대가 올 것이고, 국가금권이 국민의 편견을 조장할 것이고, 기업통치가 연장될 것입니다. 결국 소수가 모든 부를 장악할 것이고, 국가는 파괴될 것입니다.

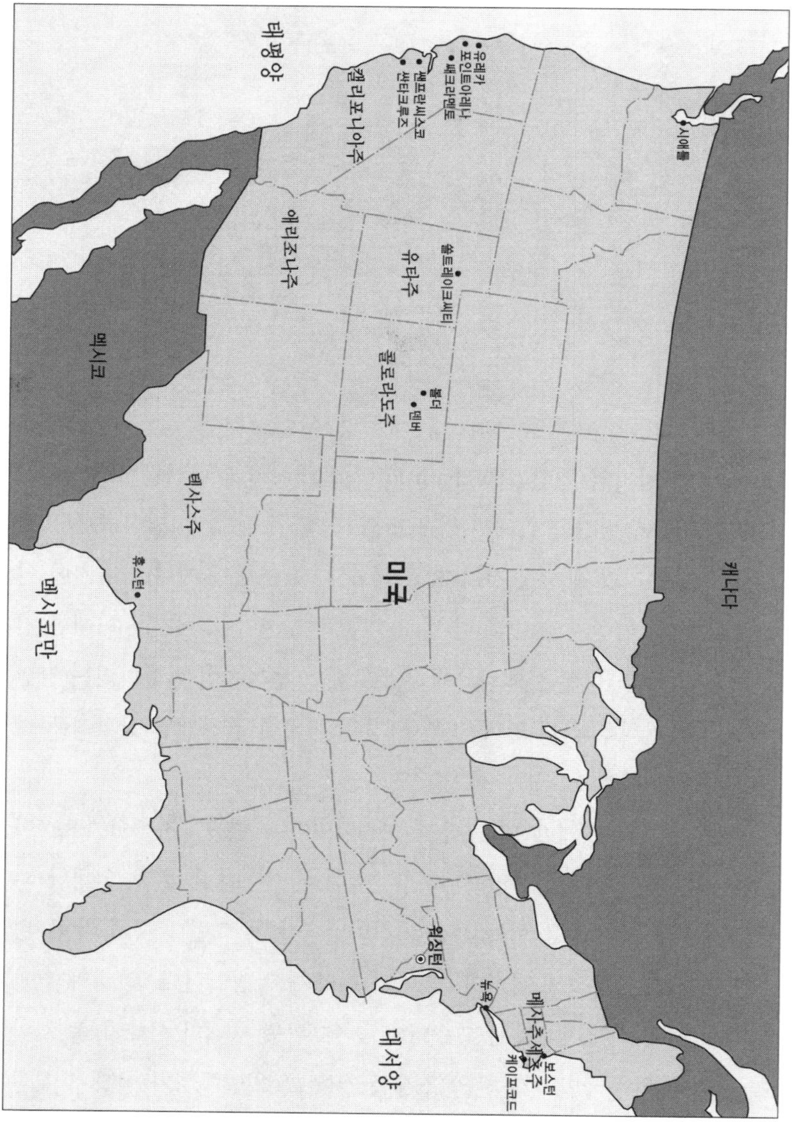
태평양
캘리포니아주
유레카
포인트아레나
새크라멘토
샌프란시스코
산타크루즈
애리조나주
유타주
솔트레이크시티
콜로라도주
볼더
덴버
멕시코
텍사스주
휴스턴
멕시코만
미국
캐나다
시애틀
워싱턴
뉴욕
매사추세츠주
보스턴
케이프코드
대서양

미국지도

지금처럼 조국의 안전을 걱정해본 적이 없습니다. 지금보다 전쟁 이후가 더 걱정입니다. 저의 걱정이 근거 없는 것이기를 바랍니다."[1)]

2001년 1월. 죠지 W. 부시(George W. Bush)는 선거는 졌지만, 미합중국 41대 대통령에 취임했다. 부시의 선거운동비용은 1억 9,300만 달러가 넘는다. 미국 역사상 최고의 액수다. 부시가 선거운동에서 뿌린 돈은 거대기업의 장삿속에서 나왔다. 정유회사와 가스회사에서 거의 200만 달러를 댔고, 전기업체에서 50만 달러, 부동산업체에서 400만 달러, 자동차 로비자금 130만 달러, 은행에서 130만 달러, 보험회사에서 160만 달러, 변호사들이 500만 달러, 제약회사에서 거의 50만 달러, 증권회사와 투자회사에서 거의 300만 달러, 컴퓨터 부문에서 110만 달러…… 목록은 끝이 없다.[2)] 새봄맞이 대청소를 끝낸 권력의 밀실은 이제 꾼 돈을 갚느라 바쁘다.

석유재벌 부시는 미국재계에서 가장 유력한 거물들 몇몇을 워싱턴으로 불러들였다. 그중에는 세계 최대의 유전설비회사 '홀리버턴에너지'(Holliburton Energy)의 전 사장도 있었다. '북극국립야생생물보호지역'(Arctic National Wildlife Refuge)에서 진행되는 석유 시추작업을 지원하고, 지구온난화를 막기 위한 국제적 조치에 반대하는 인물이다. 개인자산은 적게 잡아 2,200만 달러, 많게 잡아 1억 400만 달러로 추산된다. 제약회사 'GD썰'(GD Searle) 전 사장도 부시의 부름을 받았다. 2,200만 파운드에서 1억 1,500만 달러 사이의 자산을 소유한 백만장자다. '켈로그'(Kellogg)와 일간지 『트리뷴』(*Tribune*) 등 여러 회사의 중역을 지냈던 인물이다. 부시는 '걸프스트림에어로스페이스'(Gulfstream Aerospace)

와 '아메리칸온라인'(America Online)에서 중역을 지냈던 인물도 불러들였다. 자산은 1,000만 달러에서 5,000만 달러 사이이다. 또 부시는 석유가스회사인 '톰브라운'(Tom Brown)의 전직 총수 겸 사장도 불러들였다. 자산은 1,000만 달러에서 4,700만 달러 사이이다. 또 부시는 유전자조작식품 제조사 '칼진'(Calgene)의 전직 중역, '델타페트롤륨'(Delta Petroleum)의 전직 고문변호사, '셰브론정유'(Chevron oil)와 '트랜스아메리카'(Transamerica)의 전직 중역도 불러들였다. 목록은 끝이 없다.[3)]

모두들 미국에서 돈을 제일 많이 번 장사꾼들이다. 세계 최대강국의 대통령과 이 정도까지 친해진다는 것은 기업의 입장에서는 감지덕지다. 이들이 워싱턴에 나타난 이상 게임종료나 진배없다. 이들의 이름은 딕 체니(Dick Cheney), 도널드 럼스펠드(Donald Rumsfeld), 콜린 파월(Colin Powell), 도널드 에번스(Donald Evans), 앤 베너먼(Ann Veneman), 게일 노튼(Gale Norton), 콘돌리자 라이스(Condoleezza Rice)였다. 집권과 동시에 부시는 이들을 각각 부통령, 국방장관, 국무장관, 상무장관, 농무장관, 내무장관, 국가안보보좌관으로 임명했다. 링컨이 그토록 걱정했던 국가의 안위가 앞으로 4년 동안 그들 손에 달려 있다.

2002년 2월. 나는 지금 캘리포니아 북부 훔볼트카운티(Humboldt County) 절벽 꼭대기에 앉아 있다. 거칠어 보이는 검은 곶이 절벽 양쪽으로 수킬로미터 넘게 이어져 있고, 그 사이로 높은 파도가 하얗게 부서진다. 바닷가 쪽으로 삼나무숲이 보인다. 약 30미터 아래 짭짤한 물보라가 흩어지는 바위들 위에서는 바다사자 한 떼가 일광욕을 하고 있다.

폴 씨엔푸에고스(Paul Cienfuegos)가 바람에 두 눈을 깜빡이며 이야기를 시작한다. "중요한 것은 정당성입니다." 사십대의 중년남자다. 멋대로 자란 턱수염이 덥수룩하다. 뿌연 안경과 두툼한 코듀로이바지를 입었고, 숱 많은 검은색 머리에는 양털모자를 쓰고 있다. 우리는 덜컹거리는 그의 차를 타고 이곳까지 달려왔다. 그가 좋아하는 곳에서 이야기를 나누자는 것이었다. 현대미국에서 기업이 어떤 권한을 갖고 있는지, 그리고 그는 어떻게 여기에 맞서고 있는지 그의 이야기를 들어볼 작정이다.

"예를 들면, 몇년 동안 이 나라에서는 삼림을 훼손하는 벌채에 반대하는 대규모 시민불복종운동이 벌어졌습니다. 목재회사들 때문에 아름다운 옛 숲이 망가졌습니다. 나는 원자력회사, 무기회사, 화학비료 경작지를 상대로 4년간 반대운동을 했습니다. 그러면서 한 가지 사실을 깨달았습니다. 내가 싸우는 대상은 뭔가의 징후일 뿐 원인이 아니라는 사실이었습니다." 발밑에서 어마어마한 파도가 바위에 철썩철썩 부딪힌다.

"진짜 문제는 숲의 운명을 결정할 권한이 이들 목재회사에 있다는 사실이었습니다. 거참. 이들이 어떻게 그런 권한을 손에 넣었을까요? 누가 그런 권위를 주었을까요? 그러다가 나는 문제의 본질을 깨달았습니다. 나무의 문제가 아니라, 통치의 문제, 정치의 문제라는 것이었습니다. 그것을 깨닫는 순간 내 머릿속에 '반짝' 하며 전깃불이 들어왔습니다." 그는 나를 돌아보며 자기 말을 알아듣고 있는지 확인한다.

"우리는 이 나라에서 혁명을 일으켰습니다. 문제점도 많았고, 혁명의 주체가 지주층 백인남성이라는 한계도 있었지만, 여기서 나왔던 급진적인 생각들은 미국의 건국원리가 되었습니다. 가장 중요한 것은 주권이 국민에게 있다는 것, 그리고 우리나라 통치제도의 통치권위는 '우리들' '국민들'에게서 나온다는 것이었습니다. 이것은 우리나라 민주주의의 절대적 근거입니다." 오늘날 미국사람들이 모두 이런 말을 주워섬기지만, 실제로는 아무 의미도 없어지고 말았다고 폴은 덧붙인다.

그의 말에 힘이 들어가기 시작한다. "이것은 대단히 탁월한 혁명이념이었습니다. 그런데 무엇이 어떻게 변했는지 모르겠습니다. 지금 우리가 처한 상황을 보면, 모든 권한이 기업의 손에 완전히 넘어갔는데 이 나라에는 문제제기하는 사람 하나 없습니다. 기업총수들은 돈으로 중요한 법률을 바꿔서 실제적인 '권리'를 얻었습니다. 로비를 하거나 금권선거에 자금을 대거나 하는 방식으로 말이지요. 인간과 이른바 기업이라는 제도 사이에 근본적인 역전이 일어났습니다. 부차적 제도였던 기업이 이제는 법적 존재로 자리잡았습니다. 미국을 세웠던 건국의 아버지들은 기업이 국민에게 종속되어야 한다고 생각했습니다. 기업을 만드는 이유는 국민에게 이익을 주기 위한 것이었습니다. 기업이 지금처럼 권력을 휘두르리라고는 생각하지 못했습니다. 그런데 지금 기업이라는 법적 존재는 민주주의가 부과한 제한을 파괴하면서 우리의 통치권위에 도전하고 있습니다." 그는 햇빛에 눈을 찡그리며 바다를 바라본다.

"지금 우리는 벌채 한 건, 폐기물 유출 한 건, 다운싸이징(downsizing) 한 건을 말하는 것이 아닙니다. 지엽적인 문제 이면에서 기업이 '애초에' 이런 짓을 할 수 있는 '권한'을 문제삼는 것입니다. 반세계화운동에서는 기업권력의 문제를 이야기합니다. 하지만 이것은 단순한 기업권력의 문제가 아니라 기업'권한'의 문제입니다. 여기에는 중요한 차이가 있습니다. 기업이 '무슨 권한'으로 우리 정치체제를 돈으로 좌우하고 우리 강물을 오염시키고 우리 법을 고치고 우리 문화를 지배하는 것입니까? 민주주의국가에서는 국민에게 권한이 있다고 합니다. 지금은 기업에게 처신 좀 잘하라고 좋은 말로 '부탁'할 때가 아닙니다. '책임감'을 가지고 '지속가능한' 경영을 하라고 '설득'할 때가 아닙니다. 기업과 협상을 벌일 때가 아닙니다. 그럴 때가 아닙니다. 우리가 왜 이런 것들 **따위**와 협상을 벌여야 합니까? 누가 기업에게 국민과 동등한 지위, 국민보다 우월한 지위를 줬답니까? 기업은 도대체 '무슨 권한'이 있기에 권력을 휘두르며 이런 짓을 저지른답니까? 도대체 무슨 권한으로 기업이 '존재'하고 있답니까?" 파도가 바위에 부서진다.

"우리는 기업의 권한에 도전하고 있습니다. 그리고 반드시 우리의 권한을 되찾을 것입니다."

해안선을 따라 몇킬로미터를 올라가면 유레카(Eureka)마을이 나온다. 석회를 칠한 판잣집이 다닥다닥 붙어 있는 이곳에 폴 씨엔푸에고스의 사무실이 있다. 말이 좋아 사무실이지 작은 아파트 한쪽 귀퉁이를 사무실로 쓰고 있다. 아파트 주인인 케이틀린 쏘포씨-벨크냅(Kaitlin Sopoci-Belknap)은 폴이 1996년에 세운 '훔볼트카운티무한책임민주주의'(DUHC)의 공동의장이다. 내가 훔볼트를 찾은 것은 현대생활에서 사기업의 지배가 야기하는 문제에 관한 해답을 찾기 위해서다. 세계사회포럼에 갔을 때 나는 국제적 차원에서 다국적기업의 권력과 영향력을 규제하는 몇가지 방법을 배웠다. 나는 이제 그런 규제가 실제로 마을 차원에서 적용되는 사례를 확인하고 싶었고, 그것으로 어떤 변화가 생길 수 있는지 알고 싶었다. 뭔가 뒤집힌 얘기 같지도 하지만, 현대적 의미의 회사가 탄생한 미국에서 이런 일이 시작되고 있다고 한다. 어떻게 미국에서 그런 일이 가능할까? 미국이 다른 지역 사람들에게 모델을 제시할 수 있을까? 나는 이런 질문에 대답해줄 사람으로 제일 먼저 폴 씨엔푸에고스를 떠올렸다.

그는 지금 케이틀린의 쏘파 위에 쌓여 있는 온갖 상자, 폴더, 종이뭉치를 뒤지고 있다. 나에게 보여주고 싶은 서류가 있다는 것이다. 그러나 서류가 어디에 있는지는 정확히 모르는 눈치다.

그는 계속 서류를 뒤지면서 상황을 설명한다. "사무실을 구할 때까지 임시로 머무는 겁니다." 이것보다 열악한 상황에서 일어난 혁명도 있었다는 생각으로 위안을 삼아본다.

"빨리 옮길 수 있으면 좋겠지만." 케이틀린이 한숨을 쉬면서 말한다. 이십대 초반이고, 폴과 함께 일한 지는 8개월밖에 안됐다. 조직원이 케이틀린밖에 없는 것 같기도 하다.

그녀가 묻는다. "뭐 마실래요? 나는 차를 마실 건데."

지금은 이렇게 혼란스러운 상태지만, '무한책임민주주의' 같은 활동이 미국의 반(反)기업행동주의의 미래를 대표하게 될 수도 있다. 씨엔푸에고스는 반기업이라는 말을 싫어한다. 자기는 기업에 반대하는 것이 아니라 민주주의를 옹호할 뿐이라는 것이다. 기업에도 일정한 자리가 있지만, 그것은 국민의 뜻에 종속된 자리다. 기업은 시민영역에 접근해서는 안된다. 무엇보다 정치적 분쟁에 연루되어서는 안된다.

폴과 케이틀린 같은 사람들이 홈볼트카운티에서 하는 일은 여러가지다. '무한책임민주주의'의 일차적 목표는 기업이 "우리 민주주의에 무슨 영향을 미치는지에 대한 전국토론을 시작하는 것"이다. 이런 일을 하기 위해 이들은 스터디그룹을 운영한다. 스터디그룹을 찾는 마을사람들은 함께 모여 "지금까지 전혀 몰랐던 일들에 대해 책을 읽고 생각하고 토론"

한다. "이렇게 해서 모든 일이 시작되는 것입니다. 글을 읽고, 그에 대해 생각하고, 접근방식을 조정합니다. 어쨌든 나는 그렇게 시작했습니다. 여러모로 볼 때 기업과 국민의 관계를 전반적으로 다시 생각해보는 것은 머리를 혹사하는 일입니다." 폴은 이렇게 말하며 웃는다.

"이런 일에 대해 읽고 생각하는 과정에서 의식은 근본부터 바뀝니다. 반세계화활동가들은 자기네가 의식을 바꾸고 있다고 생각하지만 사실은 그렇지가 않습니다. 일종의 도약이 필요합니다. 근본부터 생각하면, 사용하는 말이 바뀌고, 세상을 보는 방법이 바뀝니다. 세상이 평평하다는 생각에서 세상이 둥글다는 생각으로 바뀌는 것과도 비슷합니다. 이렇게 바뀌려면 걸리는 지점을 넘어야 합니다. 이것은 근본적인 전환, 사고방식의 전환, 패러다임의 전환입니다. '기업이 사회의 주연배우이고, 우리는 조연일 뿐'이라는 생각에서 '국민인 우리가 모든 권위의 원천이고, 기업이라는 기관이 우리 삶과 우리 마을에서 어떤 일을 하느냐는 우리 손에 달려 있다'는 생각으로 바뀐다는 것입니다."

이것은 그냥 해보는 말이 아니다. 그냥 해보는 생각도 아니다. 지금 훔볼트카운티라는 작은 마을에서 이것은 엄연한 법이다. 폴과 뜻을 같이하는 사람들은 토론그룹을 운영하고, '기업지배 해체를 향한 첫번째 단계들'이라는 순회워크숍을 운영하고, 뉴스레터를 배포하며 수년간 마을의 관심을 일으켰다. 그리고 1998년에 드디어 기업의 권한에 대한 새로운 관점을 제도화하는 첫걸음을 내디뎠다. '무한책임민주주의'는 '기업에 관심있는 시민들'(CCAC)이라는 부속기관을 만들었다. 본부는 폴이 당시 살던 근처 아카타(Arcata)시였다. CCAC의 목적은 지방법을 개정하여 아카타시에 있는 사기업이 국민에 종속되어 있음을 보여주는 것이었다.

CCAC의 무기는 이름도 귀여운 F조치, 즉 지방법 발의를 허용하는 조치였다. 법률발의란 미국 헌정사의 흥미로운 잔재로서, 평범한 시민이 새로운 법률을 제안하는 권한을 보장한 제도다. 정해진 인원의 지지서명을 받으면, 해당법안은 다음번 선거에서 국민'투표'에 회부된다. 모든 개인과 단체가 법률을 제안할 수 있다. 다수가 찬성하면 법으로 제정된다. 미국 50개 주 가운데 24개 주에서만 투표발의가 허용되는데, 캘리포니아도 그 중 하나다. CCAC는 투표발의제도를 십분 활용할 작정이었다.

씨엔푸에고스와 그의 동료들은 1998년 아카타 지방선거를 대비해 법안발의서를 작성했다. F조치의 정식명칭은 '민주주의와 기업에 대한 아카타 고문 발의'로서, 시의회에 두 가지 사항을 요구했다. 첫째는 '대기업이 이처럼 막대한 권력과 부를 합법적으로 휘두르는 상황을 민주주의라고 할 수 있는가?'라는 제목으로 두 차례의 대규모 아카타주민회의를 지원해달라는 것이었고, 둘째는 '우리 마을의 환경과 위생과 복지를 보장할 수 있도록 우리 마을에서 사업하는 기업을 민주적으로 통제할 수 있는' 공식적인 위원회 · 정책 · 프로그램을 설립해달라는 것이었다. 이들은 1,110명의 서명을 받아 F조치를 투표에 회부했고, 지역사회에 이에 대한 논쟁을 일으켜 폭넓은 지지를 확보했다. 아카타주민들은 1998년 11월 3일 투표에서 60대 40으로 F조치에 찬성했다. 기업의 지배구도를 해체하자는 취지의 미국 최초의 법률발의가 법으로 제정된 것이다.

"그때는 진짜 굉장했습니다. 사람들은 기업이 자신의 삶에 어떤 영향을 미치는지 자문하기 시작했습니다. 동네가게들이 왜 문을 닫는지, 기업이 정치자금을 대는 것이 옳은 일인지, 기업이 우리 마을에 들어와 있는데 나는 왜 아무 말도 할 수 없는지 말입니다. 얼마 동안 모든 술집과

가게에서 화제는 온통 F조치였습니다. 아카타는 작은 마을이지만, 50개 이상의 거대기업이 들어와 있습니다. F조치는 사람들이 기업활동을 제한할 기본적인 권한을 가져야 한다는 단순한 법입니다. 이것이 사람들의 공감을 얻어냈습니다." 시장과 시의회의원들이 F조치를 지지했고, 다른 여러 곳에서도 지지메씨지가 전해졌다. 씨엔푸에고스는 미국 전역에서 연사로 초청을 받았고, 다른 마을 사람들도 나름대로 F조치를 계획하기 시작했다.

마을회관에서 두 차례 회의가 열렸고, 논쟁이 이어졌다. 새 법으로 만들어진 'F조치위원회'는 논쟁을 이어가며 기업활동에 대한 시민의 통제를 재천명할 방법을 모색한다. 지금 F조치위원회는 아카타에 들어오는 체인레스토랑의 수를 제한할 지방법을 준비하는 중이다. 다른 주, 다른 카운티도 아카타를 따라 기업을 통제할 권한을 천명할 여러가지 방법을 찾고 있다. 이런 일을 거치면서 사람들은 "주권적 태도를 되찾게 됩니다. 미국에서는 거의 사라진 태도입니다. 사람들은 다시 한번 권력이 국민의 손에 '있으며' 국민이 권력을 '실제로' 사용할 수 있다고 생각하기 시작했습니다."

폴 씨엔푸에고스와 동료운동가들이 기업의 힘과 영향력을 과장하고 있다고 생각할 수도 있다. 그러나 미국역사를 잠깐만 살펴보아도 그런 생각은 없어질 것이다. 여러 면에서 미국의 역사는 사기업과 공공기관이 미국을 지배할 권리를 놓고 갈등을 벌여온 역사라고 할 수 있다.

기업은 최초의 영국인이민자들과 함께 북미에 들어왔다.[4] 영국에 처음 기업이 생긴 것은 노르만시대였다. 그러나 당시 기업은 교회, 학교, 병원

등 대부분 비상업기구였다. 왕은 '법인'을 만들어 해당업무를 담당시켰고, 기업은 법인이 되면서 단순화·합법화되었다. 기업을 소유한 개인은 이윤추구가 허용되지 않았다. 기업에는 엄격한 제한이 가해졌고, 제약을 어기면 왕이 허가를 취소할 수 있었다.

제국이 성장하면서 상황이 변하기 시작했다. '러시아회사' '아프리카회사' '에스빠냐회사' 등 무수한 기업이 세계 여러지역에서 무역을 수행하고 관리할 권한을 얻었다. 1600년에 여왕 엘리자베스 1세(Elizabeth I)는 '동인도회사'에 황실 허가를 내주었고, 사상 초유의 권력을 손에 넣은 '동인도회사'는 법적 의무를 저버리고 세계에서 제일 돈을 많이 버는 다국적기업으로 성장했다. 원래 인도무역을 하기로 되어 있던 동인도회사는 사설군대를 운영하고, 독자적인 인프라를 구축하고, 식량공급을 통제했다. 결국 '동인도회사'는 자원을 착취하고 시장을 독과점하면서, 회사활동을 방해하는 것은 무엇이든 가혹하게 짓밟았다.

한편, 북미에서 영국정부가 과도한 세금을 매기고, 가혹한 정치적 조치를 취하고, 식민지인 미국에 정치적 발언권을 주지 않았던 상황은 황실기업의 권력 및 영향력과 밀접한 관계가 있었다. 혁명의 시발점은 악명 높은 '보스턴 티 파티'(Boston tea party) 사건이다. '동인도회사'의 부채를 해결하기 위해서 식민지주민의 차에 지나친 세금을 매긴 것이 사건의 발단이었다.

1776년 혁명 이후 새 나라는 세계 최초로 국민이 궁극적 권한을 가지는 헌법을 만들었다(이때 '국민'은 백인남성 유산자였다). 기업이 식민지를 억압하면서 영국정부와 충돌했던 과거를 거울삼아 새 정부는 얼마 안 되는 사기업을 확실하게 통제하는 조치를 취했다. 기업을 허가할 권한은 투표로 선출된 국회의원에게만 있었다. 기업허가를 받는 것은 단순한 권리가 아니라 특권이었다. 기업은 일정한 목적이 있는 경우 정해진 기간 동안만 허가를 받을 수 있었다. 기업활동, 기업의 토지소유, 기업의 이윤 획득에는 제약이 있었으며, 정해진 하나의 주에서만 활동할 수 있었다. 정치관여는 금지되었으며, 기업이 진 부채나 기업이 저지른 범죄에 대해서는 주주와 사장이 개인적으로 책임을 졌다. 기업에 잘못이 있으면, 언제라도 허가가 취소될 수 있었다.

미국인들에게는 이것도 부족했다. 기업이 국민을 또다시 '노예'로 만들 수 없도록 미국인들은 기업이 얼마만큼의 권력을 가지는지 촉각을 곤두세웠다. 자영기계공단체는 매사추세츠주에 새로 자동차회사를 세우는 것에 반대하며 이렇게 말했다. "기업허가를 받은 기관은 모든 (중소)기업을 파괴한다. 그들은 우리의 시간을 남들을 위해서 허비하게 만든다."

그러나 19세기에 산업혁명과 남북전쟁을 거치면서, 기업활동에 대한 압박이 느슨해졌다. 결국 기업통제 조처는 완전히 풀렸다. 남북전쟁을 계기로 미국에서는 기업과 행정기관 사이에 통치권을 둘러싼 거대한 투쟁이 벌어졌다. 기업지도층은 전쟁 수요와 생산량이 늘어나고, 생산방식에 효율성이 증가하고, 전후 국가재건 수요가 늘어나 부를 축적하면서 자신감을 얻었다. 특히 철도회사는 새로 생긴 중요한 운송수단을 독점하면서 불과 몇년 새에 엄청난 세력을 얻었다. 대담해진 기업지도층은 좀더 많은 권력, 좀더 많은 권한을 요구했다.

기업이 '왕좌'에 오를 것이라는 링컨의 우려가 현실로 나타나기 시작했다. 기업을 왕으로 만든 것은 법원이었다. 기업들은 법을 유리하게 이용하기 위해 일련의 재판을 일으켰고, 판사들은 헌법을 관대하게 해석하거나, 눈에 보일 정도로 편파적으로 해석함으로써 기업에게 더 많은 권력을 허용했다. 가장 악명 높은 판결은 1886년 재판이었다. '싼타클라라카운티 대(對) 남태평양철도'라는 평범한 이름의 이 사건은 기업을 헌법의 '자연인'으로 해석했다. 인간의 자유를 보장하기 위해 만들어진 헌법상의 권리가 기업에 적용돼야 한다고 변호사들은 주장했다.

판결의 결과는 엄청났고, 아직까지 그 여파가 남아 있다. 이어진 다수의 재판에서 '기업인격' 개념이 인정되었고, 기업은 헌법상의 권리를 주장하기 시작했다. 대법원은 헌법 수정조항 14조(해방노예에게 동등한 권리를 부여하기 위해 만들어진 조항)가 기업(법적으로는 '인간')에게 법적으로 '특권이나 면책'을 '제한'받지 않을 권리를 부여한다고 판결했다. 수정조항 14조에 따르면, 국가는 '정당한 법적 절차 없이는 인간의 생명·자유·재산을 박탈할 수 없다.' 곧 전국의 판사들은 시민을 기업의 횡포에서 보호하기 위해 제정된 지방법·주법·연방법에 어긋나는 판결을 내렸으며, 기업은 법적으로 해방노예 못지않은(모든 미국인 못지않은) 권리를 가진다는 것을 명확히 했다.

1890년에서 1910년 사이 수정조항 14조와 관련하여 재판에 회부된 사건 307건 중에 흑인의 권리를 다룬 것은 19건에 불과했다. 188건은 기업과 관련된 것이었다. 에이브러햄 링컨이 대령 엘킨즈에게 편지를 보내고 불과 12년 만인 1876년, 미국 대통령 러더퍼드 헤이스(Rutherford Hayes)는 링컨의 예언이 들어맞은 것을 슬퍼하며 이렇게 말했다. "미국은 더이상 국민의, 국민에 의한, 국민을 위한 정부가 아니다. 미국은 기업의, 기업에 의한, 기업을 위한 정부다."[5)]

싼타클라라사건 이후에는 기업을 막을 방법이 없었다. 다음 세기 내내

법원은 기업이라는 '인간'에게 수정조항 14조의 권리("인간의 신체·주거·문서·물품에 대해 불합리한 수색과 압류를 받지 않을 권리")를 보장해주었다. 기업은 영장 없는 정부조사를 피할 수 있었다. 수정조항 14조는 '차별적' 기업과세를 없애는 데 사용되었다. 수정조항 14조에 따라서("의회는 표현의 자유를 제한하는 법률을 제정할 수 없다") 기업은 상품을 선전하고 정당후보자에게 기부금을 내고 선거에 영향력을 행사하기 위해 돈을 쓰는 행위가 '표현의 자유'라고 주장했다. 따라서 기업활동을 막는 법률은 기업'인격'의 '표현의 자유'를 침해하는 위헌으로 여겨졌다. 1976년에 대법원은 기업이 정치운동에 기부하는 돈의 액수에 제한을 두는 것은 기업의 표현의 자유를 제한하는 위헌이라는 판결을 내렸다.

법적으로는 말이 되는 것도 같다. 기업들은 환호작약했다. 그러나 그 유명한 미국의 민주주의는 치명적인 타격을 입었다. 오늘날 그 결과가 분명하게 나타난다. 미국에서 경제생활·정치생활은 허구적인 기업'인격'의 지배를 받았고, 기업'인격'은 진짜 인간이 상상할 수 있는 것보다 훨씬 더 많은 권력과 영향력을 행사했다. 기업은 선거자금을 대고, 언론을 소유하고, 기업을 단속하는 규제노력을 오히려 통제하고, 국가경제를 장악한다. 기업은 수많은 국가법을 어기면서 국가의 지원을(정치적 지원은 물론이고 때로 경제적 지원까지) 받는 호사를 누린다. 기업은 엄청난 이윤을 긁어모으면서 가장 싼 노동력을 찾아 전세계를 누비고, 기업이 만든 공해 청소비용을 사회전체에 떠넘긴다. 요컨대 비용최소화에 혈안이 되어 있다.

사장은 회사의 부채나 범죄에 책임을 지지 않도록 법의 보호를 받는다. 요컨대 기업은 책임 없는 권력과 이윤의 화신이다. 한편 국민은(산업화된 나라 중 가장 불평등한 나라에 살고 있는 여유계층은) 자유를 판 댓가로 소비자상품을 얻는다. 건국의 아버지들이 봤다면 놀라 자빠졌을 것이다. 국민이 기업의 문제에 관한 전국토론에 참여할 가능성은 희박한 반면에, (기업이 소유한) 언론과 (기업이 지원하는) 정치가는 보도관제를 실시한다. 북한정부가 알아서는 안되는 문제가 있다는 것이다.

여러모로 볼 때 미국 국민은 1776년으로 돌아간 것 같다. 미국인의 생활, 미국인의 정부는 이윤을 추구하는 이해할 수 없는 거대한 존재 속에서 굴러간다. 이 기업이라는 존재는 국민의 권리가 자기의 권리라고 주장하며, 혁명정신을 서서히 잠식해가고 있다.

제프 밀첸(Jeff Milchen)은 심사숙고 끝에 입을 연다. "기업인격은 중요한 문제입니다. 기업인격이라는 말을 들어본 사람은 별로 없겠지만, 경험상 일단 한번 이 말을 들은 사람은 그것에 대해서 계속 생각하게 됩니다." 바로 '내'가 그렇다. 미국에서 기업이 휘두르는 권력에 대해서 배울수록 점점 그 생각을 하게 된다. 미국에서 기업이 삶에 미치는 영향은 다른 나라와 비교가 안된다는 것을 나는 잘 알고 있었다. 그러나 지금까지 내가 알던 것은 새발의 피였던 것 같다. 폴 씨엔푸에고스의 이상(다시 한번 기업을 국민의 뜻에 종속시키는 것)이 실현될 수 있을까? 국민의 뜻이 뭘까? F조치 같은 자잘한 공격이 기업이라는 거대한 존재를 막을 수 있을까? 국민의 뜻을 재천명하려면 한 번 더 혁명이 일어나야 하는 것이 아닐까?

제프 밀첸은 혁명이 한 번 더 일어나야 할지도 모른다고 생각한다. 그러나 그가 생각하는 혁명은 좀 특별하다. 제프는 콜로라도주 볼더

(Boulder)의 작은 통나무집에서 동반자이자 동업자인 제니퍼 로크너(Jennifer Rockne)와 함께 살고 있다. 크고 정신없는 사랑스러운 개 두 마리도 함께다. 폴 씨엔푸에고스와 마찬가지로, 제프와 제니퍼는 미국의 미래에 대한 야심찬 비전을 갖고 있다. 그리고 폴처럼 그들도 미국의 미래를 위해 뭔가 하고 있다. 이들의 주장도 폴과 비슷하다. 심지어 이들이 쓰는 단어 중에도 폴과 비슷한 것이 있다. 제프가 폴의 정신적 지주였던 것 같다. 제프와 폴은 역사관도 비슷하다. 미국국민이 건국 초기에 어렵게 얻었던 권리를 되찾아야 한다는 생각이다. 제프의 '민주주의 되찾기'(ReclaimDemocracy.org) 역시 이런 생각을 실현하기 위한 지역사회단체다.

제프는 말한다. "우리가 생각하는 미래의 청사진은 기업의 원래 위상입니다." 우리는 제프네 거실에서 맥주를 마시고 있다. 제프는 마르고 단단한 체격에 머리카락은 검은색이다. 그의 짧은 턱수염은 폴과 달리 단정하다. 제니퍼는 긴 갈색머리에 안경을 썼다. 잘 웃는 여자다.

제프가 말을 잇는다. "우리가 지난 200년 동안 이 나라에서 해온 일은 나름대로 바람직한 일이었습니다. 엄격한 기업허가, 정치관여 금지, 시민감시 등을 통해 기업은 시민이 정해준 자리(시민을 지배하는 자리가 아닌 시민에게 종속되는 자리)에서 벗어날 수 없었습니다. 기업의 자리를 확실하게 제한해야 합니다. '민주주의 되찾기'는 이런 장기적인 캠페인에서 출발한 단체입니다. 우리가 하는 일은 장기적이고 체계적인 정치변혁 요구를 일으키고, 이른바 기업이라는 거대한 지배적 경제주체와 국민의 관계를 역전시키는 것입니다."

그런 일이 어떻게 가능한가? 기업이 판치는 21세기 미국에서 먼 나라 얘기 아닌가? 기업은 아주 거대하고, 아주 강력하고, 아주 지배적이다. 물론 사람들이 기업을 보는 시선은 곱지 않다. 기업이 일으키는 문제에 대해서 제프의 의견에 동의하는 사람도 많을 것이다. 그러나 '민주주의 되찾기' 같은 작은 단체들이 도대체 무슨 일을 할 수 있나?

제니퍼가 웃으면서 대답한다. "어려운 질문이네요."

제프가 말한다. "그것도 문제의 일부입니다. 우리가 추구하는 것은 장기간에 걸친 체계적 변혁인데, 사람들의 관심을 모으기가 쉽지 않습니다. 사람들은 세계무역센터(WTC) 공격이나 삼림벌목 같은 그날그날의 위기상황에는 어느정도 대응을 합니다. 물론 이런 방어전도 중요합니다. 그렇지만 좀더 전략적이고 장기적인 사고방식이 필요합니다. 역사에 선례가 있어요. 노예제 폐지운동도 그중 하나입니다. 노예제 폐지운동이 시작되던 1820년대에는 노예제 '폐지'가 현실적이지 않다고 생각하는 사람들이 있었습니다. 노예제는 우리 경제에서 중요한 부분이고, 오래 전부터 존재했고, 사람들이 노예제에 의존하고 있다는 것이었습니다. 노예를 인간적으로 대우하는 법안을 통과시켜야 한다느니, 노예소유주들이 규범집을 사보아야 한다느니 주장이 분분했습니다. 지금도 그때와 비슷한 활동가들이 있습니다. 우리가 '기업의 사회적 책임'을 물어야 하고, 우리 환경을 보호해줄 것을 요구해야 한다고 이들은 말합니다. 요컨대 기업에게 나쁜 짓 좀 덜 하라고 부탁하자는 겁니다. 옛날과 비슷한 방법이지요." 제프는 맥주를 한모금 들이키며 이야기를 계속한다.

"우리는 이런 방법을 거부합니다. 우리는 기업을 일종의 기계로 봅니다. 기업은 다른 기계와 마찬가지로 하는 일이 있습니다. 모든 것을 희생시켜 주주배당금을 극대화하고, 영원히 성장하고, 피고용자들에게 주는 임금을 최소화하는 것이 기업이 하는 일입니다. 기업이 다른 일을 하기를 바라는 것은 토스트기에게 빵 굽는 일 말고 다른 일을 하라는 것이나 마찬가지입니다. 이제 아시겠지요. 기계에게 '사회적 책임'을 바라는 것은 아주 웃기는 얘기예요."

제프는 중요한 사실을 짚어준다. 지난 몇년 동안, 기업에게 '사회적 책임'을 묻는 압력이 있었다. 정치가와 '개량주의'활동가에서 기업경영자까지 모두가 이런 압력을 지지했다. 기업경영진은 법의 강제보다는 알아서 잘하라는 요청을 훨씬 더 좋아했다. 그러나 제프나 폴 같은 사람들은 기업의 권한을 거부하는 것만큼이나 이런 방법을 강력하게 거부한다. 폴 씨엔푸에고스는 기업이 '법적 존재'라고 하는데, 이런 법적 존재는 도덕적 결정을 할 수 없다. 기업은 '책임'을 모른다. 기업은 도덕적인 존재도 아니고 비도덕적인 존재도 아니다. 탈도덕적 존재일 뿐이다. 금전적 이윤이라는 단일한 목표를 위해 설계된 기계일 뿐이다. 이런 기계에게 처신 좀 잘하라고 설득하는 것은 별로 좋은 방법이 아니다.

"노예해방 운동가들은 뒤늦게 강력한 입장을 취하기로 했습니다. '노예제'를 인정하지 않기로 한 것입니다. 이렇듯 시민불복종 노선을 채택하고 법을 무시하고 패러다임의 전환을 시도했을 때 승리가 찾아왔고, 헌법을 근본적으로 바꿀 수 있었습니다. 이들은 패러다임과 법을 변혁했고, 미국역사의 흐름을 바꾸었습니다." 제프의 야심이 너무 큰 것 아닌가 싶기도 하다.

제프의 말을 들을수록 나의 의심도 굳어진다. "우리도 그때 같은 패러다임의 전환을 일으키고 싶습니다. 다른 지역 사람들도 우리와 같은 일을 하도록 설득하고 싶습니다. 대담해질 겁니다. 사람들에게 이렇게 말할 겁니다. '이것이 옳은 일이다, 이 일을 해야 한다, 이제 어떻게 해야 할지 방법을 강구해보자.'"

그러나 방법은 언제나 미묘한 문제다. '민주주의 되찾기'에서는 지역사회 차원에서 출발하기로 결정했다. 훔볼트카운티와 마찬가지로 볼더에서도 패러다임의 전환을 일으킬 사람들은 미리 짜놓은 계획하에 행동하는 것이 아니라 일을 진행해가면서 생각한다. 지도를 제공하고 방향을 제시할 사람이 아무도 없기 때문이다. 하지만 불과 몇년 사이에 이룬 일만 해도 이미 훌륭하다. 제프와 제니퍼는 저녁을 먹으며 설명을 계속한다.

제프는 말한다. "우리는 30~40년을 내다보면서 시민의 태도를 서서히 바꾸는 일을 합니다. 내가 몸담은 소규모 활동가분파에서 일하는 것으로는 충분하지 않습니다. 살아가면서 만나게 되는 사람들 모두와 함께 일해야 합니다. 정치스펙트럼도 모두 아울러야 합니다. 우리가 하는 일은 좌파뿐 아니라 우파에도 호소력을 갖습니다." 제프와 제니퍼는 여러가지 방법으로 이런 일을 하고 있다. 제프는 요청만 있으면 누구에게나 글을 써주고, 전국 어디나 연사로 나선다. 그래서 전국의 수많은 운동이 로키산맥 기슭에 있는 이 작은 집에서 힌트를 얻었다. 학교에서 기업을 몰아내는 캠페인, 기업의 자금을 받은 양대 정당 이외의 대통령후보자 전국토론(거의 쓰지 않는 제프의 자동차 범퍼에는 '후회 없는 네이더*' 투표자라는 스티커가 붙어 있다), 심각한 범죄를 저지르는 기업들을 끝장낼 수 있는 법률을 도입하는 것도 여기에 속한다.

* 미국 소비자운동의 대부. 2000년 미국 대선에서 녹색당 후보로 출마해 진보세력의 지지를 받았다. 그로 인해 당시 민주당 후보 앨 고어가 패배했다는 비판을 받기도 했다.

법률제정에 성공한 적도 있었다. 아카타 시민들의 경우와 마찬가지로 법률제정은 볼더의 패러다임 전환세력이 사용하는 주된 통로 중 하나다.

'민주주의 되찾기'가 2000년에 마을업체들 그리고 시민들과 함께 추진했던 법률발의 중 하나는 '지역사회활성화법'이었다. 훔볼트카운티의 경우와 마찬가지로, 지역사회활성화법은 자기 마을에 대한 결정권을 보장하는 법이었다. 지역사회활성화법이 통과되었더라면, 시의회에 '지역사회 우선권'을 요구하여 시의 돈을 일차적으로 마을 업체에 사용할 수 있었을 것이고, 시가 소유한 자산을 마을업체에 대여할 수 있었을 것이고, 볼더에 들어오는 체인점 수를 제한할 수 있었을 것이다(마지막 조항은 가장 논쟁이 치열했다).

제프는 말을 잇는다. "우리가 말한 것은 '여기까지'였습니다. 지금 우리 마을에는 수백 개의 체인점이 있습니다. 하지만 마을에 본사를 둔 중소기업도 많습니다. 균형은 괜찮은 편이다, 일단 여기까지 해보고, 사람들도 여기서 끝내기를 바라는지 알아보자, 이렇게 생각했습니다. 그 결과, 마을에서 엄청난 논쟁과 관심이 일어났습니다."

제니퍼가 호탕하게 웃으면서 말한다. "재미있었어요! 신문에 한 면짜리 광고를 내서 '지역사회활성화법'이 왜 나쁜지 설명한 남자도 있었어요. 우리는 정말 기분이 좋았어요. 광고 때문에 논쟁이 엄청났어요."

그것은 제프도 인정한다. "재미있었던 것은 사실이에요. 내가 상대방의 의제를 반박하는 것보다는 상대방이 내 의제를 반박하는 것이 기분 좋은 일입니다. 적극적인 비전이었습니다. 사람들의 관심은 믿을 수 없을 만큼 폭발적이었습니다. 한 가지 사안에 대해서 이렇게 많은 공개토론이 진행된 것은 처음이라고 25년 동안 시의회의원을 지냈던 사람이 말했습니다. 대성공이었습니다."

아카타의 F조치 관련 논쟁과 마찬가지로, 볼더의 지역사회활성화법

논쟁 역시, 기업권력에 문제를 제기하는 것만으로도 격렬한 반응을 일으킬 수 있음을 보여주는 매혹적인 사건이다. 사실 지역사회활성화법이 기업에 실제적인 위협을 가할 수 있는 것도 아니었다. 그러나 이런 논쟁은 기업권력에 대한 문제제기가 시민들에게 큰 인기를 모을 수 있음을 보여준다. 아카타논쟁과 마찬가지로 볼더논쟁 역시 절반 이상의 성공을 거뒀다. 제프의 말대로 "가장 기본적인 차원에서, 사람들은 논쟁을 통해 자기가 돈을 어디에 쓰는지, 자기 마을의 모양을 결정하는 주체가 누구인지 생각해보게 되었습니다."

결국 지역사회활성화법은 통과되지 못했다. 제니퍼는 말했다. "시의회는 법안을 해체했지만, 어떻게든 도시 5개년 계획에 포함시킬 방법을 찾아보고 있습니다. 따라서 법안이 아직 무효가 된 것은 아닙니다." 설사 법안이 무효가 되었다고 하더라도 볼더는 지금 제프와 제니퍼와 동료들이 제기한 문제에 대해서 열심히 생각하고 있다. 시내 중심가에서도 그 증거를 찾을 수 있다.

제프와 제니퍼가 무엇에 반대하는지는 쉽게 알 수 있다. 다음날 아침, 제프는 나를 데리고 펄스트리트(Pearl Street)로 향한다. 볼더의 상가지역이다. 마을사람들의 말을 들어보면, 볼더는 불과 10년 사이에 완전히 변해버렸다. 동네가게들이 문을 닫았고, 체인점이 퍼졌다. 그 결과 마을사람들이 쓰는 돈 중에 마을로 돌아오는 돈은 점점 줄어들었고, 사람들은 생필품을 사기 위해 멀리까지 가야 했고, 기업이 동네사람들의 쇼핑습관을 지배하게 되었고, 이곳도 다른 곳과 비슷하게 변해가기 시작했다(다행히도 시작에서 끝났다). 볼더는 다른 미국 소도시의 전철을 밟고 있던 셈이었다. 이를테면, 1990년부터 전국에서 1만 1,000개 자영약국이 문을 닫았다. 자영서점의 시장점유율은 1972년 58%에서 현재 15%로 떨어졌다. 5개 기업이 전체 식료품판매량의 1/3을 차지하고, 2개 기업이 전체 하드웨어판매량의 1/3을 차지하며, 2개 기업이 전체 서적판매량의 1/4을 차지한다. '블록버스터비디오'가 전체 대여비디오의 1/3을 차지한다. '월마트'(Wal-Mart)가 전국 소비지출의 7%를 차지한다. 합병은 계속된다.[6]

제프와 내가 펄스트리트를 따라 걷는 동안, 폭풍우를 머금은 푸른색 구름이 산 너머 서쪽 지평선 쪽으로 몰려든다. 우리는 선글라스가게, 최신 유행의 고가의류매장, 까페, 술집, 까페, 부띠끄, 까페, 보디숍, 벤앤제리스(Ben & Jerry's), 하겐다즈(Häagen-Dazs), 까페를 차례로 지난다. 커피숍이 떼를 지어 산에서 내려온 것 같다. 그중에는 스타벅스(Starbucks)가 여럿인데, 언제나 그렇듯 서로 경쟁하며 이 마을에서 누가 승리할 것인지 눈치를 살핀다. 반대쪽에서는 마을 까페들이 화이트모카초코를 무기로 반격에 나선다. 나는 이곳에서 지내는 며칠 동안 가능한 한 많은 모카초코를 마시기로 결심한다. 모카초코를 좋아해서 그런 것이 아니라, 마을경제를 도와야 한다는 의무감 때문이다.

제프는 말한다. "5년 전만 해도 이곳에 가게가 많았고 사람들이 '쓸모 있는' 물건을 살 수가 있었어요." 그러면서 모퉁이 바나나리퍼블릭(Banana Republic)지점 쪽을 실망스럽게 쳐다본다. "5년 전에는 볼더와 덴버 사이가 전부 농토였어요. 그런데 지금은 도로변 쇼핑몰로 변했어요. 우리 마을은 교외로 변하고 있어요." 제프의 말은 과장이 아니다. 나는 쌘프란씨스코에서 덴버까지 암트랙(Amtrak)기차를 타고 왔다. 창밖으로 보이는 풍경은 굉장했다. 씨에라네바다(Sierra Nevada)의 봉우리들, 유타주 사막의 하얀 모래, 쏠트레이크(Salt Lake)시까지 이어지는 호젓한 은색 트랙, 소나무로 뒤덮인 로키산맥을 관통하는 터널과 산을 깎아 만든 도로가 보였다. 수십 미터 아래 콜로라도강 협곡에서 낚시를 하고 있는 사람들도 있었다. 나는 덴버에서 버스로 갈아탔고, 볼더까지 8킬로미터를 오는 동안 내가 도로에서 본 것은 타코벨(Taco Bells), 월마트, 맥도날드(McDonald' s), 홈데포츠(Home Depots) 네온싸인이 전부였다. 다음날 아침까지 기분이 좋지 않았다.

그러나 제프가 누군가. 그는 이런 상황을 그냥 두고볼 수 없었고, 마을 자영업자 몇몇과 힘을 합해 1998년에 문제를 해결할 단체를 결성했다. '볼더자영업체동맹'(BIBA)은 제프와 '민주주의 되찾기'의 노력으로 탄생한 단체로서, 마을에 들어온 기업의 영향력을 실질적으로 제한하는 한 가지 방법을 보여주었다. BIBA의 초창기 회원은 얼마 되지 않았지만, 지금은 서점, 까페, 술집, 비디오가게 등 150명을 헤아린다. 마을 은행도 예외가 아니다. 펄스트리트를 걸어내려가면서, 가게 유리창을 유심히 살폈다. 수십여 곳에 BIBA 로고스티커가 붙어 있다. 동네가게가 반격에 나섰다.

제프가 설명한다. "우리는 지역사회 자영업체의 모델을 세워보려 했습니다. 전국적 체인망과 초국적 체인망이 지역사회에 기반한 자영업체를 몰아내는 상황을 중단해보자, 역전해보자는 것이었습니다. 세계 곳곳의 지역사회가 우리 일을 보고 힌트를 얻었으면 합니다. BIBA를 만들기 위해서는 비주류가 아니라 주류와 협력해야 했습니다. 그들은 '활동가'가 아니라 평범한 사람들, 자영업자들이었습니다. 재미있는 경험이었습니다. 그런 사람들이 BIBA에 관심을 갖는다는 것도 재미있었습니다. 전국 체인이 아무데다 지점을 낼 수 있는 상황, 지역사회가 그에 대해 아무런 발언권이 없는 상황, 이런 상황에 대해서 문제를 제기하면 좌파와 우파를 막론하고 사람들의 호응을 얻을 수 있습니다. 이런 식의 사고방식은 다양한 사람들의 관심을 모을 수 있습니다. 모두가 이렇게 말할걸요. '그래 맞아, 우리는 기업이 들어오는 것을 막을 권리가 있어. 기업은 우리에게 이런 짓을 할 권리가 없어. 우리 동네일인데 우리가 권리를 갖는 것이 당연하지. 왜 지금까지 그 생각을 못했을까?'"

BIBA는 출발도 순조로웠고, 지금도 계속해서 커가는 중이다. 회원들은 구매자모임을 조직해서 거래조건을 개선하고, 시의회와 협력하여 지역사회 자영업체를 장려하며, 마을에 체인점이 생기지 못하게 캠페인을 벌이고, 마을고객의 편의를 위해서 자영업체목록과 할인카드를 제작한다. 출범 4년째인 올해 BIBA는 정식 직원 두 명을 고용한 탄탄한 조직으로 자리잡았다. 제프는 BIBA에서 손을 떼고 BIBA의 이념을 미국 전역에 퍼뜨리는 쪽으로 방향을 돌렸다. BIBA가 미국 최초의 자영업자동맹이라고 제프는 알고 있다. BIBA에서 힌트를 얻는 단체들이 전국적으로 생겨났다. 제프는 소도시의 나라 미국을 되살릴 원대한 계획을 갖고 있다. 내가 볼더에 왔을 때 그는 이미 자기 계획의 다음단계로 나아가는 공식문서를 수령한 다음이었다. AMIBA, 즉 '미국자영업동맹' 공식서류였다.

"나는 바쁘게 지내는 게 좋아요." 제프의 말이다.

제프가 BIBA의 추진력이었다면, 데이비드 볼덕(David Bolduc)은 BIBA의 자금책이었다. 볼덕은 펄스트리트 '볼더서점'의 주인이다. 키가 크고 말이 느린 남자다. 볼덕 역시 턱수염을 길렀다. 턱수염을 기르는 것이 패러다임을 전환하는 사람들의 의무조항인가보다. 나는 그를 찾아 진열장 앞 특가도서코너까지 왔다.

"6~7년 전부터 수많은 체인서점이 볼더에 들어왔습니다. 나에게는 그것이 중요한 계기였습니다. 마을 사람들이 몇명 모였습니다. '어떻게 해야 할까? 어떻게 우리와 저들의 차이를 보여줄 수 있을까?' 제일 먼저 나온 대답은 우리가 토박이라는 것이었습니다. 우리는 토박이라는 것이 왜 중요한지, 무슨 의미가 있는지 설명할 수 있어야 했습니다. 어떤 마을, 어떤 장소, 어떤 지역에는 사람들이 좋아하는 일종의 개성이 있다는 것이 내 생각입니다. 사람들은 자기가 사는 곳을 자랑스러워하고, 자기가 사는 곳이 그대로 있기를 바랍니다. 자기가 사는 곳이 바뀔 때는 자기 생각이 변화에 반영되기를 바랍니다. 하지만 솔직히 말해서, 내가 나서서 돈을 대고, 제프가 나서지 않았다면 아무 일도 일어나지 않았을 겁니다. 이런 일은 저절로 일어나지 않습니다. 자기 마을을 지키고 싶다면, 발 벗고 나서서 뭔가 해야 합니다. 대신 해줄 사람은 없습니다."

볼더서점은 생긴 지 28년 정도 됐다. '보더스'지점은 생긴 지 5년도 안 됐다. 그런데 BIBA가 생기고 '지역사회활성화법' 논쟁이 있은 후, 이상한 일이 일어났다. 체인서점이 생겼는데도 볼덕의 수입이 늘어난 것이다.

"역사적으로 볼 때, 미국이 소상인들의 나라라는 생각은 건국 초기의 중요한 국가비전 중 하나였습니다. 미국은 자립적 중산층과 마을상인들의 나라였습니다. 볼더 같은 도시에서 이런 말을 하면, 사람들은 무슨 말인지 이해합니다. 토론할 능력도 있습니다. BIBA와 '지역사회활성화법' 논쟁은 주민들의 태도를 완전히 바꾸어놓았습니다. 보더스가 문을 연 지 5년이 됐지만, 내 장사에는 전혀 영향을 미치지 못하는 것 같습니다. 오히려 도움이 되는 것 같기도 합니다. 다른 마을이라면 상상하기 어려운 일입니다. 소문이지만, 보더스 볼더지점이 전국에서 가장 장사가 안된다는 소문도 들은 적이 있습니다." 볼덕은 자기가 한 이야기를 곰곰이 생각해보는 것 같다.

그리고 정색을 하고 말한다. "이 생각을 하면 끔찍한 기분이 듭니다."

잔 에드워즈(Jan Edwards)는 말한다. "일정한 단계가 되면, 행진이나 하고 인형이나 만들고 있어서는 안돼요. 그러니까 내 말은, 그런 것도 물론 재밌지만, 일정한 단계가 되어서 정말 뭔가 바꾸고 싶다면, 누군가는 차분히 앉아서 바보 같은 판결문을 읽어야 한다는 겁니다." 잔은 한숨을 쉰다. "내가 그런 사람이 될 줄은 몰랐어요."

잔의 집을 찾아가기 위해서는 자동차를 빌리는 수밖에 없었다. 볕이 잘 들고, 통풍도 잘 되는 이 통나무집은 소나무숲과 자작나무숲으로 둘러싸여 있었다. 캘리포니아 북쪽의 황량한 바닷가 숲 속에서 잔은 남편인 빌 마이어(Bill Meyer)와 함께 살고 있다. 폴 씨엔푸에고스는 내게 꼭 잔과 빌을 만나보라고 했다. 직접 만나보니, 매력적인 사십대 부부가 무정부주의자를 자처하며 기업패러다임 전환이라는 열병에 걸려 있다. 잔은 검은 머리에 목발을 짚었다. 얼마 전에 발목이 부러졌다고 한다. 빌은 턱수염을 길렀다. 빌의 친구 두그 해머스트롬(Doug Hammerstrom)도 턱수염을 길렀다. 내가 부부를 찾았을 때 마침 두그도 있었다. 도널드 서덜랜드(Donald Sutherland)를 닮은 두그는 개구리가 그려진 파란색 티셔츠를 입고 있다. 나는 약속시간보다 좀 늦게 도착했지만, 그런 데 신경 쓰는 사람은 아무도 없다. 여기는 캘리포니아니까.

잔이 말한다. "쿠키 먹을래요? 지금 방금 구운 거라 아직 따뜻해요." 거절하면 실례가 될 것 같다. 쿠키 한 쪽에 우유 한 잔을 곁들인다. 나더러 반혁명부르주아라고 할는지 모르지만, 내가 좋아하는 무정부주의는 바로 이것이다.

빌과 잔과 두그는 미국인 중에서 기업의 사회적 위상에 관심을 갖고 있는 부족에 속한다. 부족민은 여기저기 흩어져 있지만, 숫자는 점점 늘어나는 중이다. 이들은 폴 씨엔푸에고스와 제프 밀첸의 친구들로서, 자기네 활동을 노예제 폐지운동과 비교하고, 기업을 토스트기에 비유하고, 엄숙한 어조로 '패러다임'이라는 말을 사용한다. 법률적 전문용어와 헌법의 세부사항과 법률 개정방법을 토론하기도 한다. 지난 몇세기 동안 열정적인 아마추어들은 전문가의 비웃음 속에서도 암중모색을 계속했고, 그런 과정에서 거의 우발적으로 사회변화를 촉발해왔다. 잔, 빌, 두그, 그중에서도 특히 잔은 바로 이런 열정적 아마추어부류에 속하는 사람이다. 잔은 이런 생각 때문에 일을 계속 할 수 있다고 말한다.

"나는 헌법을 보다가 변호사도 모르는 것을 찾아냈어요." 우리는 통나무집 나무식탁에 둘러앉아 있다. 자작나무가 창밖에서 부드럽게 흔들린다. "헌법에 빈틈이 많아요. 나는 이 두 사람보다 배운 게 없지만." 잔은 이렇게 말하며 빌과 두그를 가리킨다.

빌이 황급히 끼어든다. "공식학벌로 볼 때 그렇다는 거죠."

"맞아요. 나는 변호사도 아니에요. 원래는 연극일을 했어요. 그래서 나는 변호사들과는 시각이 달라요. 그래서 유리한 점도 있다고 봐요. 내가 이런 일을 시작한 것은 언젠가 라디오에서 기업인격이라는 말을 듣고 나서였어요. 기업인격에 대해서 공부하고 나니, 화가 치밀어 올랐어요. 그래서 신문에 광고를 내서 나 말고 다른 사람도 그렇게 화가 났는지 알아봤어요. 두그가 연락을 했어요. 사실 그때 연락한 사람은 두그밖에 없었어요."

"정말 나밖에 없었어요?" 두그는 좀 놀란 것 같다.

"거의 없었어요. 그때부터 우리는 사람들을 모아 회의를 열고 기업인격 나부랭이를 쳐부수기 위해 할 수 있는 일이 없을까 고민을 했어요. 나는 그전부터 기업에 대해서 많은 생각을 했어요. 기업활동을 통제하기 위해 무슨 일을 해야 할까 고민도 했지요. 그러다가 우리가 기업을 공략할 수 없는 이유를 깨닫게 됐어요. 그것은 그들이 바로 '우리'이기 때문이었어요. 기업이 사람이고, 따라서 우리와 똑같은 권리를 가지고 있으니까! 우리가 그들을 공략할 수 없는 것도 이상할 게 없었지요. 사람의 권리를 박탈하기 위해 투표를 하는 것은 합법적인 일이 아니잖아요!" 잔이 웃는다.

빌이 말을 받는다. "다행이지요. 안 그랬다가는 남의 권리를 박탈하고 싶어하는 사람들이 생길걸요."

두그도 끼어든다. "그리고 나는 새로운 법을 만드는 일은 별로 안 하고 싶었어요. 사람들이 아직 준비가 안됐다고 생각했어요. 그것보다는 좀더 상징적인 일을 하자고 했어요. 그래서 그런 일을 했지요."

빌이 말을 받는다. "완전히 상징적인 것이라고 할 수는 없지만요. 법으로 만들어지지는 않았지만, 우리 시의 공식입장이 되었어요. 우리 시는 기업이 인간의 권리를 가져서는 안된다는 것에 동의하고 있습니다."

지금 이 세 사람은 '기업인격에 대한 포인트아레나(Point Arena)시의 결의서'에 대한 이야기를 하고 있다. 결의서가 2000년 4월에 시의회를 통과할 수 있었던 것은 빌과 잔과 두그를 비롯한 몇몇 사람들이 애쓴 결과였다. 이들은 지역사회 차원에서 제안서를 작성하고, 격렬한 논쟁을 촉발시키고, 논쟁의 결과를 공식화한다는 이제는 익숙한 법률 발의절차를 거쳤고, 이를 통해 포인트아레나 시의회로 하여금 기업을 법적인 의미에서 '인간'으로 볼 수 없다는 결정을 내리도록 설득했다. 이들은 1938년에 똑같은 결정을 내렸던 대법원 판사의 견해를 인용했다. 아카타의 F 조치와 마찬가지로, 결의서 안에는 시의회가 '기업이 공공생활에서 수행하는 역할에 관한 공개토론을 장려할 것과 다른 시에도 이와 같은 공개토론 개최를 촉구할 것'도 포함된다.

포인트아레나 결의서는 미국 최초로 기업인격을 포기한 사례다. 앞으로 비슷한 사례가 계속 나올 것이다. 다른 많은 도시에서도 비슷한 움직임을 준비하고 있다. 빌은 이 결의서가 "기본적으로 무력하다"라고 했지만, 기업이 '인간'이라는 것도 몰랐고 그것이 왜 문제가 되는지도 몰랐던 지역사회로서는 유용한 학습기회가 되었다.

파일을 뒤지던 잔은 내게 종이 한 장을 건네주며 말한다.

"기업인격이 사라질 때 '우리'가 실제로 바꿀 수 있는 것들을 기록한 목록입니다." 잔이 말하는 '우리'는 '평화와 자유를 위한 국제여성연맹'(WILPF)이라는 훌륭한 캠페인조직이다(약자 발음이 쉽지 않다). WILPF는 여성의 권리 회복을 위해 20세기 초에 창설된 단체인데, WILPF 미국지부는 기업인격 폐지를 전국캠페인 주제 중 하나로 정했다. WILPF는 2005년까지 전국 50개 도시가 포인트아레나 결의서를 채택하게 하기 위해 힘을 모으고 있으며, 2004년 대통령선거에서 기업인격이 주요 사안으로 부각될 수 있도록 노력을 경주하고 있다. 안타까운 일이지만, 당분간은 오사마 빈 라덴(Osama bin Laden) 때문에 기업인격이 전국적 의제로 채택될 가능성은 전무하다.

잔이 건네준 목록에 따르면, 기업인격을 없앨 경우 지방정부, 주정부, 연방정부는 기업이 헌법에 보장된 권리의 위반이라고 주장하고 있는 일들을 할 수 있다. 예를 들어, 기업의 정치활동을 금지할 수 있고, 국민투표를 통해 기업의 허가를 취소할 수 있고, 정부기관이 사전영장 없이 사업장을 수색할 수 있고, 총기나 담배 등 위험한 상품의 광고를 금지할 수 있고(지금은 '표현의 자유' 라는 명목으로 보호받는다), 파괴적인 합병을 금지할 수 있고, 기업의 규모와 범위를 제한할 수 있다. 할 수 있는 일은 어마어마하다는 것이 잔의 설명이다.

잔은 낙관주의자다. 잔은 지난 몇년 동안 기업인격을 심도있게 연구했다(기업인격의 문제는 일단 한번 듣게 되면 다른 생각을 할 수 없게 만든다는 것을 나는 경험상 여러번 느꼈다). 잔은 판결문을 읽고, 헌법을 분석하고, 소논문을 쓰고, 자료를 수집했다. 시간은 걸리겠지만, 기업인격을 제거하기 위한 싸움은 이길 수 있는 싸움이라고 잔은 생각한다. 잔이 지적했듯이, 애초에 기업인격이 존재하는 이유는 대법원 판사들의 헌법해석 때문이다. 그러나 대법원의 헌법 해석 중에는 여성이 투표할 수 없다는 판결도 있었고, 인종차별이 헌법에 위배되지 않는다는 판결도 있었다. 둘 다 대규모캠페인으로 뒤집힌 판결이다. 기업인격에 관한 판결도 뒤집힐 수 있다.

잔은 말을 잇는다. "그러면 달라질 거예요. '반드시' 달라질 겁니다. 물론 국제법이 버티고 있지요. 세계무역기구(WTO)조약, 북미자유무역협정(NAFTA) 모두 다 기업권력을 철저하게 보장해줍니다. 하지만 미국에서 뒤집히기 시작하면, 엄청난 일이 벌어질 거예요. 미국은 여러가지 면에서 현대적 기업의 고향이니까요. 사실, 어떻게 본다면 우리가 이곳에서 한 일은 보잘 것 없는 지역사회 결의서 하나 만든 것뿐입니다. 그러나 무슨 일에든 시작이라는 것이 있잖아요. 포인트아레나는 철통같은 기업의 나라 미국의 허점이 아닌가 싶어요. 작은 틈이 보이면, 거기서부터 공격하면 되니까요. 무정부주의가 고향에서 시작해요!" 잔은 환하게 미소를 짓는다. "쿠키 하나 더 들어요."

포인트아레나(그리고 훔볼트카운티와 볼더)가 철통같은 기업의 나라 미국의 허점이라고 한다면, 다른 곳에서도 허점을 발견할 수 있다. 사실 빈틈은 점점 많아지고 있는 것 같다. 나도 미국에 머무는 몇주 동안 허점을 몇군데 발견했다. 쌘프란씨스코 남쪽에 위치한 캘리포니아 연안도시 싼타크루즈(Santa Cruz)에서 나는 로이스 로빈스(Lois Robins)를 만났다. 의지가 굳건한 칠십대 할머니 로이스는 낙관주의자들을 한데 모아 주법 개정을 추진하고 있다. 할머니의 거실에서 열린 회의에서는 동네사람 몇몇이 모여서 기업의 범죄를 진압할 새 법을 도입하는 계획을 토의하고 있었다. 이들은 우익정치가들이나 쓰는 '삼 세 번이면 끝장'이라는 말을 아무렇지도 않게 갖다 썼다. 최근 우익정치가들은 범죄자들에게 '삼 세 번이면 끝장' 법을 적용하겠다면서 대중의 관심을 끌었다. 같은 죄로 세 번 잡히면 인생을 끝장내주겠다는 법이었다. 로이스일파는 '삼 세 번이면 끝장'을 기업의 범죄에 적용할 수 있는 법안을 준비하고 있다.

캘리포니아에 본사를 둔 기업이 10년 안에 세 번 '중대한 법률위반'에 걸리면 허가를 취소하고 사업장을 폐쇄한다는 법안이다. 텍사스에 이런 법이 있었다면, '엔론'(Enron)*은 옛날에 문을 닫았을 텐데. 로이스의 설명에 따르면, "기업의 범죄는 개인의 범죄보다 시민에게 더 많은 피해를 주는데, 처벌받는 경우는 훨씬 적습니다." 로이스의 공모자 렌(Len)이 내게 말한다. "누군가가 경찰에 잡히면, 이름과 운전면허증으로 신원조회를 당합니다. 교통위반까지 알아낼 수 있습니다. 그런데 기업이 앞바다에 유해물질을 흘려버린 것을 알아내고, 예전에도 그런 적이 있었는지 조사할 경우에는 몇달씩 서류서랍을 뒤져야 합니다. 기업의 범죄를 기록한 데이터베이스가 전혀 없고, 감시활동도 거의 없습니다. 기업은 인간의 법적 권익을 누리면서 법적 책임은 지지 않습니다."

* 미국의 거대한 에너지기업이었으나 분식회계와 비윤리적 경영 때문에 310억 달러의 빚을 안고 2001년 12월에 파산했다. 미국역사상 가장 큰 규모의 파산이란 점에서 커다란 충격을 주었다.

'로이스, 렌 회사'가 이 법안을 캘리포니아 국민투표에 회부하기 위해서는 17만 5,000명의 지지서명이 필요하다. 그러려면 돈도 많이 들고 시간도 많이 걸릴 거라고 로이스는 말한다. 홍보가 시작되면 더 어려울 것이다. 그러나 국민투표에 회부되지 않는다고 하더라도 법안에 표현된 생각은 다른 사람들에게 영감이 되었다. 실제로 적용할 수 있는지는 모르지만 좋은 생각인 것만은 확실하다고 캘리포니아 주도인 쌔크라멘토(Sacramento)에 살고 있는 낸씨 프라이스(Nancy Price)와 벤 셰어(Ben Sher)는 나에게 말했다. 낸씨와 벤은 '민주주의동맹' 지부를 운영한다. '민주주의동맹'은 1996년에 결성된 전국조직으로서 '새로운 대중운동'을 자처한다. 조직의 목표는 '거대기업이 우리 경제, 우리 정부, 우리 문화, 우리 언론, 환경을 지배하는 상황'을 종식시키기 위한 기반을 마련하는 것이었다.[7] 전국에 30개 이상의 지부가 있는데, 포인트아레나 지부를 운영하는 것은 잔과 빌이다. 미국정치, 미국기업, 미국생활에 중점을 두

기는 하지만, '민주주의동맹' 역시 세계적 운동, 세계적 흐름의 일부라고 자처한다. 2002년 '민주주의동맹' 대표들은 '요하네스버그정상회담'에 참석하고 돌아와서, 다른 나라 기업현황을 보고했으며, 기업권력을 세계적 차원에서 제어하는 방안을 둘러싼 논쟁의 장을 마련했다. 제프 밀첸과 폴 씨엔푸에고스는 국민과 기업의 관계를 근본적으로 재고함으로써 논쟁이 긍정적인 방향으로 진행되기를 바라는 사람들이다.

약 5,000킬로미터 떨어진 매사추세츠주 케이프코드(Cape Cod)에서 나는 메어리 제퍼닉(Mary Zepernick)과 버지니아 라스무쎈(Virginia Rasmussen)을 만날 수 있었다. 그들이 일하는 단체는 내가 미국에서 만나본 모든 운동가에게 영감을 주었다는 '기업·법률·민주주의프로그램'(POCLAD)이다. POCLAD는 폴 씨엔푸에고스와 제프 밀첸 같은 사람들이 활용할 수 있도록 운동의 철학적 근거들을 공급해온 두뇌집단이다. 버지니아에 따르면, '훈련가를 훈련시키는 것'도 POCLAD의 임무 중 하나다. 한편, 메어리가 생각하는 POCLAD는 미국 독립혁명의 과업(진정한 민주주의의 확립)을 마무리하는 혁명완성프로젝트다. "진정한 민주주의는 하나의 약속일 뿐 한번도 실현된 적이 없습니다. POCLAD가 하는 일은 기업의 지배권한에 맞서는 것일 뿐 기업에 반대하는 것이 아닙니다." 이런 '민주적 대화'는 미국 전역에서 점점 목소리를 높이는 중이다.

이번에 미국을 돌면서 나는 많은 것에 흥미를 느꼈고, 때로 흥분을 맛보았다. 지역사회 차원에서 기업권력에 도전하는 것이 실제로 가능할 것 같다. 적어도 도전을 시작하는 것은 가능할 것 같다. 또 민주주의·권한·사기업의 권력에 대한 논쟁에 사람들의 관심을 불러일으키는 것도 가능할 것 같다. 양상은 달라도 세계 어디서든 일어날 수 있는 일이다.

그러나 아직 물어보기 어려운 질문들이 남아 있다. 내가 보기에 이 활동모델에는 심각한 결점이 있는 것 같다. 예를 들어, 지금까지 통과된 법안이나 결의안을 보면, 실제적인 내용보다는 상징적인 의미가 더 중요했다. 법안에 실제적인 내용이 있었다면 기업이 가만히 있었을까? 캘리포니아에서 로이스 로빈스의 '삼 세 번' 발의가 통과된다고 치자. 본사만 캘리포니아 밖으로 옮기면 만사오케이다. 지방법이 아무리 강력하다 하더라도, 그것만으로는 충분한 해결책이 될 수 없다. 국제적인 무역조례 네트워크도 상존한다. 무역조례 제정에는 대부분 기업의 입김이 작용하며, 따라서 다국적기업에 유리하다. 미국의 수많은 운동가가 '기업인격' 박탈에 심혈을 기울이고 있지만, '기업인격'이 없어진다 하더라도 WTO, NAFTA 등 무수한 공식·비공식 협정은 미국, 나아가 전세계를 기업의 자유무역모델 안에 묶어둘 것이다. 세계무역은 거대기업에 의존한다. 거대기업을 제어하기 위해서는 무역모델 자체를 근본적으로 바꿔야 한다. 무역모델을 바꾼다? 좋은 얘기다. 여기에 반대하는 운동가는 없을 것이다. 그러나 실제로는 힘겨운 일이고, 여러가지 문제가 뒤따르는 복잡한 일이다.

그러나 이들의 활동을 이런 식으로 폄하하는 것은 옳지 않은 것 같다. 제프, 폴, 로이스, 빌, 두그, 잔, 메어리, 버지니아 등 수많은 사람들이 미국 전역에서 많은 일을 하고 있다. 여기서 중요한 것은 개별적인 법률개정이나 결의서나 사업자동맹 같은 것이 아니라, 이런 일에 수반되는 공개토론이나 이런 일로 다져지는 지지기반이다.

이것은 기업권위의 정당성을 박탈하기 위한(변화를 가져올 세력기반을 마련하기 위한) 장기캠페인이라는 말을 나는 수도 없이 들었다. 캠페인은 계속될 수도 있고, 그렇지 않을 수도 있다. 캠페인이 계속된다 하더라도 지금 운동가들이 생각하는 것과 완전히 다른 형태로 변할 수도 있다. 그러나 한 가지 분명한 사실이 있다. 대중적 기반을 마련하는 것이 캠페인의 관건이라는 사실이다. 대중의 지지가 없다면 아무 일도 일어날 수 없을 것이다. 대중의 지지가 있다면 무슨 일이든 할 수 있을 것 같다.

대중적 지지기반은 실제로 마련될 수 있다. 사실 이미 마련되어 있다. 미국에는 눈에 보이지 않는 강력한 대중주의전통이 있다. 대중주의가 표면에 드러나 전국적 규모로 기업권력과 대치했던 최근 사례는 19세기 후반, 미국 전역에서 일어났던 '농민동맹'운동이다. 산업독점과 농업독점의 파괴를 목적으로 출발했던 농민동맹은 농촌에서 부자금융업자가 휘두르는 권력을 제압하고, 민주주의를 지역사회 차원으로 되돌렸다. 당시 미국은 새롭게 권력을 획득한 기업'인간'에 지배받는 상황이 심화되는 중이었다. 전성기의 농민동맹은 회원이 150만 명에 이르렀고, '전국흑인농민동맹'이라는 비슷한 조직도 회원 200만 명을 자랑했다. 당시 흑인농부들이 내세웠던 목적은 오늘날의 상황에도 충분히 적용될 수 있다. "지금 산업계급은 오만한 자본가와 강력한 기업으로부터 고통과 수치를 당하고 있다. 이로부터 우리 국민을 구해내야 한다."

1890년대에 농민동맹은 민주당에 환멸한 지지자들 및 기타세력과 연계하여 '인민당'(Populist Party)을 만들었다. 미국 역사상 제3당으로서는 가장 큰 영향력을 행사했던 인민당은 정치개혁을 통해서 기업을 통제하고 농업을 보호하는 것을 목적으로 했다. 1890년 선거에서 인민당은 상원과 하원에서 수십 석을 차지했다. 1892년 대통령선거에서는 인민당 후

보자가 100만 표 이상을 얻었다.[8)]

인민당은 나중에 해체됐다. 그러나 인민당의 이념은 사라지지 않았다. 아직도 살아 있다. 내가 만난 사람들 중에도 인민당에서 영감을 얻었다는 사람이 많았다. 만약 이런 일이 다시 한번 일어날 수 있다면, 세계경제의 발전소, 미국에서 나오는 충격파가 전세계로 퍼질 것이 분명하다.

지금 미국국민은 테러공격에 위기를 느끼고 국가통합을 염원하면서 기업형 행정부를 밀어주고 있다. 이처럼 돈을 밝히는 행정부는 최근 수십 년 사이에 나온 적이 없었다. 이런 상황에서 기업과 민주주의의 유착에 저항하는 대중운동이 일어나기는 그 어느 때보다 요원한 것 같다. 그러나 상황은 겉으로 보이는 것만큼 나쁘지 않을지도 모른다. 캘리포니아와 콜로라도에서 내가 본 투표발의 외에도 기업의 국가지배에 저항하는 지역사회의 움직임은 많다. 열심히 찾을수록 더 많이 보인다.

1993년에 그린필드(Greenfield)라는 매사추세츠주에 있는 소도시에서는 월마트의 대형매장 건설에 반대하는 투표를 실시했다. 캠페인을 지휘했던 전직 신문기자 앨 노먼(Al Norman)은 이 일을 계기로 '스프롤-버스터즈'(Sprawl-Busters)라는 전국적 운동을 시작했다. 단체의 목적은 전국 지역사회에 힘을 실어줌으로써 초대형 체인점의 지역사회 초토화를 막자는 것이다. 그 결과 30개가 넘는 도시에서 월마트를 비롯한 '빅박스' (big box)체인점을 막을 수 있었다. 캘리포니아주에 있는 카멜(Carmel)과 쏠뱅(Solvang) 등의 도시에서는 모든 체인식당을 금지했다. 플로리다의 팜비치(Palm Beach), 캘리포니아의 싼타크루즈에서는 체인영업을 제한하는 법률을 실시한다. 매사추세츠의 플리머스(Plymouth)에서는 일부지역에서 '박스스토어'(box store)를 금지한다. 9개 주에서

D할머니 도리스 해덕.

는 기업이 농업에 관여하는 것을 금지하는 법을 채택했다. 분명 더 많은 사례가 있을 것이다.

이런 일이 특정지역에 국한된 것만도 아니다. 불만은 전국으로 확산된다. 1999년에 중대사건이 일어났다. 89세의 도리스 해덕(Doris Haddock) 할머니가(곧 'D할머니'로 유명해진다) 정경유착에 항의하며 미국횡단행진을 시작한 것이다. 노환·폐기종·천식을 앓고 있는 키 150센티미터의 할머니가 캘리포니아에서 워싱턴 DC까지 5,100킬로미터 이상을 걸으면서 정격유착을 금지하는 법률제정을 요구하는 캠페인을 벌였다. 도리스는 캘리포니아와 워싱턴 사이에 있는 크고작은 도시에서 연설하며 수천 명의 사람들을 끌어모았다. 의원들이 나와서 도리스 곁에서 걸었고, 도처에서 도리스의 목표를 지지하는 사람들이 나타났다. 당시의 여론을 전형적으로 보여준 2000년 9월 'ABC뉴스' 여론조사에서도 미국인의 63%가 "대기업의 권력과잉이 국익에 해롭다"고 생각하는 것으로 나타났다.[9] 도리스가 워싱턴에 도착했을 때, 도리스를 환영하기 위해 수천 명의 인파가 거리에 나왔다. 그 자리에 모인 사람들에게 도리스는 자신의 목표가 "우리와 정치참여 사이에 끼어드는 탐욕과 부패의 세력을 완전히 물리치는 것"이라고 말했다.[10]

D할머니는 기업이 "공동식탁 앞의 돼지들"이라고 했다. 수만 명이 공감을 표했다. 2001년 3월, 국회는 최소한 기업자금의 일부가 미국정치로 흘러드는 것을 막는 것을 골자로 하는 논쟁적인 법안을 둘러싸고 격론을 벌였다. 그리고 바로 그 시간에 D할머니는 7일 동안 국회의사당건물 주위를 쉬지 않고 돌았다. 법안은 통과되었다. 부시행정부로서는 짜증나는 일이었을 것이다.

여기서 우리는 미국에서만 볼 수 있는 대단히 흥미로운 사실을 발견한다. 이 모든 일이 애국심(미국혁명의 이념들)에 호소함으로써 이루어졌다는 사실이다. 자유, 자치, 해방, 민주주의. 국민에 의한, 국민을 위한, 국민의 정부. 이러한 이념은 좌파와 우파, 젊은 세대와 기성세대를 하나로 묶을 수 있고 실제로 하나로 묶는다. 새로운 민주주의로 나아가는 미국의 투쟁은 1776년의 민주주의정신을 근거로 삼는다는 것이다. 미국은 초창기 민주주의의 도구(지역사회법, 투표발의권 등)를 사용하여 시민과 기업의 관계를 근본적으로 변경 내지 수정하려 한다. 지금의 상황은 그 반대지만, 근본적으로는 '국민'에게 권위를 부여하고, 기업이 국민에게 청원하게 해야 한다. 새로운 국민운동이 미국에서 시작될 수 있을까? 미국에서 시작되는 국민운동은 기업통치의 심장부에 씨앗을 심을 것이다. 기업통치의 수혜세력이 비료가 될 것이다.

제 09 장

폭풍전야

"우선 그들은 당신을 무시한다. 다음으로 그들은 당신을 비웃는다. 그러고 나서 그들은 당신을 공격한다. 그러면 당신은 승리한 것이다."

마하트마 간디.

"지금 우리 눈앞에서 벌어지는 일을 보면, 정치에서 불가능한 개혁이란 없다. 지금은 혁명의 시대다. 모든 것을 꿈꿀 수 있다."

토머스 페인, 1791년.

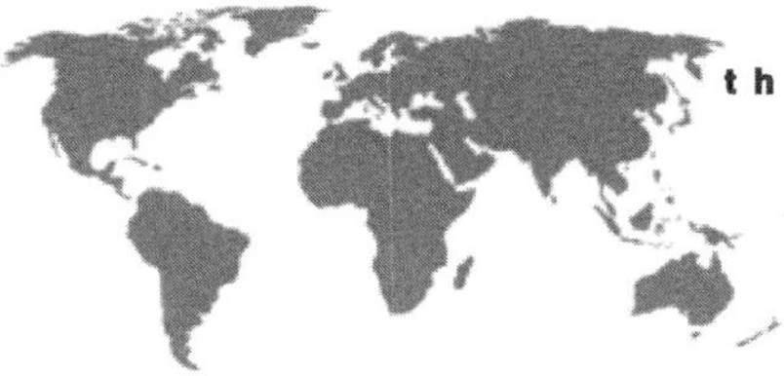

the gathering storm

1381년 6월 12일 수요일. 화창한 날이었다. 새들이 지저귀는 블랙히스(Blackheath)는 중세 런던에서 동남쪽으로 8킬로미터 떨어진 오래된 공유지였다. '그리스도의 몸'(Corpus Christi) 축일 전야였다. 영국농민이 풀밭에 대규모로 운집했다. 그들은 존 볼(John Ball)이라는 목사의 설교에 귀를 기울이고 있었다. 볼이 전한 것은 복음만이 아니었다. 그는 혁명을 말했다. 그리고 모여든 군중에게 이렇게 충고했다. "모든 영주, 모든 주교, 모든 수도원신부를 제거하라.[1] 봉건제와 노예제를 폐지하고, 왕실과 교회의 땅을 빼앗아 민중에게 돌려주라."

켄트(Kent)와 에씩스(Essex) 등지에서 모여든 농민들이었다. 그들은 존 볼 목사 곁에서 짧은 칼을 갈거나 활시위를 시험했다. 10만 명이 넘었다. 화가 나고 지치고 인내의 한계에 도달한 사람들이었다. 봉건제하에서 이들의 신분은 노예와 다를 바 없었다. 이제 그들은 주인에게 반기를 들었다.

사상 초유의 반란이었고, 아무도 예상치 못한 반란이었다. 그러나 반란이 일어난 데에는 충분한 이유가 있었다. 농민들은 수십 년 동안 극심한 고통에 시달렸다. 부당한 법 때문에 가난에 허덕였고, 사소한 잘못에 과도한 처벌이 뒤따랐다. 교회와 귀족은 부패하고 탐욕스러웠다. 국왕과 정부는 농민의 고통을 외면했다. 화약고에 불을 지른 것은 의회였다. 돈이 궁했던 의회가 '인두세(人頭稅)'라는 해괴한 세금을 만들어낸 것이다. 1381년 5월에 에씩스농민들이 세리(稅吏)들을 공격하기 시작했다. 에씩스에서 시작된 움직임은 켄트, 노퍽(Norfolk), 링컨셔(Lincolnshire) 등지로 빠르게 퍼졌다. 며칠 만에 엄청난 수의 농민들이 도시와 시골을 행진하며 관리와 세리를 목매달고 성직자와 귀족의 저택을 불살랐다. 그리고 런던으로 향했다. 그들의 목적지는 런던이었다.

반도(叛徒)들은 수도 외곽에 도착했다. 반도들의 지도자는 메이드스톤(Maidstone) 출신의 와트 타일러(Watt Teghler)였다. 그들은 무기도 있었고, 숫자도 많았다. 거칠 것이 없었다. 그들은 자신들이 처한 현실을 분석하기 시작했다. 존 볼과 와트 타일러가 그들에게 혁명사상의 씨앗을 심었다. 이제 그들이 원하는 것은 단순한 세금감면이나 공정한 처우가 아니었다. 그들은 농노제를 종식하고, 교회를 해체하고, 사회관계와 경제조직을 근본적으로 변화시키기를 원했다.

이들은 블랙히스에서 국왕을 기다리는 중이었다. 농민군은 국왕에게 할 말이 있었다. 국왕은 이제 막 왕위에 오른 리처드 2세(Richard Ⅱ)였다. 불과 열네살이었다. 농민군은 국왕이 자신들의 요구를 들어줄 거라고 믿었다. 체제가 썩었다는 것은 그들도 잘 알고 있었다. 그래도 그들은 믿었다. 국왕은 썩은 체제를 되살릴 수 있을 거다. 국왕은 신이 내린 사람이다. 국왕에게 말하면 들어줄 것이다. 국왕은 우리를 이해할 것이다. 국왕은 체제를 뒤집을 수 있을 것이다.

그러나 국왕은 나타나지 않았다. 분노한 농민들은 런던으로 쳐들어가 성문을 부수고 거리에 불을 질렀다. 사흘간 부잣집에 불을 질렀고, 교회와 법원에 들어가 성직자와 법률가를 죽였고, 기도하던 캔터베리(Canterbury) 대주교를 칼로 찌르고 목을 베었다. 농민들은 런던탑 주위에서 어린 국왕과 벌벌 떠는 신하들을 포위했다. 국왕을 만나지 못하면 돌아가지 않겠다고 했다.

그러나 그들은 국왕을 죽이러 온 것이 아니었다. 그들은 오히려 국왕을 구하러 온 것이었다. 부패와 무능에서 구하고, 잘못된 체제에서 구하려는 것이었다. 그들이 원한 것은 혁명이 아니라 개혁이었다. 그들은 영국이 좋은 나라가 되기를 원했고, 영국에서 정의가 실현되기를 바랐다. 그들의 국왕이 영국을 개혁해주리라 믿었다. 귀족이 평민에게 의무를 다하는 것은 봉건제의 이상이었다. 그들은 국왕에게 약속을 받아냈다. 그리고 국왕이 약속을 지키리라 믿었다. 치명적인 실수였다.

왕은 런던 변두리 스미스필드(Smithfield)에서 반도들을 만나기로 약속했다. 와트 타일러는 옥수수밭을 가로질러 국왕에게 나아갔다. 국왕은 물었다. "왜 고향으로 돌아가지 않느냐?" 타일러는 대답했다. 원하는 것을 얻을 때까지 돌아가지 않겠다. 가난한 사람들을 억압하는 가혹한 형법을 없애달라. 쫓겨나는 사람이 없게 해달라. 국왕과 대주교 하나씩만 남기고 모든 영주와 주교를 없애달라. 모든 교회의 토지와 재산을 골고루 나누어 갖게 해달라. 영주의 토지를 공유지로 해달라. 한마디로, 봉건제를 끝내자는 얘기였다. 그들은 '모든 사람의 자유'를 원했다.

국왕의 대답은 간단했다. 원하는 대로 해주겠다. 체제를 개혁하겠다. 내가 책임지겠다. 권력자가 책임을 진다는데, 모두에게 좋은 일 아닌가.

왕은 타일러에게 말했다. 사람들을 데리고 고향으로 돌아가라.

타일러는 허를 찔렸다. 이제 정말 돌아가지 않을 수 없었다. 타일러는 마실 것을 달라고 했다. 누군가가 맥주병을 내주었다. 타일러는 '감히 국왕 앞에서 무례하고 천박하게' 맥주를 마셨다. 국왕의 시종 하나가 그에게 욕을 했다. 싸움이 벌어졌다. 타일러에게는 단도가 있었다. 국왕의 호위병들은 긴 칼을 숨기고 있었다. 타일러는 순식간에 칼에 찔렸다. 와트 타일러는 죽었다.

농민들은 상황을 전해 듣고 당황했다. 지도자가 죽자 어쩔 줄 몰랐다. 국왕 쪽으로 불화살을 쏘는 사람도 있었다. 열네살짜리 국왕은 눈 하나 깜짝하지 않고 평민들 쪽으로 달려왔다. 국왕은 외쳤다. 타일러는 너희를 저버렸다. 타일러는 배신자다. 너희에게 새 지도자가 생겼다. 바로 나 리처드다. "나는 너희의 국왕, 너희의 지휘관, 너희의 지도자다."[2] 농민들은 리처드를 믿었다. 농민들은 국왕에게 감사하며 국왕을 의심한 것에 대해 무릎 꿇고 용서를 빌었다. 반란은 끝났다.

수십만의 농민들이 고향으로 돌아갔다. 그들은 국왕이 약속한 더 좋은 삶에 대한 기대로 부풀어 있었다. 그러나 리처드는 약속을 지키지 않았다. 오히려 군인들을 내려보내 주모자를 체포했다. 체포당한 사람들은 교수형에 처해졌다. 몇달간 피의 보복이 켄트와 에씩스를 휩쓸었다. 불가항력적이라던 반(反)엘리뜨 민중봉기는 며칠 만에 연기처럼 사라졌다. 어떤 역사가는 이렇게 말했다. "이 폭풍의 규모는 엄청났다. 지평선 전체를 뒤덮고 태풍처럼 각 지방을 휩쓸었다. 그러다 갑자기 사라졌다. 이 태풍은 생겨난 이유도, 없어진 이유도 설명할 수 없다."[3] 날씨가 변한 것뿐이었다. 봉건주의는 살아남았다.

지금은 21세기 초. 나는 지금 책상 앞에 앉아서 내가 갔던 곳들과 내가 봤던 것들을 떠올린다. 모든 것을 빼앗긴 이들이 새로운 반란을 준비한다. 권력의 레이더망에 걸리지 않는 곳에서 새로운 폭풍이 일어난다. 새로운 반란은 블랙히스나 주교나 귀족의 세계와는 거리가 먼 것 같다. 잉글랜드의 한겨울, 지금 내가 살고 있는 컴퓨터모니터 앞의 세계와도 거리가 먼 것 같다. 내가 있는 곳에서는 세상 돌아가는 꼴을 도저히 바꿀 수 없을 것 같다. 나는 세계가 바뀔 수 있다고 생각한다. 그리고 이미 바뀌고 있다고 생각한다.

나는 다섯 개 대륙을 돌면서 대중운동의 빠른 성장을 목격했다. 운동을 주도하는 세력은 '개발도상국'의 빈민이며, 운동은 점점 부자나라로 확산된다. 이것은 빼앗긴 사람들의 운동이다. 이들은 불합리한 경제제도로 부를 빼앗겼고, 불법적인 사유재산제도로 권력을 빼앗겼고, 지구 반대편에서 체결된 무역법규로 토지와 자원과 생활방식을 빼앗겼다. 돈밖에 모르는 교활한 소비주의로 삶의 의미를 빼앗겼다.

수백만이 넘는 빈민에게 세계화란 배제의 논리에 불과하다. 세계화체제, 세계화과정은 해마다 점점 더 많은 사람들을 배제한다. 세계화체제의 성장을 위해 점점 더 많은 사람들이 자신의 필요, 자신의 욕망, 자신의 가치에서 배제된다. 이 배제의 논리 때문에 이 운동이 생겨났고, 이 배제의 논리 때문에 이 운동의 숫자가 늘어난다. 분노가 확산되고 저항이 거세진다.

런던에서 새로운 행진대열이 정비된다. 1391년과 2003년은 비슷한 점이 많은 것 같다. 우리는 두 번의 폭풍에서 교훈을 얻었다. 국왕 리처드 2

세는 폭풍을 견디고 살아남았고, 지금 세계를 다스리는 새로운 왕들은 한창 폭풍에 얻어맞는 중이다. 지금 운동은 옛날 폭풍에서 교훈을 얻은 것 같다.

예를 들면, 지도자 한 사람에 의지하는 것은 치명적인 약점이 될 수 있다. 타일러가 죽으면 어쩔 건가? 자발적 봉기는 놀라운 효과가 있는 반면, 확실한 조직과 목표와 경험이 없을 경우 눈 깜짝할 사이에 자취를 감출 수도 있다. 왕이나 기업이 악수를 청할 때 정신을 바짝 차려야 한다. 도시로 진격할 때는 부탁하지 말고 요구해야 한다. 그래야 그들이 귀를 기울인다.

그러나 가장 중요한 교훈은 따로 있다. 아주 오래된 교훈이다. 권력은 주고받는 것이 아니라 장악하는 것이다. 우리는 엄청난 인원을 동원할 수 있다. 우리는 그들의 궁전으로 쳐들어갈 수 있다. 우리는 수도를 산산조각낼 수 있다. 우리는 놀라운 변화를 요구할 수 있다. 그러나 정말로 변화를 원한다면, 지금의 체제에 아무것도 기대해서는 안된다. 지금의 체제는 내재적으로 불공정한 체제이며, 불평등 위에서 번영하는 체제다. 이런 체제에 뭔가를 기대한다면 대단히 실망할 것이다.

혁명가의 말처럼 들려도 할 수 없다. 나는 이 책 처음부터 혁명을 말했다. 괜히 한번 해본 말이 아니다. 물론 지금의 혁명은 근대사에 나오는 혁명과는 다르다. 우리가 흔히 알고 있는 혁명은 붉은 별을 단 게릴라나 '인민정당'이 새로운 낙원을 건설한다면서 거창한 이상을 앞세워 권력 쟁탈을 반복하는 그런 것이었다. 그러나 지금의 혁명은 다르다. 혁명이 언제 일어날지 궁금한가? 혁명은 벌써 시작되었다. 혁명은 쏘웨토

(Soweto)와 뽀르뚜알레그리(Porto Alegre), 자야푸라(Jayapura)와 라가루차(La Garrucha), 이따뻬바(Itapeva)와 포인트아레나(Point Arena)에서 한창 진행중이다. 혁명의 속도, 혁명의 규모, 혁명의 야심이 점점 커져간다. 지금 여기 내가 앉아 있는 책상 앞에서도 혁명의 속삭임이 들려온다. 거대한 기계가 삐걱거리며 돌아가는 소리도 들리고, 기계를 멈추고 나사를 돌리는 소리도 들린다.

아래의 목록은 내가 이 장(章)을 쓰는 동안 일어난 사건들을 무작위로 추출한 것이다.

증거 A: 소비자 선택

에꽈도르의 신임대통령 루시오 구띠에레스(Lucio Gutierrez)는 좌익정당 후보자였는데, 라이벌이었던 억만장자 사업가를 상당한 격차로 물리쳤다. 이로써 라틴아메리카에는 반(反)신자유주의정책을 실험하는 국가가 하나 더 늘었다. 몇달에 걸친 선거기간 동안 수도 끼또(Quito)에서는 수천 명이 거리로 쏟아져나와 미주자유무역지역(FTAA) 반대시위를 벌였다. FATT는 북미자유무역협정(NAFTA)을 아메리카대륙 전체로 확장하기 위해 백악관이 추진하는 계획이다. 2002년 11월 초순에 원주민을 비롯한 수만 명의 인파가 끼또로 몰려나와 **'생명 만세, FTAA 반대'(Sí a la vida, No al ALCA)**를 외쳤다.

증거 B: 대서양 바닥까지 달려가기

25년 된 유조선 '프레스티지'(Prestige)는 석유 7만 톤을 싣고 항해중 선체가 두 쪽으로 쪼개지며 대서양 바닥으로 가라앉았다. 에스빠냐 북서

부 연안은 수천 톤의 원유로 뒤덮였다. 『옵저버』(*Observer*)의 보도에 따르면, 사업허가증은 바하마연방공화국에 등록된 러시아대기업의 스위스 지사에 발급되었고, 소유자는 그리스인, 소유국은 라이베리아공화국, 항해허가증명서는 미국인들에게 발급되었다. 이 배는 지브롤터(Gibraltar)에서 연료를 채우면서 항구에 정박하지 않았다. 점검을 피하려는 속셈이었다. 이 선박의 조업방식은 모든 면에서 과세, 소유권약정, 조사단속을 최대한 피할 수 있도록 계산되었다.[4)]

증거 C: 유럽연합(EU)

이딸리아 피렌쩨(Firenze, 플로렌스)에서 '유럽사회포럼'이 열렸을 때 2만 5,000명이 모였다. 이라크 침공 당시 피렌쩨에서는 75만 명의 시위자가 침공반대를 외쳤다. 뽀르뚜알레그리에서 두번째로 열리는 세계사회포럼(WSF) 조직위는 10만 명 이상의 참여를 예상했다. 지난해 참가자의 거의 두 배다.

증거 D: 부의 창출

거대한 제약회사 중 하나인 '글락소스미스클라인'(GlaxoSmithKline) 사장 장-삐에르 가르니에(Jean-Pierre Garnier)가 봉급인상을 요구했다. 필라델피아에 거주하는 가르니에는 700만 파운드로 추산되는 자신의 현재 급여총액이 충분치 않다면서 회사 측에 처우개선을 요구했다. 2,400만 파운드 정도는 받아야 일할 마음이 난다는 것이었다. 최근 '글락소스미스클라인'의 수익은 25% 감소했다.

증거 E: 해봤는데 별로였어

아르헨띠나의 경제상황 악화로 직장을 잃은 노동자들은 파산한 공장문을 열고 협동조합방식으로 운영을 재개했다. 이렇듯 전국에서 수많은 대중반란이 일어났지만, 언론에 보도된 적은 한번도 없었다. 아르헨띠나 경제는 2001년 하반기에 하루아침에 무너졌다. 엄청난 부채, 국제통화기금(IMF)이 강요한 수십 년간의 민영화과정, 내핍, 소비하락, '시장신뢰도' 붕괴로 인해, 수년 동안 신자유주의의 성공담으로 거론되던 아르헨띠나는 불과 몇시간 만에 수백만 국민의 생활이 파탄났다. 오늘날 부에노스아이레스를 비롯한 지역사회 주민들은 거리에서 '대중집회'를 조직하고, 자신들의 동네를 자신들의 손으로 관리하고, 지역사회 경제활동의 자체적 운영을 시도한다. 이들은 시장이나 정치권의 비난 따위는 무시해버린다. 세계화 선전꾼들이 시키는 대로 했다가 비싼 댓가를 치렀던 아르헨띠나라에서는 '저들을 멀리하라'(Que se vayan todos)가 대중을 규합하는 구호가 되었다.

증거 F: 시장에 덤비지 마라

미국 최고의 투자은행 중 하나인 '모건스탠리'(Morgan Stanley)는 노조가 활발하거나 연금제도가 제대로 확립된 회사에는 투자를 피하라고 경고했다. "노조깃발이 보이면 일단 피하라"는 것이 은행의 충고였다. 은행의 설명은 너무나도 솔직했다. "노동비용·절차·연금수혜요건이 경직되면 직원들에게는 이로울지 모르지만 주주들에게는 대단히 해로울 수 있다."[5)]

증거 G: 누가 너한테 물어봤어?

'세계경제포럼'(WEF)은 '신뢰도'라는 주제로 실시했던 설문조사 결과를 내놓았다. WEF는 6개 대륙 47개 국 3만 6,000명에게 물었다. 14억 인구의 의견을 대변한다는 주장이었다. 응답자의 2/3는 자기 나라가 '국민의 의지로 통치된다'고 생각하지 않았다. 응답자의 절반 이상이 자국 국회나 대기업이 '사회에 이익을 준다'고 생각하지 않았다. '세계무역기구'(WTO), '세계은행'(IBRD), IMF보다는 차라리 국제연합(UN), 비정부기구(NGO), 심지어 무장세력을 신뢰했다. WEF는 "많은 주요기관에 대한 신뢰도가 심각한 수준으로 떨어졌다"라며 호들갑을 떨었다.[6)]

당신이 앉아 있는 곳에서도 들을 수 있다. 처음에는 멀리서 나지막하게 들리지만, 귀를 기울이면 점점 크게 들린다. 변화의 소리다. 당신에게, 우리에게, 원하든 원치 않든 들려온다. 세계가 계속 지금 같을 수는 없다. 20%의 부유층이 86%의 재화를 흥청망청 쓰는 동안, 80%의 빈곤층은 1.3%의 재화에 매달려 허덕거린다. 이런 상황은 계속될 수 없고, 계속되어서도 안된다. 지금의 저항운동은 변화의 조짐을 보여주는 한 가지 신호일 뿐이다.

나는 두 가지 질문을 가지고 여행길에 올랐었다. 이 운동에 무슨 의미가 있을까? 어떻게 이 운동의 원칙에 근거한 세계를 만들 수 있을까? 여행은 끝났다. 이제 대답할 수 있을 것 같다.

우리에게 무슨 의미가 있는가?

이 운동은 규모도 상당할 뿐 아니라 성격도 다양하다. 혼란스러울 정도다. 이 운동에는 열정적인 사람도 많고 논쟁에 열광하는 사람도 많다. 모든 사람, 모든 단체가 주장하는 모든 것을 한마디로 요약하기는 불가능하다. 때로는 모순점도 나타난다. 그러나 이 운동을 관통하는 원칙과 가치의 목록을 만드는 것이 불가능한 일은 아니다.

이 운동은 재분배(부의 재분배와 권력의 재분배)를 상징하는 운동이다. 이 운동은 평등(모두가 자기 몫을 얻는 것)을 상징하는 운동이다. 이 운동은 자치와 진정한 민주주의(참여민주주의와 대의민주주의)를 상징하는 운동이다. 이 운동은 (예외는 있지만 대체로) 전통적인 위계질서를 거부하는 진정한 조직모델을 상징하는 운동이다. 지도자와 추종자, 전위와 대중을 구분하는 기존의 좌익모델 역시 거부한다. 이 운동은 'DIY'(Do It Yourself)정치를 상징하는 운동이다. DIY정치란 자발적으로 행동하겠다는 의지와 소망, 거리로 나가겠다는 의지와 소망, 요구하기보다는 행동하겠다는 의지와 소망을 말한다. 이 운동은 경제적 독립, 반(反)소비주의 운동이며, '성장'이나 '발전' 개념을 새롭게 정의하는 운동이다. 이 운동은 시장가치와 사적 권력이 엄격하게 제한되는 세상을 꿈꾸고, 삶이 상품화되지 않는 세상을 꿈꾸며, 공유개념을 새롭게 정의하여 자원을 공유하는 세상을 꿈꾸고, 생태와 경제가 조화를 이루는 세상을 꿈꾸는 운동이다. 이 운동은 하향식 모델이나 '거창한 이념'을 거부하는 운동이다. 마지막으로, 이 운동은 권력을 되찾고 권력 개념을 새롭게 정의하는 운동이다.

8개월간의 여행 동안 많은 것을 깨달았다. 앞으로 몇년간은 이런 경험이 나에게 버틸 힘을 줄 것이다. 많은 사실을 배웠고, 어떤 신념은 버렸다. 어떤 신념은 정당성을 확인했고, 어떤 신념은 새로 생겼다. 그러나 내가 얻은 가장 큰 깨달음은 아주 단순한 것이다. 나는 이 운동의 핵심을 깨달았다. 이 운동의 핵심은 바로 권력이다.

내가 목격한 모든 운동의 핵심에는 권력이 있었다. 사람들이 투쟁을 벌이는 근본적인 이유는 무역이나 조약, 농업이나 소비주의 때문이 아니다. 기업 때문도 아니다. 권력투쟁은 시대에 뒤떨어진 개념인 줄 알았는데, 모든 투쟁의 저변에는 놀랍게도 권력투쟁이 있었다. '세계화'란 권력투쟁을 가리키는 최근 용어일 뿐이다. 세계화란 누가 주도권을 쥐는가를 결정하는 영원한 세계적 권력투쟁이다. 세계화는 누가 권력을 휘두르는가, 권력을 어떻게 휘두르는가, 무슨 근거로 권력을 휘두르는가를 결정한다. 나는 여행을 하면서 중요한 사실 하나를 알았다. 문제가 무엇이든, 어디서 생겼든, 결국 모든 것은 끔찍하게 단순한 두 가지 문제로 환원된다. '누가 지배하는가?'와 '왜?'이다.

일단 이것을 이해하면, 다른 것은 더 쉽게 이해할 수 있다. 이 운동이 왜 가난한 남반구에서 시작되었는지, 왜 체제의 수혜를 못 받은 곳에서 시작되었는지도 이해할 수 있다. 또한, 왜 체제를 신봉하는 편에서는 진정한 저항운동을 수행할 수 없는지, 왜 '세계화를 긍정적으로 운영하겠다'거나 기업들을 설득하여 '책임있는 행동'을 유도하겠다는 얌전한 제휴와 협상은 실패할 수밖에 없는지도 알 수 있다. 이 운동은 권력과 겨루고, 권력의 정당성에 의문을 제기하고, 자기 권력의 정당성을 주장하기 위해 만들어진 운동이다. 이 운동은 실제로 기존의 정당성에 의문을 제기하고 새로운 정당성을 주장하는 운동이다.

또한, 왜 이 운동이 권력 개념의 새로운 정의를 중요시하는지, 왜 권력 행사방식의 새로운 규정을 중요시하는지 알 수 있다. 이 운동은 권력과 관련하여 두 가지 과제를 설정한다. 첫째, 이 운동은 권력을 엘리뜨의 수중에서 탈환하여 낮은 곳으로 확장하고자 한다. 엘리뜨는 점점 더 현실과 괴리되며 정당성을 상실하기 때문이다. 둘째, 이 운동은 권력 개념을 새롭게 정의하고자 한다. 지금까지 많은 급진주의자들이 권력 개념에 문제를 제기한 이유는 권력을 특정한 엘리뜨집단에서 탈취하여 또다른 엘리뜨집단에 넘겨주기 위한 것이었다. 그러나 이 운동이 권력 개념을 재고하는 이유는 권력의 중심을 없애기 위한 것이다.

권력이 기업, 주식거래, 밀실협약, 대통령궁, 정상들의 연회장에 집중되어 있으므로, 공공재는 사적인 이해관계에 휘둘린다. 이것은 예외적인 상황이 아니라 상례적인 상황이며, 부대상황을 감안하는 결정이 아니라 개인의 이익 말고는 아무것도 안중에 없는 결정이다. 한마디로 권력은 끼리끼리 해먹는 데 사용된다. 이 운동도 이러한 사실을 잘 알고 있다. 이 운동이 본질적인 의미에서 권력투쟁이라면, 그것은 밀실에 대항하는 권력투쟁이며, 공공의 재화를 사적으로 도둑질하는 자들에 대항하는 권력투쟁이다. 이 운동은 공간을 되찾기 위한 권력투쟁이다.

치아빠스(Chiapas)주에서 '사빠띠스따'(Zapatistas)는 자치구역을 선포하고, 멕시코 '나쁜 정부' 의 손아귀에서 자신들의 정치적·물리적 공간을 회복한다. 꼬차밤바(Cochabamba)주민들은 공공재인 수자원 폐쇄조치에 저항한다. 제노바시위대는 통행금지당한 거리를 되찾기 위해서 싸운다. 쏘웨토사람들은 끊어진 전기를 연결한다. 빌리(Billy)목사는 체인점이 지역사회의 공간을 훔쳐간다며 사람들 앞에서 울부짖는다. '토지 없는 농민운동'(MST)은 폐쇄된 사유지의 담장을 허물고 빈민의 소유권을 주장한다. 볼더(Boulder)주민들은 동네상인들을 위해 거리에 대한 권리를 주장한다. 어디서나 투쟁은 권력을 위한 투쟁이다. 어디서나 싸움은 공간을 위한 싸움이다.

이 운동은 정치적 저항세력을 세계적 차원에서 결집하는 사상 초유의 사건이다. 이 운동은 권력에 대항하기 위해 생겨났다. 이 운동은 세계화 기획을 근거짓는 가치와는 완전히 다른 가치에 기초한 완전히 다른 세계질서를 추구한다. 이 운동에서 추구하는 가치는 다섯 가지 원칙으로 요약될 수 있다. 민주주의 · 다양성 · 탈중심 · 주권 · 개방성이 그것이다. 이들 원칙을 대립항과 병치하면, 왜 이렇게 요약할 수밖에 없는지 더 쉽게 알 수 있을 것이다.

우리는 무슨 일을 하는가?

지금까지 이 운동의 기본원칙을 살펴보았다. 원칙을 지키는 세상은 어떤 모습일까? 이 질문에 대답할 수 있다면, 이 운동의 기초전략을 세워볼 수 있다. 수도 없이 반복했던 말이지만, 이 운동에는 선언문이 없다. 선언문이 없으면 좋은 점이 많다. 우선, 세계가 나아갈 '하나의 길'은 없다. 또한, '문제는 하나, 정답은 많다'라는 모토가 공허한 구호가 아닌 실천원리의 기초가 될 수 있다. 나 역시 새삼스럽게 선언문을 만들 생각은 없다. 지금 꼭 이렇게 해야 한다는 완벽한 계획서를 쓰려는 것도 아니고, 거창한 이념을 정리하려는 것도 아니다. 나는 다만 우리가 바라는 그곳에 가기 위해 어떤 길로 가는 것이 좋을까 생각해보았다. 지금 벌어지는 운동에서 비롯되는 이념과 원칙에 기초한 길이다.

세계화는 배제·분할·종속을 가져온다. 세계화는 모든 층위에 영향을 끼친다. 세계화는 사람과 자치 사이에 끼어들고, 사람과 자원 사이에 끼

이상	현실
민주주의 정치적·경제적 차원. 자원 이용, 교육, '개발' 등 모든 것을 지역사회에서 결정하는 의사결정권의 확장 및 강화. 통치영역에서 시장의 지배력을 제거.	**독재** 시장과 기업, 그리고 그 제휴세력 및 종속세력이 국가행정을 지배. '좌파' 정치엘리뜨와 '우파' 정치엘리뜨의 구분이 점점 모호. 시장가치가 사회를 지배.
다양성 문화적 · 지리적 · 생태적 · 정치적 · 경제적 차원. 다양한 세계가 공존하는 세계.	**획일문화** 곡식 · 의류 · 이념의 획일성. 전지구 쇼핑몰, 차이의 소멸, 다인종은 세계시장이라는 미명하에 표백됨.
탈중심화 식량재배에서 대규모 사업계획까지 모든 것을 가장 낮은 층위에서 결정. 권력 개념의 재정의, 권력주체의 확대, 권력행사 통로의 합리화.	**집중화** 소유 집중으로 인한 권력 집중. 최종결정을 내리는 것은 부패한 정치가, 정당성 없는 무역대표, 너무 많은 보수를 챙기는 중계상.
주권 자결·자율·자유. 사람들이 능동적이고 독립적으로 자기 자신과 지역사회와 국가의 운명을 결정함.	**종속** 시민의 세계가 아니라 소비자의 세계이기 때문에, 개인의 필요를 채우기 위해서 기업과 정부, 선진 테크놀로지에 의존.
개방성 공유지, 공공자원, 공무, 진정한 시민영역을 개방. 시장가치가 침투하지 못하는 영역을 지정.	**폐쇄성** 토지·전기·유전자지도를 포함한 모든 자원을 사기업이 지배. 사적 이익이 세계를 구매하여 비싸게 되파는 세계.

어들고, 사람과 지역사회 사이에 끼어들고, 사람과 자연 사이에 끼어들고, 사람과 경제관할 사이에 끼어들고, 사람과 진정한 가치 사이에 끼어든다. 변화에는 두 단계가 필요하다. 우선, 우리와 우리가 꿈꾸는 사회 사이에 끼어든 제도·법률·이념·체제를 제거하고, 햇빛을 가리는 돈의 장막을 걷어내야 한다. 장애물이 사라져야 비로소 두번째 단계로 넘어갈 수 있다. 두번째 단계는 새로운 패러다임 위에서 새로운 세계, 새로운 가치, 새로운 체제를 건설하는 단계다. 물론 새로운 세계는 하나의 세계가 아니라 다양한 세계가 공존하는 세계일 것이다.

이제 두 가지 단계를 살펴보자.

1단계: 밭 갈기

신자유주의, 기업권력, 대량판매에 기초한 물질주의, 협소한 의미의 '성장'에 대한 맹목적 추종, 이런 것은 지구를 좀먹는 암적인 존재이며, 우리와 우리가 꿈꾸는 세상 사이를 가로막는 장벽이다. 우리는 이런 장벽을 걷어내고, 강력한 체제를 마련하여 이런 장벽이 다시는 생길 수 없도록 새로운 억제와 균형의 조치를 취해야 한다. 요컨대, 전혀 다른 원칙을 가지고 정치와 경제를 새로 만들어내야 한다. 새로운 원칙은 권력이 아니라 사람을 위하는 원칙이다. 이 원칙을 지킬 때 '성장'을 측정하는 방법은 완전히 달라질 것이다. 원칙을 지키면 개인적인 가치를 존중할 수 있는 체계적인 방법을 모색할 수 있을 것이다.

지금은 반쪽짜리 조치나 점진적인 개혁에 만족할 때가 아니다. 우리는 판을 뒤엎고 완전히 새로 짜야 한다. 이를 위해 만들어진 세계적 차원의 제안들 중에서 몇가지만 소개해보겠다.

WTO·IMF·IBRD를 폐지하자—전후 '브레튼우즈(Bretton Woods)체제'는 완전히 썩었다. 기업의 이익에만 몰두하는 체제는 세상을 점점 악화시킬 뿐이었다. 이 세 기관을 깨끗하게 청소하고, 새로운 가치에 기초한 새로운 기관을 만들어내야 한다. '세계사회포럼 내 세계화에 대한 국제포럼'에서 나온 제안들에서 출발하는 것도 좋은 방법이다. IBRD와 IMF를 없애고 '구조조정'원칙을 폐지해야 한다. 구조조정명령을 받은 국가들은 시장의 '효율성'이라는 미명하에 자국의 공기업을 없애는 중이다. 우리는 이런 기관을 없애고 민주적인 UN 산하기관을 만들어 제3세계 부채를 없애고 국제금융의 흐름을 제한하고 빈곤의 제 몫을 챙겨줄 조치를 취해야 한다. WTO를 대체할 기관은 환경보호, 빈곤 감소, 자원 이용의 공평성을 위한 엄격한 무역규제를 이루어야 한다. 예를 들면, 녹색당 유럽의회 의원 캐롤라인 루카스(Caroline Lucas)는 WTO조약을 '지속가능한 무역에 대한 일반협정'(GAST)으로 대체하여 세계무역의 틀을 재조정할 것을 제안했다. 무역 증진을 우선시하는 WTO와는 달리 GAST는 정부에 재량권을 줌으로써 지방산업과 국가산업을 다시 한번 육성하고, 무역관련지적재산권협정(TRIPS)을 없애고, 지속가능한 농업과 지역사회 경제활동을 증진하고, 환경보호와 세계경제의 틀을 연결함으로써 세계경제의 방향을 바로잡을 수 있다.

세계자금을 묶자—1933년에 경제학자 존 메이너드 케인스(John Maynard Keynes)는 이렇게 말했다. "나는 국가들 사이의 경제적 관계망을 최대화하려는 사람들보다는 최소화하려는 사람들에게 공감한다. 이념·지식·

과학·써비스·여행 등은 본질적으로 국제적이다. 그러나 합리적이고 편의적으로 이루어진다면 자국에서 물건을 만드는 것이 낫다. 재정은 일차적으로 국가적이어야 한다." 케인스는 IBRD와 IMF의 창설자 중 하나였다. 당시 이 두 기관을 만든 것은 파괴하기 위해서가 아니라 성장하기 위해서였다. 통제를 벗어난 금융자본이 인간의 필요를 산 채로 좀먹는다는 것을 케인스는 너무도 잘 알고 있었다. 오늘날 세계금융체제와 개방적 투자흐름은 선거를 통해 집권한 정부를 볼모로 잡고 있다. 국민의 선거로 뽑혔는데, 국가의 체계를 바꾸다니. 그러나 어쩔 수 없다. 시장의 눈밖에 나면 일국의 경제는 순식간에 무너지기 때문이다. 이것은 모두 민주주의원칙에 위배된다. 민주주의가 무의미한 단어로 전락하지 않으려면, 금융을 통제해야 한다. 금융통제를 위한 방법으로 국제금융투기에 대한 과세, 국제은행에 대한 재규제, 외환관리의 재도입 등이 거론되었다. 신신세계질서는 현실에서 살아가는 현실적인 사람들의 현실적인 필요에 기초한 질서이다. 신신세계질서는 무역업자나 투자자나 주주들의 순간적인 만족에 기초한 질서가 아니다. 신신세계질서는 자신의 결정이 초래하는 현실적인 효과에 대한 책임을 외면하는 사람들의 질서가 아니다.

기업을 재설계하자—기업이라는 기계는 두 가지 일을 한다. 이윤창출과 지속성장이 그것이다. 오늘날 기계는 주인이 부과한 한계를 넘어서서 이 두 가지 목적을 가로막는 것은 무엇이든 파괴해버린다. 마치 1950년대 B급영화에 나오는 정신 나간 로봇 같다. 환경, 인권, 문화적 차이, 시장가치 이외의 가치들이 모두 파괴된다. 새로 생긴 수많은 규제나 '기업의 사회적 책임' 같은 해결책을 가지고는 이런 문제를 풀 수 없다. 기업기계를 처음부터 다시 만들어야 한다. 완전히 새로운 공식을 가지고 설계부터 다시 해서 기계가 다시는 주인의 자리를 넘보지 못하게 해야 한다. 미국의 초창기 기업조직모델에서 힌트를 얻을 수 있다. 당시에는 회사가 설립허가를 받으려면 특별한 목적을 제시해야 했고, 정기적으로 사업허가를 갱신해야 했다. 기업은 세금을 점점 많이 내야 했고, 기업의 활동범위는 국경을 넘지 않았다. 기업이 정치에 관여하는 것은 금지되었다. 기업이 저지른 크고작은 범죄에 대해서는 사장과 주주 개인에게 재정적·법적 책임을 물었다. 그밖에 엄격한 조항들을 덧붙일 수도 있다. 기업이 지금 사회에 떠넘기고 있는 비용을 기업 '내부'로 돌릴 수 있다. 예를 들면, 정유기업에 기상이변에 대한 재정적·법률적 책임을 지게 할 수 있고, 목재회사의 대차대조표에 생태계 파괴에 따른 엄청난 비용을 포함시킬 수 있다. 대기오염을 정화하고, 교통체증을 해결하고, 교통사고 피해자들을 구제할 비용을 부담하는 것은 사회 전체가 아닌 자동차회사가 돼야 한다. 지역사회가 지역 내 기업의 운영방식, 나아가 기업의 존립 유무를 결정할 권리를 확보해야 한다. 기업의 언론사 소유에 엄격한 제한을 둬야 하며, 기업에 대한 정부보조와 세금감면을 금지해야 한다. 이 모든 것을 한꺼번에 실행할 수만 있다면, 세상은 뒤집힐 것이다.

UN을 다시 만들자—UN을 강화하고 민주화해야 한다. 이것은 간단한 일도 아니고 쉬운 일도 아니지만 분명 대단히 중요한 일이다. UN이 정상화되기만 한다면, 위에서 언급한 조치들을 실행할 수 있다. 각국 정부는 인권보호법에서 기상변화방지법에 이르는 수많은 국제법에 이미 합의한 상태다. 그런데 국제법을 집행할 권한을 가진 것은 자원도 빈약하고 예산도 턱없이 부족한 UN이다. WTO, 기업, 투자자 그리고 정부들 때문에 UN의 노력이 무산될 때가 너무 많다. 즉각적인 무역과 통상의 요구가 다양한 생물종 보호나 약자에 대한 착취 금지보다 우선하기 때문이다. UN 산하에 무역과 재정을 규제하는 기구를 만들어 이곳에서 새로운 제도를 제정해야 한다. 이런 제도를 포함한 모든 국제협약에는 원칙이 필요하다. 첫째, 모든 세계 경제활동은 환경을 보호하고 평등을 증진하고 빈곤을 줄이는 것이어야 하며, 해당지역 사람들에게 설명될 수 있는 것이어야 한다. 둘째, 환경·민주주의·인권을 보호할 목적으로 제정된 법은 무역보다 우선해야 한다. 이 모든 것을 실행하기 위해서는 UN을 근본적으로 민주화해야 한다. 가난한 나라와 부유한 나라에 똑같은 발언권을 부여해야 하고, 부가 아닌 인구를 영향력 행사의 원칙으로 삼아야 하며, 기업과 상업적 이익이 전지구적 의사결정에 발언권을 가지게 해서는 안된다.

공공재를 다시 생각하자—사유재산과 공유재산의 관계를 근본적으로 재설정하고, 재설정된 관계를 제도화해야 한다. 세계화는 모든 것을 사유화하고 상품으로 변형한다. 대차대조표상으로는 이익이겠지만, 삶은 점점 삭막해진다. 따라서 UN은 공공재를 규정하고, 보호하고, 확대하는 임무도 맡아야 한다. 시민영역과 공공장소를 확실하게 보호해야 하며, 사기업의 공공재 독점을 막아야 한다. 제도와 재화를 사기업의 침범이나 시장가치로부터 영구적으로 보호할 수 있는 국제법을 제정해야 한다. 교육·의료·공영방송·박물관·도서관 등의 공공써비스, 유전자지도에서 곡물품종에 이르는 생명, 사람들에게 공공의 재화를 제공하는 물·공간·공기 등, 이 모든 것이 공공성을 보장하고 사기업의 침범을 금하는 엄격한 규칙에 따라 보호돼야 한다.

세계적 대화—마지막으로, 세계적 대화의 장을 마련해 세계가 어디로 가고 있는지, 우리는 어떤 세상을 원하는지 이야기해야 한다. 민주주의란 무엇인가? 민주주의가 제대로 굴러가게 하려면 어떻게 해야 하는가? '성장'이니 '발전'이니 하는 말은 무슨 뜻인가? 우리는 세계가 나아가는 방향에 만족하는가? 보편적인 인간의 가치란 무엇인가? 이런 가치는 어떻게 실현될 수 있는가? 지역사회의 요구와 세계적 요청은 어떻게 조화를 이룰 수 있는가? 부와 권력을 세계적 차원에서 재분배하고 바람직한 재분배구도를 유지하려면 어떻게 해야 하는가? 현재의 의사결정방식은 무엇인가? 우리는 현재의 방식에 만족하는가? 세계는 점점 멀리 그리고 점점 빨리 움직인다. 몇세기를 통틀어 세계가 이렇게 멀리 그리고 이렇게 빨리 움직인 적은 없었다. 이러한 움직임은 앞으로도 계속될 것 같다. 이 움직임의 향방을 제대로 알고 있는 사람은 아무도 없는 것 같다. 권력층도 예외가 아니다. 전지구적 차원의 민주적 토론을 제도로 정착시킬 때가 왔다. 이 토론에서는 빈자와 부자가 똑같이 목소리를 낼 것이고, 기선을 잡는 것은 특수한 이해관계가 아니라 평범한 주민들일 것이다.

2단계: 씨 뿌리기

지금까지 우리는 새로운 세상을 만들기 위한 세계적인 제안서목록을 작성해보았다. 시대의 기준에 비추어보면 야심이 지나치다고 생각할 수도 있다. 그러나 이 운동이 꿈꾸는 세상을 생각하면 최소한의 필요조건일 뿐이다. 장애물을 제거하는 것만 해도 갈 길이 멀다. 먼저 사람과 지역사회가 세계와의 관계를 정립하고 주권을 되찾아야 한다. 그후에야 비로소 진정한 대안이 꽃필 만한 공간이 열릴 수 있다. 이 공간에서는 위에서 언급한 수많은 정답이 결실을 맺을 수 있을 것이다.

세계화는 사람들의 관할권을 박탈한다. 세상을 시장으로 바꾸고 사람을 소비자로 바꾸려면 경제적·정신적 종속을 조장해야 한다. 반면에, 위에서 언급한 제안들은 종속에서 주권으로 나아가게 하는 것들이다. 여기서 주권이란 스스로의 필요에 따라 스스로를 관할하는 것을 말한다. 위에서 언급한 제안들은 잡초들을 제거하여 새싹들로 하여금 오랫동안 보지 못한 밝은 빛을 쬘 수 있게 해주는 것들이다.

그러나 이것은 시작에 불과하다. 이후의 모든 것은 우리 손에 달려 있다. 더 좋은 세상은 저절로 생기지 않는다. 장애물이 사라지고 부당한 권력이 무력화된 후에는 모든 것이 아래로부터 시작된다. 다시 말해, 변화를 가져오기 위해서는 각각의 개인이 국지적·국제적 층위에서 행동해야 한다. 조직을 연결하고, 우리 조직을 만들고, 내가 속한 지역사회를 위해 싸우고, 권력층에 압력을 가하고, 다른 조직과 힘을 합해 의미있는 사건을 터뜨려야 한다(부록 '활동거점'에서 힘이 될 수 있는 조직 몇군데를 소개해놓았다). 다양한 세계가 공존하는 세계를 원한다면, 보편적인 결과를 예상하는 것은 무익하다. 지구촌에서는 모두가 평등하며, 모든 장소는 저마다의 방식대로 발전할 것이다. 그러나 새로운 세계를 만들기 위한 몇가지 제안은 상당히 보편적인 것들이다. 예를 들면, 진정한 지역사회민주주의를 실현하여 자원 및 토지사용에 대한 관할권을 지역사회로 돌린다면, 지배권은 원래 주인인 주민들에게 돌아갈 것이다. 새로 만들어질 세계에서는 지역사회의 사업 및 무역에 우호적인 체제, 지역사회가 지역 내 경제활동을 결정하는 권리, 정당들의 진짜 의견 대립, 시장의 압력에 굴복하지 않는 국가적 대안이 나올 수 있고, 지금 우리가 생각해내지 못하는 더 많은 것들이 나올 수 있다. 1,000가지 체제가 자유롭게 꽃필 수 있다.

강제적인 것은 아무것도 없다. 운동 내부에서도 부분적으로는 반대의견이 나올 수 있다. 1단계와 2단계는 동떨어진 것이 아니라 연속적으로 일어나는 일이다. 상황은 이미 진행중이다. 그러나 변하지 않는 분명한 사실이 하나 있다. 우리가 행동하지 않으면 절대 아무 일도 일어나지 않는다는 사실이다. 대중이 지지하는 세계 대중운동이 없다면, 점점 더 많은 사람들이 이를 요구하지 않는다면, 진정한 변화는 일어나지 않는다. 변화는 벌써 일어나고 있지만, 운동은 계속돼야 하고, 지속적으로 성장해야 한다. 권력은 쉽게 얻을 수 있는 것이 아니다. 예의 바른 부탁으로는 중요한 변화를 가져올 수 없다. 다수의 지지를 받는 강력한 요구, 이것이 변화를 가져오는 유일한 길이다.

그러나 강력한 요구보다 중요한 것이 있다. 아무리 강경하게 요구한다 하더라도 그것만 가지고는 부족하다. 내가 여행에서 만났던 사람들도 이것을 깨닫고 있었다. 내가 뽑은 대표자가 선물을 가지고 오기만을 얌전히 앉아서 초조하게 기다리는 사람은 아무도 없었다. 실천적으로나 원칙적으로나 이 운동은 남이 대신 해주기를 기다리는 대신 스스로 하는 운동이다. 이 운동은 공간을 점거하고, 전기를 연결하고, 자치를 선포하고, 남의 허락을 구하는 대신 스스로 대안을 내놓는 운동이다. 이것이 이 운동의 강점이다. 이 운동은 로비스트행렬이 아니라 자신이 사는 곳에서 저마다의 방식대로 변화를 일구는 사람들의 결집체다. 이들은 꿈을 실현할 수 있는 거대한 체제 변화를 요구하는 동시에, 생활 속에서 그 꿈을 직접 실현한다. 이들은 자신의 주권을 재창조하고, 자신이 요구하는 바로 그것으로 변모한다. 소비자애벌레를 탈피해서 시민으로 거듭난다. 일단 이런 일이 일어나면, 돌이킬 수 없다. 허물을 벗고 나면 과거로 돌아갈 수 없다.

나는 가는 곳마다에서 이런 모습을 보았다. 내가 만난 사람들은 기다리지 않는 사람들, 기다릴 수 없는 사람들, 남의 허락을 구하지 않고 자신의 세상을 만드는 사람들이었다. 이 운동은 성장하고 확산된다. 민주주의란 5년마다 종이쪽지에 뭔가를 끄적거리는 제도가 아니라, 자기 지역사회를 규정하고 자기 세계를 창조하는 제도라는 사실을 점점 더 많은 사람들이 이해하기 시작한다. 남의 허락을 구하지 않는 사람들도 점점 많아진다. 이렇듯 이 운동에 참여하는 사람들이 점점 많아지면, 윗자리에 앉은 양반들도 변화를 받아들이지 않을 수 없을 것이다. 이것은 진짜 변화일 것이다. 그러나 변화는 벌써 구조화되고 있다. 위로부터의 변화가 아니라 아래로부터의 변화다. 머지않아 전세계 지배층은 그야말로 불편한 질문을 받게 될 것이다. '당신네 체제가 유명무실해지려면 얼마나 많은 사람이 체제에서 빠져나가야 하는가?'라는 질문이다.

우리는 지금 역사적으로 특별한 순간을 살고 있다. 상황은 겉으로 드러나는 것보다 취약하다. 민주주의라고 생각했던 것이 정체상태에서 허덕이고, 사기업권력이 참호를 만들고, 구체제로는 새로운 욕구를 채우지 못한다. 나중에 역사가가 지금 이 순간과 이 운동을 되돌아본다면, 새로운 민주혁명의 시작, 민주주의 여정의 새로운 전기를 발견할 것이다. 정장을 차려입은 낯선 사람들이 모여 있는 두 집단 중에서 지배엘리뜨를 선택하는 것이 '민주주의'라는 오늘날의 믿음을 나중에 누군가가 되돌아본다면, 노예제나 군주제만큼이나 이해하기 어렵다고 생각할 것이다. 오늘날의 '민주주의' 모델은 진짜 민주주의로 나아가는 하나의 단계에 불과할 수도 있다.

그러나 조심해야 할 것이 있다. 취약한 세계는 극우의 경보에 항복할 가능성도 있다. 안정을 위협하는 변화가 너무 빠른 속도로 닥쳐오면, 이미 준비된 안이한 해결책에 안주할 가능성도 있다. 정부는 '반(反)테러'라는 일괄적 구호하에 평화적이고 적법한 반대의견을 진압할 수 있고, 실제로 진압하기 시작한다. 아니면 테러리즘 자체에 항복할 가능성도 있다. 세계화가 야기한 불안에 기생하는 테러리즘은 의외로 강력하고 오래갈 가능성도 있다. 테러리즘이 우세할 때, 정당한 변혁을 향한 평화적 요청이 묻혀버릴 수도 있다.

그리고 이 운동이 있다. 이 운동은 완성된 것도 아니고 완벽한 것도 아니다. 이 운동이 하나의 명분을 중심으로 연합하고 하나의 선언문을 채택하고 대표자를 선출할 것인가? 만약 그렇게 된다면, 참신함과 중요성을 상실하지 않겠는가? 운동은 쪼개지고 또 쪼개질 것인가? 중요한 것은 바로 이 쪼개짐 아닌가? 이 운동은 민주주의를 견지할 것인가? 좀더 명확한 정체성을 드러낼 것인가? 그래도 운동의 동력을 잃지 않을 것인가? 지금까지 해온 것처럼 점점 많은 사람을 끌어들이면서 발전을 거듭할 수 있을 것인가? 어려운 문제다. 아직은 대답을 할 수 있는 상황이 아니다.

그러나 나는 자꾸 낙관주의자가 되어간다. 나는 몇가지 질문에 대답을 찾으면서 낙관주의를 키울 수 있었다. 전에도 이렇게 큰 규모의 운동이 존재한 적이 있었나? 전에도 이렇게 다양한 힘들이 통제도 없고 중심도 없고 차별도 없는 상태에서 세계적 규모로 존재한 적이 있었나? 가난한 사람들, 권리를 빼앗긴 사람들, 남반구사람들이 주도하는 운동이 존재한 적이 있었나? 이 운동처럼 지식인선동가나 정당정치가의 손에 넘어가 수상쩍게 변질하지 않은 운동이 있었나? 우리는 어떻게 이토록 많은 것을 이토록 짧은 시간에 얻을 수 있었나? 전세계 사람들이 우리 말을 듣고 싶어하지 않는가? 우리는 올바른 방향으로 가고 있나? 우리는 여세를 몰아가고 있나? 나는 이 모든 문제에 대답할 수 있다. 그리고 이 대답을 통해서 또다른 문제에 대답할 수 있다. 세계는 이 운동을 더 무시할 수 있나?

변화를 가져오는 첫번째 단계는 변화시킬 수 있다는 신념임을 나는 깨닫게 되었다. 세계화는 돌이킬 수 없는 과정이다, 역사는 끝났다, 자본주의는 승리했다, '성장' '진보' '개발'을 원한다면 어쩔 수 없는 일이다…… 어딜 가나 이런 말이 들린다. 이런 종류의 말을 '현실주의'라고 한다. 그러나 그게 전혀 그렇지가 않다. 그것은 현실주의가 아니라 정치적 견해로 포장된 상상력의 결핍일 뿐이다.

우리가 역사에서 배운 것이 있다면, 그것은 체제가 변한다는 것이다. 체제는 변해왔고 앞으로도 변해갈 것이다. 제국은 멸망하고, 가치는 바뀌고, 권력은 사라진다. 역사를 움직이는 힘은 언제나 아래로부터 생겨난다. 1381년으로 거슬러올라가보자. 런던탑에 갇힌 리처드 2세는 예상치 못했던 사람들의 엄청난 분노 앞에서 "영국의 유산과 왕국을 잃을지도 모른다"라고 두려워했다.[7] 그는 운수가 좋은 편이었다. 그러나 역사는 교훈을 남긴다. 근본적 변화는 예외가 아니라 규칙이라는 교훈이다. 불가피한 것이란 없다. 부당한 체제는 무너지게 마련이다. 로마노프(Romanov)왕조도 그랬고, 쏘비에뜨도 그랬다. 평화로운 농민들이 인도에서 영국인을 몰아냈고, 베를린장벽은 권총 한 발 맞지 않고 무너졌고, 넬슨 만델라(Nelson Mandela)는 로벤(Robben)섬에서 걸어 나와 대통령궁에 들어갔다. 이런 일이 일어나기 전에, 이런 일이 가능하리라고 예측한 사람은 아무도 없었다. 이 운동이라고 그러지 말란 법은 없다. 지금이 그때가 아니란 법도 없다.

새로운 정치세력으로 떠오르던 맑스주의자들이 세계공산주의의 역사적 필연성을 소리 높여 외칠 때 나는 너무 어렸다. 지금 나는 세계 곳곳에서 자본주의라는 반대체제의 역사적 필연성을 역설하는 소리를 듣는다. 두 개 다 잘못된 주장이다. 역사에 필연은 없다. 모든 것은 변한다. 변하게 마련이다. 단, 변화는 거대하고 대담하고 아름다운 변화여야 한다. 우리가 할 일은 그런 변화를 가져오는 것이다. 우리가 일으킬 변화는 가능한 한 급진적이고 비전을 지닌 것이어야 한다. 우리가 WTO와 IBRD와 IMF를 없애지 못할 이유가 있는가? 우리가 토지를 재분배하고, 부채를 없애고, 권력을 아래로 해체하지 못할 이유가 있는가? 우리가 기아를 없애고 빈곤을 없애지 못할 이유가 있는가? 우리가 권력을 규제하고, 기업과 시장을 단속하고 민주주의의 약속을 실현하지 못할 이유가 있는가? 집권엘리뜨의 눈치를 볼 필요가 있는가? 우리는 할 수 있다. 자원도 있고, 능력도 있다. 아직은 이런 자원과 능력을 사용할 의지가 부족하다. 아직은 비전과 용기와 정치적 의지를 가지고 불의한 방법으로 이익을 챙기는 이들과 맞서겠다는 의지가 부족하다. 이 운동에 목적이 있다면 바로 그런 의지를 제공하는 것이다.

우리는 대담해져야 한다. 주변부를 빙빙 돌면서 기업을 '녹색화'하고, '지속가능성'에 대해 떠들고, 자발적인 개선안을 제안하고, 정책보고서를 제출하고는 아무것도 안 하는 것보다 낫다고 생각하는 사람들이 있다. 식탁에서 떨어진 음식을 예의 바르게 주워 먹는 사람들이 있다. 그러나 우리는 그렇게 하지 말자. 우리가 꿈꾸는 모든 것을 요구하자. 있는 힘껏 외치자. 손에 넣을 때까지 멈추지 말자. 우리도 놀랄 만한 결과가 나올 수 있다. 우리가 세계를 놀라게 할 것이다. 우리가 아니면 누가 하겠는가? 지금이 아니면 언제 하겠는가?

| 활동거점 목록 |

이 책을 읽고 이런 문제에 관해 뭔가 하고 싶어졌다면, 이 운동에 참여하거나 이 단체를 지원할 마음이 생겼다면, 이 책은 나름대로 소임을 다한 셈이다. 아래의 웹싸이트 목록을 참고하면, 이 책에서 다룬 정보와 활동에 대해 더 자세한 내용을 볼 수 있고, 책에서 다루지 않은 곳의 문제점이나 활동내용에 대해서도 알 수 있다. 물론 이것은 시작일 뿐이다. 나머지는 당신에게 달려 있다.

제1장 역사에 구멍 내기

The EZLN 사빠띠스따의 모든 편지와 문건의 온라인판:

www.ezln.org

Global Exchange 행사 · 자료 · 링크 등 치아빠스에 관한 여러 정보:

www.globalexchange.org/campaigns/mexico/chiapas

Indymedia Chiapas EZLN와 치아빠스의 상황에 대한 최근 소식:

www.chiapas.indymedia.org

제2장 야수의 뱃속

Peoples' Global Action 향후 시위 및 활동 일정, 세계 곳곳의 단체 및 활동 목록:

www.agp.org

제3장 아파르트헤이트 2탄

Alternative Information and Development Centre 남아공 투쟁을 위한 활동, 행사, 소식. '쏘웨토전력위기위원회'에도 접속할 수 있다:

www.aidc.org.za

Johannesburg Anti-Privatisation Forum 소식과 연대활동:

www.apf.org.za

제4장 쇼핑중단파 교회

The Reverend Billy 우리 동네 체인점과 즐겁게 싸우기 위한 힌트, 각본, 지침:

http://revbilly.com

The Biotic Baking Brigade 파이 제조방법, 파이 투척장소, 우리 지역의 파이활동가. 놀라운 파이 제조비법도 볼 수 있다:

www.asis.com/~agit-prop/bbb

Adbusters 문화훼방 자료 및 링크. 내가 사는 곳에서 '안 사는 날'(Buy Nothing Day)을 기념하는 아이디어도 볼 수 있다:

www.adbusters.org/home

Indymedia 기업과 무관한 소식. 국가나 지방 싸이트로 통한다:

http://indymedia.org

Mediachannel 기업미디어라는 짐승을 둘러싼 뉴스와 비판과 반대행동. 전세계에서 활동하는 이와 유사한 단체 1,000개의 목록:
www.mediachannel.org

제5장 남근덮개 혁명

West Papua News Online 저항운동의 최근 소식. 해방투쟁을 도울 수 있는 구체적인 방법. 파푸아투쟁을 지지하는 외부의 목소리 하나하나가 그들에게는 아주 중요하다. 어떤 도움이든 부탁드린다:
www.westpapua.net

OPM Support Group 파푸아의 대의를 지지하는 활동과 뉴스(영국에 본부를 둔 경우):
www.eco-action.org/opm
e-mail: opmsg@eco-action.org

제6장 시작의 끝

World Social Forum 뽀르뚜알레그리 행사 웹싸이트. 그리고 전세계에서 벌어지는 다른 사회포럼들:
www.forumsocialmundial.org.br

International Forum on Globalization 세계화에 대한 자료·저서·출판물:
www.ifg.org

Global Trade Watch 무역과 세계화에 관한 퍼블릭씨티즌(Public

Citizen)의 유용한 자료:

www.citizen.org/trade

제7장 땅과 자유

The MST 최근 뉴스. 브라질의 토지회복투쟁을 도울 수 있는 구체적인 방법:

www.mstbrazil.org

Food First 땅과 토지 상실에 관한 좋은 자료. 토지와 음식 문제에 관한 국가적·국제적 운동들:

www.foodfirst.org

제8장 꿈꾸는 캘리포니아

Democracy Unlimited of Humboldt County와 **Reclaim Democracy** 기업권력과 기업의 책임에 관한 정보와 운동들(미국에 본부를 둔 경우):

www.monitor.net/democracyunlimited

http://reclaimdemocracy.org

POCLAD 미국의 기업권력에 관한 자료와 정보:

http://poclad.org

기타

다음의 단체들은 이 책에서 다루는 사안들과 관련해 이념을 제공하고 행사와 운동을 조직하는 영국단체들이다.

World Development Movement 국가 차원의 부당한 세계화에 저항하는 캠페인:

www.wdm.org.uk

Green Party 세계화에 저항하는 뉴스·캠페인·대안:

www.greenparty.org.uk

Schnews 직접행동 사례에 관한 도발적인 뉴스와 앞으로의 캠페인을 소개하는 탁월한 무가지:

http://schnews.org.uk

Corporate Watch 기업과 기업을 지속시키는 경제구조에 관한 자료와 이에 저항하는 캠페인:

www.corporatewatch.org.uk

New Economics Foundation 현 경제모델의 대안을 발전시키는 두뇌집단:

www.neweconomics.org

Common Ground 지역사회의 개성을 위한 캠페인을 벌이고 자료와 이념을 제공하는 고무적인 조직:

www.commonground.org.uk

| 주요약어 |

AAAS(American Association for the Advancement of Science) 미국과학진흥회
ABBA(Anti-Billboard Brainwashing Action) 반광고판세뇌행동
ADB(Asian Development Bank) 아시아개발은행
AIDC(Alternative Information and Development Center) 대안정보개발쎈터
AIDS(acquired immune deficiency syndrome) 후천성면역결핍증
AMIBA(American Independent Business Alliance) 미국자영업동맹
ANC(African National Congress) 아프리카민족회의
APF(Anti-Privatisation Forum) 반민영화포럼
APM(Alliance of Papuan Students) 파푸아학생연맹
ASC(Alianza Social Continenatal) 대륙사회동맹
BBB(Biotic Baking Brigade) 생체제빵부대
BIBA(Boulder Independent Business Alliance) 볼더자영업체동맹
BLF(Billboard Liberation Front) 광고판해방전선
CANSA(Campaign Against Neoliberalism in South Africa) 남아공의 신자유주의 반대 캠페인
CCAC(Citizens Concerned About Corporations) 기업에 관심있는 시민들
CDC(California Department of Corrections) 캘리포니아교도부
CIA(Central Intelligence Agency) 미국중앙정보국
CLOC(Latin America Congress of Rural Organizations) 라틴아메리카농촌조직회의
COSATU(Congress of South African Trade Unions) 무역노조회의
Demmak(Dewan Musyawarah Masyarakat Koteka) 뎀막

DUHC(Democracy Unlimited of Humboldt County) 훔볼트카운티무한책임민주주의

ELS-HAM(Lembaga Study dan Advokasi Hak Asasi Manusia) 이엘에스-에이치에이엠

EU(European Union) 유럽연합

EZLN(Ejército Zapatista de Liberación Nacional) 사빠띠스따민족해방군

FCC(Federal Communications Commission) 연방통신회의

FTAA(Free Trade Area of the Americas) 미주자유무역지역

GAST(General Agreement on Sustainable Trade) 지속가능한 무역에 대한 일반협정

GATS(General Agreement on Trade in Services) 써비스무역에 대한 일반협정

GDP(Gross Domestic Product) 국내총생산

GEAR(Growth Employment and Redistribution) 성장고용재분배

HIV(human immunodeficiency virus) 인체면역결핍바이러스

IBRD(International Bank for Reconstruction and Development) 세계은행

IFDP(Institute for Food and Development Policy) 식량개발정책연구소

IFG(International Forum on Globalization) 세계화에 관한 국제포럼

IMF(International Monetary Fund) 국제통화기금

MAI(Multilateral Agreement on Inverstment) 다자간투자협정

MST(Movimento dos Trabalhadores Rurais Sem Terra) 토지 없는 농민운동

NAFTA(North American Free Trade Agreement) 북미자유무역협정

NASA(New Advertising Standards Authority) 신광고수준당국

NGO(Non-Governmental Organization) 비정부기구

NVDA(Non Violent Direct Action) 비폭력직접행동

OECD(Organization for Economic Cooperation and Development) 경제협력개발기구

OPM(Organisasi Papua Merdeka) 파푸아자유운동

PAN(National Action Party) 국민행동당

PGA(People's Global Association) 세계주민행동당

POCLAD(Programme on Corporations, Law and Democracy) 기업·법률·민주주의프로그램

PRI(Institutional Revolutionary Party) 제도혁명당

PT(Partido dos Trabalhadores) 노동자당

RDP(Reconstruction Development Programme) 재건개발계획

SANGOCO(South African National NGO Coalition) 남아공전국NGO연합

SCP(Surveillance Camera Players) 감시카메라 배우들

SECC(Soweto Electricity Crisis Committee) 쏘웨토전력위기위원회

SWP(Socialist Workers Party) 사회주의노동자당

TPN(Tentara Pembebasan Nasional) 파푸아해방국민군

TRIPS(Agreement on Trade-Related Aspects of Intellectual Property Rights) 무역 관련 지적재산권협정

TWN(The Third World Network) 제3세계네트워크

UN(United Nations) 국제연합

UNCTAD(United Nations Conference on Trade and Development) 국제연합무역개발회의

UNDP(United Nations Development Programme) 국제연합개발계획

UNICEF(United Nations Children's Fund) 국제연합아동기금

WEF(World Economy Forum) 세계경제포럼

WILPF(Women's International League for Peace and Freedom) 평화와 자유를 위한 국제여성연맹

WSF(World Social Forum) 세계사회포럼

WTO(World Trade Organization) 세계무역기구

| 주(註) |

제1장 역사에 구멍내기

1) 1월 1일 봉기를 가장 충실하게 설명한 영어권 서적은 Ross, John, *Rebellion from the Roots: Indian Uprising in Chiapas*(Monroe, ME: Common Courage Press 1995)다. 내 설명도 이 책을 일부 참고했다. 그밖에 참고한 책은 다음과 같다. Hayden, Tom ed., *The Zapatista Reader*(New York: Thunder's Mouth Press 2002); Katzenberger, Elaine ed., *First World, Ha, Ha, Ha!*(San Francisco: City Lights 1995); Subcomandante Marcos, *Our Word is Our Weapon*(New York: Seven Stories Press 2001).

2) "Notes on the Economy in Chiapas in 1999." 원문은 멕시코의 진보적 일간지 『라호르나다』(*La Jornada*) 1999년 10월 6일자에 실렸다. http://flag.blackened.net과 www.struggle.ws/mexico/reports/chiapas_econ_99.html 참고.

3) Weinberg, Bill, *Homage to Chiapas*(London: Verso 2000).

4) Howard, Philip and Thomas Homer-Dixon, *Environmental Scarcity and Violent Conflict: The Case of Chiapas, Mexico*, 미국과학진흥회(AAAS)가 제출한 '환경, 인구, 안전 프로젝트', 토론토대학 1996년 1월.

5) "Notes on the Economy in Chiapas in 1999." 같은 곳.

6) *A Storm and a Prophecy*, 부사령관 마르꼬스의 편지, 1992년 8월.

7) Weinberg의 앞의 책.

8) Collier, George A. and Elizabeth Lowery Quaratiello, *Basta! Land and the Zapatista Rebellion in chiapas*(Chicago: Food First Books 1999).

9) Galeano, Eduardo, *Open Veins of Latin America*, Weinberg의 앞의 책에서 인용.

10) *Private Rights, Public Problems: A Guide to NAFTA's Controversial Chapter on*

Investor Rights(Winnipeg: International Institute for Sustainable Development 2001).

11) "Down on the Farm: NAFTA's Seven-Year War on Farmers and Ranchers in the US, Canada and Mexico," 퍼블릭씨티즌(Public Citizen)의 캠페인 'Global Trade Watch' (2001년 6월). www.citizen.org 참고.

12) *The Zapatistas: A Rough Guide*(Bristol: Chiapaslink 2000)에서 인용.

13) Ross, John, *The War Against Oblivion: Zapatista Chronicles, 1994~2000*(Monroe, ME: Common Courage Press 2000)에서 인용.

14) Ross의 *Rebellion from the Roots*에서 인용.

15) *The Retreat is Making Us Almost Scratch the Sky*, 부사령관 마르꼬스의 1995년 2월 편지.

16) *The Majority Disguised as the Untolerated Minority*, 부사령관 마르꼬스의 1994년 5월 편지.

제2장 야수의 뱃속

1) "Anti-Statist Black Bloc," 필라델피아독립미디어센터(Independent Media Center of Philadelphia)의 2000년 8월 9일자 언론홍보자료. www.phillyimc.org를 볼 것.

2) "Black Blocs for Dummies"는 www.infoshop.org/blackbloc.html에서 볼 수 있다. 공정하게 말하자면, 모든 블랙블록 활동가가 이렇게 바보는 아니다.

3) 세계주민행동당(PGA)의 웹싸이트에서 1998년 이후 세계 전역의 많은 거사일정을 볼 수 있다. www.nadir.org/nadir/initiativ/agp/en/index.html을 볼 것.

4) Lockwood, Christopher, "Swiss thwart forum protest," 『데일리텔레그래프』(*Daily Telegraph*) 온라인, 2000년 1월 30일.

5) 월드워치연구소(Worldwatch Institute), *Vital Signs* 2001, New York, USA.

6) *Human Development Report 1999*, 국제연합개발계획(UNDP).

7) *World Development Report 2000/2001: Attacking Poverty*, 세계은행(IBRD).

8) *Human Development Report 2001*, UNDP.

9) *World Development Report 2000/2001*에서 인용.

10) *Human Development Report 2001*에서 인용.

11) George, Susan, "A Short History of Neoliberalism," 1999년 3월 24일부터 26일까지 방콕에서 열린 '세계화시대의 경제주권에 관한 회의'에서 한 연설.

12) Jenkins, David, *Market Whys and Wherefores*, James Bruges, *The Little Earth Book*(Bristol: Aladair Sawday Publishing 2000)에서 인용.

13) *Human Development Report* 2001에서 인용.

14) *Invisible Government: The World Trade Organization-Global Government for the New Millennium?* (San Francisco: International Forum on Globalization 1999).

15) "Network guerrillas," 『파이낸셜타임즈』(*Financial Times*) 1998년 4월 30일자.

16) Langman, Jimmy, "Neoliberal policies: big loser in Bolivian elections," Americas Program of the Interhemispheric Resource Center, 2002년 7월 5일.

17) 꼬차밤바 '물전쟁'에 관한 기자 짐 슐츠(Jim Schultz)의 탁월한 설명은 Democracy Center 웹싸이트 www.democracyctr.org/waterwar/index.htm에서 볼 수 있다.

제3장 아파르트헤이트 2탄

1) "Eskom vs. Soweto: The battle for power," 남아공 잡지 『포커스』(*Focus*), 2002년 3월.

2) Bond, Patrick, *Elite Transition: From Apartheid to Neoliberalism in South Africa*(London: Pluto Press 2000).

3) "Structure of the South African Economy: Challenges for Transformation," 남아공공산당(SACP)이 특수전략컨퍼런스에 제출한 보고서, 1999년 9월.

4) Bond의 앞 책에서 인용.

5) *The Reconstruction and Development Programme*, 1994년. 전문을 보려면 www.polity.org.za.

6) Bond, Patrick, *Against Global Apartheid: South Africa Meets the World Bank, IMF and International Finance*(Cape Town: University of Cape Town Press 2001).

7) Jeter, Jon, "South Africa weighs a welfare state," 『워싱턴포스트』(*Washington Post*) 2002년 7월 9일자 국제면.

8) 『포커스』, 2002년. 본드(P. Bond)의 개인서신에 인용됨.

9) McDonald, David A., *The Bell Tolls for Thee: Cost Recovery, Cutoffs, and the Affordability of Municipal Services in South Africa*, 퀸스(Queens)대학, anada/Municipal Services Project, 2002년 3월. www.hst.org.za/local/lgh/docs/MSPreport.doc 참고.

10) Pillay, Pravasan and Richard Pithouse, "The Durban march on the UN Conference on Racism: An eyewitness report," 『뉴인터내셔널리스트』(*New Internationalist*) 온라인, 2001년 9월. www.newint.org

11) Desai, Ashwin, *The Poors of Chatsworth*(Johannesburg: Madiba 2001).

12) 같은 책.

13) Friedman, Thomas, *The Lexus and the Olive Tree*(New York: Farrar, Straus & Giroux

2000).

제4장 쇼핑중단파 교회

1) 여기서 언급한 자료는 Shape UP America(www.shapeup.org)와 New Road Map Foundation(www.ecofuture.org)에서 수집했다.
2) Lasn, Kalle, *Culture Jam: The Uncooling of America*(New York: Eagle Brook 1999).
3) New Road Map Foundation에서 인용함.
4) Casey, Allan, "Make your school an ad-free zone," 『애드버스터즈』(*Adbusters*) 28호, 2000년.
5) Bollier, David, "The Grotesque, Smirking Gargoyle: The Commercialising of America's Consciousness," 2002년 8월. www.tompaine.com을 볼 것.
6) Beder, Sharon, "Marketing to Children," 1998년 씨드니에서 발표한 컨퍼런스 보고서 발췌문. www.uow.edu.au/arts/sts/sbeder/children.html에서 볼 수 있다.
7) Bollier의 앞 글에서 인용함.
8) Halvorson, Todd and Yuri Karash, "Russia takes the lead in space-age advertising," www.space.com 2002년 5월 31일.
9) New Road Map Foundation에서 인용함.
10) Blanchflower, David G. and Andrew J. Oswald, "Well-being Over Time in Britain and the USA,"1999년 다트머스(Dartmouth)대학과 워릭(Warwick)대학의 보고서.
11) Lasn의 앞 책에서 인용함.
12) Goldsmith, Edward, "Development as Colonialism," Mander and Goldsmith eds., *The Case Against the Global Economy*(San Francisco: Sierra Club Books 1996)에 인용됨.
13) "Is globalisation doomed?," 『이코노미스트』(*The Economist*) 2001년 9월 27일.
14) Ainger, Katharine, "Empires of the senseless," 『뉴인터내셔널리스트』 2001년 4월.
15) www.billboardliberation.com 참고.
16) 최근에 활동하는 고전적인 전복자들의 우수한 갤러리는 www.subvertise.org에서 볼 수 있다.
17) 『애드버스터즈』 40호, 2002년.
18) www.fanclubbers.org 참고.
19) Ainger, Katharine, "From the streets of Prague," 『뉴인터내셔널리스트』 온라인. www.newint.org/streets/prague.htm 참고.
20) www.rtmark.com 참고.

21) "Filtering the news," 『뉴인터내셔널리스트』 2001년 4월호에 인용됨.

22) Lasn의 앞 책에서 인용함.

23) Masters, Kim, *The Keys to the Kingdom: How Michael Eisner Lost His Grip*(New York: Morrow 2000)에 인용됨.

24) Hichey, Neil, "Unshackling big media," *Columbia Journalism Review*, www.cjr.com 참고.

25) Ainger, "Empires of the senseless"에 인용됨.

26) 같은 곳.

27) Arnison, Matthew, "Open publishing is the same as the free software," 2002년 6월. www.cat.org.au/maffew/cat/openpub.html 참고.

제5장 남근덮개 혁명

1) 인권운동가들이 많이 인용하는 통계다. 서파푸아의 대표적인 인권단체 ELS-HAM의 지도자인 존 룸비악(John Rumbiak)도 이 통계를 인용한다.

2) 투옥됐던 스위스 기자 오스발트 이텐(Oswald Iten)은 스위스 신문 『노이에 쮜르허 짜이퉁』(*Neue Zürcher Zeitung*) 2000년 12월 22일자에 자기가 겪은 일과 목격한 고문에 관한 기사를 실었다.

3) 5장에서 사람들의 성(姓)이 없이 이름만 나오는 것은 신분노출을 피하기 위해서다. 이유는 굳이 말하지 않겠다.

4) AFL-CIL연합의 'Executive PayWatch'에 따른 수치. www.aflcio.org 참고.

5) 인용된 자료와 수치는 프로젝트언더그라운드(Project Underground)의 1998년 보고서 *Risky Business: The Grasberg Gold Mine-An Independent Annual Report on PT Freeport Indonesia*(www.moles.org에서 볼 수 있다)와 Abrash, Abigail and Danny Kennedy, "Repressive Mining in West Papua," *Moving Mountains: Communities Confront Mining and Globalisation*(London: Zed Books 2001) 및 프리포트맥모런(Freeport McMoran)의 웹싸이트(www.fcx.com)와 회사의 2001년 연례보고서에 나온다.

6) McBeth, John, "Bull's eye," 『극동경제리뷰』(*Far Eastern Economic Review*) 1997년 12월 4일, *Risky Business*에 인용됨.

7) *Van Zorge Report* on Indonesia, 2001년 5월 1일.

8) 해리 트루먼의 대통령 취임사, 1949년 1월 20일.

9) Rosenberg, Emily, *Spreading the American Dream: American Economic and Cultural Expansion, 1890~1945*(New York: Hill & Wang 1982).

10) "Trifungisi: The Role of the Indonesian Military in Business." 레슬리 매컬럭(Lesley McCulloch)이 2000년 10월 17일부터 19일까지 자카르타에서 열린 '기업체 군인에 관한 국제컨퍼런스'에 제출한 보고서. www.bicc.de에서 볼 수 있다.

11) 같은 곳.

12) *Risky Business*, 7면에서 인용.

제6장 시작의 끝

1) Legrain, Philippe, *Open World: The Truth About Globalization*(London: Abacus 2002).

2) "A different manifesto,"『이코노미스트』 2001년 9월 27일.

3) Fischer, Stanley, "What I learned at the IMF,"『뉴스위크』(*Newsweek*) 2001년 12월 ~2002년 2월.

4) 세계경제포럼(WEF) 웹싸이트(www.weforum.org) 참고.

5) Smith, Adam, *The Wealth of Nations*, 제1권 제10장.

6) 「세계사회포럼(WSF) 원리헌장」, 세계사회포럼 웹싸이트(www.forumsocialmundial.org.br/home.asp)에서 찾아볼 수 있다.

7) Madeley, John, *Hungry for Trade: How the Poor Pay for Free Trade*(London: Zed Books 2000).

8) 마이클 무어(Michael Moore)의 영화 「볼링 포 컬럼바인」(Bowling for Columbine, 2002)에 나온다.

9) Rees, John, "The battle after Seattle,"『사회주의자리뷰』(*Socialist Review*) 237호, 2000년 1월.

10) "Goblin" "Letter to a British socialist on anti-capitalist movements," 2001년 5월 26일. www.commoner.org.uk에서 볼 수 있다.

11) 가이 테일러(Guy Taylor)의 개인서신, 2002년 9월 18일.

12) "Monopolise resistance? How Globalise Resistance would hijack revolt," *Schnews*, 2001년 9월에 인용됨.

제7장 땅과 자유

1) National Institute of Colonisation and Land Reform(INCRA), *National Report on the Situation of Human rights and Agrarian Reform in Brazil*, Global Justice Centre, Brazil, 2000년 5월 17일에 인용됨.

2) www.mstbrazil.org 참고.

3) 국제연합인구활동기금(UN Population Fund), 2001년.

4) Branford, Sue and Jan Rocha, *Cutting the Wire: The Story of the Landless Movement in Brazil*(London: Latin American Bureau 2002). '토지 없는 농민운동'(MST)에 관한 영어권 저서 중 가장 탁월하고 광범위한 저서다.

5) 같은 책.

6) 같은 책.

7) 같은 책.

8) 같은 책.

9) INCRA.

10) "A Plot of their own,"『뉴스위크』 2002년 1월 21일.

11) Branford and Rocha의 앞 책에서 인용함.

12) Lean, Geoffrey and Sue Branford, "GM-free nations fall to Monsanto,"『인디펜던트』(*Independent*) 2002년 3월 31일.

제8장 꿈꾸는 캘리포니아

1) Shaw, Archer H., *The Lincoln Encyclopaedia*(New York: Macmillan 1950). Crawford, Rick, "What Lincoln foresaw," www.ratical.org/corporations/Lincoln.html에 인용됨.

2) 미국 대응정책연구소 싸이트 참고. www.opensecrets.org/2000elect/select/AllCands.htm.

3) 개인재산 내역은 Edsall, Thomas B., "Bush has a cabinet full of wealth,"『워싱턴포스트』 2002년 9월 18일자 기사 참고. 기업과 내각의 커넥션은 대응정책연구소 싸이트에서 인용.

4) 기업의 역사에 대해서는 두 가지 탁월한 자료인 *Who's in Charge?*(Daniel Bennett 씀, POCLAD UK 출판)와 "The Short History of Corporations"(Jeffrey Kaplan 씀, 1999년에 출간된 *Terrain*에 실림)에 의지했다. 그밖에 참고한 자료는 다음과 같다 Grossman, Richard and Frank T. Adams, *Taking Care of Business*(POCLAD USA 1993); Edwards, Jan ed., *Timeline of Personhood Rights and Powers*, WILPF, USA.

5) *Hear Ye, Hear Ye*, 훔볼트카운티무한책임민주주의(DUHC) 1999년.

6) Mitchell, Stacy, "Homegrown Economics," *Orion Afield*, USA 2001.

7) www.afd-online.org 참고.

8) "An Outline of American History"(http://odur.let.rug.nl/~usa/H/1994/chap8.htm) 그

리고 "The Short History of Corporations"에서 인용.

9) 'ABC뉴스' 2000년 9월 13~17일. www.pollingreport.com/bnews2.htm 참고.

10) http://grannyd.com 참고.

제9장 폭풍전야

1) 다른 표시가 없는 경우 '농민반란'에 대한 설명은 당대사료 중 가장 신뢰성을 인정받는 *Anonimalle Chronicle*을 참고했다. Dobson, R. B., *The Peasants' Revolt of 1381*(London: Macmillan 1970 재판본).

2) 토머스 월싱엄(Thomas Walsingham)의 말. Dobson의 앞 책에서 인용.

3) Oman, Charles, *The Great Revolt of 1381*(Oxford: OUP 1969).

4) Hutton, Will, "Capitalism must put its house in order," 『옵저버』(*Observer*) 2002년 11월 24일.

5) Denny, Charlotte, "US bank in hot water after telling clients to pull out of unionised firms," 『가디언』(*Guardian*) 2002년 11월 25일.

6) "Voice of the People Survey 2002," 세계경제포럼 싸이트 참고. www.weforum.org.

7) Froissart, Jean, *Chroniques X*, Dobson의 앞 책에서 인용.

| 옮긴이의 말 |

이 책은 영국의 한 진보잡지 기자가 여덟 달 동안 다섯 개 대륙을 다니며 자기가 목격한 저항운동을 기록한 기행문이다. 저항투쟁의 성지(聖地)와 격전지를 관광하는 세계일주 배낭여행이라고 할 수도 있겠다. 견문을 넓히는 '진짜' 여행을 하고 싶다면, 이 책에서 소개하는 곳이 참고가 될 것이다.

저자는 특이한 곳을 찾아다니며 특이한 경험을 했다. 뉴기니섬에 있는 산 속에 들어갔을 때는 지명수배중인 게릴라대장에게 무기를 구해달라는 부탁을 받기도 했다. 남아공 집권당의 고위층을 찾아가서는 왜 이 나라가 아파르트헤이트 때보다 못 사냐고 다그치기도 했다. 브라질 대농장을 불법점거한 노숙자들에게 음식물 반입이 금지됐을 때는 그들에게 먹을 것을 갖다주기도 했다. 사무실도 없는 작은 시민단체를 돌아다니며 회원들이 꿈꾸는 미래의 모습을 경청하기도 했다.

그가 찾아다닌 곳은 아무도 관심을 갖지 않는 언론의 사각지대였다. 그가 들려주는 이야기는 뉴스의 지구촌소식에서 한 번도 들어보지 못했던 얘기다.

그가 여행을 떠난 것도 바로 이 때문이다. 언론이 전해주는 지구촌소식을 믿을 수 없었던 것이다. 세계 곳곳에서 놀라운 사건들이 터지고 있는데, 언론은 웬일인지 아무 말이 없었다. 그는 사건의 현장을 자기 눈으로 확인하고, 관련자들을 만나서 얘기를 나누고 싶었다.

그는 이 놀라운 사건들의 이면에 한 가지 공통점이 있음을 알았다. 이 모든 사건에는 거대한 하나의 원인이 있었다. 이 모든 사건은 그 원인에 대한 대응이었다. 그는 이 거대한 원인을 '세계화'로 규정한다. 세계화란 '세계를 획일화하는 비민주적 시장권력'이다. 기업이 언론을 소유하고 지배하는 상황에서, 언론이 '세계화'에 저항하는 움직임을 외면하는 것은 당연한 일이다.

그는 자기가 특이한 곳을 찾아다닌다고 생각지 않았다. 오히려 '세계화'의 본질을 적나라하게 볼 수 있는 곳, 박진감 넘치는 곳이라고 생각했다.

그가 가장 먼저 찾아간 곳은 멕시코 치아빠스. 1994년 사빠띠스따혁명이 일어난 곳이고, 아직 혁명이 진행중인 곳이다. 사건 자체만 놓고 보면, 그렇게 대단한 사건은 아니었다. 정부군의 잔인한 보복이 뒤따른 것도 사실이지만, 현대사엔 이보다 훨씬 잔혹한 전쟁이 수없이 많다.

그러나 많은 사람들은 이것이 최초의 탈근대혁명이라고 정의한다. 왜일까? 왜 이 구닥다리 농민게릴라를 동시대 최초의 혁명으로 찬양하는 것일까? 그는 치아빠스에서 그 이유를 알아냈다. 그는 이들이 원하는 것이 다른 게릴라들이 원했던 것과는 완전히 다르다는 것을 알게 됐다. 이들의 목표는 놀랍게도 권력 쟁취가 아니었다. 그저 자기 마을에서 농사짓고 사는 것이 이들의 목표였다. 이들이 원한 것은 자기들이 자기 마을을 다스리는 것, 바로 '자치'였다.

이들에게 '자치'는 단지 행정적 편의가 아니라, 생존의 조건이다. 멕시코정부가 미국의 무역개방 정책을 추종하며 근대화를 꿈꾸는 동안, 옥수수 외에는 아무것도 가진 것이 없는 농민들은 그야말로 멸종위기에 직면했다. 이들은 싸우기로 결심했다. 다른 수가 없었기 때문이다.

새로운 대중운동의 이념이 마련된 곳이 치아빠스라면, 그 기틀이 세워진 곳은 1999년 씨애틀이라고 한다. 북미자유무역협정(NAFTA)이 사빠띠스따혁명의 결정적 계기가 되었던 것처럼, 씨애틀행진은 세계무역기구(WTO) 무역라운드에 반대해 일어났다. 씨애틀행진을 가리켜 세계 최초의 탈근대 가두시위라고 하는 것도 그 때문이다. 이 운동을 계기로 사람들은 적의 윤곽을 그릴 수 있었다. 적은 바로 '세계화'였다. 억압적 국가권력은 세계화의 시녀였다.

또 씨애틀시위는 새로운 대중운동의 원칙을 확인하는 기회가 되었다. 사빠띠스따가 전세계 저항세력의 지도자가 되기를 거부하는 것과 마찬가지로, 씨애틀시위에는 지도자도 없었고, 지도이념도 없었다. '세계화'의 문제를 직시하고 머리를 맞댔지만, 자기 답이 보편적 진리라고 주장하는 사람은 아무도 없었다. '문제는 하나, 대답은 많다'(One No, Many Yeses)라는 이 책의 원제가 말해주듯이, 세계는 세계화라는 한 문제에 직면해 있지만, 해결방법은 지역사회마다 다를 수밖에 없다.

그렇다면, 국가란 무엇인가? 정말 세계화의 시녀일 뿐일까? 보수독재를 무너뜨리는 정당성있는 집권세력도 있지 않은가? 저자는 이 질문에 대답을 찾기 위해 남아공을 찾아간다. 그리고 국가에 너무 희망을 걸면 안된다는 결론을 얻는다. 아파르트헤이트정부가 무너지고 정권이 바뀌면서, 남아공의 흑인들은 정부에 희망을 걸었다. 넬슨 만델라(Nelson Mandela)는 기적의 화신이었고, 새정부는 정의의 수호자를 자처했다. 그러나 남아공 흑인들은 살기에 더 어려워졌다. 정부가 세계자본의 눈치를 보느라 사회복지비용을 대폭 줄였기 때문이다. 지금 남아공의 경제정책은 아프리카에서 가장 보수적이라고 한다.

항상 정부는 국민에게 어쩔 수 없다고 변명한다. 현실적으로 대응하지 않을 수 없다는 것이다. 거대기업 앞에서 국가권력이 힘을 못 쓰게 된 것도 사실이다. 그래서 새로운 사건은 항상 아래부터 일어난다. 예컨대, 볼리비아는 세계화정책을 충실히 따른 결과, 라틴아메리카에서 가장 가난한 나라가 되었다. 상수도마저 다국적기업에 넘어갔다. 볼리비아의 상수도민영화를 무효화한 것은 나흘간 계속된 시민총파업이었다. 한편, 브라질농민들은 토지를 달라고 청원하기에 지친 나머지, 아무도 안 쓰는 토지를 불법점거하고 개간하기 시작했고, 결국 정부의 승인을 받아냈다. 나중에 집권세력은 토지개혁이 자기네 업적이라고 자찬하고 나섰다.

상황은 이렇게 정리될 수 있을 것 같다. 국가가 세계화에 맞설 수는 없다. 그러나 국가로 하여금 세계화에 맞서는 정책을 실천하게 압력을 가할 수는 있다.

한편, 세상에는 세계화에 맞서 각개전투를 벌이는 사람들도 있다. 이들은 광고판에 장난을 치거나 고위층에 파이를 던지거나 인터넷 대안매체를 만들면서 세계화에 저항한다. 저자는 이들의 말에도 귀를 기울인다. 소비사회에서 사는 사람들은 광고에 길들여져 있다. 사치성 재화와 행복을 구분하기가 점점 어려워진다. 세계화는 이런 서구인의 환상을 전세계로 퍼뜨린다. 세계화는 경제의 획일화인 동시에 문화의 획일화다.

전지구적 시장이 생기려면 전지구적 취향이 필요하고, 전지구적 취향이 생기려면 전지구적 가치가 필요하기 때문이다. 이들의 문화전쟁이 의미를 갖는 것은 바로 이 때문이다.

물론 이런 서구사회 청년아나키스트들이 새로운 저항운동의 방향을 제시하기는 어려울 것이다. 세계화로 가장 큰 고통을 받는 대상은 북미나 유럽이 아니라 남반구이고, 중산층이 아니라 빈민층이고, 보통교육을 내면화한 국민이 아니라 주변부원주민이기 때문이다. 그는 세계화의 피해자를 보여주기 위해 뉴기니섬 서쪽에 있는 서파푸아를 찾아간다. 서파푸아는 세계화를 굴러가게 하는 온갖 자원들로 가득한 곳이다. 서파푸아의 근대사가 만행과 수난의 역사였던 것은 바로 그 때문이다. 인도네시아정부가 대대적인 인종청소를 단행했던 것도, 다국적기업이 들어와 5만 년 동안 살아온 땅을 쑥대밭으로 만들어놓은 것도 다 그 때문이다. 세계시장을 돌리는 윤활유는 파푸아인들이 흘리는 피라고 그는 말한다.

신자유주의가 점점 정당성을 상실하고 있는 것은 사실이지만, 신자유주의를 변호하는 목소리도 없지 않다. 신자유주의에 문제가 많은 것이 사실이야. 그러나 대안이 있어? 역사는 끝났고 자본주의가 이겼잖아? 이런 반문에 저자는 말한다. 그것은 현실주의가 아니라 상상력의 결핍일 뿐이라고. 현실을 바로 보면, 바로 거기에 희망이 있다고.

신자유주의가 세력을 떨치고 고통받는 사람들이 늘어날수록, 대안은 더욱 절실하게 필요하다. 그리고 대안을 찾는 사람들은 늘어난다. 사람들은 함께 모여 의견을 나누고 구체적이고 합리적인 대안을 내놓는다. WTO, 국제통화기금(IMF), 세계은행(IBRD)을 없애고, 투기자본을 규제하고, 기업권력을 제한하고, 국제연합(UN)을 활성화하자는 주장들은 이미 폭넓은 동의를 얻고 있다.

좀더 원초적인 반론도 있다. 빈부격차가 없는 사회가 어디 있어? 사람들은 부자가 되고 싶어하잖아? 억울하면 너도 돈 벌어. 이에 저자는 통계수치로 대답한다. 역사상 지금처럼 빈부격차가 심한 적은 없었다. 20%의 부유층이 80%의 재화를 흥청망청 쓰는 동안, 80%의 빈곤층이 1.3%의 재화에 매달려 허덕거린다. 이런 상황은 계속될 수 없고 계속되어서도 안된다.

그러나 저자에겐 단순한 숫자 이상의 대답이 있다. 자치마을 주민들과 함께 생활해본 그는 돈이 행복의 전부가 아니라는 교훈을 직접 체험할 수 있었다. 자치마을이 유토피아라는 얘기는 아니다. 의료에서 교육까지 모든 공공설비를 맨 땅에 세운다는 것은 결코 쉬운 일이 아니다. 거대기업의 틈바구니에서 마을농산물을 파는 것도 어려운 일이다. 그러나 자치마을 주민들은 자기 삶에 만족한다. 이들에게 강제로 부과되는 것은 없다. 부당한 것엔 반대할 수 있고, 잘못된 것은 고칠 수 있다. 자의적인 위계질서 속에서 모욕당하고 우울해하는 삶을 이들은 거부했다. 물론 이들은 사치를 누릴 수 없지만, 이들의 삶의 질은 경제학자의 통계로 계량화될 수 없다. 이들은 자기가 자유롭다는 것을 알고 있다.

이 책은 여행의 기록인 동시에 세계화에 맞선 투쟁의 기록이고, 세계화의 만행과 현지인의 고통의 기록, 그 역사의 기록이다.

이 세계화의 역사에서 우리나라는 어디쯤 있을까? 저자는 우리나라 독자들에게 이경해씨의 죽음을 상기하게 한다. 그러고 보면, 우리나라는 이번 배낭여행장소들이 한곳에 모인 패키지관광지 같기도 하다. 치아빠스원주민처럼 무역 개방으로 생존을 위협받는 농민들이 있는가 하면, 서구의 아나키스트처럼 발랄하고 급진적인 구호를 외치는 대학생들이 있고, 남아공의 아프리카민족회의(ANC)처럼 진보세력을 자처하며 워싱턴 경제정책에 맹종하는 관리들이 있는가 하면, 캘리포니아의 우국지사처럼 정책을 꼼꼼하게 비판하고 구체적인 대안을 제시하는 소탈한 시민단체 간사들이 있다.

저자는 여행을 하면서 낙관주의를 키웠다고 한다. 우리나라에서는 낙관주의자가 되기 위해 굳이 비행기를 탈 필요는 없을 것 같다. 이를 두고 다행스럽다고 해야 할까?

2004년 8월

옮긴이 씀

찾아보기

세계화와 싸운다

초판 발행 • 2004년 9월 6일

지은이 • 폴 킹스노스
옮긴이 • 김정아
펴낸이 • 고세현
편집 • 강일우 김종곤
미술·조판 • 윤종윤 정효진 신혜원 한충현
펴낸곳 • (주)창비
등록 • 1986년 8월 5일 제85호
주소 • 우편번호 413-832 경기도 파주시 교하읍 문발리 파주출판도시 42블록 5
전화 • 031-955-3333
팩시밀리 • 영업 031-955-3399 편집 031-955-3400
홈페이지 • www.changbi.com
전자우편 • bildung@changbi.com

ISBN 89-364-8526-1 03300

* 책값은 뒤표지에 표시되어 있습니다.